U0450482

国家社科基金
后期资助项目
GUOJIA SHEKE JIJIN HOUQI ZIZHU XIANGMU

尹志华 等 ◎ 著

体育素养国际比较研究

华东师范大学出版社
·上海·

图书在版编目(CIP)数据

体育素养国际比较研究/尹志华等著. —上海:华东师范大学出版社,2024
 ISBN 978-7-5760-4997-8

Ⅰ.①体⋯ Ⅱ.①尹⋯ Ⅲ.①体育运动-身体素质-对比研究-世界 Ⅳ.①G804.49

中国国家版本馆 CIP 数据核字(2024)第 097915 号

体育素养国际比较研究

著　　者	尹志华 等
责任编辑	竺　笑
责任校对	廖钰娴　时东明
装帧设计	卢晓红
出版发行	华东师范大学出版社
社　　址	上海市中山北路 3663 号　邮编 200062
网　　址	www.ecnupress.com.cn
电　　话	021-60821666　行政传真 021-62572105
客服电话	021-62865537　门市(邮购)电话 021-62869887
地　　址	上海市中山北路 3663 号华东师范大学校内先锋路口
网　　店	http://hdsdcbs.tmall.com
印 刷 者	浙江临安曙光印务有限公司
开　　本	787 毫米×1092 毫米　1/16
印　　张	22
字　　数	393 千字
版　　次	2024 年 8 月第 1 版
印　　次	2024 年 8 月第 1 次
书　　号	ISBN 978-7-5760-4997-8
定　　价	58.00 元

出 版 人　王　焰

(如发现本版图书有印订质量问题,请寄回本社客服中心调换或电话 021-62865537 联系)

目 录

前言 / 1

第一章　绪论 / 1

第一节　体育素养的历史沿革、意义与特性 / 2
第二节　国际上体育素养的发展概况 / 13

第二章　美国体育素养研究 / 20

第一节　美国体育素养的框架构成 / 20
第二节　美国体育素养的测评体系 / 31
第三节　美国体育素养的培养策略 / 50
第四节　美国体育素养面临的问题与未来展望 / 70

第三章　加拿大体育素养研究 / 75

第一节　加拿大体育素养的框架构成 / 75
第二节　加拿大体育素养的测评体系 / 91
第三节　加拿大体育素养的培养策略 / 126
第四节　加拿大体育素养面临的问题与未来展望 / 146

第四章　英国威尔士体育素养研究 / 154

第一节　英国威尔士体育素养的框架构成 / 154
第二节　英国威尔士体育素养的测评体系 / 171
第三节　英国威尔士体育素养的培养策略 / 180
第四节　英国威尔士体育素养面临的问题与未来展望 / 191

第五章　澳大利亚体育素养研究　/ 196

第一节　澳大利亚体育素养的框架构成　/ 196
第二节　澳大利亚体育素养的测评体系　/ 221
第三节　澳大利亚体育素养的培养策略　/ 232
第四节　澳大利亚体育素养面临的问题与未来展望　/ 242

第六章　新西兰体育素养研究　/ 245

第一节　新西兰体育素养的框架构成　/ 245
第二节　新西兰体育素养的测评体系　/ 257
第三节　新西兰体育素养的培养策略　/ 262
第四节　新西兰体育素养面临的问题与未来展望　/ 273

第七章　IPLA 体育素养研究　/ 277

第一节　IPLA 体育素养的框架构成　/ 277
第二节　IPLA 体育素养的测评体系　/ 291
第三节　IPLA 体育素养的培养策略　/ 300
第四节　IPLA 体育素养面临的问题与未来展望　/ 308

第八章　体育素养的比较与发展趋势　/ 313

第一节　体育素养体系的多维比较　/ 314
第二节　体育素养的未来发展趋势　/ 332

参考文献　/ 337

参考网络资源　/ 342

后记　/ 343

前　言

　　自20世纪90年代，国际教育领域就开始讨论"素养"问题。1993年，玛格丽特·怀特海德（Margaret Whitehead）在国际女子体育教育和运动协会大会上提出"体育素养"（Physical Literacy，又译为"身体素养"）的概念，使得这一概念开始进入公众视野。2010年，怀特海德又在专著《体育素养：贯穿一生》（*Physical Literacy: Throughout the Life Course*）中对体育素养进行了学术化的系统阐述，并引起国际上许多学者的关注和探讨，世界上多个国家相继对体育素养的相关问题展开了火热研究。我国对于体育素养的关注较晚，2016年发布的《关于强化学校体育 促进学生身心健康全面发展的意见》是一份标志性文件，首次从国家层面明确提出要全面提升学生体育素养。2019年发布的《体育强国建设纲要》中，将"全民族身体素养持续提高"上升为战略目标。2020年又相继发布《关于深化体教融合 促进青少年健康发展的意见》和《关于全面加强和改进新时代学校体育工作的意见》，明确提出要积极完善评价机制，使用体育素养评价结果。由此可知，当前体育素养在国家体育发展中扮演的角色愈发重要，并且逐渐成为国民体育与健康工作的优先发展事项。

　　目前我国体育素养研究仍处于发展阶段，为了厘清体育素养的典型特点、把握国际上的体育素养研究进程、分析体育素养研究的发展趋势，本书主要对美国、加拿大、英国威尔士、澳大利亚、新西兰和国际体育素养协会（IPLA）的体育素养研究进行介绍与分析，以期为我国体育素养研究提供国际经验。具体而言，本书共包括八章内容：第一章，绪论。通过探究体育素养形成的历史沿革、分析体育素养出现的重大意义、凝练体育素养几个方面的特性以及论述国际上体育素养的发展概况，力求全面深入地剖析体育素养。第二章至第七章，国际体育素养的研究进展。主要按照"框架构成、测评体系、培养策略、面临的问题与未来展望"的分析框架，分别对美国、加拿大、英国威尔士、澳大利亚、新西兰和IPLA的体育素养发展情况进行详细介绍，对当前国际上的体育素养研究现状进行梳理，以呈现体育素养在国际上的发展状况。第八章，体育素养的比较与发展趋势。从共性和差异两个角度入手，分别对国际上体育素养的发展背景、定义、结构领域、阶段划分、测评和培养策略进行比较分析，在此基础上提出体育素养的未来发展趋势。

本书是团队集体智慧的结晶，总体的顶层框架设计由尹志华负责，各部分撰写者情况为：前言（尹志华），第一章（尹志华、刘皓晖、孟涵），第二章（张古月、刘皓晖），第三章（汪琴、肖志君），第四章（孟涵、尹志华），第五章（田恒行、孙铭珠），第六章（孟涵、尹志华），第七章（刘艳、尹志华），第八章（田恒行、孙铭珠）。最后，田恒行、孟涵、刘皓晖对全书各章节进行了初步修改，尹志华对全书所有章节进行了逐字逐句的仔细统稿。

本书具有以下几个方面的贡献：一是通过对国际体育素养历史沿革、意义、特性和发展概况的介绍，从纵向上厘清了体育素养研究的发展历程；二是通过详细呈现国际上体育素养研究的一手政策和材料，从横向上全景式地展现了体育素养的发展现状和面临的问题；三是通过对国际体育素养的多维比较与分析，明确了体育素养的发展趋势。总体而言，本书从国际体育素养入手，介绍了丰富的研究成果，有助于为体育素养的测评和培养等关键问题提供依据，进而对个体的运动促进发挥作用，为群体的体育素养提升贡献力量。

然而，由于我们的水平和能力有限，加之编写本书的时间较短，书中肯定会存在许多不足之处，敬请读者批评指正。我们将正视读者提出的宝贵意见和建议，以便今后对本书进行修订和完善。同时，本书直接或间接地引用了多位专家学者研究成果中的理论和观点，在此表示衷心的感谢。如若存在未能一一列出或遗漏的参考引用，在此表示歉意。最后，对华东师范大学出版社领导和编辑的辛勤工作与鼎力支持表示最诚挚的谢意。

尹志华

2024 年 6 月

第一章　绪论

爱因斯坦说"教育无非是将一切已学过的东西都遗忘后所剩下来的东西"。遗忘掉的东西就是所学的具体知识和技能,剩下来的就是所谓的能力和品格,即素养。自20世纪90年代起,国际教育领域就开始讨论"素养"问题,我国在教育领域对素养的关注较晚,直到2014年教育部印发《关于全面深化课程改革落实立德树人根本任务的意见》,提出要研究"各学段学生发展核心素养体系,明确学生应具备的适应终身发展和社会发展需要的必备品格和关键能力",才引起了理论与实践工作者的广泛关注。在体育领域,随着教育领域推动基于素养的课程改革,素养问题才逐渐开始受到关注。

自玛格丽特·怀特海德(Margaret Whitehead)明确提出"Physical Literacy"的概念以来,"Physical Literacy"一词迅速成为全球各国教育界的关注焦点,包括中国在内的世界各国纷纷对Physical Literacy的相关问题展开了火热研究。从西方国家来看,体育素养在英国、美国、加拿大、新西兰、澳大利亚等国家的体育、卫生、教育和娱乐领域的政策和实践中越来越受重视。比如,在《体育未来:一个活跃国家的新战略》政策和战略中,英国政府首次确认了儿童和青少年体育素养的重要性。在此基础上,英国所属的英格兰地区体育部(英国文化、媒体和体育部委托的一个非政府部门的公共机构)提出了增加英格兰人口体育活动参与水平的目标,并将"提高儿童获得体育素养的百分比"确定为2016至2021年战略中的一项关键业绩指标。美国于2013年修订的《K-12国家体育课程标准和各年级水平学习结果》提出,体育课程的目标是培养具备体育素养(知识、技能和信心等)的个体。

在我国,国务院办公厅在2016年印发了《关于强化学校体育 促进学生身心健康全面发展的意见》,提出"面向全体学生,广泛开展普及性体育活动,有序开展课余训练和运动竞赛,积极培养体育后备人才,大力营造校园体育文化,全面提高学生体育素养"。2019年国务院办公厅又印发了《体育强国建设纲要》,强调要提高全民族身体素养和健康水平,提升青少年身体素养,改善健康状况;强调将促进青少年提高身体素养和养成健康生活方式作为学校体育教育的重要内容。在国外整体趋势的影响下和国家政策的引领下,近年来我国学术界对体育相关的素养引起了高度关注。比如,我国著名学者任海教授在《身体素养:一个统领当代体育改革与发展的理念》一文中认为:身体素养的内生、基础和贯通的特点将对统领终身体育的进程、更新学校体育的目标、促进大众体育与精英竞技的包容、推动体育深度融入生活、为制定体育政策提供基本依据这五个领域的发展产生深远影响。

由于 Physical Literacy 属于舶来品,国内对此概念存在"身体素养"和"体育素养"两种不同的翻译方式,且两种翻译方式均有各自的依据,以及相应的理论价值和实践意义。怀特海德主张 Physical Literacy 存在具身性的特点,并支持身心一元论的观点,因此"体育素养"一词更能反映我国体育学科对青少年生理与心理共同发展的重要意义,能够突出学校体育独特的育人作用。而"身体素养"的概念则超出了体育的范畴,囊括了与身体相关的各类行为。基于此,结合专家咨询和团队头脑风暴的意见,为了更好地体现体育特色,本书中统一采用"体育素养"的翻译方式,但仍然引用了部分以"身体素养"为题的相关研究成果。目前我国体育素养研究正处于起步阶段,因此本书主要对美国、加拿大、英国威尔士、澳大利亚、新西兰、国际体育素养协会(IPLA)的体育素养进行介绍与分析,以期为我国体育素养发展提供国际经验。

第一节 体育素养的历史沿革、意义与特性

探究体育素养形成的历史沿革,分析体育素养出现的重大意义,凝练体育素养几个方面的特性,对于全面深入地剖析体育素养至关重要。

一、体育素养的历史沿革

"体育素养"(Physical Literacy)出现的历史较为悠久,其研究起源可以追溯至19世纪80年代末。1884年美国陆军工程队的一名士官首次提出了"体育素养"的概念,其内涵主要描述了人们的体育运动、庆祝活动等身体活动[1]。而后,美国于20世纪上半叶对体育素养展开了一系列研究。如1938年美国的《健康与体育教育杂志》(*The Journal of Health and Physical Education*)刊登的文章就提出并向公众宣传关于"体育素养"的概念。在该

---

[1] Cairney J, Kiez T, Roetert E P, et al. A 20th-century Narrative on the Origins of the Physical Literacy Construct [J]. Journal of Teaching in Physical Education, 2019, 38(2): 79-83.

时期,美国已积极地将体育素养概念运用于教育领域中,将体育素养列为与文化素养同等重要的地位。20世纪80年代末英国贝德福德大学的怀特海德教授紧随美国展开了体育素养的相关研究,并于1993年认真讨论了体育素养的概念,国际体育素养的发展至此拉开帷幕。

(一) 新生萌芽期:1993年—2000年

在此阶段,体育素养的概念并未引起世界各国政府及研究人员的关注,仅怀特海德在此领域进行了初步探索。1993年,怀特海德讨论了体育素养的三大理论基础之一的具身能力(Embodied Capacities),并提出其对于个人在实现自身潜能、提高生活质量等方面的重要性[1],为体育素养的提出打下了坚实的理论基础。

该阶段世界各国虽然未重视对体育素养的研究,但对国民健康水平赋予了高度关注。如美国卫生与公共服务部(HHS)发布了健康公民计划,明确体力活动是改善国民体质健康的重要途径[2]。体育素养的部分初期概念在这一时间段出现,并初步被包含在美国的体育课程标准和一些健康促进的报告之中,但未被明确提出。2000年英国威尔士为了增加7~11岁儿童的课外活动推出了"龙计划"。以上各国对健康素养的关注为后期引入体育素养奠定了良好的实践基础。

(二) 快速发展期:2001年—2013年

进入21世纪,怀特海德对体育素养的概念进行了三次修改,每一次修改都对世界各国体育素养的研究产生了启示。在怀特海德的引领下,体育素养的概念逐渐浮出水面,世界各国开始对"素养"一词给予重视,并积极探索富有本国特色的体育素养概念,但尚不成熟。

2001年,怀特海德提出"素养"是有效识别、理解、解释、创造、回应、交流以及在广泛范围内使用身体语言的能力。世界各国受理论研究的启发,开始对"素养"一词进行探讨。如2002年美国教育部发起成立的"21世纪技能伙伴协会"(简称"P21")开发了"21世纪学习框架"体系,开始重视对学生"核心素养"的培养。

2005年,怀特海德将体育素养简要定义为:"个体在一生中保持身体活动处于适当水平所需要的动机、信心、身体能力、理解和知识。"较早开始研究体育素养的加拿大受其影响,积极探索了本国体育素养的概念,为今后的

---

[1] Whitehead M. The Concept of Physical Literacy [J]. Physical Education & Sport Pedagogy,2001,6(2):127-138.
[2] 陈长洲,王红英,项贤林,彭国强,任书堂. 美国体育素养战略计划的特点及启示[J]. 体育学刊,2019,26(2):96—104.

发展打下理论基础。2009年加拿大体育与健康教育组织发表的论文《教育工作者体育素养工作报告》(Position Paper Physical Literacy for Educators)初步建议将体育素养定义为:拥有体育素养的个体,在各种体育活动中表现自信,选择的活动也是有益于整个人的终身发展的。具备体育素养有助于个体在各式各样的运动环境中具备良好的运动能力并且保持自信,增强理解、沟通、运用、分析各类运动的动机和能力,实现人的全面发展。

2010年,怀特海德及其团队再次对体育素养的概念进行修改,认为体育素养应是一生的旅程,称之为"体育素养之旅"。他们出版的专著《体育素养:贯穿生命历程》(Physical Literacy: Throughout the Life Course)进一步阐述了体育素养的概念,认为"一个具有体育素养的人将通过提高自尊、自信和更积极的人际关系等方面提高自己的生活品质。更重要的是,这些提高需要得到教师、教练员、父母和同龄人的帮助才能得以实现"。于是体育素养被定义为:"根据每个人的禀赋,体育素养可以被描述为在整个生命历程中保持身体活动的动机、信心、身体能力、知识和理解。"[①]自《体育素养:贯穿生命历程》出版以来,世界各国开始对体育素养由此前的理论探索阶段转化为实践操作。2010年英国威尔士体育局就将体育素养作为其核心工作之一,并于2011年宣布其愿景,即"让每个孩子终身沉迷于体育,每周至少参与三次体育运动"。2013年澳大利亚首都体育和休闲部出版了《让澳大利亚动起来:建立一个有体育素养而积极的国家》,旨在阐述当时对于体育素养的想法以及总结世界各地现有的体育素养项目。美国健康和体育教育者协会(SHAPE)在此时期研制了2013年版《K-12国家体育课程标准和各年级水平学习结果》,这一版本的体育课程标准中,"具备体育素养的人"取代了"受过体育教育的人",成为新的核心目标。阿斯彭研究所发布的"体育与社会"(Sports & Society)活动项目中引入了体育素养概念,旨在通过体育运动建立健康社区,以满足所有儿童的运动需求。可见在此阶段,各国对体育素养的理论研究与实际建设均高速发展,基于各国特色形成了较为成熟的体育素养理论体系及实践方案。

(三) 稳定成熟期:2014年至今

在此阶段,怀特海德对于体育素养的研究已趋于成熟稳定,对体育素养形成了最终定义,各国也在其影响下建立了完备的体育素养体系。至此,世界体育素养研究进入稳定成熟期。2013年,怀特海德在国际体育科学和体

[①] Whitehead M. Physical Literacy: Throughout the Lifecourse [M]. London: Routledge, 2010:3-20.

育教育理事会(ICSSPE)公报中将体育素养最终定义为:"在整个生命历程中重视和保持身体活动所需的动机、信心、身体能力、知识和理解。"[①]以上概念对2014年至今的体育素养建设产生了深远影响。

2014年至今,世界各国已将体育素养正式纳入国家战略,形成了促进体育素养发展的专门性方案。2014年新西兰体育局(Sport NZ)发布了第一个"国家社区体育战略"五年计划《2015—2020年社区体育战略》,第一次强调体育素养是新西兰年轻人应重点关注的领域;2016年,澳大利亚运动委员会将体育素养纳入该组织的战略计划,并把目标设定为:"通过学校体育项目和重视体育素养来关注澳大利亚年轻一代,推动人们对于终身参与体育运动的需求";2016年,加拿大Sport for Life(简称S4L)组织注册了一个名为"Physical Literacy for Life"(简称PLFL)的慈善机构,并与S4L组织合作形成了"Physical Literacy"专题板块,致力于在不同环境和领域中发展终身体育素养。在世界各国积极关注体育素养的背景下,将有更多国家投入体育素养研究与发展之中,体育素养将在全球范围内继续成熟稳定地发展下去。

二、体育素养的重大意义

(一) 解决身体活动水平不足的全球性健康危机

身体活动(Physical Activity,PA)与人体健康密切相关,适当的身体活动可以降低冠心病等慢性病的发生率,低水平的身体活动则可能导致能量代谢失衡,并带来一系列的健康问题。

进入21世纪以来,全球范围内久坐行为和拒绝运动的生活方式增多,个体身体活动水平正以惊人的速度下降,"身体活动缺失症"(Physical Inactivity)成为全球性流行病。60多年来,"身体活动缺失症"在全球蔓延,患者人数不断攀升,跻身全球死亡风险因素前四位(另外三项分别是高血压、吸烟、高血糖)。目前,非传染性慢性疾病(Non-Communicable Chronic Disease,NCD)致死人数占世界所有死亡人数的63%,主要风险因子是身体活动不足、不健康饮食等不良生活方式,其中身体活动不足为第一独立危险因素。2014年,美国运动医学会(American College of Sports Medicine,ACSM)、国际体育科学与体育教育理事会和耐克公司在联合发表的《为动而生:关于促进身体活动的行动框架》研究报告中指出,身体活动不足不仅

[①] Whitehead M. Definition of Physical Literacy and Clarification of Related Issues [J]. ICSSPE Journal of Sport Science and Physical Education, 2013,65(2):28-42.

给各国经济和人类健康造成令人震惊的损失,而且会形成代际间的恶性循环,削弱人类潜能。今天比以往任何时候更需要采取紧急行动来减缓并扭转"身体活动缺失症"在全球蔓延的趋势,提高人们的身体活动水平,从而改善人们的整体健康,提高幸福水平[1]。

为了解决以上全球性难题,"体育素养"应运而生。具备体育素养的个体能够从根本上认识到身体活动对健康的重要意义,能够发自内心地参与体育活动。体育素养试图用身体活动主体观取代身体活动工具观,将满足生存需要的被动参与变为追求人生价值、开发生命潜能、提高生活质量的主动参与,扭转身体活动在全球衰败的颓势,为人类的健康注入新的活力[2]。此外,体育素养是面向所有人的健康生活之旅,所有年龄段和地区都可以通过发展体育素养来提升个人的幸福和健康水平。为此,发展全民体育素养能够缩小因贫富差距而导致的体育教育水平差异,促进全民健康水平的提高。

(二) 提高国民生活品质

国际著名医学杂志《柳叶刀》曾发表一项大规模的调查研究,研究发现在漫长的生命旅途中如果有规律地进行每周150分钟以上的中强度运动,则其生命将会有一定程度的延长。有人曾反驳,抽烟、喝酒及不运动者也有寿命较长者。这种说法确实存在一定道理,但仔细推敲可以发现其中的关键,运动带来的益处不仅在于生命的延长,更在于相同生命长度下生活质量的提高。

首先,具备体育素养的个体将把运动当作生命的一部分,能够持续、主动地进行运动锻炼,这类人患慢性病及不可治愈疾病的风险远远小于不运动者。大部分不运动者在生命旅途的中年或老年时期有极大可能会患上某种慢性疾病,终日处于无法自由活动或饮食的状态,还需通过药物控制病情,甚至可能患上某种急性病,如脑梗、心脏病等一蹶不振。反观具备体育素养的运动者,通过运动锻炼大大降低了患慢性疾病的风险,在中老年时期往往可以自由运动锻炼、享受生活,且无需子女花费过多的时间、精力、金钱给予照顾,拥有较高的生活水平。两者相比,纵使拥有相同的生命长度,其生命质量则完全不同。

其次,具备体育素养的个体将获得身体与心理的益处。体育素养坚持

---

[1] 祝莉,王正珍,朱为模.健康中国视域中的运动处方库构建[J].体育科学,2020,40(1):4—15.
[2] 任海.身体素养:一个统领当代体育改革与发展的理念[J].体育科学,2018,38(3):3—11.

身心一元论，即身体与心理会在终身运动中共同得到升华。以马拉松为例，倘若跑步者能够坚持跑完全程马拉松或半程马拉松，其将对自己产生全新的认识，产生一种克服一切困难的决心与勇气。这是身体与心理的共同进步，并且这种益处能够迁移至生活之中，使其在生活中遇到困难时仍然始终保持激昂的斗志、乐观的态度与充沛的信心。具备体育素养的个体与不运动者对待相同事物的态度可能截然不同，其所经历的生活幸福感也将随之改变。

最后，具备体育素养的个体能够潜移默化地影响他人培养体育素养。具备体育素养的个体对体育运动带来的益处存在清晰的认知，能够做出正确的价值判断。而运动往往是以团体为单位进行的，如夜跑、球类项目、健身等，具备体育素养的个体在知晓了体育运动的益处后将邀请身边的同事、朋友、家人一起参与体育锻炼，如学生在课后可邀请家长一同进行体育锻炼，向父母宣传终身运动的益处。因此，可以由一个具备体育素养的个体带动形成一群具备体育素养的个体，最终扩张至全民具备体育素养，从整体上提高国民健康水平。

(三) 以独有的具身性实现身心一元化

西方哲学认为"具身性"是人类生存发展的基础，是认识世界的基本方式。莱考夫(Lakoff)和约翰逊(Johnson)强调："概念形成的源泉是与世界进行的具身参与，而概念是语言、认知和推理的基础。正是通过与世界的具身互动，才拥有了特殊的体验和经历，并因此形成了概念。"例如，"推"和"拉"是与重量有关的概念；"内"和"外"、"上"和"下"等是与空间有关的概念；"开始"和"停止"、"继续"和"结束"等是与时间相关的概念，这些概念成为认知与思维的基础[1]。所以具身性是我们作为人类的一个关键属性，展示了身体是如何参与概念创造和认知过程的，突出了身体的价值并强调了：身和心是统一的；人的身心连接通过身体的感官感觉和运动体验建立；人对客观世界的知觉依赖于身体作用于世界的活动，身体的活动影响着人对世界的认识；心智是具体的，它建立在身体结构和运动体验的基础上，和身体、外界环境融合为有机的身心连接整体。

怀特海德大胆质疑身心二元论提出的"身体是一个独立的机器，与心智（思维）是割裂的"这一说法。经过对思想和身体之间关系的大量研究，结果显示思想和身体之间并未分离，而且是不可分割、相互联系的。吉布斯

---

[1] Whitehead M. The Value of Physical Literacy [J]. ICSSPE Journal of Sport Science and Physical Education, 2013, 65(10): 42-43.

(Gibbs)和维格(Vega)指出:"传统的无实体心灵观是错误的,因为人类的认知从根本上是由具身经验所塑造,意识不可能完全脱离肉体而独立存在。"因此,怀特海德赞成并支持"人的身体和思维相互统一、不可分割"的身心一元论观点。目前,以怀特海德相关研究理论为主导的体育素养着眼于身体活动与积极生活方式的契合关系,立足于人的整体,在情感、认知和身体等相互关联的多种维度上激发动机、培养能力,将人的生理与心理高度融合,促成终身参与身体活动的行为习惯。

(四) 为学校体育工作指明方向

由于高水平的运动成绩和表现占据了体育舞台的中心,许多学校将追求高水平运动成绩和表现作为学校体育的主要重点工作,设置致力于发展高水平竞技运动,以提高运动成绩为目标的教学活动,缺少对"体育活动意识和习惯"培养的关切。该做法忽视了对普通学生的运动促进,没有照顾到那些竞技能力虽不及高水平,但热爱运动且希望提高运动水平的大部分学生。这些学生由于竞技能力无法达到高水平,参与身体活动的积极性常常会遭受严重打击,因此学生在学习过程中会表现出消极的身体活动意愿甚至选择退出,且除了校内的体育活动,学生由于学业压力很少有机会在校外进行体育活动。这对学生的成长造成了不利影响,使他们认为除了在国际体育运动会上取得成功外,身体活动的价值是微乎其微的。实际上,竞技运动的目的在于人的发展,而不仅仅是为了追求优异的成绩和表现,聚焦于提高运动成绩和竞技能力却忽视人的发展违背了竞技运动的初衷。

培养体育素养极有希望在整个生命周期中增加身体活动和体育参与,且被证明在增加儿童和青少年身体活动和体育参与方面是有效的[①]。体育素养的终身性与独特性能够为学校体育工作指明方向。首先,怀特海德强调体育素养作为一段旅程贯穿于人的一生。学校体育工作不止于促使学生在校内进行体育运动,更重要在于培养青少年形成终身体育的理念。其次,体育素养具有个体独特性,每个个体的身体条件多有不同,有的青少年可以成为国际高水平运动员,有的则是普通的体育爱好者,但两者在参与身体活动维度上是等价的。青少年参与体育运动主要不是为了打好竞技运动的基础,而是为了打好体育素养的基础,以便于在此基础上依照其意愿和身体条件决定自己的体育参与之路,进一步延伸其体育素养之旅。最后,体育素养不局限于按照量化等级标准进行评价,更强调基于个体自身对比的评估。

---

① 王晓刚.国际体育素养研究的前沿热点、主题聚类与拓展空间[J].北京体育大学学报,2019,42(10):102—116.

学校体育课程评价中可遵循以上观念,淡化终结性评价,重视学生阶段性的进步,鼓励学生在一生中时刻保持体育素养水平的提高。体育素养的提出能够为学校体育工作指明发展方向,让学生能够充分开发自己的潜能,体验运动的乐趣,发现体育的意义,促进其终身体育行为[①]。

三、体育素养的特性分析

(一) 逻辑起点

任何学科或理论的逻辑起点都是其研究的出发点或立足点,此处的"逻辑"主要指"客观事物的基本内在规律",而"逻辑起点"则可以理解为客观事物的根本出发点。要深入探索事物的相关问题,首先需要清楚事物的逻辑起点。对于"体育素养",逻辑起点是指提出这个概念的原始出发点,抑或称之为"本质"或"初心"。体育素养的逻辑起点是为了化解人类生存危机,但此处所言生存危机主要不是指是否能够生存下来,而是指生存的质量高低。"体育素养"强调了身体的本质性,即身体是生命赖以生存的根本,失去了身体,个体的生命将不复存在。从人类繁衍和发展的历史来看,人类生命消亡的原因有很多,如疾病、战争、瘟疫、饥饿等,而这些因素都会导致身体的质量发生改变,进而导致生存的质量发生变化,最终导致人类生存的危机。进入现代社会,人类身体延续的可能性大大提高,但当个体缺乏动机、信心、身体能力及知识与理解时,就会导致身体的质量下降,使得人类生存的质量进一步降低。通过让个体利用生活中的每一个机会选择适合自己的体育活动,进行充分的自由探索,并鼓励其独立思考,自主选择能接受的挑战水平,并将这些要素结合起来创造有效的表现,鼓励个体利用这种方式来不断提升评估自己表现的能力,进一步设定符合自己的目标并进行自我评估,可以使个体学会更加独立,并为自己的进步负责。这两种能力,在当今的复杂社会,对个体保持身体和精神健康都是重要的。因此,"体育素养"的提出,是为了通过基于身体维度的发展,不断促进个体精神维度上的发展,充分显示出身心统一的价值,以此让人类在社会上生存得更好。

(二) 理论基础

关于体育素养的理论基础,各界基本上形成了共识,即一元论、存在主义与现象学,这在诸多文献中都可以得到验证。

首先,一元论是相对于二元论而言的,这是因为传统的身体教育以笛卡尔的二元论为基础。二元论认为人是由精神和身体这两个可分离的部分组

---

① 任海.身体素养:一个统领当代体育改革与发展的理念[J].体育科学,2018,38(3):3—11.

成的,精神远比身体优越,身体的重要性只在于保持精神的活力。与之相反,一元论则认为人在本质上是一个身心不可分割的整体。在一元论的观点下,体育素养强调的是身心融合。比如,"体育素养"的概念涵盖了"动机、信心、身体能力,以及知识与理解",其中"动机、信心、知识与理解"偏向于认知层面,而"身体能力"则侧重于身体层面,这说明身体和认知都存在于"体育素养"之中。此外,"动机、信心、知识与理解"的存在必须要以身体的存在为基础,缺了身体就将是无本之源,而没有"动机、信心、知识与理解"的身体将只是一具躯壳而已。

其次,关于存在主义,该学说认为人通过与世界的互动来创造自己。换句话说,人的本质产生于与世界互动的经历。存在先于本质,人存在的本质是人在不同环境中积累的经验的结果。人们随着对周围世界的熟悉,开始意识到可以拥有各种各样的能力与世界互动。互动是生命的关键,是人类发展的动力。因此,人类本性中能够与世界互动的所有方方面面能力都是应该为实现充分发展的人类存在而培养的关键能力。存在主义的核心原则是具体化行动与环境之间在本质上相互关联的关系,这意味着在任何教育活动中,环境应该为参与者提供有意义的体验。因此,应该通过鼓励在一系列体育环境中进行有意义的身体活动和互动来启发个人重视体育素养的养成。

最后,在现象学方面,现象学家从一元论和存在主义出发,对感知的本质进行了质疑,他们认为感知是相互作用的重要因素。人类工作的一个重要基础是,我们是从过去的交互作用的背景下来感知世界的。由于我们每个人都将自己过去的互动经验带到了现在的情境中,每个人都会从个人独特的角度来看待这个情境。由于个体的具身体验在几乎每一次互动中都有内在的参与,因此将会显著地影响我们的感知。具身体验是人类存在的一部分,我们从一个具身的人的角度看世界。从现象学来看,"体育素养"强调从具身认知的角度重新审视身体活动,强调个体的理性认知和身体的实践体验是一个相互融合的过程,在这一过程中,个体通过身体来感受、知觉自己的动机、信心与情感等。

(三) 覆盖范围

在"体育素养"的定义中,"终身"一词被屡屡提及,由此可见"体育素养"并不是阶段性的,而是贯穿于人类生命的整个周期。怀特海德认为,"体育素养"是一个从生到死的过程,每个人都有自己独特的"体育素养"经历,并把这份经历看作是一生的财富,因为它在人生的各个阶段都丰富了人们的生活。她将"体育素养"比作一段独特的、贯穿一生的旅程,从出生开始一直持续到进入坟墓。发展"体育素养"是一个持续的过程,就像是一场马拉松,而不是短跑。基于此,怀特海德与默多克(Murdoch)将"体育素养"旅程划分为六个人生阶段:婴儿期(0~4岁),童年期(4~11岁),青春期(11~18岁),成年早期(18~30岁),成年期(30~65岁),老年期(65岁以上)。个体在人生每个阶段都根据自身的年龄和实际情况以不同的方式发展各个阶段所需要具备的"体育素养",且每个阶段中对个体"体育素养"的培养过程产生重大影响的重要他人(父母、同伴、体育教师、教练等)是不一样的,同时周边环境设施(学校、家庭、俱乐部、娱乐设施、休闲体育中心等)的不断变化也会潜移默化地推进个体"体育素养"的不断变化。因此,每个阶段都有其独特的特征,且这些特征因人而异,因为每个人都会经历一系列独特的挑战。除了从纵向上强调"体育素养"是覆盖人的生命全周期的这一理念,"体育素养"还关注作为一个完整的人的方方面面,强调人的身心统一。作为纵向发展阶段的重要补充,当前研究聚焦于从横向对"体育素养"的内容与具体内涵进行解释。"体育素养"的框架以两级结构为主,首先将"体育素养"的概念划分为若干结构领域,每个结构领域又包含若干构成要素。结构领域的划分清晰呈现了"体育素养"的轮廓,传达了"体育素养"概念对于身体、情感和认知等领域的同等重视;构成要素的划分则进一步表达了"体育素养"的内涵,有助于对各结构领域进行进一步的补充说明,使个体对体育素养形成更加全面、深入的认识。从内容上看,身体、情感和认知领域是"体育素养"的主体内容。

(四) 目标指向

在目标指向方面,"体育素养"的核心是通过与世界富有成效的体育互动来开发身体潜能和促进人类生活的繁荣。也就是说,"体育素养"能够通过开发人的本体潜能而为人的全面健康发展作出重大贡献。因此,欲培养"体育素养",就要广泛参与身体活动。参与身体活动为开发个体的潜在能力提供了充分的机会,也培养了一个人的品质和美德。经历各种具有挑战性的身体活动将使个人的潜能得到进一步开发,从而使尚未被发现的潜在能力获得更广阔的成长空间;鼓励个人在各种环境中保持镇定、自信,有潜力去创造更多有意义的机会,促进身心健康、全面发展。这就是"体育素养"对于培养身心健康、全面发展的人的目标指向,也是"体育素养"在促进人的全面健康发展方面所起的重要作用。"体育素养"是"重视并承担参与身体活动的责任所需要的综合能力",实际上这一概念中隐含了"个体在整个生命周期中要积极参与身体活动并保持体育锻炼的习惯"这样一种终身体育的思想。"体育素养"是为了从小开始培养个体参与身体活动的综合能力,有了一定的运动能力和健康知识后,才能在其未来的生活中根据自己的身体状况水平,不断进行调整和适应,最终使个体的身心健康和全面发展得以实现。"体育素养"是马克思主义关于人的全面发展理论的具体化,旨在实现个体身体和心智的全面、和谐、充分发展,提高体育素养是促进个体全面发展的重要途径,是促进个体自由个性全面发展的有效手段。由此可见,"体育素养"指向人一生中的全面健康成长,既包括身体,又包括行为、情感、社会和心理等方面,以促进人身体与心理、知识与情感、意志与行为的全面健康协调发展。综上所述,"体育素养"的目标指向是发展人的体育意识和运动潜能,让体育能够持久地渗透在日常行为习惯中,鼓励人们养成良好的体育锻炼习惯,在今后的生活中能够积极参加体育运动,最终实现终身体育以促进身心健康、全面发展。

(五) 评价指向

素养评价是指通过系统地收集证据,并依据一定的标准和方法对个体所达到的素养水平进行判断和评估的活动,其主要目的是对个体的素养行为进行考察、判断、反馈、指引和鼓励,并衡量其对期望目标的达成程度。科学的测评不仅有利于学习者了解自身的体育素养发展水平,还有助于形成具有针对性的发展策略。国际上针对体育素养测评的研究正在飞速发展,并且始终是体育素养理论研究中最为核心的组成部分。在评价指向方面,由于"体育素养"被视为现代人们整个生命历程都需要坚持、发展的重要内容,所以应当在整个生命历程中持续进行体育素养之旅,体验身体与世界、生命与自然、心灵与生活的鲜活存在,从而提高个体的生命质量。从完整的体育素养发展过程来看,体育素养测评的意义不仅体现在确定个体体育素养的发展水平,还体现在对被测者体育素养的促进作用。因此,可知"体育素养"的评价是指向个体的生命质量,只是在"体育素养"之旅的各个阶段,评价指向的侧重点有所区别。相关研究认为"体育素养"的评价可以按照童年(0~6岁)、少年(7~17岁)、成年(18~59岁)和老年(60岁以上)四个不同的年龄阶段进行,分别对所处阶段的体育素养的具体内容进行阐释。此外,在对个体进行体育素养的评价时,评价主体应当满足多元化的需求,力求丰富体育素养评价的主体,形成多主体的合作与联动。并且应该重视家庭、学校与社区的联系,充分发挥客观世界对于学习者的影响和促进作用。需要指出的是,由于儿童青少年阶段对于体育素养的培养至关重要,所以当前的很多与体育素养评价有关的方案都与该阶段有关。这在一定程度上忽略了其他的重要人生阶段和群体的体育素养评价,这将是未来学界需要继续努力的方面,即关注不同阶段和人群的背景及特点,基于体育素养的宏观指向,制订出具有针对性的体育素养测评方案。例如:儿童不仅要在日常环境中学习和发展自身的基本运动技能,而且要让其通过自身的身体与外界环境的互动,以获得本体对运动的感知,体验到身体活动带来的快乐并逐渐养成身体活动的习惯。在此阶段,评价环境主要来源于家庭,评价方法是家庭成员对儿童日常生活中的运动能力进行评价。而在老年阶段,身体状况水平决定了个体所选择的身体活动类型,其最主要的评价维度是认知与行为,即评价其对于健康的理解以及付诸的实践活动。但需要指出的是,对于"体育素养"不同发展阶段生命质量的评价,应该强调非竞争性,即重点不在于与他人进行比较,而是与自己过去的状况进行对比,发现进步的空间。

(六) 培养路径

不同的人群由于生活的环境有一定差异,面临的阶段性问题总会有所不同,所以不同人群的体育素养发展特征也将有所差异。体育素养的培养旨在促进个体的体育素养发展,所以培养方案的制订重在精准。体育素养的培养方案应当面向具有特定背景的人群,否则难以最大程度促进目标人群的体育素养发展,并产生应有的积极作用。无论是对于幼儿、儿童、青少年,还是对于成人和老年人,培养他们的"体育素养"都需要通过具体的路径。"体育素养"的培养路径可以囊括个体参与的所有身体活动,具有自主性、复杂性、多元一体化等特征。众所周知,身体活动是一个广泛的概念,既包含了传统的体育活动,也包含了消耗能量但非体育运动的活动,如步行、做家务、社会活动等。这些活动在个体的日常生活中会消耗大量的能量,也在一定程度上具备培养个体动机、信心、身体能力、知识与理解的作用,因此都可以看作是培养"体育素养"的途径。在正常情况下,人在成年之后会离开校园步入社会,剩下的大部分时间都是在社会中度过的,而在社会中,人不可能像在学校时一样接受系统的、结构化的学科教育,参与身体活动只能靠自身的兴趣导向和需求激励,且会受到周边环境设施、可供锻炼机会、锻炼氛围、自身已有的体育运动知识和技能储备、时间、经济基础等多方面因素的影响。因此,个体"体育素养"的培养路径非常广泛,在生活中随处都可以进行。值得注意的是,在促进个体的体育素养发展时需要通过有计划的促进方案和专业人士及家人、教师等社会群体的共同努力,为个体提供积极的运动体验并在这个过程中不断提升个体的身体能力、动机、信心、知识和理解,以实现体育素养的终身性发展。

第二节 国际上体育素养的发展概况

随着科技的进步,以及社会整体水平的提高,人们的生活方式正在逐渐发生变化。科技进步在改善物质条件的同时，也带来了一场严重的健康危机。在过去的 20 年里，体育活动和体育教育研究蓬勃发展，人们对其重要性及如何促进其发展有了更多了解。体育素养概念的出现为各国解决当前的国民健康困境，发展本国的体育事业提供了新视角与新机遇。当前已经有许多国家、地区及组织开始对体育素养进行理论研究与实践推广，美国、加拿大、英国威尔士、澳大利亚、新西兰和国际体育素养协会（IPLA）对相关研究开展较早且较为成熟，其基本概况如下。

一、美国

严重的国民健康问题和沉重的医疗负担给美国社会带来了巨大挑战，在全球二十个主要国家中，美国儿童的超重率居首位。若不对现状进行干预，未来将产生巨大的国家医疗支出，造成经济消耗并引发恶性循环，所以关注青少年体育素养培养就是在关注美国未来社会劳动力素质的发展。基于此，美国在参照他国经验的基础上，致力于开展符合本国青少年的体育素养培养工作。目前，体育素养作为美国国家体育课程标准的指导思想与评价指标，在全国范围内得到了认可。2013 年，美国健康和体育教育者协会（SHAPE America）将体育素养定义为"在多种环境、各种身体活动中的运动能力和信心，这有利于整个人的健康发展"。2015 年，美国健康和体育教育者协会委托阿斯彭（Aspen）研究所（一个教育和政策研究组织）撰写了一份报告《美国的体育素养：模式、战略计划和行动呼吁》，报告通过国际比较对美国的体育素养发展提供了积极指导。阿斯彭研究所还通过其"体育素养：项目游戏"网站开发了更多资源，值得一提的是，这些工作和尝试大多数都针对学龄儿童。美国的体育素养测评方案由国家运动与体育教育协会（NASPE）负责开发和完善，PE Metrics 是美国体育素养测评的主流工具，测评内容包括青少年的动作技能、知识、体能、个人与社会责任、价值认同等部分。其与《K-12 国家体育课程标准和各年级水平学习结果》中体育学科的测评方法保持一致，且主要由体育教师负责测评工作。美国健康和体育教育者协会承诺在 2029 年之前让所有儿童走上健康和体育素养的道路，随着当前体育素养理论的逐渐成熟和体育素养培养方案的逐渐完善，未来体育素养培养方案必然会逐渐突破青少年或学校层面，扩展到更广泛的社会群体。

二、加拿大

加拿大儿童和青少年的总体健康状况大幅度下降，同时超重和肥胖的程度也达到了前所未有的水平。与此同时,加拿大政府认识到长期运动员发展模式(LTAD)可以应用于促进整个国家的青少年健康,因此在体育教育、运动娱乐、体育休闲等领域进行了广泛使用,并且取得了一定的成绩。加拿大各体育部门之间加强沟通与合作,在国家体育系统中实施体育素养项目和战略并保证资金充足,当前已经成为全球范围内公认的体育素养倡导者和领导者。加拿大各省和地区有许多团体使用"体育素养"一词,但对这一概念的定义和解释各不相同。两个主要的政府资助组织,加拿大终身运动(CS4L)和加拿大体育与健康教育(PHE Canada)在全国范围内致力于推动体育素养研究与实践。此外,还有一些区域的团体也在进行着体育素养研究,如健康积极生活与肥胖研究小组和太平洋卓越运动研究所。最初,加拿大各相关组织制定了一系列体育素养的定义,这些定义通常是从怀特海德的原始定义改编而来,以适应组织自身的需求。然而,随着加拿大对体育素养的研究不断进步,学界围绕体育素养的焦点和方案进行了讨论,促使加拿大内部在2015年形成了一份《共识声明》,对体育素养的定义进行了更迭。在这个过程中加拿大原有的长期运动员发展模式与体育素养得到了完美契合,使得加拿大的体育素养取得了巨大发展。此外,加拿大开发了CAPL、P4L、PLAY、PLOT等体育素养测评工具,成为国际上体育素养测评研究最为领先的国家。

三、英国威尔士

威尔士是英国的一个地区,由于政府权力下放,该地区形成了自己独特的体育素养发展特色与体系。威尔士地区政府统计数据显示,地区政府每周约花费140万至165万英镑用于治疗肥胖引起的疾病,因此改善国民健康状况的需求十分迫切。首席医疗官阿瑟顿(Atherton)博士表示,解决最富有和最贫穷地区之间的健康不平等问题,仍然是威尔士面临的最大、最复杂的挑战之一。体育素养是面向所有人的健康生活之旅,所有年龄段和地区的人都可以通过发展体育素养来提升个人的幸福和健康水平。威尔士学校场域中针对改善青少年身体、精神现状的运动也在发展中。新课程强调体育教育应该注重对自然环境和资源的利用,学生应该在当地环境中发展体育能力和冒险精神,获得健康和福祉,这些加速推动了该地区的体育素养研究。威尔士政府在政策层面上优先重视体育素养,并且强调体育素养的发展是促进终身参与体育和娱乐活动的有效机会。相关政府部门建议将体育教育作为威尔士的核心学科,与数学、英语、威尔士语和科学并驾齐驱,这一政策将该地区对体育素养的重视体现得淋漓尽致。最初,威尔士体育局采用的体育素养定义与怀特海德和国际体育素养协会提出的定义相似,但却以等式的形式表达出来:体育素养=身体技能+动机+信心+大量的机会,这将复杂的体育素养概念转化为公众容易理解的形式,显示出了浓厚的地域特色。此外,威尔士地区还通过其体育素养专门网站倡导将体育素养作为贯穿一生的旅程,该网站显示了不同生命阶段的体育素养,有力促进了该地区人们对体育素养重要性的理解。2014 年,威尔士政府投入了大约 178 万英镑用于"学校体育素养计划"。该计划是一个有针对性的干预计划,旨在培养年轻人形成体育素养,促进年轻人对学业的参与度和信心,减少贫困对学业成绩的影响。威尔士的课程改革蕴含着体育素养的概念,体育教育将作为培养"健康和自信的个人"、形成"健康和幸福的学习经验"的一部分。为测评该地区体育素养的推广状况以及青少年的体育素养促进效果,威尔士体育局与几所大学共同开发了"龙挑战"项目以测评个体的体育素养水平,测评通常需要受过专业训练的测评人员参与。此外,该地区在体育素养情感方面的测评采用大规模的《学校体育调查》,以确认当前学生对学校体育教育以及课外体育参与的态度。

四、澳大利亚

澳大利亚温暖宜人的气候使得户外活动更有吸引力,多样的地理特征能促进人们产生各种各样的运动需求,这些因素有助于促进澳大利亚人参与运动并加深对体育素养的理解,为澳大利亚发展体育素养奠定了一定的基础。澳大利亚于 2015 年颁布了第一个全国性义务教育阶段健康与体育课程标准,虽然文件没有明确提及体育素养,但标准中的各个方面与体育素养呈现出很强的一致性。例如,课程的目的是为发展知识、理解和技能奠定基础,让学生过上健康、安全和积极的生活。堪培拉大学的体育素养研究小组可以视为澳大利亚体育素养的领导者,该研究小组致力于通过开展学校体育和运动、为教师开发任务卡等资源以及联系社区,提高澳大利亚儿童的体育素养水平。2016 年 5 月,澳大利亚开始研制体育素养的定义、标准框架、评估指南和实施指南。该小组的核心研究人员对体育素养进行了广泛的文献调查,随后召开了专家小组会议,以寻求共识。最终该小组就一系列陈述性定义达成了一致认识,明确指出每个人都有可能通过参与身体活动来学习,并且这种潜力可以自我延续。体育素养有利于个人的整体发展,主要包括四个关键的学习领域:身体、心理、认知和社会。该小组强调,发展和学习必须"跨越"所有四个领域,而不仅仅是关注身体领域。澳大利亚处于体育素养发展的早期阶段,使用陈述性定义得到了相关各界的广泛接受,并得到了联邦政府的支持。澳大利亚的体育素养测评方案由澳大利亚运动委员会负责研制和发布，早期的体育素养测评主张体育教师选择自身感兴趣的要素，并结合澳大利亚的体育素养框架体系实施测评。近年来，澳大利亚开发了幼儿体育素养测评工具，为世界范围内的体育素养测评提供了参考。为了进一步加快儿童青少年的体育素养培养，澳大利亚运动委员会的官网上提供了四项体育素养培养实例，分别是少儿运动员发展方案、幼儿丛林玩耍方案、女孩冲浪训练营和小学生身体健康项目。这种详细的培养实例有利于呈现培养细节，促进公众对体育素养培养的理解。

五、新西兰

在久坐行为和缺乏运动盛行的今天，新西兰同其他国家一样都面临国民体质下降、非传染性慢性疾病发病率上升等问题。新西兰政府发现高质量的体育活动能够改善新西兰国民的身体和精神，并对个体的心理健康产生积极影响。与此同时，全球范围内鼓励教育、体育等各领域关注体育素养，这些思潮也推动了新西兰发展体育素养。新西兰体育局是一个政府资助机构，致力于在新西兰推广群众和精英体育。新西兰发布的《2015—2022年社区体育战略》遵循2009年发布的国家战略，强调体育素养是新西兰年轻人的重点关注领域。为指导体育素养发展，新西兰体育局于2015年发布了《体育素养指导优质体育活动和运动经验》文件，其中使用怀特海德的定义："体育素养是参与者所需的动机、信心、体力、知识和理解，使个体能够重视和承担从事体育活动和终身体育的责任。"新西兰体育界认为，想成为一个成功的体育国家需要以参与者为重点发展体育素养，并开展社区体育，从整体上看待参与者，考虑到他们的身体、社会和情感、认知和精神需求。此外，新西兰将毛利精神文化纳入他们的体育素养文件中，这对于新西兰的文化和社会非常重要。新西兰在这份文件中概述了其愿景，提供了有关体育素养的信息，并考虑了不同生命阶段的需要。根据怀特海德的定义，这份文件的章节按照"一生旅程"的顺序呈现，赋予了"生命进程"重要意义，其中详细展示了每个生命阶段(从幼儿一直到老年)发展体育素养的全面性和包容性办法。新西兰曾在体育年度报告中指出，该国的目标是在2017年至2020年期间提高儿童的体育素养。为保证青少年的体育素养发展，新西兰体育局发布了《青少年体育和身体活动质量指标》，为发展体育素养提供高质量的支持、高质量的机会、高质量的经验。国家可以依照这些指标发现当前在学校体育教育等领域内存在的问题，并进行调整。新西兰同时出台了具有针对性的方案，以及简单易行的资源库(活跃体育资源库、体育起点资源库等),可以更直接地对目标人群进行指导。例如:针对 0—5 岁婴幼儿的《少坐、多动、睡得好指南》鼓励为婴幼儿提供足够多的玩耍机会,尽可能减少婴幼儿的久坐行为,确保孩子们养成高质量的睡眠习惯,促进早期身体、认知和社会情感的发展。

六、国际体育素养协会(IPLA)

当前,"身体活动缺失症"(Physical Inactivity)已经成为全球性流行病,身心二元的机械区分使得这种状况越来越严重,只关注心灵而不关注身体,使得体育和身体活动在人类生活中的重要性和价值没有得到应有的重视。在这种观念的影响下,学校体育教育的定位出现了偏误。多数学校将追求高水平运动成绩和表现作为学校体育的主要工作重点。教学活动致力于高水平竞技运动,以提高运动成绩为目标,缺少对"体育活动意识和习惯"培养的关切,忽视了对普通学生的运动促进。基于这些背景,同时为促进体育素养研究与实践在全球范围内的蓬勃发展,需要一个专门机构来领导这场全球性的运动。国际体育素养协会(IPLA)是英国倡导体育素养的主要组织,该组织成立于 2014 年,是英国的一个慈善机构,怀特海德被任命为该协会的主席。IPLA 的成立是为了提供关于体育素养的指导,在全球范围内促进人们保持对该概念认知的清晰性和一致性。在推进此研究时,IPLA 通过其官方网站向外界展示了该组织对体育素养的定义,并致力于对此定义进行不断的发展与更新,此外还向相关从业人员提供培训方案,举办年度会议加强各界对此概念的关注与讨论。虽然被命名为"国际体育素养协会",但该团体主要与英国的相关研究者有联系,重点是促进英国境内的体育素养推广与发展。由于体育素养是一种通过终身参与身体活动来发展和维持的能力,并不是一种在某一时间段就可以达到并在之后保持的状态,因此 IPLA 对于体育素养培养持一种发展性、渐进性的态度。该协会引用"旅程"来比喻体育素养测评,引发人们对体育素养的思考,提出基于体育素养的概念绘制旅程图,而不是评估任何形式的"进步"。IPLA 从"动机""信心""身体能力""知识和理解"四个构成要素展开测评,草拟了用于记录体育素养旅程进展情况的图表,图表中包括"未意识到或忽视潜能""探索潜能""发展潜能""加强潜能"和"潜能最大化"。与此同时,针对儿童青少年体育素养的培养,英国政府出台了"学校体育与活动战略计划",旨在增加小学生在校运动量,培养和提高小学生的活动兴趣和体育素养。战略计划不断强调创造丰富、积极的学习经历的重要性,为学生提供进步和成功的体验,让学生自己作出选择,认为只有这样才能激发学生学习的自信和自我价值。

总体而言,当前一些国家、地区及组织已经充分认识到体育素养的重要性,并在相关政策中引用了"体育素养"这一术语。然而每个国家国情各异,并且有各自独特的自然、人文及历史文化背景,因此,在体育素养这一宏观的理论框架指导下,各国开始了对该理论的本土化创新与发展。基于此,本书从国际比较的视角,在后续章节按照"框架构成、测评体系、培养策略、面临的问题与未来展望"的分析框架,分别对美国、加拿大、英国威尔士、澳大利亚、新西兰和IPLA的情况进行详细介绍,对当前国际上的体育素养认识进行梳理、比较和批判,以探求体育素养在国际上的发展状况,通过借鉴其他国家的先进经验为我国发展体育素养助力。

第二章 美国体育素养研究

在过去的十多年间,随着体育素养在全球的被关注度越来越高,包括美国在内的十几个国家对体育素养进行了深入研究。美国体育素养研究的推动有着深厚的社会背景,一方面是以阿斯彭(Aspen)研究所为代表的非营利性组织聚焦青少年身心健康成长,发布了有关体育素养的大型报告,提出了系列倡议和战略构想;另一方面是以美国健康和体育教育者协会(Society of Health and Physical Educators,SHAPE America)为代表的专业组织,主要从学校体育角度关注体育素养,先后出台了指向体育素养的《K-12国家体育课程标准和各年级水平学习结果》(National Standards & Grade-Level Outcomes for K-12 Physical Education)和 PE Metrics 体育素养评价体系,在学校体育层面极大地推动了体育素养的理解、引入和课程实施,为广大师生普及了体育素养的内涵及其相应实施要求。因此,在当前面对一系列的人口健康问题之时,以体育素养培养为突破口无疑成为美国体育和教育领域的重要关注点。

第一节 美国体育素养的框架构成

在联合国教科文组织提出"素养"概念后,各个学科都展开了新一轮课程改革,体育与健康学科也不例外。当前越来越多国家将体育素养作为体育与健康课程改革的核心概念,美国作为教育大国和体育强国,在2013年颁布《K-12国家体育课程标准和各年级水平学习结果》后,拟将体育素养概念向全国推广。

一、美国体育素养提出的背景

(一)体育素养呈现全球化的趋势

"素养"包括知识、理解、思考、交流和应用等几个组成部分。联合国教科文组织的教育部门在2004年发布了一份立场文件,提供了素养的背景和定义。教科文组织认为素养不仅仅是阅读和写作,它还与我们如何在社会中沟通相关,包括"社会实践和人际关系"以及"知识、语言和文化"。

在过去的十年中,由十几个国家组成联盟,对人口素质的期望结果进行讨论并采纳了许多倡议,提出了体育素养的概念。实际上,美国对体育素养的概念并不陌生,因为体育素养的概念在19世纪80年代就已经被提出了,但当时并未受到广泛关注。直到怀特海德发表了一系列关于体育素养的论文之后,这个概念引起了大家的热烈讨论,"体育素养"一词又重新回到了公众视野中,并逐渐成为全球关注的焦点,各国也开始针对体育素养的理论与实践问题进行深入探讨。在这一过程中,美国作为全世界体育和教育最发达的国家之一,也在体育素养的全球化趋势中开始推进体育素养的相关理论与实践工作。

(二) 美国人口健康问题十分突出

长期久坐不动的生活方式导致了美国人口肥胖率攀升和身体活动不足的问题,这种情况造成的后果相当严重。令人担忧的是,久坐不动影响的不只是成年人,儿童和青少年也面临着肥胖和身体活动不足的问题。最新的研究表明,肥胖和超重的健康问题在25年间影响着195个国家。《新英格兰医学杂志》2017年刊登的数据显示,在全世界20个主要国家当中,美国以12.7%的儿童超重率居首位[1]。这会带来一系列的不良后果:身体活动不足的儿童更容易超重、缺课,学习成绩也会更差。在未来,他们肥胖的可能性是普通成年人的两倍,工作收入会减少,医疗费用会增加,还会请更多的病假。缺乏体育活动会降低生活质量,消耗经济并引发恶性循环;缺乏运动的父母生出缺乏运动的孩子的可能性是其他人的5.8倍,也就是说肥胖和身体活动不足有一定的遗传性。体育素养的推广需要获得劳动力人口,即社会中青壮年人群的认同和支持,但是关注和工作的重点需要聚焦儿童和青少年,因为他们才是社会与国家的未来,可塑性也比劳动力人口更强。

为了更进一步研究如何解决美国人口健康问题,阿斯彭研究所的体育与社会项目将体育素养作为一个有前途的概念引入,旨在为决策者提供通过体育建设健康社区的多阶段倡议,其中第一阶段的重点是重新构想青少年体育,以满足所有儿童的需要。体育与社会项目的80多位高级领导人中,许多代表着卫生、体育、教育和其他利益相关者的团体,他们对美国目前体育素养方面付出的努力表示认同并对其潜力充满信心。2015年1月,阿斯彭研究所的体育与社会项目在其报告《全员参与,终身运动:让每个孩子

---

[1] Afshin A, Forouzanfar M H, Reitsma M B, et al. Health Effects of Overweight and Obesity in 195 Countries over 25 Years [J]. New England Journal of Medicine, 2017, 377 (1): 13-27.

参与游戏》中提出,所有儿童的体育素养发展都是青少年体育体系的基础,更广泛地说应该是通过体育实现儿童社会化的基础,这是一项雄心勃勃的目标。

美国疾病控制和预防中心(CDC)建议 6~17 岁的儿童和青少年每天参加一小时的体育活动,但是目前只有 28.1% 的女孩和 41.4% 的男孩达到这一水平。在美国,9~15 岁的青少年每天参加中等到剧烈强度运动的时间与 CDC 的建议时间相比减少了 38 分钟。除此之外,有超过三分之一的青少年超重或肥胖,肥胖的青少年缺乏协调性,这很可能成为活动的障碍,进而在需要运动或进行身体活动的任务中表现较差。在年龄更大的青少年和成年人中,肥胖导致糖尿病的发生率更高。缺乏运动和肥胖也是导致癌症、心脏病、中风、关节和骨骼疾病以及抑郁症的重要因素。到 2030 年,预计美国仅治疗可预防的与肥胖有关疾病的综合医疗费用每年就可能增加 660 亿美元,每年损失经济生产力相关的金额高达 5 800 亿美元。虽然目前体育素养项目的实施时间还不够长,不足以形成评价其有效性的纵向研究,但研究已经证实,运动技能发展较好的学龄前儿童更容易进行体育活动,运动协调是小学阶段体育活动的重要预测因素,那些具备体育素养的青少年更有可能在青春期和成年期保持活跃。早在 1986 年,密歇根州立大学的研究人员就总结道:"现有的证据表明,早年运动发育的质量可能会对晚年的生活质量产生重大影响。"因此,体育素养是通向积极生活方式的大门。也就是说,个体在儿童和青少年时期没有通过培养而具备体育素养会影响到其今后的生活。上述数据和资料表明,肥胖和缺乏运动会给人们造成巨大的经济损失,他们在相关疾病的治疗上要比那些健康的、具备体育素养的人群背负更多的财务压力,而这方面的压力会严重影响他们的生活质量。

(三)运动技能是体育素养的关键

体育素养是和体育相关的核心素养,培养体育素养需要通过体育这个载体来实施,过去错误的观念认为拥有体育素养就是拥有运动技能。但近 10 年来的研究表明,体育素养是一个庞大的概念,体育素养需要的不仅仅是运动技能的发展,还需要培养使用这些技能的心态。运动技能是培养体育素养的主要途径,掌握基本运动技能可以使个体获得良好的从事体育与其他活动的能力,但是许多人在获得基本运动技能方面起步较晚。有研究表明儿童基本运动技能存在"窗口期",儿童需要在恰当的年龄受到"教学措施"的干预。

在促进体力活动过程中,并不是所有的基本运动技能都是高度相关的。一项针对学龄前儿童的研究发现,熟练掌握移动技能(跑、跳、滑)与中等强度体力活动(MPA)和高强度体力活动(VPA)的时间增加有关,而熟练掌握物体控制技能(投掷、抓、滚、踢、击、运球)不受 MPA 或 VPA 的时间影响[1]。与运动技能相关的另一项研究发现,20多岁进行体育锻炼的年轻人比不锻炼的年轻人在运动健身方面的得分(400 m 跑、仰卧起坐、50 m 短跑和穿梭跑)更高[2]。尽管现有研究成果有限,但是有其他数据表明运动技能(跑步、垂直跳跃、接球、上手投掷、正手打击和踢腿等)在培养体育素养和参与训练中发挥着作用,技能更熟练的儿童和年轻人往往更积极[3]。德克萨斯大学奥斯汀分校在对现有数据进行分析后得出结论:人们发展体育素养离不开运动技能的训练与获得,儿童阶段是发展基本运动技能的关键时期。上述的研究与数据表明,不同的基本运动技能在发展过程中存在不同的"窗口期"。比如发展儿童"投掷"的最佳时期为 1～5.5 岁,发展儿童"踢"的最佳时期为 2～7.5 岁,错过了"窗口期"可能会导致发展相关基本运动技能的速度迟缓。基本运动技能是运动项目的重要基础,基本运动技能发展缓慢会导致儿童在学习具体的运动项目时表现不佳,而运动项目作为培养体育素养的重要载体,其发展速度和熟练程度势必会影响儿童的体育素养水平。

(四) 儿童是体育素养培养的重点对象

尽管体育素养的发展贯穿了人们的一生,但从更早的生命阶段开始发展体育素养可以使人们更早地从中获益,所以几乎所有已经取得成效的国家都认为发展儿童的体育素养是其工作重点,美国也不例外。同时,美国的儿童面临着非常严重的健康问题,在 195 个受肥胖与身体活动不足影响的国家中,美国以 12.7% 的儿童肥胖率位居前列。美国疾病控制和预防中心(CDC)建议 6～17 岁的儿童每天参加一小时的体育活动,但到 6 岁时达标的儿童占比不到 50%,并且女生的活动量仅为男生活动量的一半;到了 9～15 岁时,儿童的活动量呈明显下滑的趋势,且只有小部分能够达到每日参与中到大强度运动的时间要求。

学校体育课程是儿童获得体育素养的重要途径,根据相关资料显示,美

---

[1] Williams H G, Pfeiffer K A, O'Neill J R, et al. Motor Skill Performance and Physical Activity in Preschool Children [J]. Obesity, 2008, 16(6): 1421-1426.

[2] Malina R M, Katzmarzyk P T. Physical Activity and Fitness in an International Growth Standard for Preadolescent and Adolescent Children [J]. Food & Nutrition Bulletin, 2006, 27(4 suppl): 295-313.

[3] Malina R M. Movement Proficiency in Childhood: Implications for Physical Activity and Youth Sport [J]. Kinesiologia Slovenica, 2012, 18(3): 19-34.

国的体育课程开展情况不容乐观。美国《体育教育报告》相关数据表明：截至 2016 年，美国 50 个州中有 17 个州允许学生免修体育教育课程，其比例高达三分之一。近 15 年来，虽然全美对体育课程内容提出具体要求的州的数量呈上升趋势，但是到 2016 年为止，仍有 21 个州（占比 42%）未对体育课程内容进行规定，没有特定的内容框架作为指引。这虽然使一线体育教师在课程设计和教学内容方面有了更大的发挥空间，但同时也给体育教师带来了教学内容选择上的困扰，不利于高质量体育课程的建设①。美国是分权制国家，各个州都有独立的教育部门，国家层面没有统一的硬性要求，这是体育素养推广中的一大难题。好在美国健康和体育教育者协会通过国家体育课程标准推动体育素养的发展，积极与各个州的相关领导和负责人沟通交流并在会议上传播体育素养概念。美国健康和体育教育者协会取得的成功受到了广泛肯定，美国几乎所有的州都选择接受美国健康和体育教育者协会制订的体育课程标准作为美国国家体育课程标准。美国国家层面建议各州在小学阶段每周至少达到 150 分钟的体育教学，初中和高中每周至少 225 分钟，学生进行中到高强度体力活动的时间应至少占体育教育课时的 50%，同时增加体育教学时间和体育锻炼机会，促进学生每天累计进行 60 分钟体育锻炼来避免较长时间不运动②。

儿童与青少年是国家的未来，关注他们的体育素养发展就是在关注美国未来社会劳动力人口的发展，一个拥有健康劳动力的国家是无比强大的。美国现在已经认识到体育素养的重要性，虽然国家教育管理机构没有直接参与进来，但已经有许多国家层面的体育组织在为美国儿童与青少年的体育素养发展不懈努力，情况正变得越来越好。

（五）美国持续不断的体育素养探索

2014 年，阿斯彭研究所的体育与社会项目（Sports & Society Program）在罗伯特·伍德·约翰逊基金会（Robert Wood Johnson Foundation）的支持下，开始通过"游戏计划"（Project Play）为美国制订跨部门的体育素养计划。计划的第一步是委托佛罗里达大学体育政策与研究协作组织（现称体育与体育活动研究协作组织）进行"全球环境扫描"项目，以了解其他国家推广和实施体育素养的信息。通过"全球环境扫描"项目美国认识到：体育素养的发展正在全世界如火如荼地展开，许多国家及其关键部门都注意到了体育素养在未来人口发展中的重要性并接受了体育素养的概念。一些国家

---

①② 张大超，杨娟. 美国 3 版《K-12 国家体育教育标准》演变对学校体育影响的比较研究及启示[J]. 体育科学，2017,37(10):21—31.

已经走在了体育素养发展的前列,建立了与体育素养相关的一系列发展模型和评价体系。美国"全球环境扫描"项目一共涉及 10 个国家和地区:加拿大、威尔士、英格兰、澳大利亚、新西兰、北爱尔兰、苏格兰、荷兰、委内瑞拉和美国。最早实施计划的国家和地区(英格兰、威尔士和加拿大)主要都是通过体育和教育系统发展体育素养项目,都与国家体育管理机构及学校合作,通过体育教育、社区体育和积极游戏向儿童介绍体育素养概念。体育素养包括情感、认知和身体等组成部分,每部分都有相应的评价工具和体系。从宏观层面来看,提供这一规划的组织都从国家认可的机构获得资金和支持,要么是专注于体育的联邦机构(如英格兰体育、加拿大体育和威尔士体育),要么是其他政府部门。英格兰和威尔士利用国家彩票基金支持体育素养活动,而加拿大主要利用政府和私人(公司)资金。加拿大、英格兰和威尔士为美国体育素养的发展提供了借鉴,美国向这三个国家和地区学习到许多发展体育素养的经验。比如在 21 世纪初,美国奥委会教练培训部(Coaching Education Department)和数个国家管理部门引入运动员长期发展项目和体育素养概念,其最初是在加拿大终身运动(Canadian Sport for Life, CS4L)计划的基础上建立起来的。之后美国自身的运动员长期发展项目应运而生,即如今的美国发展模式(American Development Model, ADM)。另外,美国的国家运动与体育教育协会(NASPE)在借鉴加拿大 PLAY 体育素养评价体系的经验之后,创造并完善了美国自己的体育素养评价工具与体系 PE Metrics。

美国作为一个发达国家,国力强大、经济发达、实力雄厚,在军备竞赛和体育竞赛中屡屡获胜,特别是在各种国际体育大赛上,美国的运动健儿常常斩获佳绩。但竞技体育只是国家体育的一部分,它更多体现的是一个国家优秀运动员与运动精英们的水平,而无法代表群众体育和国家整体的体育素养。美国这样一个体育大国,在体育素养发展的道路上却相对滞后。加拿大、英格兰与威尔士很早就意识到体育素养对国家整体体育素质的重要性,国家宏观层面的支持使得体育与教育部门大受鼓舞,国家体育管理机构纷纷与学校、社区、社会组织大力合作,发展体育素养。英格兰和威尔士利用国家彩票基金支持体育素养活动,而加拿大主要利用政府和私人(公司)资金,所以这些国家在发展体育素养时资金充足。同时,加拿大拥有完善的在线服务,为家长和教练、研讨会、视频和博客提供资源,还将社交媒体作为其活动信息传递的一部分。由怀特海德领导的国际体育素养协会总部设在欧洲,是一个有效的信息沟通机构,所以一些欧洲国家在发展体育素养时信息传递快速而高效。这些取得成功的国家都发现,发展对体育素养的基层支持是创建和实施体育素养项目的关键。在美国,与教育相关的体育素养仍旧处在雏形阶段,在接受体育素养方面,一个主要的障碍是美国的学校和学校行政区没有遵循统一的体育课程。到目前为止,美国大多数与体育素养相关的研究都集中在哲学和宣传文章上,与世界上其他发达国家不同的是,美国没有体育部来引导体育素养的发展。

虽然美国不属于发展体育素养的第一梯队国家,但是它正在迅速追赶,并已经取得了一些成就:一是阿斯彭研究所的体育与社会项目在罗伯特·伍德·约翰逊基金会的支持下,通过"游戏计划"为美国制订跨部门的体育素养计划,体育与体育活动研究协作组织进行了体育素养"全球环境扫描"项目;二是美国健康和体育教育者协会以美国国家体育课程标准为抓手,已经在介绍和推动体育素养方面做出了重大努力,包括与支持者交流以及在会议上传播体育素养;三是目前有 50/51 的州(包括华盛顿州)选择接受美国健康和体育教育者协会的美国国家体育课程标准作为州课程标准;四是美国奥林匹克委员会是与他国体育部最为类似的一个实体,《特德史蒂文斯奥林匹克与业余体育法》指定其作为协调机构,负责协调所有国际赛事的体育项目,同时促进公众健康水平、提升公众的体育活动参与度;五是美国奥委会教练培训部和数个国家管理部门合作,引入运动员长期发展项目和体育素养概念,在加拿大终身运动计划的基础上开发了美国发展模式。种种成就表明,美国已经意识到体育素养的重要性,并在多个层面进行着体育素养有关的改革,美国的体育素养正在快速发展中。

二、美国体育素养的发展历程

(一)前期萌芽阶段(20 世纪 80 年代—21 世纪初)

20 世纪 70 年代中期,美国第八次经济危机爆发,在经济萧条和新技术革命的双重冲击下,美国教育质量出现了严重滑坡,而美国的企业逐渐由劳动密集型转向知识密集型。因此,通过提高教育质量而培养大量人才,成为当时美国社会发展的迫切需求。经过 20 世纪 70 年代的阵痛后,美国的有志之士决定对教育进行大刀阔斧的变革,变革的第一步便是出台大型教育报告,如 1983 年的《国家处于危机之中》(A Nation at Risk)、1985 年的《改革之呼吁》(A Call for Change)、1986 年的《准备就绪的国家:二十一世纪的教师》(A Nation Prepared: Teachers for the 21st Century)和《明日之教师》(Tomorrow's Teachers)、1990 年的《明日之学校》(Tomorrow's Schools)和 1995 年的《明日之教育学院》(Tomorrow's

Schools of Education)等等①,这些研究报告对美国教育改革的推进产生了极其重要的作用②。1995年,美国国家运动与体育教育协会响应这一改革号召,围绕"学生应该知道什么和怎样做"这一核心目标制订了第一个国家体育课程标准——《向未来进发:国家体育课程标准内容和评价指引》。同时,面对国民体质健康水平持续下降及其带来的大量社会民生问题,美国卫生与公共服务部(HHS)在1979年颁布了《国民健康:健康促进与疾病预防报告》,并建议国民要加强体育锻炼。美国卫生与公共服务部从1980年至今又发布了四代健康公民(Healthy People)计划,进一步明确体力活动是改善国民体质健康的重要途径③。体育素养的部分初期概念在这一时间段出现,并初步被包含在美国的体育课程标准和一些健康促进的报告之中。

(二) 中期形成阶段(21世纪初—2013年)

进入21世纪,随着《不让一个孩子掉队》(No Child Left Behind)法案的出台,美国的教育又进入了一个新的变革时期,学校体育课程也随之受到了相应影响④。美国教育部于2002年发起成立的"21世纪技能伙伴协会"(简称P21)经过多年研究,开发出了"21世纪学习框架"体系,该框架的第二部分"21世纪技能"即为"核心素养"。21世纪核心素养在基本的阅读、书写、计算技能的基础上提出了更高的要求,其意指将知识和技能应用于现代生活情境。该框架由两大板块组成:一是21世纪核心学科与主题;二是21世纪技能。前者侧重知识,后者侧重技能,二者相互依赖,彼此交融。学习、信息和生活技能唯有在与核心学科知识建立联系的时候,才能产生意义。换言之,核心学科知识唯有通过21世纪技能而获得的时候,才能被深入理解。这一学习框架清晰、完整,且具有现实操作性。2004年,美国围绕"受过体育教育的人应是怎样的"这一核心目标,修订了《向未来进发:国家体育课程标准内容和评价指引》。此外,美国运动医学学会(ACSM)在2007年提出"运动即良医"的运动健康促进理念,确立了体力活动在预防疾病和促进健康方面的重要作用。核心素养在学校体育课程中的进一步落实便是体育素养,这一时期出现的"核心素养"概念为后期美国体育素养的发展奠定了坚

---

①④ 汪晓赞,尹志华,Housner L D,黄景旸,季浏.美国国家体育课程标准的历史流变与特点分析[J].成都体育学院学报,2015,41(2):8—15.

② 尹志华,毛丽红,孙铭珠,汪晓赞,季浏.20世纪晚期社会学视域下体育教师研究的热点综述与启示[J].北京体育大学学报,2014,37(5):98—105.

③ 陈长洲,王红英,项贤林,彭国强,任书堂.美国体育素养战略计划的特点及启示[J].体育学刊,2019,26(2):96—104.

实的基础。

(三) 后期发展阶段(2013年至今)

基于"21世纪技能"这一核心素养概念,美国健康和体育教育者协会研制了2013年新版《K-12国家体育课程标准和各年级水平学习结果》。这一版本的体育课程标准以"具备体育素养的人"取代了"受过体育教育的人",体育素养成为新的核心目标。2024年3月,美国最新修订颁布的《美国国家体育课程标准》进一步强化了体育素养对青少年学生终身体育的引领作用。而之前,阿斯彭研究所发布的体育与社会项目中引入了体育素养概念,旨在通过体育运动建立健康社区,以满足所有儿童的运动需求。2015年1月,在《全员参与,终身运动:让每个孩子参与游戏》(Sport for All, Play for Life: A playbook to Get Every Kid in the Game)的报告中提出,发展儿童青少年体育素养应该成为所有体育工作组织机构的最终目标,并要通过各种形式的体育活动、娱乐活动和社交活动培养儿童青少年的体育素养。此后,阿斯彭研究所还在罗伯特·伍德·约翰逊基金会的支持下创建了一位由15个成员组成的工作组,成员为各个国家部门的领导人,共同制订了《美国的体育素养:一个模型、战略计划和行动呼吁》(Physical Literacy in the United States: A Model, Strategic Plan, and Call to Action),旨在进一步发展所有生活在美国的儿童青少年体育素养[1]。2013年后,美国的国家体育部门和地方的非营利性体育组织纷纷引入体育素养概念,许多学者和专家也积极投身于体育素养的研究之中,从而促进了美国体育素养的飞速发展。

三、美国体育素养的框架

(一) 美国体育素养的定义

美国国家体育管理机构并没有明确体育素养的定义和内涵,但美国两个比较权威的体育组织——美国体育与健康教育者协会和阿斯彭研究所都对体育素养的概念进行了解释。

美国健康和体育教育者协会基于怀特海德对体育素养的定义,在《K-12国家体育课程标准和各年级水平学习结果》中给出了自己的体育素养定义:在多种多样的环境中进行各种有益于整个人健康发展的体育活动的能

---

[1] 陈长洲,王红英,项贤林,彭国强,任书堂.美国体育素养战略计划的特点及启示[J].体育学刊,2019,26(2):96—104.

力和信心①。同时,基于该定义还提出了5条更为细致的素养,如表2-1。

表2-1 美国的5条体育素养

素养1	具备体育素养的个体能在各种运动技能和运动模式方面表现出能力
素养2	具备体育素养的个体能运用与动作和表现有关的概念、原则、策略和战术知识
素养3	具备体育素养的个体能展示实现和保持提高身体活动和健康水平的知识和技能
素养4	具备体育素养的个体能表现出尊重自己和他人的负责任的个人和社会行为
素养5	具备体育素养的个体能认识到体育活动对健康、享受、挑战、自我表达和社会交往的价值

而这5条体育素养正是美国国家体育课程标准的目标。美国各个州高度自治,拥有地方体育管理机构,但是几乎所有的州都接受了该标准作为美国国家体育课程标准,体育素养出现在美国国家体育课程标准中是一个具有影响力的举措,对于体育素养的推广具有重大意义。

另一个在体育素养推广工作上做出重大努力的美国体育组织是阿斯彭研究所,它更偏向于认可简单、有用的定义:体育素养是一种能力、信心和终身体育锻炼的愿望②。能力指基本运动技能的能力和个人参与各种游戏和活动的整体健身能力,可以通过非正式的游戏和正式的动作技能教学来实现。自信是个体知道自己有能力参加运动或享受其他体育活动,通过整个发展过程中的支持和鼓励实现。愿望是对体育活动的内在热情,通过早期的积极经验实现。

表2-2 美国两个组织关于体育素养的定义

组织	美国健康和体育教育者协会	阿斯彭研究所
定义	在多种多样的环境中进行各种有益于整个人健康发展的体育活动的能力和信心	体育素养是一种能力、信心和终身体育锻炼的愿望

---

① Roetert E P, Kriellaars D, Ellenbecker T S, et al. Preparing Students for a Physically Literate Life [J]. Journal of Physical Education, Recreation & Dance, 2017,88(1):57-62.
② Roetert E P, Kriellaars D, Ellenbecker T S, et al. Preparing Students for a Physically Literate Life [J]. Journal of Physical Education, Recreation & Dance, 2017,88(1):57-62.

不难发现,两个体育组织在体育素养的概念中都提到了能力、信心和体育活动/锻炼。能力主要指个体参与各种体育活动、体育锻炼、体育比赛和体育游戏的身体能力,它强调的是个体的身体素质以及从事体育运动的外在表现,是发展体育素养的基础与核心。自信指个体对自身成功应对特定情境能力的估计,简单来说,就是个体对自身能完成某一特定事情能力的把握。美国体育素养中的自信是指个体认为自己有能力在某项体育运动或多项体育运动中取得成功。需要注意的是,自信的产生离不开成功,一个人不会无故地产生自信,需要在一段时间内不断积累积极的成功经验。越早获得自信越容易在体育素养的发展中取得阶段性成功,儿童时期就在体育运动中获得自信的成人会比其他成人拥有更强的参与体育运动的积极性。从事体育运动获得自信的过程有可能产生"雪球"效应,越有自信的人越容易在体育运动中获得成功,成功又会强化自信使得个体投入到更多的体育运动当中,这会产生一种良性循环。自信是成功后的良性情绪,是一种健康的心理状态,是一种隐性的内在表现。自信可能会有一定的迁移性,个体在体育运动中获得自信之后可能会增加在其他领域成功的概率。

除了能力与自信之外,阿斯彭研究所对体育素养的解释中还提到了"终身锻炼",需要注意的是,体育素养的获得与发展贯穿人们的一生,目前研究体育素养的各种机构与组织把重心都放在儿童身上,但是不可否认个体无论在什么年龄段都能够也都需要发展体育素养:儿童和青少年发展体育素养可以改善他们的体质健康,一定程度上可以提高他们在学习方面的表现;青壮年发展体育素养可以让他们保持活力和健康,在工作中充满精力,减少在医疗卫生方面的经济压力;中老年人发展体育素养可以让他们保持良好的心态,维持日常的身体活动量,一定程度上可以强健体质,延长寿命。

(二) 美国体育素养的构成

美国健康和体育教育者协会在《K-12国家体育课程标准和各年级水平学习结果》中颁布的5条素养更加全面地阐释了体育素养的内涵,亦是美国体育素养的框架。这5条素养包含了运动技能和体能、体育策略和意识、健康知识和技能、体育行为和社会交往、体育认知和情感态度等构成要素。其中,素养1描述的是运动技能和体能方面的要求,素养2描述的是体育策略和意识方面的要求,素养3描述的是健康知识和技能方面的要求,素养4描述的是体育行为和社会交往方面的要求,素养5描述的是体育认知和情感态度方面的要求。

表 2-3 美国体育素养的基本构成

素养 1 运动技能和体能	小学	移动式运动技能、非移动式运动技能、操控性运动技能
	初中	舞蹈和韵律、对抗性游戏和场地运动、隔网对抗类或对墙类运动、防守和击打类比赛
	高中	终身运动、舞蹈、体能活动
素养 2 体育策略和意识	小学	动作概念
	初中	对抗性比赛、竞争性比赛、靶类比赛、对抗性/击打性比赛、个人表现活动、舞蹈和韵律、户外活动
	高中	移动的概念、规则和知识
素养 3 健康知识和技能	小学	身体活动知识、参与身体活动、体能知识、评价和项目规划
	初中	身体活动知识、参与身体活动、体能知识、评价和项目规划、营养、压力管理
	高中	身体活动知识、参与身体活动、体能知识、评价和项目规划、营养、压力管理
素养 4 体育行为和社会交往	小学	个人责任、接受反馈、与他人合作、规则与礼节、安全
	初中	个人责任、接受反馈、与他人合作、规则与礼节、安全
	高中	个人责任、接受反馈、与他人合作、规则与礼节、安全
素养 5 体育认知和情感态度	小学	健康、挑战、自我表达和享受
	初中	健康、挑战、自我表达和享受、社会交往
	高中	健康、挑战、自我表达和享受、社会交往

这 5 条素养共同构成一个整体,强调了人的具身性,即生理体验和心理状态之间存在着紧密的联系。拥有体育素养不只是拥有运动技能、体育行为这类外显的行为表现,还应该包括策略、意识、情感、道德、知识等内隐的表现。此外,5 条素养也突出了人的社会属性,即人是社会中的人,体育素养不只是孤立地存在于个体中,而是人与社会交互中非常重要的一部分,具体包括和他人的竞争与合作以及对周边环境的适应能力,等等。总之,体育素养是一个广泛而全面的概念,美国确立本国的体育素养概念只是迈出了第一步,未来还需不断深挖体育素养的内涵,在各个领域进行体育素养的推广,让大众接受这一概念并从中受益。

第二节 美国体育素养的测评体系

通过借鉴较早发展体育素养并已经取得成功的其他国家的经验,如加拿大,美国不断更新发展属于自己的体育素养测评体系。在提出体育素养概念之前,PE Metrics 评价工具就已经存在,《K-12 国家体育课程标准和各年级水平学习结果》颁布后,美国修改了 PE Metrics 以匹配体育素养的相关内容。

一、美国体育素养测评体系 PE Metrics 的发展历程

(一) 阶段一:衡量学生对特定学科的知识获取情况

1983 年,美国国家卓越教育委员会发表了一篇题为《国家处于危险之中》的报告,声称与其他国家相比,美国在学术上正变得"过时",这使得美国努力在全国范围内建立一套标准体系,用于衡量学生对特定学科的知识获取情况。国家运动与体育教育协会(NASPE)响应这一改革号召,制订了第一个国家体育教育内容标准。这些标准的框架基于技能获取、知识开发和情感元素,期望学生展示出终身保持身体活动的能力。然而,尽管大家认为遵循这些标准能够促进高质量的体育发展,但时间分配有限、学科地位低和资源不足等诸多障碍,限制了 NASPE 标准在体育环境中的应用。尽管国家并没有完全采用 NASPE 标准,NASPE 标准的实施面临着诸多挑战,但NASPE 推进了一个通过内容标准衡量学生成绩的系统。

表 2-4 美国国家体育标准(1995 年版)

标准 1	展示运动技能和进行各种体育活动所需的运动模式
标准 2	展示对运动概念、原理的理解,及战略战术,因为它们适用于体育活动的学习和表现
标准 3	经常参加体育活动
标准 4	达到并保持增强健康的身体素质水平
标准 5	在体育活动中表现出尊重自我和他人的负责任的个人和社会行为
标准 6	重视健康、享受、挑战、自我表达和社会互动的体育活动

(二) 阶段二:衡量学生在体育环境中的能力变化

2000 年,NASPE 开发了基于标准的认知和心理运动技能评价体系,作为衡量学生在体育环境中能力变化或增长的工具。该评价体系旨在根据 NASPE 体育标准来衡量学生的成绩,通过将这些评价指标进行整合,进而形成一个评价体系,称为 PE Metrics。PE Metrics 被用来衡量运动技能和

运动模式的能力、对运动概念的理解、对体育活动生活方式特征的理解以及与体育活动相关的社会责任知识。在体育教学中,运用 PE Metrics 作为主要的评价指标,可以形成评价前后的模型,教师可以利用这些模型来衡量学生的学习成绩。

2004 年,NASPE 对 1995 年版的美国国家体育标准进行了重新修订,2004 年的国家体育标准提出:"体育的目标是培养受过体育教育的人,他应该是有知识、有技能、有信心终身享受健康身体活动的人。"

表 2-5 美国国家体育标准(2004 年版)

标准 1	在各种身体活动中表现出卓越的动作技能和动作模式
标准 2	理解动作的概念、规律、战略和战术,并应用于身体活动的学习和展现之中
标准 3	有规律地参加身体运动
标准 4	达到并保持健康体适能水平
标准 5	在身体活动中表现出负责任的个人和社会行为,如尊重自己和他人
标准 6	了解身体活动对于健康、享受、挑战、自我表达和社会交往的价值

随着新的体育标准颁布,PE Metrics 也进行了修订工作,对各项标准进行了详细描述。第二版的 PE Metrics 采用两种形式来展示标准,一种是书面展示,一种是影像展示。书面展示指以书面文字的形式表述评价标准;影像展示指以真人演示配合文字说明的形式表述评价标准。这两种展示方法相得益彰,书面展示比较方便查阅评价标准,影像展示则更利于教师直观地了解评价标准。PE Metrics 对标准 2~6 实施笔试,通过笔试(判断题、选择题)测量学生在标准 2~6 方面的学习成果。PE Metrics 将标准 2~6 分成了三个测试,即标准 2 测试、标准 3~4 测试、标准 5~6 测试。其中,K 年级学生年龄尚小,不进行笔试[①]。

(三) 阶段三:衡量 K-12 学生的体育素养成就

2013 年,随着体育素养概念的进一步发展,NASPE 对 2004 年版的美国国家体育标准进行了重新修订,新版标准命名为《K-12 国家体育课程标准和各年级水平学习结果》,将"受过体育教育的人"更替为"具备体育素养的人",引入了年级水平学习结果,并将原有的 6 条标准凝练为新的 5 条

---

① 莫磊.美国基于标准的中小学生体育学习评价研究——以 PE Metrics 为例[J]. 内江科技,2017,11:79—80+101.

标准。

表 2-6 美国《K-12 国家体育课程标准和各年级水平学习结果》5 条标准

标准 1	具备体育素养的个体能在各种运动技能和运动模式方面表现出能力
标准 2	具备体育素养的个体能运用与动作和表现有关的概念、原则、策略和战术知识
标准 3	具备体育素养的个体能展示保持和提高身体活动与健康水平的知识与技能
标准 4	具备体育素养的个体能表现出尊重自己和他人的负责任的个人和社会行为
标准 5	具备体育素养的个体能认识到体育活动对健康、享受、挑战、自我表达和社会交往的价值

《K-12 国家体育课程标准和各年级水平学习结果》颁布后，PE Metrics 也紧接着进行了第三版，即目前最新版本的修订工作。第三版的 PE Metrics 更新了评价理念、评价目的、评价方法、评价类别、评价工具、评价计划和样本评价，这些修订是为了使 PE Metrics 与国家标准以及年级水平学习结果保持一致。与以往版本不同，新版本中的样本评价与国家标准一致，要求为每个年级（幼儿园至高中）提供评价。年级水平学习结果是以年级为单位，对每个年级 5 条标准下的体育素养提出了相关要求，这些要求被分为三个水平：E=初级水平、M=成熟水平、A=应用水平，这些水平代表每个年级的学生学完当前学期或学年的体育课程应当达到的体育素养水平成果。PE Metrics 与《K-12 国家体育课程标准和各年级水平学习结果》保持一致，其评价对象是幼儿园至高中的所有学生。年级水平成果是每个年级的学生应当达到的水平，也就是合格水平，PE Metrics 作为评价工具能够帮助教育者评判学生是否达到该水平。

近年来，教育工作者、商界领袖、学者和政府机构已经确定了 21 世纪所需的素养。这些素养与学生在快速变化的信息化社会中取得成功所需的一系列可迁移的能力有关，协作、沟通、批判性思维和创造力四项素养是受大多数人普遍认同的。PE Metrics 体系将 21 世纪的素养整合到样本评价中，以衡量技能表现和知识，同时重视培养学生体育素养的关键任务。

二、美国体育素养测评体系 PE Metrics 的整体构成

作为美国体育素养的测评工具，PE Metrics 并不是一本教条式的工具

书,让使用者按部就班地进行评价,它更像是一本指导手册,引导使用者了解评价、建立评价和使用评价。PE Metrics 不仅是教育者可以在课堂上使用的实际评价工具,而且是根据教学环境制订评价的指南。当教育者使用 PE Metrics 时,可以使用一个评价来衡量不同水平,也可以自己创建一个新的评价准则。美国作为分权制国家,各个州拥有高度自治权,一个统一的评价系统无法满足每个州和地方的要求。所以 PE Metrics 为教育者提供了评价的思路、方法和工具,他们可以根据实际情况灵活组合,这也确实符合美国的国情。

PE Metrics 一共分为四个部分。第一部分包括基于标准的评价介绍性材料和信息。第二部分包含了对幼儿园和小学生的样本评价。小学体育是学生基本运动技能发展的基础,其评价重点主要集中在标准1。第三部分包含了对中学生的样本评价,重点放在标准2,主要包括教学概念、跨类别的舞蹈和节奏、入侵游戏、网络/墙壁游戏、野外/打击游戏、户外追逐、水上运动和个人表现活动等。第四部分是对高中生的样本评价,重点是证明学生在高中毕业后需要保持活跃和健康的知识和技能。PE Metrics 中的样本评价并没有涉及所有的活动或所有的年级水平学习结果,仅为使用者提供了广泛的评价案例,使用者可根据评价案例对课堂实际内容进行模仿、调整与创新。

5条国家标准下的评价按选定的年级进行分组:小学(第二部分)、中学(第三部分)和高中(第四部分)(见图2-1)。第二部分、第三部分和第四部分中的评价是按5条国家标准组织的,三个部分的评价都包含5条标准的具体内容,系统地反映了5条标准。除此之外,PE Metrics 还包括26条附录,包含为收集数据和跟踪学生进度而开发的表格样本,用于各种评价的工作表样本,知识测试样本,以及在一次评价中测量多个标准的综合评价样本。这些样本可以帮助体育教师制订评价[1]。

三、美国体育素养测评体系 PE Metrics 的评价目标

评价目标指通过"评价"这一行为而达成的某种目标。PE Metrics 在文中为使用者展示了以下五条评价目标。首先,目标1面向社会、政府、国家,体育素养评价的首要目标在于判断学生对于国家课程标准的达成

---

[1] National Association for Sport and Physical Education. PE Metrics: Assessing Student Performance Using the National Standards & Grade-Level Outcomes for K-12 Physical Education [M]. Stevie Chepko: AAHPERD, 2018:1.

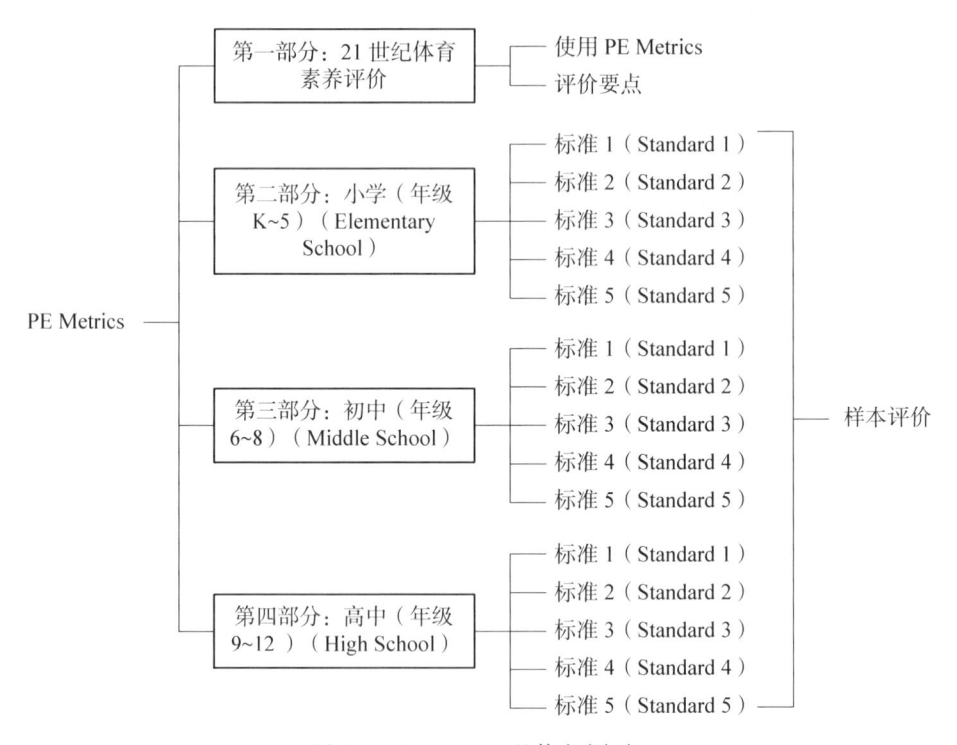

```
                    ┌─ 第一部分：21世纪体育 ──┬─ 使用 PE Metrics
                    │     素养评价           └─ 评价要点
                    │
                    │                        ┌─ 标准1（Standard 1）┐
                    │   第二部分：小学（年级   ├─ 标准2（Standard 2）│
                    ├─ K~5）（Elementary    ├─ 标准3（Standard 3）│
                    │      School）         ├─ 标准4（Standard 4）│
                    │                        └─ 标准5（Standard 5）│
                    │                                              │
PE Metrics ─────────┤                        ┌─ 标准1（Standard 1）│
                    │   第三部分：初中（年级   ├─ 标准2（Standard 2）│
                    ├─ 6~8）（Middle School）├─ 标准3（Standard 3）├─ 样本评价
                    │                        ├─ 标准4（Standard 4）│
                    │                        └─ 标准5（Standard 5）│
                    │                                              │
                    │                        ┌─ 标准1（Standard 1）│
                    │   第四部分：高中（年级   ├─ 标准2（Standard 2）│
                    └─ 9~12）（High School） ├─ 标准3（Standard 3）│
                                             ├─ 标准4（Standard 4）│
                                             └─ 标准5（Standard 5）┘
```

图2-1　PE Metrics 整体内容框架

程度。通过收集和评估基于课程标准与年级水平学习结果的数据，能够帮助体育教师记录学生的进步和成长，向社会、政府、国家展示体育教师的教学效果。另外，目标2面向家长，通过向家长反馈体育评价结果能够帮助家长知晓学生体育素养水平，促使家长与学校体育工作者积极沟通，形成家校合作共育模式。其次，目标3、4面向体育教师，目标3在于反映体育教师的教学情况，通过对一学期或一学年的总结性评价，体育教师能够通过分析学生体育素养水平发展情况，了解学生学会了什么、具备哪些优势与挑战、通过何种教学方法能够收获较好的教学效果，对未来体育教学工作起到指导作用；目标4在于收集推动教学决策的信息和数据，每一位学生都具备参差不齐的运动能力、体育知识和经验，体育教师通过预评估能够提前了解学生的整体水平，以此调整教学进度与节奏，设计不同层次的评价要求。最后，目标5在于为学生提供学习进度的反馈。PE Metrics 对于学生体育素养的评价不仅是一个数字性成绩，还提供了具体、纠正性的反馈，例如通过分析标准向学生提供反馈。分析标准中提供了详细的评价关键要素，学生能通过了解自身关键要素的水平，判断自身在某一细节上的优点与不足。

PE Metrics 体育素养评价的 5 条目标形成了一个由外而内、由宏观到中观再到微观的复合型目标体系(见图 2-2)。在宏观维度,目标 1 为社会、政府、国家等外部客体反映学生学习的整体情况,能够向外部简单明了地展示当前美国学校体育战略所取得的成就或不足,为国家课程标准的制订、《美国学校健康促进计划》(NHAA)、《综合学校体力活动计划》(CSPAP)等文件的推进策略提供参考。在中观维度,目标 2 指向学校体育外部的家长,通过与家长合作共同促进学生体育素养发展;目标 3 面向学校体育内部的体育教师,通过向体育教师提供某班一学期或一学年的体育素养培养情况,为体育教师在设计下一学期或学年的学习内容、评价指标等方面提供指导,同时也能够反映体育教师在此阶段的绩效。在微观维度,目标 4 与目标 5 分别指向学校体育内部的体育教师和学生,帮助体育教师在具体的课程安排中把控教学进度,帮助学生知晓自身体育素养水平,旨在激发学生提高体育素养的内在动力[①]。

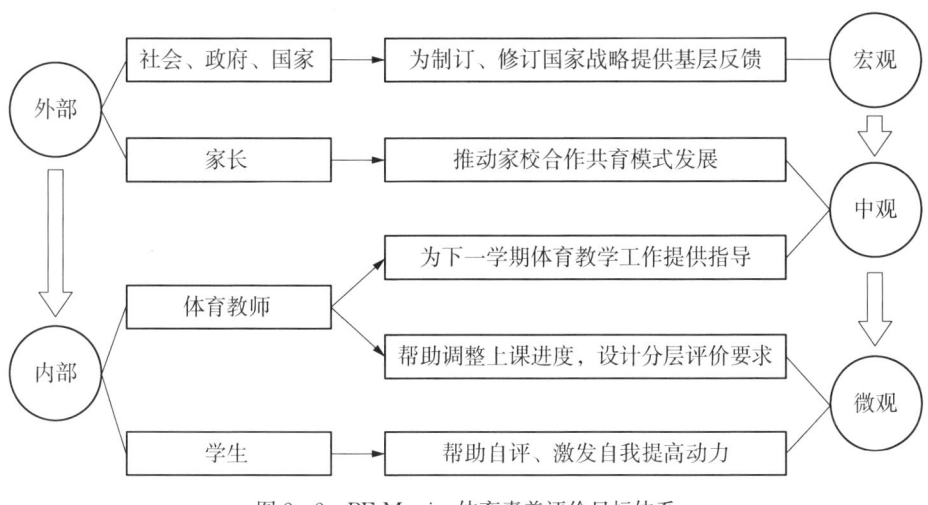

图 2-2　PE Metrics 体育素养评价目标体系

四、美国体育素养测评体系 PE Metrics 各个维度的具体内容

　　美国体育素养测评体系 PE Metrics 包含小学、初中和高中三个部分,以及三部分各个维度的具体内容。每个部分都从低年级向高年级,从标准

---

① Kelder S H, Karp G G, Scruggs P W, et al. Setting the Stage: Coordinated Approaches to School Health and Physical Education [J]. Journal of Teaching in Physical Education, 2014,33(4):440-448.

1到标准5循序渐进地展现。为了与《K-12国家体育课程标准和各年级水平学习结果》保持一致,PE Metrics 小学部分的评价侧重于基本运动技能以及对动作概念和体能的原则意义的理解;中学阶段的重点是比赛和运动项目,这部分的评价侧重于学生理解运用策略和战术方面的能力;高中阶段的目标是让学生养成健康的生活方式,成为具有体育素养的人,这部分的评价侧重于学生终身运动方面的内容。为了便于理解,每一部分都选取了两个具体评价内容作为示例,供读者参考。

(一)小学体育素养测评体系内容构成

表2-7 PE Metrics 样本评价内容(K~5年级)

标准1	跳跃、滑步、疾跑、蹦蹦跳跳地走、跑步、低手投掷、跳绳、跳跃、水平面跳跃着地、垂直起降、体操平衡、举重、上手投掷、抓球、用手运球、沿着地面踢、踢向空中、打水、下手截击、用短柄工具打击、用长柄工具击球、用脚传球和接球、体操动作中的平衡与重心转移、舞蹈设计和表演
标准2	空间意识水平、路径、方向、行进水平、行进速度、力量、在一连串动作中结合形状和路径、利用路径和速度识别并进入开放空间、在体育活动中识别移动、运用开放空间的概念运球、用短柄工具击打时应用方向和力的概念、将运动概念应用于游戏情境中的策略、运用方向和力量的概念用长柄工具打击、将空间概念与舞蹈中的运动和非运动相结合、体操动作概念与技巧的结合
标准3	体育知识、健身知识、健康知识预评价、体育活动机会、健康知识评价、利用健康评价结果确定改进策略、设计个人健身计划
标准4	个人责任、个人和社会责任、与合作伙伴一起工作、个人和社会的安全责任、用长柄工具敲击、体操顺序、舞蹈、游戏策略
标准5	享受、挑战、自我表达、社交互动、体育活动中的健康效益与社会互动

为了便于读者理解,本部分从幼儿园(K)到小学6年级部分的样本评价中选择1年级标准1"滑步"和4年级标准2"运用开放空间的概念运球"作为样本评价的示例。

表2-8 小学样本评价示例1

小学样本评价示例1:滑步
1年级 标准1
年级水平成果 熟练地进行跳跃、奔跑、慢跑和滑步(S1.E1.1)

续表

评价任务
探索熟练滑步所需要的关键技能

指导方针
(1) 学生在小组中执行运动动作,用观察法进行个别评估;
(2) 在热身活动、短时间活动、角落到角落活动或者站点活动时使用观察评价;
(3) 关注已识别的关键要素,并根据技能的关键要素对学生进行评分;
(4) 多次观察进行评估,单次观察提供的技能评估可能不准确,特别是对年轻学生

组织形式
(1) 学生分散站立;
(2) 有足够滑步的空间

滑步的关键要素
(1) 躯干面向前方,头部向滑步方向侧转;
(2) 摆动腿抬起并向侧面移动以支撑体重;
(3) 后脚快速向支撑脚靠拢;
(4) 身体要有短暂腾空;
(5) 举起双臂延伸至身体两侧

等级量表			
教学	发展	胜任	熟练
滑步的关键要素	没有完全展示/说明5项关于滑步的关键要素	展示/说明了全部5项关于滑步的关键要素: (1) 躯干面向前方,头部向滑步方向侧转; (2) 摆动腿抬起并向侧面移动以支撑体重; (3) 后脚快速向支撑脚靠拢; (4) 身体要有短暂腾空; (5) 举起双臂延伸至身体两侧	展示/说明了全部5项关于滑步的关键要素,使用惯用脚和非惯用脚交替在前
节奏和持续性	不能在持续的练习中保持一个熟练的模式(一组至少5次)	在持续练习中保持一个熟练的模式(一组至少5次,惯用脚在前)	在持续练习中保持一个熟练的模式(一组至少5次,惯用脚和非惯用脚交替在前)

表2-9 小学样本评价示例2

小学样本评价示例2：运用开放空间的概念运球
4年级 标准2
年级水平成果 (1) 将开放空间的概念应用于行进(例如运球和行进)的组合技能(S2.E1.4a)； (2) 在一般空间中随着方向和速度的变化运球(S2.E1.4c)
评价任务 根据信号，开始在一般空间运球，结合路径、方向和速度变化运球到开阔空间
指导方针 (1) 对运动概念的评价继续强调在运动环境中理解概念，应用概念，并将其与技能和其他概念结合使用； (2) 评价在动态环境中对概念的功能理解，将要评价的概念与运动或操作技能相结合
组织形式 有足够的空间供学生在一般空间安全地行走和运球
器械和设备 6~8英寸弹跳球，每个学生1个

等级量表			
教学	发展	胜任	熟练
在开放空间内运球行进	在一般空间内可以运球行进，但不能向开放空间移动	在一般空间内运球向开放空间移动时能控制球和自己的身体	在一般空间熟练运球，观察到开放空间并迅速向其移动
在开放空间内改变速度和方向运球行进	在一般空间内运球时不能控制球和自己的身体	向开放空间运球行进时能够改变路径、方向和速度	向开放空间运球行进，改变路径、方向和速度时能一直具备自己和他人的空间意识

（二）初中体育素养测评体系内容构成

表2-10 PE Metrics样本评价内容(6~8年级)

标准1	进攻和防守/打击游戏、传递和接收、攻势攻略、入侵游戏中带球传球、入侵游戏-射门、入侵游戏-防御技能、网/墙游戏-出击、网墙攻略、网/墙游戏-正手和反手、网/墙游戏-重量转移、网/墙游戏-下手投掷、野战/打击游戏-接球、户外活动、个人表现活动、舞蹈和节奏
标准2	入侵游戏-移动创造空间、入侵游戏-用进攻战术创造空间、入侵游戏-过渡、网/墙游戏-使用战术和投篮、目标游戏-选择射击、野战/打击游戏-减少空间、个人表演活动、舞蹈和节奏-动作概念、户外活动-运动概念

标准3	体育知识、参与体育活动、健身知识、评价和方案规划
标准4	与他人合作、个人责任、规则和礼仪
标准5	健康、挑战、自我表达与享受

为了便于读者理解,本部分从初中7年级到9年级部分的样本评价中选择7年级标准1"入侵游戏-防御技能"和8年级标准3"参与体育活动"作为样本评价的示例。

表2-11 初中样本评价示例1

初中样本评价示例1:入侵游戏-防御技能				
7年级 标准1					
年级水平成果 在防守时不用交叉脚就可以向各个方向滑动(S1.M11.7)				
评价任务 在改进的入侵游戏中评价防守滑动;学生的重心应该放在脚上,手臂伸展,眼睛盯着进攻球员的身体中部;在3或4个小组中,学生们玩一个改进的入侵游戏				
关键要素 (1) 双脚侧滑而不交叉; (2) 重心放在脚上; (3) 步伐应该快而短; (4) 臀部(躯干)面向进攻球员; (5) 臀部向后,膝盖弯曲,双手向上; (6) 注意进攻队员的躯干				
等级量表				
教学	发展	胜任	熟练
防守滑步的关键要素	没有展示,或仅展示1项或2项关键要素: (1) 双脚交叉; (2) 重心放在脚上; (3) 步伐太慢或太大; (4) 臀部远离进攻队员; (5) 膝盖伸直; (6) 双手放下; (7) 眼睛看着进攻队员的头部; (8) 观察到学生掌握基础技能低于50%(教师视角)	展示/说明了所有的关键要素: (1) 双脚没有交叉; (2) 重心放在脚跟; (3) 步伐快而短; (4) 臀部(躯干)面向球员; (5) 注意进攻队员的躯干; (6) 观察到学生掌握基础技能达到70%(教师视角)	展示/说明了所有的关键要素: (1) 反应迅速; (2) 能够站在进攻队员的身前; (3) 预测球员和传球方向

表 2-12　初中样本评价示例 2

初中样本评价示例 2：参与体育活动

8 年级 标准 3

年级水平成果
每周在体育课之外参加 3 次体育活动(S3.M2.8)

评价任务
每周至少 3 次参加和记录体育课以外的体育活动

指导方针
参加和记录体育课以外的体育活动

准备
分发活动日志

样本：中学体育活动日志								
写下活动和每天参与的时间							
活动	周一	周二	周三	周四	周五	周六	周日
上学前	例：瑜伽 15 分钟			例：慢跑 20 分钟			
在学校 （非体育课）							
放学后							
总结：							

（三）高中体育素养测评体系内容构成

表 2-13　PE Metrics 样本评价内容（9～12 年级）

标准 1	终身活动-网球、终身活动-高尔夫、终身活动- 2v2 或 3v3 排球、舞蹈和节奏-创意或现代舞蹈、舞蹈和节奏-民间/广场和排舞、健身活动-瑜伽
标准 2	预评价，形成性评价，个人总结性评价，小组总结性评价，运动概念，原理和知识
标准 3	参与体育活动、营养、评价和方案规划
标准 4	规则和礼仪、与他人合作
标准 5	健康、自我表达和享受

美国高中 9 年级到 12 年级的评价分为水平 1 和水平 2 两个级别，前者对应 9～10 年级，后者对应 11～12 年级。为了便于读者理解，本部分从高

中9年级到12年级部分的样本评价中选择水平1标准4"与他人合作"和标准5"自我表达和享受"作为样本评价的示例。

表2-14 高中样本评价示例1

高中样本评价示例1:与他人合作
水平1 标准4
年级水平成果 (1) 使用沟通技巧和策略来促进个人或团队的发展;(S4.H3.L1) (2) 解决问题,并在体育活动或舞蹈环境中批判性地思考,无论是个人还是集体;(S4.H4.L1)
评价任务 当学生开始与合作伙伴或小组一起完成项目时,合作伙伴或小组其他成员就学生对小组的贡献提供反馈是很重要的。这些类型的同行评估提供了一个额外的数据点,供其在评估最终的合作伙伴关系或团队项目时考虑。评估可以采取开放式问题、检查表、评分量表或书面提示的形式。 下面列出的是各种同伴评估的样本,可用于收集学生在参与伙伴合作或小组解决问题或创造性活动时的个人和社会行为的信息。许多建议的作业要求学生一起工作,清晰地交流,反思他们的个人和社会行为
指导方针 (1) 学生的隐私必须受到保护,因为他们对同龄人的沟通技巧、团队合作、同情、包容行为等进行了评估; (2) 项目结束时完成
准备 (1) 回复提交上传网站; (2) 回复直接提交给老师
关于个人和社会责任的同伴评价 学生姓名:_____ 对于你们组的每一位成员,基于你在这次项目中的个人经验完成并提交检查表。你的回答将会被保护并且作为整个项目和经验评价的一部分。 小组成员1:_____ 提供建议或主意　　　　　　　　　　　　　　　　是的　不是 倾听他人或接受改变　　　　　　　　　　　　　　是的　不是 提供支持或鼓励　　　　　　　　　　　　　　　　是的　不是 对他人表现出尊重和善意　　　　　　　　　　　　是的　不是 与他人合作　　　　　　　　　　　　　　　　　　是的　不是 是团队成功的主要贡献者　　　　　　　　　　　　是的　不是 当学生完成上述检查表之后,你可以要求他们用1到4来评价每一位成员对团队的贡献。

续表

1＝必须被催促参与并且没有对团队贡献主意和建议
2＝没有被催促参与但是很少对团队贡献主意和建议
3＝积极参与并且对团队贡献主意和建议
4＝积极参与并且对团队贡献相当多的主意和建议

另一个能够确定个人对团队贡献的方法是让每一个成员回答特定提示下的问题。下面是例子。

1. _____对团队的主要贡献是_____。
2. _____对本项目的态度是_____。
3. _____帮助创造了一种_____的团队环境/氛围。

表 2-15　高中样本评价示例 2

高中样本评价示例 2：自我表达和享受
水平 1 标准 5
年级水平成果 选择和参加符合自我表达和享受需要的体育活动或舞蹈(S5.H3.L1)
评价任务 将本单元的最后一课安排为"自我表达和享受日"。在这一天，学生们展示他们选择的将会自我表达和享受的体育活动或舞蹈的成果。学生可以分组或以个人身份进行展示。下面列出了一些备选的展示方案，供学生参考，学生也可以提出其他展示方案，并在教师批准后，使用批准的方案进行展示。 (1) 以一个个体或与一个团体一起创造一支舞蹈，以庆祝在运动团体中发现的自我表达和享受。舞蹈不能超过六个人，舞蹈不得超过 3 分钟，音乐必须事先获得批准； (2) 写一首诗或一篇文章，表达你在运动中的自我表达和享受。诗或文章将只在个人项目网站上发布； (3) 创作一件颂扬运动中的自我表达和享受的艺术作品。艺术作品可以是绘画、雕塑或其他艺术形式。需随艺术作品一起提交 500 字书面解释； (4) 制作一个公告板，展示运动中的自我表达和享受。可以是一个合作项目，可以采用诗歌、散文、艺术作品等形式，作品需体现与定期体育活动相关的健康效益； (5) 创作一首说唱或模仿歌曲，庆祝在运动中发现的自我表达和享受，可以是个人或合作伙伴项目，这些需要预先批准； (6) 制作一个视频，记录多个体育活动为自我表达和享受提供的机会。仅限四个人参加的集体项目，提供有音频伴奏的视频产品，作品需体现与定期体育活动相关的各种好处； (7) 创建一个以参与者的乐趣和享受为重点的活动，仅限四个人参加的小组项目； (8) 可以提出其他替代方案

续表

关于自我表达和享受的等级量表

创造力　　1　2　3
1＝缺乏创造力和改革精神
2＝有一些创造力和改革精神
3＝非常具备创造力和改革精神
关键因素　　1　2　3
1＝遗失了至少2个关键因素
2＝遗失了1个关键因素
3＝满足了所有的关键因素
自我表达和享受　　1　2　3
1＝不能自我表达和享受
2＝只能满足自我表达和享受中的1项
3＝能够自我表达和享受

五、美国体育素养测评体系 PE Metrics 的评价标准

从学年的宏观角度而言，美国中小学生体育素养评价是以美国国家课程标准与年级水平成果为标准的，在每个年级结束时规定了学生在各方面应达到的年级水平成果的要求，即每一学年的终极目标。而以学年目标为体育教师教学提供导向较为模糊，缺少终极目标与日常课堂的连接通道。为此，在课堂的微观层面，PE Metrics 在每个样本评价中设计了以发展（developing）、胜任（competent）、熟练（proficient）为标准的评价等级量表（见表2-16）。体育教师可以通过设计每堂课的评价等级量表，并以此为评价标准对学生的课堂表现进行评价，并且在最后一堂课的评价等级量表中，应以学生需达到或超越该学年成果为熟练标准进行设计。简而言之，美国体育素养评价标准可分为：宏观的年级水平成果，即评价学生最终是否能达标的标准；微观的课堂评价等级量表，即初学者与最终标准之间的若干个逐级增难的小标准。自上而下的评价标准既反映了美国体育课程标准的意志，又在实际落地中给予体育教师简单易懂的示范，使学生在从低水平体育素养至高水平体育素养，最终符合国家要求的过程中，拥有了逐级进步的阶梯。

表 2-16　美国体育素养评价标准——样本评价等级量表

标准	关键要素	发展(developing)	胜任(competent)	熟练(proficient)
标准 1	滑步	没有完全展示/说明 5 项关于滑步的关键要素	展示/说明了全部 5 项关于滑步的关键要素：(1)躯干面向前方，头部向滑步方向侧转；(2)摆动腿抬起并向侧面移动以支撑体重；(3)后脚快速向支撑脚靠拢；(4)身体要有短暂腾空；(5)举起双臂延伸至身体两侧	展示/说明了全部 5 项关于滑步的关键要素，使用惯用脚和非惯用脚交替在前
标准 2	在开放空间内运球行进	在一般空间内可以运球行进，但不能向开放空间移动	在一般空间内运球向开放空间移动时能控制球和自己的身体	在一般空间熟练运球，观察到开放空间并迅速向其移动
标准 3	设置 SMART 目标	(1)每个目标中缺少一至二条 SMART 准则；(2)一条及以上的目标没有遵循 SMART 准则；(3)缺少 SMART 准则特征	(1)每一条目标包括了所有的 SMART 准则；(2)每条 SMART 目标都表达得不够清晰	(1)每一条目标包括所有 SMART 准则；(2)每条 SMART 目标都表达得很清晰；(3)SMART 目标与健身或健康行为有关联
标准 4	社会责任感	不接纳同伴	积极地选择同伴或接受同伴的任务	(1)积极地选择同伴；(2)在相互评价时给予同伴积极的反馈
标准 5	克服个人挑战的计划	(1)个人挑战不针对个人；(2)提供了少于两条的计划来应对挑战；(3)缺少假设讨论；(4)列出了少于三条的挑战或列出的事件与挑战无关	(1)制订至少一项挑战；(2)辨别出二至三条障碍；(3)列出二至三条积极的办法或策略；(4)讨论了多样的选择；(5)列出至少三个与克服障碍有关的事件	(1)辨别出多种多样的个人挑战；(2)提供了三条以上的办法或策略来克服挑战

六、美国体育素养测评体系 PE Metrics 的工具和方法

PE Metrics 共包括五种不同的评价工具，分别是检查表、等级量表、整体等级量表、评价准则和分析准则。每一种工具都有特定的使用方法与条件。这些评价工具给予了体育教师更多选择，极大增强了体育素养评价中的可操作性和准确性。

（一）检查表

检查表：使用简单的"是"或"否"来确定个人成绩。在学生表现技能的过程中，如果出现"跨步投掷"这样的标准，则会用"是"或"否"来判断。虽然这提供了有关标准的信息，但没有提供关于学生如何满足标准（反应质量）的任何指导。检查表设计简单，使用方便，可作为同伴评价或确定学生是否完成动作的评价方法。检查表只能对知识或技能表现的质量提供有限的反馈。

表 2-17 检查表示例

表现者姓名：
观察者姓名：
在检查表的横线上填入以下代码：
A＝动作未完成或某些标准执行较差
P＝动作完成并且满足所有标准
检查表——轴心：
- 重心在脚后跟
- 两脚与肩膀同宽
- 当身体转动时轴心脚始终在地面上不滑动
- 以习惯脚为轴
- 以生疏脚为轴

（二）等级量表

等级量表：类似于一个检查表，增加了关于标准行为满足程度的信息。为了保证有效性，个人标准行为必须易于观察和独立评分。此外，必须在不同的水平之间明确而准确地区分表现水平，主要通过使用分级标准来实现。对于等级量表，每个级别都使用一个通用定义。例如，第 1 级可能被定义为"不展示标准的行为"，第 3 级是"展示标准行为超过 25% 的时间，但不到 50% 的时间"，第五级是"在 75% 以上的时间，但不到 100% 的时间"。这一定义适用于所有列出的标准，因为不管标准所对应的项目是什么，对于标准

程度的定义都是一样的。等级量表对学生提供的反馈有限,通常用于测量行为的频率,但可以用于说明学生达到标准的程度。

表 2-18 等级量表示例

等级评分要点:
0＝不积极:没有积极地参加一周的体育活动
1＝偶尔积极:一周1到2次
2＝有点积极:一周2次
3＝规律积极:一周至少3次
4＝每天积极:一周5次或者更多
根据以上等级,为了增加你的心肺耐力,给你的活动设计参与度评分
0　　1　　2　　3　　4
根据以上等级,为了提高你的柔韧,给你的活动设计参与度评分
0　　1　　2　　3　　4

(三) 整体评级量表

整体评级量表:用来区分各标准等级,对每个级别进行整体描述来区分各个级别。要求教师定义和描述每个级别的可观察行为,并基于整体描述标准进行判断。整体评级量表通常用于评价学生的整体表现能力,同时为他们提供更具体的表现反馈。

表 2-19 整体评级量表示例

等级 1	日志不完整或缺少数据,提供的详细信息很少或没有,所选活动与健身目标不一致
等级 2	日志已完成,但提供的详细信息有限,没有支持自觉运动强度的证明文件(步数,心率监测,体重,重复次数等)
等级 3	日志完整,并提供了充分的细节和有关自觉运动强度的证明文件

(四) 评价准则

评价准则:为每一级表现定义表现标准,形成独特的评价工具。要求教师将学生的表现与明确定义的标准行为相匹配,并描述学生行为满足标准的程度。每一级别(表现的强、中、弱级别)确定的标准行为都是基于作业或学习任务,用于评价表现。

表 2-20　评价准则示例

等级 1	没有对运动体验作出个人反思和描述,没有将运动与个人健康联系起来
等级 2	对运动体验作出个人反思和描述,将运动与个人健康间接联系起来
等级 3	对运动体验作出个人详细和有洞察力的描述,将运动与个人健康直接联系起来

(五) 分析准则

分析准则:将任务和技能划分为独立的组成部分,为每个部分和不同能力水平定义标准行为。通过对每个组成部分的独立评价,可以为学生提供广泛而具体的反馈。分析准则允许测量独立组成部分,所以允许教师使用同一评价工具来评价多个标准。

表 2-21　分析准则示例

教学	发展	胜任	熟练
奔跑的重要基础	展示/说明了少于 5 项关于奔跑的重要基础	展示/说明了所有 5 项关于奔跑的重要基础: (1) 躯干朝前; (2) 前腿抬起并向前; (3) 前脚快速落地; (4) 前腿抬起; (5) 双臂在身前稍弯曲	展示/说明了所有 5 项关于奔跑的重要基础,包括使用惯用脚和非惯用脚交替在前
节奏	移动时节奏不稳定	移动时节奏稳定	移动时节奏稳定
持续性	不能在持续的练习中保持一个成熟的模式(一组至少 5 次)	在持续练习中保持一个成熟的模式(一组至少 5 次,惯用脚在前)	在持续练习中保持一个成熟的模式(一组至少 5 次,惯用脚和非惯用脚在前)

(六) 如何制订评价计划

除了提供工具之外,PE Metrics 还为一线体育教师提供制订评价计划的技巧和建议:体育素养的评价必须与学生成绩一致,必须适合教学环境(如空间、学生人数、设备的可用性),并且必须满足学生的需求。教师需要选择、修改或创建适合自己的评价计划。

表 2-22　制定评价计划示例

1. 梳理当前的评价。认识当前评价的优势和不足,确定评价的类型,并确定评价过程中是否存在差距
2. 回顾教育网站、所在地区的课程或其他可用资源中的评价样本。教师可以创建一个现有的评价目录,修改当前评价以满足需求
3. 教师通过回顾所在地区的评价指南标准和结果,为自己的课程创建学生学习成果(SLO)。一旦建立了 SLO 或决定采用选定的结果,接下来就应当: (1)确定每年评价哪些结果。在每个年级选择评价哪些结果是最重要的; (2)确定何时评价每个结果。通过确定这一点,教师将更清楚地了解所需的时间和资源; (3)确定将使用哪种类型的作业或表现来提供学生成绩的证据。这将决定教师收集哪些证据; (4)选择适当的评价工具来评价任务或表现。教师必须使评价工具与评价目的一致,评价目的与 SLO 一致
4. 选择评价工具后,确定如何分析和收集评价信息或数据。数据收集过程是必须有的,包括确定何时何地收集和存储评价数据
5. 从各种评价中收集数据后,确定如何分析和汇总结果。利用结果作出教学决策和课程更改,并确定满足学生的 SLO。可以使用数据管理系统来管理和分析数据
6. 教师需要确定将如何与学生、同事、家长和管理员分享结果,并将其作为沟通计划的常规组成部分

第三节　美国体育素养的培养策略

如同其他许多国家一样,美国确立以年轻人作为体育素养培养的主要人群,同时一些特殊人群(低收入家庭的儿童、少数民族青年、女童以及身体或发育有残疾的儿童)也值得被重点关注。美国倡导以多元介入与联合管理的方式培养目标人群的体育素养,因而体育素养的培养需要社会各界的通力合作。

一、美国体育素养培养的理念与目标

(一)美国体育素养培养的理念

当前各国的体育素养定义、关键组成部分和实施机制各不相同,但是体育素养项目都主要针对年轻人,旨在为年轻人提供运动技能和动力,使他们终身保持活跃。当前体力活动和体育活动参与率最低的人群为低收入家庭的儿童、少数民族青年、女童,以及身体或发育有残疾的儿童。但是到目前

为止,世界上针对弱势群体的持续努力还很缺乏,这是所有体育素养项目都需要解决的问题。

2015年1月,美国体育与社会项目在其报告《全员参与,终身运动:让每个孩子参与游戏》中提出,所有儿童的体育素养发展是青少年体育体系的基础,要了解如何通过各种形式的体育来实现儿童社会化。体育与社会项目认识到,体育课程并不是培养体育素养的唯一途径。这一过程始于家庭,当孩子还是婴儿时,便开始用身体探索世界。校内体育只是许多部门中的一个,不同部门拥有不同的原则和方案,都可以在一定程度上促进体育素养发展。公共卫生和基金会、医疗保健和医疗提供者、工商界决策者和公民领袖、教育、健身组织、社区娱乐、国家体育组织甚至媒体和技术,这些部门都可以起到作用。因为父母/监护人会设法为他们的孩子提供促进身心健康的体验,所以家庭也可以发挥重要的作用。

综上,"帮助儿童更好地行动,特别关注弱势群体,增加整个社会的体育活动"是美国体育素养培养的重要理念。美国倡导整个社会系统地运作,多部门形成科学的体系,联合培养儿童和青少年的体育素养。

(二)美国体育素养培养的目标

1. 鼓励青少年在中学时期具备体育素养

美国体育素养整体的培养目标是创造条件,使得美国所有青少年在中学时都能具备体育素养,进而鼓励他们养成健康和适合生活的习惯。尽管儿童的身体和认知发展速度各不相同,但是一般来说,12岁是发展儿童体育素养的关键时期。因此,应将这一年龄阶段视为儿童体育素养发展的里程碑。各个国家的体育素养发展策略都将青少年作为体育素养发展的重点。美国的体育与体育活动研究合作组织主席在对阿斯彭研究所体育与社会项目进行回顾时,发现几乎所有国家都把重点放在儿童身上。

研究还表明,儿童在12岁之前接触运动是很重要的。正如艾弗里D·费根鲍姆(Avery D. Faigenbaum)和韦恩L·韦斯科特(Wayne L. Westcott)在《优秀青年健身手册》中所写:在久坐的男孩和女孩中,身体活动的最终衰退和缺乏兴趣似乎开始于他们的早期生活。没有接触过增强肌肉力量和基本运动技能环境的儿童似乎不太愿意参与游戏、运动和自由身体活动。到了童年中期,孩子们会更准确地比较自己和其他人的身体能力,他们对身体能力的感知会影响他们在活动中对游戏的坚持。一些10岁的孩子已经意识到自己不如同龄人,所以他们不会在家人和朋友面前表现出低水平的运动技能,而是选择久坐。

2. 了解儿童青少年的身体发育特点

在确立了以儿童和青少年为主要培养对象之后,了解他们的身体发育特点是体育素养培养中的一个关键目标。对大多数人来说,在童年早期身体发育方式不尽相同,在童年中期趋于稳定,然后在 10 到 12 岁之间迅速成熟,因此每个年级都应执行适合本年级年龄的标准。认识到每一个孩子都是按照特定的轨迹发展同样很重要,培养体育素养并不是为了使孩子获得相对于同龄人的某种地位,更多的是为了尽早开始并不断朝着个人体育素养的发展目标前进。加拿大在其长期运动员发展模式中为男孩和女孩建立了不同的训练阶段,他们的身体在不同年龄分别走向成熟,这是一种包括促进体育素养发展的模式。培养体育素养的过程中能发现性别和年龄差异对体育素养发展的影响,研究发现女孩和男孩,甚至是同性同龄人之间的体育素养发展速度是不同的,因此体现出了该概念的个体差异性。在阿斯彭研究所体育与社会项目所调查的国家中,没有一个国家制订了具体的最终目标,只规定了在人口中特定年龄段要达到的体育素养水平。

3. 将发展体育素养纳入体育工作计划

在具体实施培养的过程中,美国的发展目标十分雄伟,政府鼓励直接负责儿童生活的组织在 2016 年底前将体育素养纳入其工作计划。发展体育素养积极性最高的国家通常会把重点放在推动机构变革行动上,例如:威尔士政府认为体育素养对于学龄儿童的发展非常重要,特别工作组建议将体育作为学校课程的核心科目,这是一项对体育活动有益处的有力声明。美国还鼓励直接负责儿童生活的组织在 2018 年前设计与体育素养培养相关的框架和教学方式,并在 2020 年前全面实施。这些组织包括但不限于:学校、日托中心、体育项目组织、校内和校外活动组织、童子军和青年领导组织、社区中心和青年辅导计划组织。到 2020 年,随着这些计划的实施,利益相关者应总结实施情况,然后设定 2030 年之前的增量目标,制订有针对性的战略,以惠及美国最需要体育素养的人口。

二、美国体育素养培养的机构与措施

(一) 美国体育素养培养的层次划分

在美国,体育素养的培养不仅限于教育领域,还涉及到多个层次,包括社区娱乐组织、教育、健身组织、国家体育组织、医疗保健服务者、公共卫生机构和基金会、媒体与科技、工商业、监护人、政策制定者和公民领袖。美国对不同人群体育素养的培养并不局限于学校体育的层面,它渗透到社会的各个阶层、各行各业、各种人群,阿斯彭研究所列举的不同人群可能并不能做到十分全面,但它包含了几种典型的、较为重要的人群。

对美国不同人群的体育素养培养进行分类,可以建立如图 2-3 所示的美国体育素养培养体系。基于整个社会不同阶层的体育素养培养,可以将培养组织和人群分为三个层面:决策层、核心层、辅助层。

```
                    美国体育
                   素养培养体系
                    ─────────
         决策层    政策制定者与公民领袖
                         ⇩
                     国家体育组织
         核心层    ─────────────
                         ⇩
                家长/监护人、教育、健身组织、社区娱乐组织
         辅助层  ─────────────────
                         ⇩
           媒体与科技、工商业、医疗保健服务者、公共卫生机构和基金会
```

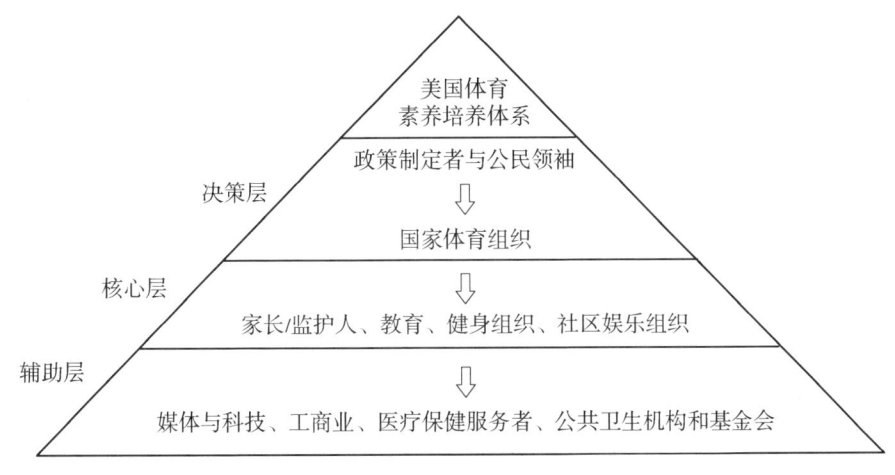

图 2-3 美国体育素养培养体系

(二) 美国不同层次机构培养体育素养的具体措施

1. 决策层:提供政策和资源支持

美国体育素养培养体系决策层由政策制定者与公民领袖、国家体育组织构成。美国实行分权制,各个州高度自治,每个州的州长拥有较大的权力。美国要想在培养体育素养方面取得成功,第一步就需要争取到各个州的州长以及国家体育部门领导的认同,因为他们可以引领潮流,制定利好政策和指导方针。制定政策的根本目的是通过规则约束不规范的行为使其合理规范化,同时制定规则可以使创造的价值以制度化的方式得以更合理的分配。政策制定者与公民领袖需要认清形势,认同体育素养的价值,制定相关政策将培养体育素养规范化、合法化、制度化,给予基层实施者充分的权利,帮助他们完成体育素养的基层建设和服务工作。比如相关建议中提到"协助制定测量个人和群体体育素养的测试","在联邦、州和各级地方公共部门鼓励协作参与社区部门的工作"。如果没有政策制定者和公民领袖的支持,大范围的体育素养培养活动将会寸步难行。原因在于,没有政策的规范,体育素养工作会遇到许多困难,与社会各界产生特定的利益冲突与矛盾。开展体育素养测试是一个典型的例子:首先需要大量的专业人员和专业测量设备,在测试的时候需要征求个体与群体的同意并使他们全力配合

测量工作,测量完成之后需要统计与分析数据并且对被测人员进行跟踪调查,如果没有政策作为保障,这样的工作很难在全国或大多数地区范围展开。

另一方面,国家体育组织也需要发挥领导作用。与世界上其他发达国家不同,美国没有体育部来统筹国家层面与体育相关的工作,与其功能最为接近的组织是美国奥林匹克委员会。《特德·史蒂文斯奥林匹克与业余体育法》指定美国奥委会作为协调机构,协调所有国际体育项目的赛事,同时促进公众健康水平、提升公众体育活动参与度。特别的是,美国奥委会没有国家财政的支持,它靠私人捐赠与赞助维持日常工作与支出。除此之外,在美国全国范围拥有较大影响力的组织还包括美国体育与健康教育者协会、美国男孩女孩俱乐部、美国运动协会等。国家体育组织拥有一定的决策权力,也需要进行一些一线的体育素养宣传和培养工作,这些组织是连接政策制定者与体育素养的直接受益人的纽带。

国家体育组织需要理解政策制定者的思想与意志,也要及时向其反馈体育素养培养的一线信息,以便政策制定者能够及时调整体育素养培养工作。这些组织还需要积极向社会各阶层宣传体育素养的信息、监督体育素养的培养工作、追踪体育素养的培养成效,发挥其承上启下的枢纽作用。阿斯彭研究所对国家体育组织提出的相关建议颇有意义,如"支持在每项运动中采用美国发展模式","根据儿童在体育素养方面的成长,重新制定教练和项目的激励结构"。国家体育组织未必需要事事躬亲,因为这样需要大量的人力和物力。其最重要的工作是获得政策制定者的支持,引领体育素养培养的风向标,吸引社会各阶层对体育素养的关注和兴趣,改变人们的思想观念和态度,引导并监督一线的培养工作。

表2-23 美国体育素养培养体系决策层

	政策制定者和公民领袖
原因	(1) 大部分费用正在上升,政府有意向降低医疗保健费用。 (2) 通过联邦、州、地方各级民选官员以及政府机构的指导,将体育素养原则引入教育、健康和体育健身领域将会大有裨益,有助于有机连接政府和非政府组织,为最广泛的公民提供公益项目。
建议	(1) 协助开发测量个人和群体的体育素养测试。 (2) 一旦测量方案确定,在疾病控制和预防中心的青少年风险行为调查中加入体育素养调查,关注学生的体育素养。 (3) 将体育素养实践和其他体力活动项目作为衡量政治公众人物成就的指标。 (4) 在联邦、州和地方各级,鼓励地方公共部门协作参与社区部门的工作。

续表

障碍	领导能力： 缺乏一个政府体育委员会或能在国家层面实施改革并协调各方的机构，导致难以开展大众广泛接受的体育素养合作。
国家体育组织	
原因	(1) 儿童是未来，无论是成为优秀运动员还是作为产品消费者，都有极大的作用。在12岁以下的儿童中培养体育素养，有助于扩大基础，提高一般运动能力。也有助于让儿童长时间从事体育运动，减少伤害，并提高青少年运动员的素质，使他们在特定的体育运动中得到发展。 (2) 家长们关注青少年体育运动的现状，他们想要孩子表现出更好的运动竞技水平而忽视了受伤风险，强调牺牲乐趣，不惜一切代价赢得比赛。
建议	体育专门管理机构： (1) 支持在每项运动中采用美国发展模式。 (2) 宣传奥林匹克运动员、残奥会运动员和其他通过各种运动发展起来的精英运动员的故事。 (3) 聘用背景多元化官员，努力吸引不同特点的儿童。
	全国大学体育协会： 利用体育科学研究和宣传发挥领导作用，帮助建立一个了解早期体育专业化工作的组织，设立体育奖学金。
	所有： (1) 将体育素养原则整合到教练培训模块中，这些成果可以低成本或免费提供，尤其是在服务不足的社区。 (2) 鼓励孩子们在12岁之前尝试各种运动。 (3) 与低级别团队共享最有经验和最有资格的教练。 (4) 鼓励年轻人参加自由/无组织的游戏。 (5) 根据儿童在体育素养技能方面的成长，重新调整教练和项目的结构。
障碍/ 竞争 利益	缺乏直接的本地控制： (1) 国家管理机构对当地体育提供者的影响程度参差不齐，他们往往不知道最佳做法。其结果是专注于赢得比赛，而牺牲了发展基本或者是特定运动技能。 (2) 一些以营利为目的、以会员制为基础的项目需要孩子全年参加，以解决带薪教练的费用问题。
	错误信息： 许多父母/监护人都认为，从很小的时候起，体育成功的途径就是单一的体育游戏。
	缺乏获得认证的教练： 大多数教练都没有接受针对培养年轻人关键能力的培训，但他们需要在实践中运用这些知识以引入体育素养概念。

2. 核心层:发挥主体作用

美国体育素养培养体系的核心层由家长/监护人、教育、健身组织和社区娱乐组织构成,这些个体或组织在美国培养不同人群的体育素养工作中发挥着主体作用。他们可能使个体受益,比如家长掌握体育素养的相关信息并培养自己的孩子;也有可能使群体受益,比如社区娱乐组织可以在一定范围内发挥影响力,传递体育素养的相关信息并使附近社区的人群受益。所以,让培养体系中的核心层发挥主体作用会使美国体育素养培养工作取得很大程度的突破与阶段性成功。

在家庭维度,家长是孩子成长过程中的第一负责人,他们有义务将孩子培养成为德智体美劳全面发展的人,"家长/监护人对帮助其子女实现体育素养负有最终责任"。在生活中,家长常常在孩子面前扮演榜样的角色,他们是孩子生活中的老师,孩子会在无形中受到家长的影响,包括思维方式、态度、意识、习惯和行为等。家长学习和了解体育素养会使他们的孩子受益,同时也使自己受益。具备体育素养的家长会培养出具备体育素养的孩子,整个家庭会处在良好的氛围当中。对于家长来说,他们不会像孩子一样在学校系统地学习并获得体育素养,所以关键在于为家长提供能够获取相关信息以发展孩子体育素养的渠道。加拿大在这方面已经取得了领先,拥有包括研讨会、视频和博客的完善在线服务,为家长和教练提供资源。据估计,每个月有6万名家长在相关网站上寻找有关体育素养的信息。家长需要通过互联网学习体育素养,以更新知识体系,转变以往的错误看法,从行为方面干预孩子的活动。通过积极引导孩子参与体育素养相关的运动、活动和比赛是培养体育素养极为有效的方法。需要注意的是,家长需要做出榜样尽可能地参与其中以增强孩子的参与感和融入感。家长和孩子通过一起参与活动和运动提高了体育素养水平,也增进了亲子间的感情。

在学校维度,学校教育是另一个培养儿童和青少年体育素养的重要组成部分,其培养对象的跨度从学前延伸至大学。学校教育是学生系统性地获得知识和培养各方面能力的最有效途径,除了家庭之外,孩子花费时间最多的地方就是学校,所以学校教育的重要性不言而喻。目前已有研究表明,开展体育课和提高学生的体育素养有助于学生集中注意力,在课堂上保持活力并在其他课程中创造优良表现。但美国目前的教育不足以完整地培养学生的体育素养,最根本的问题仍然是教育理念和方法失当,美国的学校教育仍然需要在下列几个方面作出努力:(1)使体育课程成为学校的核心学科,提高学生、教师和家长对体育课程的关注度;(2)学校教育中的体育课程应避免单一的技能教学,而应把更多的时间与精力投入到学生基本运动技能的培养和多项运动的参与中去;(3)学校教育在培养学生体育素养时应改变"精英教育"的理念,不能只关注运动天赋和技能突出的学生而忽略运动能力一般的学生,实际上,"精英教育"理念下的体育教育使得大多数学生成为培养"精英学生"教育道路上的牺牲者,因为他们没有获得教师的关注与帮助以及学校的各种资源;(4)继续提升体育教师和外聘教练的体育素养专业化水平,不断更新学校体育器械和设备以满足学校对学生体育素养培养的要求。

在健身组织维度,"健身组织(商业设施、设备和服装制造商、教育和认证组织、全行业协会等)的使命是帮助个人获得最好的自我身体"。健身组织的消费对象范围从18岁延伸至55岁左右,其覆盖着较大数量的人群,在培养人们的体育素养方面可以发挥巨大的作用。健身组织所面临的人群具有一定的特殊性,这部分人群一般追求身体健康并喜爱体育运动,他们在心理上更容易接受体育方面的新理念。健身组织作为一种营利性的组织,更需要在社会层面做出表率,引领消费市场培养人群体育素养的新趋势。结合美国阿斯彭研究所的建议,健身组织需要加强以下几点工作:(1)积极向学员和员工介绍、推广体育素养的理念,教授他们如何使用体育素养培养工具;(2)为成年会员的子女提供免费的体育素养评价,为新会员提供健康评价;(3)在员工的日常会议和总结中引入对体育素养话题的思考与讨论;(4)健身从业人员认证中需要适当引入体育素养考核机制,考核机制包括对体育素养的理解以及在对学员的教学中导入体育素养的训练思路与方法。

在社区娱乐组织维度,美国社区娱乐组织的经费往往来源于公共税收,包括开放公园、娱乐部门以及收费低廉但秩序良好的社区体育活动中心。这些项目通常具有很大的包容性,强调全体人员的参与和普通身体技能的锻炼。社区娱乐组织是除了学校之外,人们最容易接触到身体活动和发展体育素养的场所。如果说学校是在教育领域发展体育素养的"主阵地",那么社区娱乐组织就是在社会层面发展体育素养的"重要战场"。社区娱乐组织欢迎全年龄段的人们进行体育活动、运动和竞赛,是人们最容易接触到体育素养培养活动的场所之一。美国对社区娱乐组织的建议非常中肯有效,比如建议当地体育俱乐部"提高体育项目的多样性,制定计划和定价策略,为多种体育项目提供折扣"。从消费角度来看,低廉的价格更容易满足人们的消费预期,吸引他们的关注,特别是照顾到了一部分经济状况较差的家庭。美国还建议社区娱乐组织按技能水平而不是年龄进行方案编制,并使残疾和健康的青年人都能融入其中。阿斯彭研究所的调查研究表明:残疾青年的运动积极性是其他青年的4.5倍;另一项研究发现,三分之一的残疾青年没有充分参与课间活动,三分之二的残疾青年没有完全参加操场游戏,超过一半的残疾青年没有参加任何有组织的学校体育活动。残疾儿童和青年是最需要培养体育素养的人群之一,社区娱乐组织在这方面可以给予他们非常大的帮助。除此之外,社区娱乐组织还应做好以下工作:(1)在公园和社区认证工作中引入体育素养的评价;(2)相关领导和负责人积极募集资金,在社区娱乐场所购置体育器材;(3)定期举办"体育素养"节日或派对,邀请社区的人群积极参与并建议以家庭为单位加入活动。

表 2-24 美国体育素养培养体系核心层

	家长/监护人
原因	家长/监护人对帮助其子女实现体育素养负有最终责任。他们通常可以决定孩子们参加哪些活动,特别是课后、周末和暑假。如果家长/监护人对体育素养的活动有一定的了解,他们就可以成为孩子们的积极榜样,使孩子们发展自己的技能。
建议	(1) 将体育素养概念融入孩子的日常活动中,帮助他们在传统运动环境之外发展体育素养。 (2) 在孩子的学校里倡导体育素养和体育课,当课程和环境不能促进运动技能的发展时,需要给予学校反馈。 (3) 促进非结构化游戏。 (4) 减少使用婴儿车的时间,以便儿童能够在日常环境中活动并发展各种环境下的运动技能。 (5) 强调参加各种各样的运动或活动的重要性,防止过早的运动专业化和因受到相关的压力而退出体育活动。
障碍/ 竞争 利益	时间和资源: (1) 家长/监护人忙于工作,可能没有时间支持孩子的体力活动或体育素养发展需求。尤其是单亲/监护人或有多个子女的家长/监护人。 (2) 家庭可能缺乏交通工具,无法将孩子送到课外活动场所或公园/设施。 (3) 一些经济收入较低的家长/监护人可能买不起设备。 (4) 家长/监护人可能无法获得优质的参与运动的相关信息。
	教育
原因	(1) 积极的孩子更易获得成功从而产生更多的自信。他们来学校的次数相较于其他学生更多,并在课堂上表现出更高的专注力,在学业上取得更好的成绩并且更积极地与同龄人和学校社区接触。 (2) 脑部扫描显示,孩子们在运动后的测试中有更多的神经脑电活动。 (3) 体育素养可以成为振兴体育的工具。虽然日常体育活动已不那么普遍,但是 93.6% 的学区仍要求小学开设相关课程。有质量和规律性的体育有可能成为孩子们的均衡器。

续表

	教育
建议	学前： (1) 将体育素养概念融入日常游戏和学习中。 (2) 将建议的游戏活动融入家庭，鼓励青少年通过游戏与父母/监护人接触。 小学： (1) 将体育素养作为青年人的一项关键素养，与阅读、数学和科学并驾齐驱，发展体育素养教学。 (2) 为那些希望进行有更多结构化、可选择体育活动的孩子提供多个日常活动空间。 (3) 提供校本的、无削减的、校内合作的体育活动，并提供平等的比赛时间。 (4) 提供可供选择的体育活动(例如:终极光盘/飞盘)或非体育活动，挖掘文化兴趣。 (5) 通过充分资助活动和提供晚班校车接送学生，解决人们参与体育活动的担忧。 (6) 通过课间的伸展和平衡活动来教授体育素养。 (7) 将体育活动纳入常规(非体育)课程。 (8) 在体育课上注重培养基本运动技能，而不仅仅是专项运动技能。 (9) 促进积极的交通，如步行、骑自行车、滑板或轮滑上学。 (10) 在学生成绩单上传达体育素养的评价结果。 (11) 争取学生委员会的协助。 (12) 对学校医护人员进行体育素养教育，并在年度校内健康检查中纳入体育素养评价。 校前和校外课程： (1) 为参与者提供灵活的体育素养课程，并培训如何整合课程。 (2) 在编排中使用发展体育素养的最佳实践经验。 (3) 把时间花在自由玩耍上，同时要关注所有的孩子，而不仅仅是最好的运动员。 (4) 提供早班和/或晚班校车，方便孩子参与锻炼和回家。 中学： 除了上面提到的许多想法外，还将学生与当地的志愿者活动联系起来，帮助学生发展体育素养。 大学： (1) 将体育素养原则融入未来教师的课程中。 (2) 创建体育素养证书或专业。 (3) 将体育素养纳入公共卫生、运动管理、娱乐、体育、运动学和人体生物学等专业的学生课程。

续表

	教育
	所有： (1) 使体育成为学校的核心学科。 (2) 在州层面，利用美国国家标准和健康与体育教育协会作为指南，为每个年级制订体育素养标准，然后提供资金和监督措施。 (3) 调整学校健康和其他政策，以包含体育素养原则。
障碍/ 竞争 利益	测试准备： 教育工作者在提高学生考试分数的压力下，往往认为体育活动会影响他们的任务完成。
	官僚主义： 公立学校内部常见的等级层次和相关因素，许多教育标准可能使学校难以投入资源。
	资源： 很难兼顾因种族、性别、社会经济地位和文化而面临教育和健康差异的学生。
	健身组织
原因	(1) 健身组织的使命（商业设施、设备和服装制造商、教育和认证组织、全行业的协会等）是帮助个人达到他们最好的自我身体。 (2) 培养体育素养使未来的客户不断增长，同时会扩展活动范围。
建议	商业设施： (1) 培训工作人员，确定问题领域并随时准备提出解决问题的建议。 (2) 用继续教育学分来激励员工的培训。 (3) 使体育素养成为家庭规划的基础。 (4) 向成员分发工具包。 (5) 尽可能在日托服务中开发体育素养活动。 (6) 为学校和社区中心的孩子们上体育课。 (7) 为成年会员的子女提供免费的体育素养评价，为新会员提供健康评价。 (8) 使用适合孩子的谈话方式、富有想象力的场景、符合活动和参与者水平的音乐。 (9) 优先考虑参与者的努力程度，而不是表现。
	体育用品公司： (1) 在社区展出活动中融入体育素养。 (2) 为高危社区开发资源。 (3) 展示年轻人一起开展体育活动的内容，鼓励指导体育素养的发展。 (4) 开发可穿戴技术产品，通过一个有趣的在线平台普及体育素养运动，吸引年轻人，让他们跟踪和分享自己的进步。

续表

	健身组织
	制造和批发商： (1) 对销售人员进行体育素养概念培训。 (2) 在为购买设备的公司提供的培训中融入体育素养技能。 (3) 向遵循体育素养原则的客户提供专业的体育素养指导。 健身教育认证机构： (1) 在健身专业人士的教育和培训，健康和健身专业人士的实时通讯、网站、博客和社交媒体中融入体育素养。 (2) 制订体育素养培训方案和改进计划，专业人员要参与青少年的体育素养培养。 行业协会： (1) 通过网络研讨会教育组织成员，并在全国会议上花时间讨论体育素养。 (2) 发表文章解释体育素养，帮助年轻人实现体育素养的发展。 (3) 创设体育素养证书的认证。 所有： 增加有关儿童发展的教育。
障碍	测试准备： 在培训中添加体育素养的内容需要一定成本、时间和精力，这都可能阻碍体育素养的广泛发展。
	社区娱乐组织
原因	(1) 社区娱乐组织为数百万青年服务。在体育方面预算有所减少的情况下，他们仍可以为体育素养奠定基础。 (2) 缺乏体育素养的儿童更有可能退出或远离体育和娱乐项目，从而影响他们对相关活动的参与。相反，提高体育素养可能会增加社区娱乐服务的参与度和需求。 (3) 从长远来看，年轻时具有体育素养的个体，到成年后更有可能参与体育活动。 (4) 体育素养可以提供必要的知识和技能，从身体发育的早期阶段就奠定参与社区活动的基础，从而终身受益。
建议	公园和娱乐场所： (1) 在国家层面投入资源，制订地方团体可以轻松实施的灵活计划。 (2) 在取得认证的公园和娱乐专业课程中融入体育素养原则。 (3) 主办州和国家会议的会前研讨。 (4) 将体育素养规划作为公园和娱乐部门认证的先决条件。 (5) 出于教育目的举办"体育素养行动日"，并配合社区活动。 (6) 建设健身站和娱乐设备以促进体育素养，并设置标牌帮助人们参与基础设施建设。

续表

社区娱乐组织	
	童子军(培养青少年体育素养的团体): (1) 每次会议开始时,都要进行一项培养体育素养的活动。 (2) 开发符合体育素养标准的"补丁"。 (3) 与年龄稍大一些的队伍合作,为青少年提供指导。 (4) 使体育素养成为夏令营和露营活动的基础。
	当地体育俱乐部: 增加体育项目的多样性,制订计划和定价策略,为多种体育项目提供折扣。
	所有: (1) 培训领导、管理人员和青年导师,使他们理解体育素养原则。 (2) 将最难接触到的年轻人定为目标,以实现培养体育素养的公平性与全面性。 (3) 从所有类型的群体中招募教练和其他榜样(如性别、种族、能力、体型、社会经济地位、性取向等差异的人群)。 (4) 创造一种重视儿童发展的文化,而不仅仅是关注分数和可见数字。 (5) 教育家长/监护人理解体育素养的益处。 (6) 按技能水平而不是年龄进行方案编制,使有残疾和健康的青年人都能融入其中。 (7) 推广使用包容性的语言。 (8) 与体育教师沟通,将学生与社区项目联系起来。
障碍/ 竞争 利益	地理途径: 在某些气候条件下,在极端温度的季节可能无法编排活动。
	空间: 一些社区附近缺乏安全的场所,无法进行以公共场所为基础的活动。
	环境状况: 一些地区空气质量差,户外活动并不总能带来积极的健康效益。
	资源: (1) 许多供应商的预算十分有限。 (2) 需要考虑改善现有课程、重建遗留项目和开发新项目所需要的资金。

3. 辅助层:细化实施保障

美国体育素养培养体系的辅助层由媒体与科技、工商界、医疗保健提供者以及公共卫生机构和基金会组成。这些组织和部门可能并不会直接培养人们的体育素养,但会在人们发展体育素养的过程中提供帮助和保障。

媒体和科技是互联网时代信息传递的重要渠道,每天人们都从手机、电脑和其他电子设备中获取大量的信息,抓住这些传递信息的渠道也就抓住了人们的关注焦点。美国建议体育媒体"通过使用视频剪辑,让体育素养的概念'酷'起来。视频剪辑的主角是受欢迎的运动员和艺人。他们可以激发年轻人参与体育活动"。"名人效应"的能量是不可忽视的,儿童和青少年会模仿偶像的穿着和行为,媒体可以积极向这些偶像宣传体育素养并让他们为自己的粉丝做出榜样,这是一条非常有效的途径。利用科技手段引导人们追求健康生活是另一条途径,智能穿戴设备的蓬勃发展就是一个典型的例子。耐克公司早些年开发出了一款运动 APP,人们可以把智能感应设备放入自己的鞋子中并连接手机端的这款 APP,它可以帮助人们记录走路步数和弹跳高度等数据。喜爱运动的孩子们会争相比较自己的运动数据,这无疑对提升体育素养有着积极作用。

工商界的产品和服务会潜移默化地影响顾客们的消费意识和消费习惯,因此要积极向商人们宣传体育素养的好处,使他们在销售产品或提供服务时对顾客产生有关体育素养的积极影响。比如美国建议食品饮料公司"在麦片盒、果汁盒和其他儿童消费产品的背面设置体育素养挑战",还建议社会媒体公司"将广告空间用于宣传体育素养的信息"。这些举措具有一定的影响力,但目前最大的困难是如何说服商人们接受体育素养,以及如何获取足够的资金进行相关运作。

医疗保健提供者、公共卫生机构和基金会可以为美国公众的社会健康及安全提供保障。人们每年都会在健康问题上花费大量的时间和资金,为了减少人们在健康问题上的不必要投入,医疗保健人员需要向病人或者前来咨询的人们强调体育素养的重要性。同时,将体育素养纳入医疗保健从业人员的认证及考核制度当中。抵抗疾病困扰的关键在于"预防"而不是"治疗","体育素养使人们更有适应力,它可以创造更活跃的个体,减少慢性病的发生"。另外,公共卫生基金会需要加大对体育素养研究的资金投入,进一步为运用体育素养解决公共卫生健康问题提供理论依据。

表 2-25 美国体育素养培养体系辅助层

	媒体和科技
原因	(1) 年轻人每天花在屏幕前的时间近 7.5 小时,其中花在电视上的时间近 4.5 小时,而美国儿科学会建议儿童和青少年每天花在屏幕前的时间不超过 2 小时。 (2) 随着电子体育和电子游戏竞赛的发展,青少年的久坐行为可能会有所增加。媒体和科技的发展正在减少青少年的体育和身体游戏时间,要采取行动减少久坐行为。

续表

	媒体和科技	
建议		（3）2002年至2004年，媒体公司与疾病预防控制中心合作开展了运动公益广告项目，产生了实际效果，使青少年的体力活动显著增加。由此可见健康营销活动行之有效。
	儿童及青少年网络工作：	
	（1）在话剧和其他节目中，展示积极体育活动的年轻人。	
	（2）创建促进少儿体育活动的网站，该网站可以为少儿提供运动经验或者当地可用资源，以促进少儿运动技能的发展，增加其在家中的锻炼时间。	
	体育媒体：	
	（1）转变落后的观念，促进优秀的少儿运动员参加其他体育活动，改变青春期之前只专注于一项运动的状况。	
	（2）通过运用视频剪辑，让体育素养的概念"酷"起来。视频的主角是受欢迎的运动员和艺人，他们可以促进年轻人参与体育活动。	
	社会媒体公司：	
	将广告空间用于宣传体育素养的相关信息。	
	视频游戏公司和电视制造商：	
	（1）嵌入一个软件，实现"当孩子们每天面对屏幕的时间超过两小时，APP就会建议他们去参与体育素养活动"的功能。	
	（2）开发一个互动游戏，通过有趣的活动发展体育素养，并对体育素养进行测评。	
	软件开发者：	
	与教育工作者和视频制作公司合作，设计一个应用程序，将教师、教练员、家长、年长兄弟姐妹和其他人等角色考虑进去，以共同使用该应用程序帮助青少年发展体育素养。	
	所有：	
	（1）为每个人群和受众（父母、孩子、学校、非营利组织等）制订有针对性的战略。	
	（2）使用各种社交软件接触年轻人。	
	（3）开发针对不同文化背景的语言资源。	
	（4）创建一个平台，跟踪儿童及青少年在体育素养和身体活动时间方面的进步，并为积极的进步提供奖励。	
障碍/竞争利益	商业模式：	
	处于商业利益，媒体公司想让儿童及青少年面对屏幕的时间更长。	
	缺少科技途径：	
	有些孩子太小，无法使用移动设备；有些孩子来自低收入家庭，负担不起移动设备。	

续表

	媒体和科技
	多元信息传递成本： 创建多样化并适用的项目需要资源和创造力。
	术语： 在公共信息中，媒体公司可能会抵制"素养"这类学术用语。
	工商界
原因	雇主： (1) 从短期来看，雇员如果提高体育素养，可能会降低医疗保险费用，也可能更健康，减少旷工。 (2) 从长远来看，保险费用可能会减少，因为年轻时养成了体育素养和活动习惯的雇员成年后会更加积极和健康。
	食品饮料公司： 体育素养有可能增加体力活动，这有助于个人消耗卡路里，平衡高热量食品带来的健康威胁。
建议	雇主： (1) 要求人力资源部门了解体育素养，并且通过员工健康激励计划促进体育素养。 (2) 增加激励措施，促进员工子女参与促进体育素养的活动。 (3) 为员工提供与体育素养相关的志愿者机会。 (4) 在雇主赞助的日托中心提供体育素养相关的活动。
	食品饮料公司： 在麦片盒、果汁盒和其他儿童消费产品的背面设置体育素养挑战内容。
	社会媒体公司： 在广告空间播放与宣传体育素养相关的信息。
	所有： 提供资金，支持制订体育素养计划。
障碍/ 竞争 利益	雇主： (1) 雇主缺乏关于医疗保险费用的长期规划，可能使实现上述想法变得困难。 (2) 公司可能理解促进员工体育锻炼的必要性，但可能低估锻炼的作用。 (3) 缺乏对员工和临时雇员的医疗保险，或者这类人没有资格享受雇主提供的医疗保险，这意味着上述想法可能无法惠及这部分人。
	医疗保健提供者
原因	(1) 体育素养有助于改善健康状况。医疗专业人员有义务与公众接触，为公众提供重要信息交流平台，与患者、家庭和社区建立更牢固的关系。

续表

	医疗保健提供者
	(2) 体育素养使人更有适应力。体育素养有希望通过创造更积极的个体来减少慢性病的发生,从而降低健康和医疗保险成本。 (3) 在确定专项运动技能之前强调体育素养可以减少过度使用资源,进一步降低成本。
建议	医疗保险公司和政府医疗计划: (1) 对消费者进行体育素养教育。 (2) 将体育素养原则纳入雇主健康计划。 (3) 认识到"运动缺陷障碍"是一种正式诊断,提醒儿童、父母/监护人等注意患者的身体活动不足。 (4) 在标准患者评价表上创建体育素养评价栏。 (5) 与其他保险公司保持沟通,因为人们改变健康计划会使所有公司受益。 (6) 将健康储蓄账户用于建设符合标准的体育素养、体育活动和体育项目。 (7) 在美国提供具体数据之前使用来自同侪国家的数据,支持将健康计划纳入强制性医疗保障范围。 (8) 奖励改善社区健康的医院系统,实施问责结构。 (9) 制订体育素养处方。 (10) 为通过体育素养认证的儿童及其家庭提供补偿和其他激励措施。
	医护学校: (1) 为未来的健康专业人员(医生、护士、职业治疗师、身体治疗师、医生助理等)在高等教育课程(课本、认证考试、继续教育学分、在线平台)中嵌入体育素养概念、标准和评价工具。 (2) 在儿科培训和住院课程中强调体育素养概念。 (3) 将体育素养融入儿童正常发育和运动功能的教学中。
	医疗提供者: (1) 评价婴儿、幼儿、学龄儿童和青少年每次检查时的运动发育和体育素养技能。 (2) 设计一个关于运动相关问题的表格,以评价患者参与体育活动的程度以及不参与的原因(如果有的话)。 (3) 鼓励儿科医生和产科医生向儿童和父母普及体育活动和体育素养的重要性。 (4) 在工作人员中指定一名体育素养专家,采用整体培养方式。 (5) 将体育素养评价纳入电子病历。
	所有: 扩大健康的定义,将体育素养纳入健康生活方式的范畴。

续表

	医疗保健提供者
障碍/竞争利益	地理： 获得护理的机会取决于行医地点。例如在农村地区，途径可能特别有限。 保险： (1) 在保险公司中，对失去客户的担心会使人们抵制新概念。 (2) 改变健康计划的个人可能得不到同等的福利。 知识： 缺乏有关体育素养益处的信息宣传，可能会妨碍保险公司和供应商接受这一概念和计划。
	公共卫生机构和基金会
原因	(1) 体育素养缺失会导致公共卫生问题。通过体育素养来影响体力活动指标和其他与慢性病以及预期寿命相关的因素，有可能显著改善社区居民健康。 (2) 公共关系工作可帮助当地社区卫生部门改善简单、协作和有效预防性护理工作。
建议	(1) 开展或资助研究，增加体育素养与项目设计、体育素养与体力活动、体育素养与健康结果之间的联系。这种研究有助于建立保险公司赔付制度，在与体育部门领导人协商的情况下，利用这项研究开发课程，使当地社区能够实施基于研究的规划。 (2) 激励社区健康促进倡导者，阐述体育素养与负责的父母以及健康福利之间的联系，说明体育素养的好处。 (3) 将体育素养评价和教育纳入标准的社区卫生诊所服务，如产妇和育儿班。 (4) 将体育素养原则纳入大学公共卫生课程和教育，以及专业会员协会。 (5) 鼓励联邦政府资助体育素养研究，结合社区卫生知识和体育素养建设。 (6) 发起跨部门行动呼吁，由美国卫生部长和其他知名公共卫生官员领导。
障碍/竞争利益	资金： 卫生领域的其他工作更为紧迫和急切，如对一系列疾病的负担能力和护理质量。 消费者需求： 体育素养项目目前不是消费者的优先选项。对于低收入家庭和普通家庭来说尤为如此，因为他们的现有能力和资源需要关注基本生活必需品。

三、美国体育素养培养的注意事项

阿斯彭研究所指出美国还需从"国家领导重视""开发工具和资源""测

量体育素养"及"全球合作"这四个方面给予体育素养更多关注。

（一）国家领导重视

通过"全球环境扫描"的工作，美国了解了国家层面组织的强大执行力和重要性。在每个体育素养工作开展较好的国家，都有一个作为协调力量而存在的团队。在大多数情况下，它是一个有领导组织能力的体育机构。加拿大的体育素养组织较为松散，一群志同道合的学者和体育领袖在加拿大终身体育协会的组织下工作，他们创建了一个用来支持加拿大和全球各地领导人的材料库。在其他地方，包括新西兰、北爱尔兰和威尔士，政府承担这一角色，通常是通过支持各自国家体育组织来实现体育素养发展。

发展体育素养举措最为成熟的国家和地区（如英格兰、加拿大和威尔士）设有体育部来资助外部组织或制订和实施计划。美国缺乏一个类似的联邦机构来支持体育发展，依靠政府资源可能不是目前最可行的选择。值得注意的是，上述国家的体育素养项目通常由政府部门提供资金，这些国家的经验已经证明了持续提供资金是一个挑战，采用新的筹资模式可能更有效。

在美国，领导机构可以是一个现有的非营利组织或基金会，将体育素养作为其项目之一或者将体育素养作为其工作机构的一部分，建立现有组织及其支持者之间的联系。美国目前需要建立一个有号召力的组织并筹集资金，在各个地方和社区分配资金，激励各种有助于体育素养发展的力量，促进体育素养倡导者在社会中发挥带头作用。

表2-26　国家层面培养体育素养的措施

行动方法/步骤
（1）修改其他国家成功的文件，使其易于使用和访问，并以低成本或无成本方式提供。
（2）开发信息图形、图标和材料，供倡导者用于促进体育素养推广。威尔士的一段简洁的视频就是一个好例子。
（3）建立一个发言部门，为机构提供实际咨询的专家。

（二）开发工具和资源

家长/监护人、卫生专业人员、教育工作者、教练和其他利益相关方需要权威的工具和资源，来指导和支持他们实施体育素养方案。其中，至少有三类资源是必要的：一类是关于如何开发个人体育素养，第二类是关于如何将体育素养纳入现有方案，第三类是关于如何在地方一级发展体育素养，应特别注意如何接触和服务弱势群体。此外，由于每个社区的每个组织都为不同人群提供服务，这些资源应具备一定程度的灵活性，以便方案的成功拟订。

这些工具和资源应辅以一项沟通计划，以促进与儿童的沟通。其他国家的成功经验已经表明，体育素养推广需要针对不同人群，也需要进行全国性的努力。需要注意的是，父母在培养儿童和青少年体育素养的过程中发挥着重要作用。在面向公众的宣传中，要展现出体育素养可以使青少年在一生中和特定情况下表现更好的详细信息与具体事例，这比单纯列出体育素养对于健康的好处更具有吸引力。

表 2-27 开发体育素养工具和资源的建议

行动方法/步骤
（1）确定骨干组织以及潜在的资金来源，提供必要的领导和人员配置以支持开发工具和资源。要重点考虑青少年、年轻人和老年人的体育素养问题。
（2）促进区域和地方工作负责人的努力，帮助各组织开发自己的资源，与国家的建议保持一致。
（3）开发一个提供资源的强大网站并起草一项宣传计划，将信息推送给目标人群。

（三）测量体育素养

美国已经将《K-12 国家体育课程标准和各年级水平学习结果》立为全国性指导文件，需要像其他国家一样采取下一步行动，开发强有力的工具来监测体育素养是否已经得到实现。有了关于实施效果的信息，父母/监护人、教师、教练和其他利益相关方将能够进一步推进体育素养的工作。

任何测试都需要称职的评审员，学者、卫生专业人员、教育工作者、教练和其他个人都应接受"如何测量项目参与者、病人和学生的体育素养"培训。位于更高层级的负责人还应当能够评价青少年在参与体育素养方案过程中取得的进展。此外，应该为那些没有接受与体育素养相关的培训，但能够使用该工具提高孩子基本运动技能的父母设计一个更具操作性的评价工具或参照准则。

表 2-28 测量体育素养的建议

行动方法/步骤
（1）创建易于使用的资源，方便家长/监护人、教师、教练、健康专家、导师和其他人对儿童的基本体育素养水平进行测评并跟踪进度。培训并发展专业人员和学者对青少年的体育素养进行测评。
（2）将体育素养纳入电子病历，并开发一个系统，使数据能够方便地被整合，并显示人口统计数据（性别、种族、社会经济地位、能力和邮政编码等）。
（3）重点研究体育素养对投入较少的社区的影响，并使用这些数据改进产品与服务。

(四) 全球合作

美国可以向已经接受体育素养原则和框架的国家学习，并且为全球体育素养的发展贡献力量。当前美国已经通过阿斯彭研究所的体育与社会计划，进行了首次全球范围的体育素养运动进展情况的分析。

在这一分析过程中也征求了国际体育素养协会的意见，该协会的网站和会议提供了了解并推广体育素养的资源和国家与机构之间的合作机会，这已经使许多处于体育素养不同发展阶段的国家受益。体育素养的推广与发展是许多国家正在面临的问题，美国也正处于探索阶段，应该加强各国之间的合作，共同促进这一概念在全球范围内的不断发展。同时，通过这次全球范围的体育素养发展状况的"扫描"，也证明了美国开展体育素养相关工作的必要性。

表2-29 体育素养的全球合作建议

行动方法/步骤
(1) 确定发展美国体育素养的国际合作者，在活动和会议上结识国际体育素养领导人。
(2) 通过参加会议和发表文章来促进全球对话。
(3) 借鉴全球分析中的最佳做法采取行动。

第四节 美国体育素养面临的问题与未来展望

美国的体育素养正处于快速发展中，面临着许多亟待解决的问题，如群众的体育素养认知偏差与不足、一线体育工作者缺乏资格认证、体育素养评价和监测工作乏力等。本节将提出美国体育素养面临的问题并对美国体育素养发展进行展望。

一、美国体育素养面临的问题

(一) 解决认知不足是当务之急

个体的认知决定其行为，体育素养作为一个新兴理念，只有被人们熟知和了解才能得以发展。出于对陌生事物的恐惧和自我保护的本能，美国的大多数人可能会对体育素养抱有排斥心理，这就为体育素养培养工作的开展带来了极大的困难。美国健康和体育教育者协会颁布的国家体育课程标准几乎获得了美国所有州的认可,这是体育素养发展的基础。但分权制引发的问题在于,各个州认可国家体育课程标准,但地方教育部门却没有完全按照课程标准执行教育教学活动。原因是:首先,美国教育管理部门体系的信息断层和内部矛盾导致了认知分歧,也就是国家和地方的教育管理部门仍然未达成绝对统一,这让体育素养还未真正成为全美体育教育的共同诉求。其次,在教育体系内,教师作为知识的传播者,其作用不言而喻。但没有数据证明美国的体育教师已经完全理解了体育素养的内涵,并能熟练掌握体育素养培养的相关教学活动。当一线体育教师都存在体育素养认知方面的不足,又如何把学生培养成具备体育素养的人呢?最后,美国社会普遍受到"精英教育理念"的影响。19世纪末至20世纪初,著名教育家杜威提出了实用主义,并在特殊时期强调过教育的目的是"培养社会中的精英",这种观念影响了好几代美国人。直到现在,美国许多中上流社会的人们依然非常认可这种教育理念。但体育素养强调的是对"人"的培养,其体现的是一种人本主义,强调每一个人都有权利获得体育素养,成为"具备体育素养的人"。精英教育理念会导致学生的体育素养愈加两极分化,体育成绩优秀的学生会获得同学、家长及老师更多的关注和各种各样的资源,体育成绩较差的学生则恰恰相反,这种现象违背了《不让一个孩子掉队》法案中的教育公平精神。对于美国大多数社会中下层的人民来说,"体育无用论"是阻碍他们认同体育素养的主要障碍之一。对于经济收入一般或者较差的家庭来说,把家庭收入投入到培养体育素养有关的花费上并不是他们的优先选项,他们可能会把主要的资金和精力放在衣食住行等日常消费上。除非孩子体育天赋突出,受到教练和学校的重视,能够以运动员的身份拿到奖学金并获得更高层次的教育,否则低收入家庭的家长很难认同体育素养的价值。实际上,让社会基层的人们了解体育素养的价值更为重要,因为他们在社会总人口数中占据了很大比例,由于受到经济、政治、社会地位等多方面的影响,他们无心或无力关注体育素养,但他们恰恰是最需要获得体育素养帮助的那部分人群。

(二)一线体育工作者缺乏资质

在这一场以体育素养为主题的改革风暴中,美国的一线体育工作者作为体育素养培养工作的直接参与者,却呈现出缺乏资质、能力不足的状况。这里的一线体育工作者并不仅仅指学校中的体育教师,还包括健身组织与机构中的教练、社区娱乐组织中的社会体育指导员、专门从事运动治疗与康复的医护人员,甚至还包括热爱体育运动、经常向孩子传授一定运动技能的父母等。体育素养的培养需要科学、系统、全面地进行,美国当前将青少年作为主要培养对象,这就需要一线体育工作者在思想理念、知识体系、认知结构、技能方法和情感态度方面进行相应的转变。值得肯定的是,美国在这些方面取得了一定的进步。比如,美国奥委会教练培训部(Coaching Education Department)和数个国家管理部门机构引入运动员长期发展项目和体育素养概念;美国网球协会(the United States Tennis Association)发布网球世代(Net Generation),组织各种活动并联合父母、教练、选手、教师和志愿者,借助教授和学习工具,激发不同背景和能力儿童的想象力;美国曲棍球队和冰球队(USA Hockey/Ice Hockey)运用各种陆上练习帮助教练和球员提升敏捷度、平衡性和协调性等[1]。但这些努力和进步还不够影响整个国家,由于这些机构受限于规模、经济因素和个体差异,只能实行最适合自身运动项目的体育素养发展,而其他机构的教练、私人体育俱乐部或独立运营的青年体育俱乐部联合会,却难以接触到关于体育素养的培训。目前没有充足的资料证明体育素养已经成为全美体育教师资格认证的必要组成部分,体育素养也未成为健身专业人士教育和培训中的重要环节。美国运动医学会(ACSM)和其他医学部门正受到鼓励,从而关注、接受和解决体育素养问题,但相关研究仍处于起步阶段。到目前为止,美国大多数与体育素养相关的研究都集中在理论层面和宣传文章上,一线体育工作者的体育素养培训资质是一个亟待解决的问题。

(三)体育素养评价与监测有待完善

体育素养的评价与监测依赖于完备的评价工具与全面的监测体系。体育素养是与人们身心健康紧密相连的一个重要因素,但是美国体育素养的发展现状很难满足对每一个个体进行体育素养的评价和监测。美国的体育素养评价工具 PE Metrics 当前已经开发到了第三版,最新版的 PE Metrics 已经将评价对象的范围扩充至幼儿园到高中阶段,并引入了三级指标。PE Metrics 在体育素养的评价方面具备一定的信度和效度,同时相比旧版简化了操作流程。但实际评价过程需要大量的时间和专业的测评人员,这给推广带来了一定困难。体育素养是所有年龄段的人们都应该关注的,诚然 PE Metrics 已经覆盖了基础教育学龄段的青少年,但目前没有工具可以用来测量其他年龄段的人群,特别是老年人与残障人士。评价工具的开发到应用是一个非常漫长的过程,美国正在建设之路上,想要使体育素养惠及公众,需要对评价工具进行不断丰富和完善。此外,体育素养监测工作的开展也

---

[1] Whitehead M. Physical Literacy across the World [M]. London, Britain: Routledge, 2019:200-214.

很困难,需要政府相应的管理机构、全国各地的医疗系统、各地方的社区以及公众协调运作。当前,科学技术的发展为体育素养的监测带来了便利。例如,智能移动设备可以帮助人们更及时、更便捷地监测自己的身体健康状态,线上心理咨询也可以让人们更快捷地了解自己的心理健康状况。但对于经济困难的家庭而言,可能很难给每一位家庭成员配备智能移动设备。此外,幼儿、老年人以及部分不会使用互联网的人可能无法自己进行线上心理咨询。然而,政府在这方面关注不够,资金投入不足,这是导致目前美国体育素养监测工作开展速度十分缓慢的重要原因。

二、对美国体育素养的未来展望

(一) 加强宣传,增加各领域对体育素养的认知与认可度

建议美国政府从国家层面建立专门的体育素养管理机构,借鉴美国奥林匹克委员会协调所有国际赛事体育项目的例子,协调各州和各地方的体育素养相关工作。具体表现为:①与各州的州长以及教育管理部门的领导沟通交流,帮助他们认识、接受并支持体育素养的工作,给予利好政策;帮助各地方的学校引入体育素养概念,包括把体育素养融入教育体系、编写和体育素养相关的教材、关注体育教师的体育素养教育资质、加强对学生体育素养多方面因素的协调发展等。②向各州、各地方的社区积极宣传体育素养概念,组织关于体育素养的社区研讨会;将体育素养概念列为公园和其他公共娱乐场所认证的先决条件之一,定期举办"体育素养活动日"向社区的孩子与家长介绍体育素养的内容;在社会活动区域增加帮助培养体育素养的娱乐与健身器材。③积极向工商业宣传体育素养,特别是与体育产业有关的公司;在广告中加入体育素养的概念,注意避免使用过于专业化的术语使人们丧失兴趣;充分利用明星效应,使儿童及青少年产品的体育素养宣传效果得以提升。④促进健身行业与体育素养的结合,用体育素养概念引领健身领域的新潮流;鼓励专业人士开发出更能帮助消费者发展体育素养的健身理念、健身器材和健身方法;将体育素养作为健身教练资格认证的重要考核标准之一,建议教练在向学员授课时积极介绍体育素养的相关理念和内容。

(二) 加快建立健全体育素养资质认证体系

以美国体育教师资格认证体系为例,建议美国将体育素养加入美国体育教师专业标准以完善标准的全面性。教育管理部门需要对已经获得体育教师资格证书的教师进行体育素养方面的再考核以完成体育教师资格证书的更新。对在校的职前体育教师丰富并加强有关体育素养方面的教育,使

其能够适应未来体育素养相关的教育工作。加强州一级资格认证与国家一级资格认证的协调统一,州一级的资格认证为最低标准需要严格把控,国家一级的资格认证为普通体育教师向优秀体育教师进阶的通道,教育部门可以通过对体育教师资格资质的细分来把握每位体育教师的体育素养水平。

拓宽体育教师资格认证路径同样意义重大,除了通过传统路径,即获得大学教育并通过一系列考试成为体育教师之外,替代性路径需要受到更多的关注。教育部门可以通过放宽政策,让更多具备一定工作经验和体育素养知识储备的申请者进行体育教师的资格认证。除体育教师资格认证体系之外,体育素养资质认证体系还应涵盖健身教练资质认证体系、社会体育指导员资质认证体系和运动康复医疗人员资质认证体系等。

(三) 完善体育素养评价和监测体系

美国体育素养的评价工具 PE Metrics 属于教育体制下的评价工具,其适用对象和方法仅满足于幼儿园至高中阶段的青少年。为了能够给所有年龄段的人群进行体育素养评价,PE Metrics 需要扩展受众范围及测评方法。鉴于评价个体体育素养的发展变化是个漫长的过程,建议以儿童(3～6岁)、少儿(7～12岁)、青少年(13～17岁)、青年(18～45岁)、中年(46～69岁)、老年(70岁及以上)等具有明显的年龄特征来分段,或者以每10年为一段,对人群进行体育素养的追踪评价。目前,PE Metrics 的使用者自身需要具备一定的体育素养基础,如具备资质的体育教师。从校内走向校外之后,美国需要培养一批能够为公众评价体育素养的专业人员,可以是医生、教练或者社区服务人员等。同时,可以开发便于公众自己使用的自测工具,如自摄视频、自测问卷、自比指标等。

完善监测体系最快捷的方法莫过于将其建立在美国已有的医疗系统之上,建议美国为公众建立体育素养档案,可以是单独的档案,抑或是成为个人健康档案的一部分。体育素养档案的内容能够通过网络数据库共享,在多种应用环境下提供帮助,如医院的医生可根据体育素养档案的内容进一步了解病人的身体状况,健身教练可以根据体育档案的内容为学员制订更合适的锻炼计划,社区服务人员可以根据体育档案的内容为社区儿童提供更健康的活动帮助与指导。

第三章　加拿大体育素养研究

　　1993年,在澳大利亚墨尔本举办的"国际体育教育与妇女儿童运动大会"上,英国学者怀特海德首次提出了"体育素养"这一概念。在以怀特海德为首的专家团队和各部门的不断研究和推进下,体育素养这一概念逐渐受到多个国家的关注。2002年1月18日,联合国大会通过第A/RES/56/116号文件决议,将2003—2012年确定为促进体育素养发展的关键十年。该决议秉持这样的理念:"素养对于每个儿童、青年和成年人获得生活技能是至关重要的,这些技能能够使他们学会应对生活的挑战,这也是基础教育的重要任务,同样也是21世纪有效参与社会和促进经济必不可少的途径"。在联合国科教文组织的倡导下,世界各国有关体育素养的内涵、概念、定义等理论体系逐渐丰富和成熟,也在体育素养实践方面展开了丰富的交流。加拿大作为全世界较早研究体育素养的国家之一,各州政府极力推动体育素养的发展,在体育教育、体育休闲、体育素养测评、体育素养培养等方面积极探索,积累了较为丰富的经验和成果,成为当前世界体育素养理论研究与实践探索最为领先的国家之一。

第一节　加拿大体育素养的框架构成

　　2005年,在加拿大学者希格斯(Higgs)、伊斯万特万·贝利(Istvan Balyi)和特伦布莱(Tremblay)等人的共同促进下,加拿大体育素养理论开始生出萌芽并初现雏形。在此之后,加拿大终身体育协会(Canadian Sport for Life,简称CS4L)、加拿大体育与健康教育协会(Physical and Health Education Canada,简称PHE Canada)、加拿大体育中心(Canadian Sport Centre,简称CSC)等部门陆续投入体育素养的研究之中。本节将主要从加拿大体育素养提出的背景、加拿大体育素养发展历程、加拿大体育素养的框架三个部分来叙述,以更清晰的视角呈现加拿大体育素养的发展轮廓。

一、加拿大体育素养提出的背景

(一)改善儿童和青少年不良的生活方式,促进其在生活中积极活跃

全球儿童和青少年不规律的作息方式以及不当的行为造成的健康问题

受到了世界各国的广泛关注,加拿大也面临着同样的问题和挑战。自1981年以来,加拿大儿童和青少年的总体健康状况大幅度下降,同时超重和肥胖程度也达到了前所未有的水平。缺乏足够的运动导致了诸多慢性疾病的发生,增加了医疗卫生服务的费用和负担,这一系列问题严重威胁着加拿大人的生活质量,同样威胁着加拿大儿童和青少年的健康状况,甚至威胁着国家未来的发展。在加拿大官方2016年发布的《加拿大儿童和青少年24小时运动指南》中的调查显示:在身体活动方面,62%的学龄前儿童(3~4岁)达到了指南建议的体育活动量,但儿童和青少年(5~17岁)达标率为38%,成年人(18~64岁)达标率为18%,老年人(65~79岁)达标率仅为14%。在久坐行为方面,加拿大儿童和青少年(5~17岁)的平均久坐时间为每天8小时27分,其中12~17岁的青少年比5~11岁的儿童久坐时间更长,分别为9小时16分和7小时38分。3~4岁的学龄前儿童久坐时间则相对较短,为7小时28分[1]。由此可见,随着年龄的增长,加拿大人的活动时间越来越少。基于当时加拿大人的身体活动状况,该青少年运动指南提出建议:"为了促进儿童和青少年(5~17岁)的健康成长,应每天进行较高质量的体育活动,减少久坐行为,增加充足的睡眠。"[2]指南的发布敲响了加拿大政府和教育者们的警钟,为了纠正和预防儿童青少年在成长过程中缺乏身体活动,以及不良的生活习惯与行为,避免出现各种健康问题,就必须要为儿童青少年创造健康的生活状态而采取积极的措施。因此,加拿大相关领域的专家、学者将提升体育素养视为解决加拿大这一系列问题的重要手段。

(二)长期运动员发展模式与体育素养的契合

早在20世纪90年代,加拿大学者贝利(Balyi)就提出并建立了长期运动员发展模式(Long-Term Athlete Development,简称LTAD),该模式被加拿大全国乃至世界各国,如美国、英国、荷兰等多个国家采纳和推崇。该模式最初被学者们认为是一种"精英模式",因为该模式最初的目的是将具有天赋的儿童、青少年培养成为体育运动尖端人才或者是专业运动员[3]。

---

[1] Tremblay M S, Carson V, Chaput J-P. Introduction to the Canadian 24-Hour Movement Guidelines for Children and Youth: An Integration of Physical Activity, Sedentary Behaviour, and Sleep [J]. Applied Physiology, Nutrition, and Metabolism, 2016,41(6): 3-4.

[2] Tremblay M S, Costas-Bradstreet C, Barnes J D, et al. Canada's Physical Literacy Consensus Statement: Process and Outcome [J]. BMC Public Health, 2018,18(2):1034.

[3] Charlotte B, Bettina C, François T. Coaches'Adoption and Implementation of Sport Canada's Long-Term Athlete Development Model [J]. Sage Open, 2015,5(3):1-16.

随着时代的改变和模式的发展,加拿大的学者们发现,一个模式能发挥什么样的作用,主要不是取决于模式本身,而是取决于使用该模式的人。他们认识到LTAD模式可以应用于促进整个国家的青少年健康之中。因此体育界各领域的专家发挥主观能动性,根据LTAD模式的特点加以改造使其在体育教育、运动娱乐、体育休闲等领域广泛使用,并且取得了一定的成绩。相较于体育素养理论,LTAD模式被加拿大支持和采纳的较早,具有一定的影响力,而体育素养在当时还处于初步发展阶段。

随着世界各地体育素养理论体系的兴起,加拿大体育领域的学者开始思考如何发展本国的体育素养,以及LTAD模式与体育素养之间是否存在联系。在诸如此类问题的困扰下,大批学者投入体育素养的研究队伍之中,试图寻找合适的方法来解决这些问题。直到2005年,加拿大体育中心与加拿大终身体育协会联合发布了《体育素养的发展:一份0—12岁儿童父母的指南》(以下简称《指南》),将体育素养与LTAD模式的前三个阶段结合。从另一角度来说,LTAD模式可以作为培育体育素养的手段[1]。《指南》中还强调体育素养是LTAD模式的基础,两者在理论和实践上完美契合,可以使加拿大的体育素养取得巨大进步和飞跃。《指南》为加拿大体育素养的培养指明了方向,也让加拿大人进一步了解了体育素养的作用和内涵,使体育素养的影响力迅速遍布全国,掀起了一股体育素养发展的浪潮。

(三) 体育素养成为加拿大各体育部门之间沟通与合作的基础

加拿大是一个多种族(白种人、黄种人为主)与多民族(包含因纽特、印第安、法裔、英裔等)聚集的联邦制国家。由于政治环境复杂,各省市的教育事业、体育事业享有高度的自治权。复杂的政治、文化体系导致国家体育政策和文件的落实存在一些难以调和的困难,信仰、文化、政治、法律等因素之间也存在相互抵触的现象,这些现象触及体育事业相关者的利益,造成体育事务纠纷。比如,加拿大的魁北克省鼓励说法语,目前约有670万加拿大人的母语为法语,与加拿大倡导的官方用语相悖。语言的不同造成思维、沟通存在差异,加拿大不同省份颁布的体育法律在处理体育事务纠纷时难免会引发矛盾。这些问题的存在都不利于体育思想和理念的传播。

基于这些问题的存在,加拿大政府认识到各体育部门需要制订政策、模式以及共同的目标来推进体育事业的发展。《加拿大体育政策2002—2012》(Canadian Sport Policy 2002—2012,以下简称"CSP 2002—2012")作

---

[1] Norris S R. Long-Term Athlete Development Canada: Attempting System Change and Multi-Agency Cooperation [J]. Current Sports Medicine Reports, 2010,9(6):379-382.

为加拿大较为权威性的体育政策文件,推动体育运动体系更加规范、高效、包容地运行。文件中总结了以下几个目标:通过身体活动提升个体健康,强化社会交流和塑造人的个性;提高自我管理生活质量,以及行为习惯的能力;促进经济和娱乐的繁荣发展。文件中还强调将促进体育发展与学校体育活动联结在一起,并且希望体育部门、娱乐部门、体育教育部门共同合作,提高加拿大整体的体育发展水平,实现该文件的总目标[①]。

"CSP 2002—2012"文件是根据各政府组织、非政府机构以及协会部门共同反馈的信息制订的,一定程度上反映了各省体育领导者的共识,具有一定的权威性。该文件将提高青少年体育素养作为加拿大优先发展的事项之一,提升体育素养也成为各部门共同追求的目标之一,这为各省体育、教育、卫生和市政娱乐等部门之间建立了合作的基础,也为各部门之间的交流与合作搭建了桥梁。体育素养作为"催化剂",很大程度上规避了加拿大的一些分歧,为加拿大的体育教育事业创造了良好的合作机会。自 2009 年以来,加拿大学者撰写了诸多体育素养论文,有些部门已经开始为青少年提供体育素养的指导课程。

二、加拿大体育素养发展历程

(一) 加拿大体育素养发展的萌芽阶段

从 1994 年起,贝利博士一直是加拿大维多利亚市教练学院的常驻体育科学家,他是世界公认的长期运动员发展和训练计划的专家,被称为加拿大 LTAD 模式的"构架师"。20 世纪 90 年代末,以贝利为首的团队在生长、发育和技能习得的生理学基础上,开发了 LTAD 模式框架,但那时只是初见雏形,受益者只是小众人群。2005 年起,加拿大体育组织开始建立 LTAD 综合项目,鼓励各个组织进一步开发研究。于是加拿大终身体育协会开始对 LTAD 模式进行发展、推广,并应用于运动员的体育专项化训练。在该模式的指导训练下运动员的成绩和训练效果显著提升。LTAD 项目从开始相对简陋的框架,发展成较为系统化的模式,逐渐被教育、体育、娱乐、体育政策制定者及管理者等领域接受,最终得到全国认可和推崇。

加拿大体育素养真正得到广大学者的关注,是源于 2005 年希格斯(Higgs)和贝利等学者联合编写的《指南》一书的发布。在孩子日益肥胖和体质下降这一大背景下,体育素养最初的定义优先考虑"身体锻炼"的问题。

---

① Whitehead M. Physical Literacy across the World [M]. London, Britain: Routledge, 2019:125-142.

因此希格斯和贝利等学者最初在《指南》中将体育素养定义为："体育素养主要发展基本动作技能和基本运动技能，让孩子在各种体育活动和体育情境中保持动作自信，且能自我控制节奏。孩子们能够了解周围发生的状况，并对这些状况做出适当反应"。以希格斯为代表的加拿大学者认为：基本动作技能的学习与实践是体育素养发展的基石，就像儿童最开始学习字母和发音，到逐渐会说话、阅读莎士比亚的书籍。体育素养如同孩子参加体育活动、运动和健身所需要的工具一样，培养孩子的自信，体验体育活动乐趣，养成健康的生活方式。使孩子既能获得健康的终身享受，又能在体育运动中获得成功。

《指南》的发行目的是为家长/监护人、日托服务者、学校人员、社区活动领导者以及加拿大体育系统中所有的人提供指导。LTAD模式将人的一生划分为七个阶段，其中前三个阶段是为了培养孩子们的体育素养。该模式与怀特海德所强调的"体育素养是一个旅程，而不是在某个时间点产生的"理念相吻合，这也使得体育素养与LTAD模式的联系成为必然。怀特海德认为如果儿童要终身从事体育活动，衡量他们持续参加体育活动的能力就显得至关重要，应该以"一元论"为基础，以情境化和具体化的运动体验来突出身心一体的健康生活方式[1]，《指南》中的核心理念也恰恰遵循上述观点。

随着孩子的成长和发育成熟，神经细胞会产生更多的连接，身体的肌肉会变得更强壮。如果没有足够成熟的大脑和强壮的肌肉，儿童将无法学会那些有难度的运动技能，所以前期需要父母或监护人给孩子提供尽可能多的机会去探索各种环境中的运动，且选择的环境必须安全并具有挑战性。《指南》的颁布让那些能影响孩子早期体育素养的群体明确了自身的重任，表3-1介绍了LTAD模式中前三个阶段的基本内容。

表3-1 LTAD模式中的前三个阶段

目的	阶段	性别/年龄	谁负责	地点	重点	注意事项
发展0~12岁孩子的体育素养	基础动作阶段	女生0~6岁 男生0~6岁	父母/监护人、日托提供者、学前教师、幼儿园教师	家、日托中心、社区	基础动作技能	体育活动应该是有趣的，是日常生活的一部分

---

[1] Whitehead M. Physical Literacy across the World [M]. London, Britain: Routledge, 2019:125-142.

续表

目的	阶段	性别/年龄	谁负责	地点	重点	注意事项
基础运动阶段		女生6~8岁 男生6~9岁	父母/监护人、教练、娱乐领导者、年轻领导者	学校、体育俱乐部、社区、家		技能的发展最好通过在一个安全而有挑战性的环境中进行自由玩耍来实现
学练阶段		女生8~11岁 男生9~12岁	父母/监护人、娱乐领导者、年轻领导者	学校、体育俱乐部、社区、家	基础运动技能	加速学习协调和精细运动技能，发展所有基本运动技能和全面学习运动技能

表3-1中的三个阶段主要是按照年龄对0~12岁儿童进行划分。在日常体育活动中，父母/监护人是儿童早期最主要的相处对象，且在儿童体育素养之旅中担任最早的执行者和奠基者，所以父母/监护人在孩子的体育素养培养中扮演着重要的角色。此外，在体育素养发展的开始阶段，男孩与女孩在0~6岁这个年龄区间差异较小，即主要发展基本活动能力。在基础动作阶段后男孩女孩开始表现出差别，之后的阶段开始注重较复杂的组合动作技术练习。因为男孩身体发育状况较女孩落后，所以要特别注意不同年龄、不同性别之间的区别对待。

此外，《指南》中明确指出：发展儿童的体育素养要使其掌握走、跑、转体、爬、投等基本活动的能力，练习过程遵从循序渐进的法则。一旦错过发展体育素养的最佳时机，孩子将会处于劣势的位置，影响后续体育活动的进展。比如：孩子在动作学习初期，如果不能正确掌握投掷、跳跃、跑步等人体基本活动能力，那么后期在羽毛球、网球、篮球等多种身体活动组合的运动项目上就会出现掌握困难的现象。0~12岁是儿童体育素养发展的最佳期，在这期间如果孩子出现运动能力落后的现象，只要在最佳期内重视并矫正也有可能达到后来居上的效果。实现体育素养完整的发展，应该在以下四个不同的环境中来学习基本动作技能和基本运动技能：①地面上——作为体育、舞蹈等多数运动的基础；②水中——作为所有水上活动的基础；③冰雪中——作为冬季滑行活动的基础；④空中——作为体操、跳水等空中活动的基础。这四个环境基本涵盖了儿童生活中所能接触到的体育活动环境。虽然儿童的成长和学习速度不同，但几乎所有的儿童都以大致相同的成长规律来学习基本动作技能。《指南》编著者希格斯教授等人重点强调：体育素养不是短时间就能获得的，不能一味训导、要求孩子像大人一样去完成运动技能或强迫他们以成人的思维方式去学习。应该帮助每个正在学习基础技能的儿童达到熟练程度之后，才学习下一个技能。因为每个儿童的身心发展状况、思想行为因人而异，揠苗助长的方式会适得其反。体育素养培养的关键是能够熟练地将基本动作技能和基本运动技能结合使用，这要求儿童能在不同的运动情境中体验快乐的游戏活动，在面对不同的情况时能做出正确的决策，并为今后积极有活力的人生奠定基础。图3-1是加拿大学者制定的让整个生命充满活力的"关系图"。

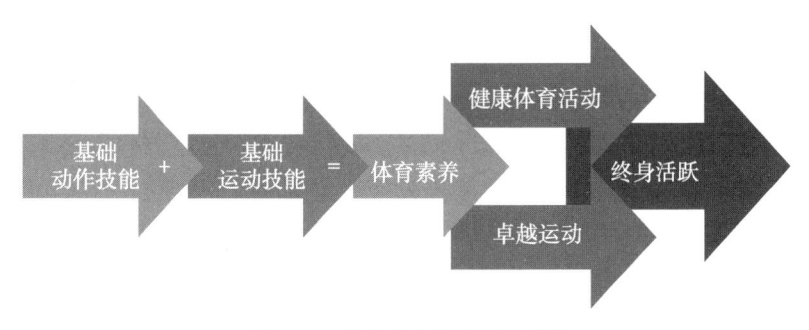

图3-1 让生命充满活力关系图

通过"关系图"可见，加拿大早期的体育素养发展是以基础动作技能和基础运动技能为基石，强调孩子在掌握一定基础动作技能与基础运动技能之后，才能更好地形成体育素养。儿童从出生到成长有两种发展路径：一种是成为优秀卓越的运动员；另一种是能够在今后的生活中自觉进行健康的体育活动，最终达到让整个人的生命充满活力的目的。然而，初期加拿大学者所倡导的体育素养的概念更多强调的是运动能力的练习，这将体育素养的概念狭隘化，忽视了整体育人的观念。无论是LTAD模式还是体育素养，两者的理论体系还处于探索和研究的雏形阶段，但是《指南》的发布激发了加拿大学者对体育素养的兴趣，得到了加拿大各体育部门的重视。

（二）加拿大体育素养的快速发展阶段

目前，受加拿大政府资助的两大组织都以促进全国的体育素养发展为己任，并且对体育素养都有基于各自专业领域的见解。其中，加拿大体育与健康教育协会（PHE Canada）创办于1933年，是加拿大公认的体育和健康教育专业权威性组织；2004年创办的加拿大终身体育协会（Canadian Sport for Life，简称CS4L）是最早研究体育素养的组织，已有十多年的历史。同时,加拿大诸多区域性组织同样也专注于体育素养研究,并且取得了代表性的成果。例如 2007 年成立的健康积极生活与肥胖研究小组(Healthy Active Living and Obesity Research Group,简称 HALO)以及加拿大体育中心(CSC)的学者们也就体育素养是发展加拿大人积极健康生活所需技能、知识和态度的基础这一观点达成共识。上述几个组织主要集中在加拿大经济、行政、文化教育水平较高的安大略省和魁北克省等,这些体育组织与多个国家的体育素养研究所和国际体育素养协会建立了较为广泛的联系与合作,在加拿大体育研究领域具有举足轻重的地位。下面介绍其中三个最具有代表性的组织来进一步阐述加拿大体育素养的发展历程。

1. 加拿大体育与健康教育协会(PHE Canada)的体育素养发展

加拿大体育与健康教育协会成立于 1933 年,在加拿大具有较高的权威性。对于加拿大的体育教育者来说,LTAD 模式中对体育素养的理解侧重于基础动作技能和基础运动技能。虽然体育训练和体育教育具有相似之处,但它们的目标及服务对象是不同的。安大略省在最近修订的体育与健康课程标准中,明确把学生体育素养发展确定为 1~12 年级学生学习发展的基础,这标志着体育素养已经在教育领域占有一席之地[①]。体育素养整体上是以运动心理、身体健康、体育活动参与,以及健身、情感和认知、态度等学习目标为中心,这些目标贯穿于加拿大各地的体育课程中。加拿大体育教育领域的学者认为体育素养不仅要发展身体活动、知识、技能等基础,还要超越这一切,发展认知、观察和情感等多种能力来培养一个完整而全面的"人"。尽管 LTAD 模式给加拿大专业运动员带来了一定的训练成效,但该模式中的体育素养似乎没有体现教学方面的特征,换而言之 LTAD 体育素养的含义与体育教育之间没有直接接轨,两者之间存在一定的分歧和鸿沟。

加拿大终身体育协会(CS4L)与加拿大体育中心(CSC)共同发布《指南》后不久,2009 年加拿大体育与健康教育协会的几位学者联合撰写了一篇名为"Position Paper Physical Literacy for Educators"的论文,初步建议将体育素养定义为:拥有体育素养的个体在各种体育活动中表现自信,选择的活动也有益于整个人的终身发展。具备体育素养的个体可以在各式各样的运动环境中具备良好的运动能力并且保持自信,这有助于他们理解、沟通、运用、分析各类运动的动机和能力,实现人的全面发展。体育素养定义

---

① 党林秀,董翠香,朱琳,刘兴石,刘超,刘秦红,苏银伟. 加拿大安大略省《健康与体育课程标准》的解析与启示[J]北京体育大学学报,2017,40(6):79—87.

的拟定也是为了能引起体育界其他教育者的共鸣,为体育和体育教育之间架起一座沟通的桥梁。体育教育界拟定的体育素养的定义诠释了积极健康的生活,鼓励尊重环境、使用创造性的方式参与体育活动。然而,该定义拟定不久,加拿大体育与健康教育协会重新审视并拟定了一条更精炼的体育素养定义:"具备体育素养的个体在各种各样(Wide Variety)与健康相关(Health-Related)的体育活动和环境中,有足够的技能和信心(Confidence/Competence)进行身体锻炼,并且所选择的活动有益于整个人健康和终身发展(Lifespan)[①]。"针对该定义中的核心词语,该协会的学者作了进一步的解析。Wide Variety:体育素养不是指在一项运动或活动中取得优异成绩,而是关于在各种活动中的能力,如舞蹈、体操、户外活动,或一般的健身和锻炼活动;Health-Related:这个概念包括力量、柔韧性和耐力等,这些不仅是其他技能的重要组成部分,也是整体健康的重要组成部分;Confidence/Competence:这两个术语是相互关联的,技能发展能提高个人的自信,反过来自信又能提高这些技能在运动过程中实际使用的质量;Lifespan:当孩子离开学校时,体育素养的旅程并不会停止,就像阅读和写作一样,体育素养也在不断发展和提高,这是贯穿人一生的事情,体育素养对健康的益处远远超过了学生在学校时期获得的益处。体育素养的获得是个体与社会复杂联系的过程,学生不仅要有效运动,还应发挥创造性、讲道德、有激情、有社会责任感和胜任力。加拿大的体育教育者对体育素养提出了新的视角,既继承了过去的终身学习体育素养观念,又融入了教育学的理念,这是体育素养在教育领域的一大突破。

加拿大教育者重新定义体育素养的原因主要归结为以下几点:①随着英国学者怀特海德对体育素养解读的不断深入,她发表过这样的观点:"不能将体育素养禁锢在孤岛之上,要不断地创新发展,体育素养是个体生活在特定文化中的特定表达。"也就是说对于体育素养不能用单一片面的看法去解读,在不同国家不同文化背景、经济发展、政治驱使、地域影响之下,其内容会不断发生变化。②体育素养被加拿大学者理解为一种"能力",而一个人的能力是具有包容性的,就个体而言,"素养"包括身体活动、社交、情感和认知等多方面,而不仅局限于基本运动技术及知识的学习。多形式的活动内容可强化学生跨越各种活动的能力,也就是说学生可以做到举一反三、由

[①] Daniel B R, Lynn R. Marking Physical Literacy or Missing the Mark on Physical Literacy? A Conceptual Critique of Canada's Physical Literacy Assessment Instruments [J]. Measurement in Physical Education and Exercise Science: Official Journal of the Measurement and Evaluation Council of AAPAR, 2017, 21(1): 40-55.

表及里地在体育活动中发现并获得最大的益处,并且以较快的速度融入到各种体育活动中去获取良好的活动体验。③加拿大的体育教育工作者欲弥合体育部门与教育部门工作的不同步性,体育素养的进一步阐释为利益双方提供了一个沟通渠道,在体育与教育之间架起了一座桥梁。此外,加拿大的体育教育工作者认为具备体育素养的个体能够自信地完成自己选择的体育活动内容,有能力"阅读"周围发生的一切突发情况并做出应对,且选择的活动内容对自己和他人都有益。正因有不同群体的诉求,体育素养的定义仍在不断完善之中。

2. 加拿大终身体育协会 CS4L 到 S4L 的体育素养发展

加拿大终身体育协会(CS4L)成立于 2004 年底,是一个全国性的体育组织,其宗旨是:通过改进运动员训练和更好地整合体育系统中所有利益相关者的资源来提高加拿大体育活动的质量,同时开发一个加拿大通用的 LTAD 模式。"2014 年,体育素养被列为影响 LTAD 模式的 10 个关键因素之一,因此将体育素养作为运动员的发展基础来进行推广。"①

CS4L 是一个新兴的、具有较强自主性和独立性的实体组织,与体育运动社区、省和国家项目、娱乐和健康等部门建立了密切的联系,专注于体育运动相关的领域,注重身体素质的发展及有质量的训练,追求卓越的体育运动,树立加拿大人积极有活力的人生。最初,CS4L 的体育素养定义与该组织发布的《指南》中的定义一致,之后 CS4L 将定义精炼为:"体育素养是发展基本动作技能,引领个体在各种环境和情况下决断的能力。"不难看出该组织依然强调基本动作技能的掌握是体育素养的核心要素。近几年,CS4L 根据实践情况,确定了个体体育素养的四个核心能力:运动能力;在多种环境下保持自信、胜任力和创新能力;动作应用与分析能力;决策能力②。随着该组织认识的加深,体育素养又被进一步诠释为:具备体育素养的个体拥有自信、胜任能力和动机去享受各种体育活动。该组织的学者认为体育素养与阅读和算术一样,阅读发展了文学,算术发展了数字、公式逻辑思维等,而体育素养发展了基本动作技能。

2015 年初,CS4L 更名为"Sport for Life"(简称 S4L),正式成为加拿大联邦非营利性组织。此前 CS4L 一直是以非正式组织的状态在加拿大运

---

① Norris S R. Long-Term Athlete Development Canada: Attempting System Change and Multi-Agency Cooperation [J]. Current Sports Medicine Reports, 2010,9(6):379-382.
② Robinson D B, Randall L, Barrett J. Physical Literacy (Mis) Understandings: What do Leading Physical Education Teachers Know about Physical Literacy? [J]. Journal of Teaching in Physical Education, 2018,37(3)288-298.

作,正式成为国家性的体育组织后,S4L 与加拿大体育、教育、娱乐和健康领域建立了多个跨部门的合作伙伴关系,同时增加了协调国家、省和社区体育活动规划服务的权利,从而更广泛地服务社会。更名之后,S4L 不管是在管理层面还是组织方向上,都具有多重指向性。该组织目前涉及体育素养研究、LTAD 模式开发、体育教育、体育培训等多个领域。目前,S4L 已经成为全国体育素养的主要倡导者,整合了多个领域的资源,也能让更多加拿大群体受益。

2016 年,S4L 注册了一个名为"Physical Literacy for Life"(简称 PLFL)的慈善机构,之后该慈善机构与 S4L 合作形成了"Physical Literacy"专题板块。PLFL 致力于在不同环境和领域中发展终身体育素养教育,希望通过发展体育素养培养身体技能、信心和动机,改善个人的生活和社区的健康,让加拿大人有足够的能力去运动并且做出正确、健康的选择,享受生活,体验成功生活所需的自我效能感。这个机构的任务是:利用体育素养的研究促进体育系统变革,力求让公众意识到体育素养的益处,努力争取对体育素养的持续支持,激发最佳的体育活动状态,推动体育素养的发展。PLFL 与 S4L 有着共同愿景与合作基础,都是为了在健康、娱乐和教育领域积极推进体育素养实施,为每个人享受体育活动创造条件,改善加拿大民众的身体状况。该合作拓展了 S4L 的发展,也为体育素养研究注入了新鲜血液,使体育素养有关项目得以更好推动,扩大了其在加拿大的影响力。目前 S4L 与国际体育协会也有着密切的联系与合作,通过国内外的沟通交流与不断探索,加拿大的体育素养体系日趋完善。

从 CS4L 到 S4L,加拿大体育素养走过了十多年的历程,奠定了深厚的体育素养理论与实践基础。S4L 在 2016 年 9 月开展过关于体育素养的在线研讨会,2017 年 5 月又创办了"501 体育素养工作室",这些举措都是设法为运动弱势者量身定做适合的基本运动技能项目,帮助加拿大的弱势群体最大限度提升体育素养。

3. 加拿大健康积极生活与肥胖研究小组体育素养的发展

2007 年,由东部安大略省儿童医院和东部儿童医院研究中心联合成立了健康积极生活与肥胖研究小组(Healthy Active Living and Obesity Research Group,简称 HALO),并且开展了一次规划未来组织结构、功能及优先完成事项等内容的会议。HALO 在体育素养方面主要致力于研究加拿大人积极健康生活以及儿童肥胖的问题。HALO 由研究科学家、临床医生、研究人员、行政官员、研究生和实习学生组成,旨在应对加拿大人不断攀升的肥胖危机和日益复杂的相关并发症,预防、治疗儿童和青少年肥胖,倡导健康积极生活。

HALO在《2008年度工作汇报手册》的总结中提出,体育素养是一个完善的结构体系,紧扣高质量体育教育或高质量社区体育项目,是促进健康积极生活和促进运动行为、意识、知识和理解的基础。HALO开发的第一版体育素养测评工具中提到,体育素养主要划分为四个核心维度:体能(心肺、肌肉力量和灵活性);运动行为(基本的运动技能熟练程度);身体活动行为(客观测量的日常活动);心理—社会/认知因素(意识、知识和理解)[1]。在2014年重新修订的体育素养测评工具中,HALO采用了国际体育素养协会的定义,即体育素养是个体为了在一生中保持适当水平的身体活动,而表现出来的动机、信心、身体能力、知识和理解力。

HALO同样认为体育素养就像阅读、写作、听力和母语一样,有利于个体一生的沟通和交流。这一理念正是继承了《指南》中对体育素养的解读。HALO的成员认为具备高水平体育素养的孩子能够在一系列具有挑战性的环境中自信而有能力地活动,适应体育运动环境,预测可能的运动需求,做出机智而富有想象力的反应。相反,如果一个孩子的体育素养还没有达到很高水平,他就会尽量逃避参加体育活动,同时对自己的身体能力缺乏信心,缺乏足够的动力去参加有组织的体育活动。

三、加拿大体育素养的框架

体育素养具有不断发展的结构,加拿大多个部门和组织在其项目、实践、政策和研究中形成了各自的体育素养"阵地"。然而,伴随着加拿大体育事业及体育素养理论的兴起,也出现了许多莫衷一是的状况。由于加拿大一些体育相关部门存在相互竞争的关系,学术界也经常将"体育素养"这个词与"体育活动""基本动作技能"以及"运动技能发展"等相关的词混淆,这些阻碍了加拿大体育素养向前推进的步伐。加拿大政府和各部门领导人一致认为需要对体育素养进行统一明确的定义,以便国家政策、体育实践和相关研究的发展。同时,一个统一的概念对于加拿大的体育素养界定、术语规范、体育素养测评也非常必要,这有利于加强各行业间的协同工作,为今后的学术研究和教学提供统一的标准。

---

[1] Daniel B R, Lynn R. Marking Physical Literacy or Missing the Mark on Physical Literacy? A Conceptual Critique of Canada's Physical Literacy Assessment Instruments [J]. Measurement in Physical Education and Exercise Science: Official Journal of the Measurement and Evaluation Council of AAPAR, 2017, 21(1): 40-55.

(一)《加拿大体育素养共识声明》的起草

《加拿大体育素养共识声明》(简称《共识声明》)的草案自 2014 年夏开始启动制订,该项工作集结了加拿大体育素养利益相关者以及国内外研究体育素养的专家和代表,共同参与问卷调查和访谈。最终,国际体育素养协会的国际研究委员会代表与健康积极生活与肥胖研究小组的团队合作,拟定了这份《共识声明》的草案。在草案拟定前期,研究团队广泛收集了体育素养的争议焦点,并通过电子邮件和电话会议征集了国际体育素养协会专家的几轮修改意见。《共识声明》从起草到修订花费了一年多的时间,为推进《共识声明》的修订,加拿大终身体育协会还牵头发布了《温哥华宣言》来提供对体育素养的附加指导。

本次《共识声明》草案的产生背后云集了众多加拿大权威机构的代表者,他们共同商议、解决存在争议的问题。加拿大相关领域的 17 个部门、48 个组织参与了会议探讨和调查研究,如:安大略省儿童医院研究所、加拿大公共卫生协会、加拿大公园和娱乐协会、终身体育协会、加拿大体育与健康组织等。此次草案拟定的目的是:提升体育素养的价值,确保体育素养概念的完整性;提倡像国际体育素养协会一样,使用通用的体育素养定义;促进体育素养在多个社区部门之间的协调一致;提高体育素养的一致性和清晰度;提醒各利益相关者促进体育素养工具和资源的一致和协调发展[1]。明确了以上目标和方向,为《共识声明》的顺利颁布奠定了深厚的基础。

(二)加拿大体育素养的定义和框架

2015 年 5 月,在加拿大不列颠哥伦比亚省温哥华举行的国际体育素养会议上,正式发布了《加拿大体育素养共识声明》。该声明陈述了体育素养的定义,解析了体育素养的四个要素和五个总体原则。其中,体育素养的定义为:"体育素养是能够重视和参与终身体育活动所需要的动机、信心、知识和理解以及身体能力。"[2]会议上对体育素养定义的确定,标志着加拿大各组织对体育素养的定义有了一定的共识基础和参考依据。

从上述对体育素养的定义可知,其框架包含了四个基本的、相互关联的核心要素,随着个体生命历程的发展,各个核心要素的重要性也会不断发生

---

[1] Francis C E, Longmuir P E, Boyer C, et al. The Canadian Assessment of Physical Literacy: Development of a Model of Children's Capacity for a Healthy, Active Lifestyle through a Delphi Process [J]. Journal of Physical Activity and Health, 2016, 13(2):214 - 222.

[2] Tremblay M S, Costas-Bradstreet C, Barnes J D, et al. Canada's Physical Literacy Consensus Statement: Process and Outcome [J]. BMC Public Health, 2018, 18(2):1034.

变化。

情感(affective)方面：动机和信心(Motivation and Confidence)指要热情、积极以及自信地将体育活动作为生活的一个组成部分。动机表现为享受体育活动，把体育活动作为生活的一部分；信心指相信自己的能力，勇于自我表达，与他人进行互动。

身体(physical)方面：身体能力(Physical Competence)指个体发展体育技能、体验运动强度以及持续运动的能力。发展身体能力有利于个体增强体能，使个体能够胜任各种各样的体育活动，以及体验、适应各种环境。

认知(cognitive)方面：知识和理解(Knowledge and Understanding)指识别和表达运动基本要素，理解积极健康生活方式的益处，以及在各种体育背景环境中识别体育活动安全特征的能力。这部分内容不仅仅是简单地罗列参加体育活动所获得健康益处的知识，还包括个体对自身健康状况的理解。

行为(behavior)方面：终身体育活动(Engagement in Physical Activities for Life)是指个人自愿选择定期参加体育活动，实现个体体育责任。这个方面是鼓励个体持续参加一系列有意义并且具有个人挑战性的活动，作为个体生活方式的重要组成部分。体育素养被认为是基于个人能力和兴趣的旅程，在人一生中不断发展，没有特定的标准，也没有终点。

图3-2直观展示了情感、身体、认知和行为四个体育素养要素。

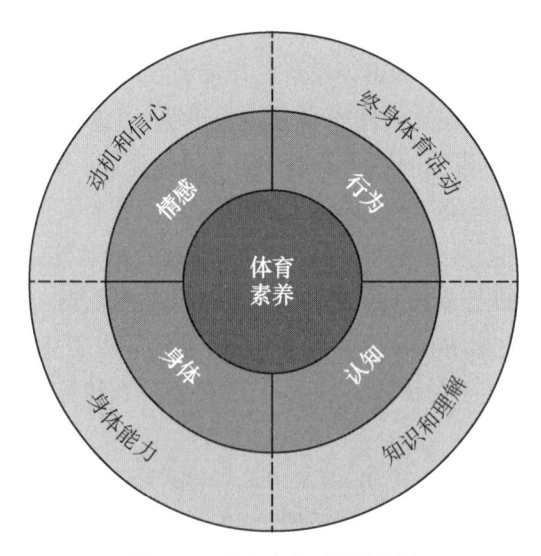

图3-2 体育素养要素靶状图

此次大会中多位专家指出：要重新并且定期审视体育素养的发展，必要时要及时更新其定义。同时,体育素养共识会议上总结了定义体育素养的五个核心原则,以便相关工作部门能够灵活运用:①体育素养是一个包容的概念。学者们认为每个人都有机会发展体育素养,项目协调员、领导和设施管理员都有责任创造实现发展体育素养的机会。②体育素养代表个体独一无二的旅程。个人的生命体验、身心发展迥异,这也造就了个人体育素养发展旅程是独一无二的存在。③体育素养可以通过不同环境和背景下的一系列运动体验来培养。④体育素养在生活中需要被重视。体育素养不能只是在体育教学和娱乐中体现,更应该融入个人生活。⑤体育素养致力于整个人的发展。体育素养能够发展个人综合能力,它对个人和社会都是有益处的。从这五个原则中可以发现体育素养这个概念具有包容性,不同文化背景的人都有自己独特的体育素养形成风格,要将体育素养的发展融入生活,选择有益于整个人生的体育活动[①]。

关于如何建设并推广加拿大体育素养,《加拿大体育素养共识声明》中给出了三大核心建议:①制造更多的机会,增强体育素养的规划。为了实现更多的目标就需要不断地进行调整和规划,让更多人参与到体育素养的培育中。创造条件,给予更多人参与体育素养活动的机会。②为更多加拿大人提供追求卓越运动的机会。体育素养的发展需要体育运动的支持,应该针对不同人群的需求,为他们提供喜闻乐见的运动项目,让更多人加入发展体育素养的行列。③增加保持终身活动的可能性。体育素养的目标不是一蹴而就的,依靠的是滴水穿石、坚持不懈的努力,这一过程很漫长,需要终身去执行。加拿大各地区、部门围绕体育素养概念的热点和分歧所举行的这次体育素养共识会议,为未来体育素养在政策、实践和研究等领域中的发展提供了一个清晰的思路,同时也尊重了加拿大各体育素养组织自身的意见。

(三)加拿大体育素养的遗留问题

2015年加拿大体育素养共识会议的举办在某种程度上解决了加拿大体育素养发展过程中较为尖锐的问题,但是加拿大较大一部分体育课程、制度、政策是建立在早期不成熟或者不统一的体育素养定义之上的。在过去十多年中,加拿大各部门的体育素养发展都有自己的"战略阵地",这造成各部门的体育素养发展呈现参差不齐的局面。加拿大过去一些教育政策中采用了早期CS4L以及PHE Canada等组织的体育素养定义,比如加拿大安

---

① Gunnell K E, Longmuir P E, Woodruff S J, et al. Revising the Motivation and Confidence Domain of the Canadian Assessment of Physical Literacy [J]. BMC Public Health, 2018, 18 (2): 1-12.

大略省颁布的《1～8年级健康与体育课程标准》与《9～12年级健康与体育课程标准》,已经将体育素养作为其课程发展的目标之一,并将体育素养贯穿于体育课程目标和内容之中。安大略省中学《体育课程标准》中就重点提到了"体育素养"和"健康素养"这两个词,其中体育素养的定义与在2009年发表的论文"Position Paper Physical Literacy for Educators"中提出的定义是一致的。图3-3生动呈现了安大略省体育与健康课程的终极目标,即促进个体健康活跃地生活。图中央是一个身心健康完整的"人",其发展必须要具备生活技能、人际交往技巧、个人技能和批判性与创造性思维四个部分,完整的"人"需要共同发展知识与技能[1]。安大略省还注重学生体育素养的培养,以学生综合素养为主线,来推进教育的发展。

图3-3　安大略省体育与健康课程目标图

"安大略省体育与健康课程目标图"以学生健康积极生活为总目标,通过培养学生"个人技能、人际交往技巧、批判性与创造性思维、生活技能"这四大能力,将其融入"运动能力、积极生活、健康生活"这三方面领域,使学生成为具备体育素养和健康素养的"人"。全面的体育素养观是复杂且多维

---

[1] 党林秀,董翠香,朱琳,刘兴石,刘超,刘素红,苏银伟.加拿大安大略省《健康与体育课程标准》的解析与启示[J].北京体育大学学报,2017,40(6):79—87.

的,加拿大各地区各部门的体育素养发展要立足于部门自身的服务宗旨,制订相关的体育素养内容,这样更有利于培养"完整的人"这一目标的达成。

加拿大学者查尔斯·科尔宾(Charles Corbin)曾指出:许多加拿大组织取得的体育素养进展具有特定司法管辖背景的特征[1]。加拿大政府在制订政策上更多强调的是体育素养所带来的利益,而没有深度解释体育素养在支持体育项目中所具备的特殊意义和地位。这就给人造成很大的困惑,导致体育素养被认为是一个不断变化的术语,也造成了体育素养解读的差异。但是,加拿大体育与健康教育协会的体育素养代表认为,体育素养的发展与实施并不意味着让体育素养成为"一家之言",还应结合目前体育事业的优先发展事项,制订符合加拿大教育发展状况的体育素养措施。对于教育工作者和娱乐领袖来说,体育素养的发展已经成为现实,也符合课程要求,目前许多地区的体育课程将培养学生的体育素养作为主要内容与目标。总体而言,体育素养本身囊括多个维度,通过分析加拿大目前体育素养的发展脉络可以发现,体育素养的定义从专注于基本运动技能发展到重视素养(如动机、认知)的培育,强调终身不断发展和完善,再强调体育素养的"育人"观念,其内涵、定义在不断发展和丰富。

共识会议的举行将加拿大体育素养浪潮推向了"制高点",然而,加拿大基层人员对于体育素养的认识还比较片面、粗浅,因此依旧需要较长时间去梳理和推进基层工作的实施。共识会议的举行确实是一项明智之举,各部门在教学实践或在理论定义中的共同诉求,促进了加拿大摒弃体育素养发展的不利因素,形成了各部门之间既相互竞争又共同合作的现状。从另一个角度来看,加拿大目前体育素养研究水平领先,也可以证明各部门的努力方向一致,很好地推动了加拿大本土体育事业的发展。

第二节 加拿大体育素养的测评体系

加拿大体育素养测评工具的开发与应用在世界上遥遥领先,加拿大政府对体育素养测评工具也尤为重视,积极募集资金投入到体育素养测评工具的研发中。目前,加拿大研发的测评工具已经得到了世界各国的广泛关注和认可。由于不同的测评工具由不同的机构研发,不同的机构服务侧重

---

[1] Robinson D B, Randall L, Barrett J. Physical Literacy (Mis) Understandings: What do Leading Physical Education Teachers Know about Physical Literacy? [J]. Journal of Teaching in Physical Education, 2018,37(3)288-298.

的对象不同,造成各机构研发的测评工具也存在差异,因此有必要对加拿大目前较为完善的体育素养测评工具进行重点分析:①健康生活与肥胖研究小组(HALO)的主要目标在于促进儿童健康活跃生活,解决儿童青少年的肥胖问题,由此研发了加拿大体育素养测评工具(简称CAPL);②加拿大终身体育协会(CS4L)旨在通过多个视角测评儿童的体育素养,使加拿大儿童更加积极健康生活,由此研发了青少年体育素养测评工具(简称PLAY);③加拿大体育与健康教育协会(PHE Canada)旨在提升和推进优质健康课程、提供体育教育机会以及创建健康的学习环境,由此研发的体育素养测评工具名为生命护照(简称PFL);④2006年加拿大皇家山大学集结不同学科的教师和学生组成了幼儿体育素养小组,他们于2007年共同研发了加拿大幼儿体育素养观察工具(简称PLOT),主要测评加拿大儿童早期基本动作技能。上述四个测评工具是加拿大研发较早、体系较为完善的测评体系,其测评理念和效果得到了加拿大全国乃至世界各国的高度关注与认可。

一、HALO的CAPL测评工具介绍

(一) CAPL的研发背景和历史

加拿大青少年的肥胖问题多年来持续存在,肥胖引起的并发症愈加复杂罕见,导致加拿大诸多儿童医院正在面临新一轮的严峻挑战。不断增加的儿童青少年病例严重超出了当前的护理资源所能承受的范围,这对传统的护理方法和模式提出了挑战。2008年,HALO的首席研究员梅根·劳埃德(Meghann Lloyd)、研究员特伦布莱(Tremblay)以及加拿大的十多个科研机构展开了讨论,在全球多位专家的共同研讨下,HALO开始了体育素养测评工具的研发。2014年,HALO研发完成第一版体育素养测评工具(简称CAPL-1),其包含身体活动行为、运动技能、体能、知识和理解四个测评维度。然而,CAPL-1在使用过程中存在一些操作性问题,比如:理论模型出现了统计学上的误差;部分测试指标的可行性没有达到预期程度;CAPL-1的动机和信心维度问卷过长(36个单项,5个量表),对测评者和学习者来说都是很大的负担。于是,研发小组在2017年采用德尔菲法,咨询了相关领域100多名研究人员和从业者的工作经验,修订完成了第二版体育素养测评工具(CAPL-2)并正式投入使用。与第一版相比,CAPL-2不仅精简、省时、便于操作,还能多维评估儿童的身体能力、动作技术或者参与体育活动的动机。CAPL-2是在评估了1万多名加拿大儿童的基础上修订的,目的是确保评估结果准确可靠地反映儿童当前的体育素养水平。修订后的测评工具在解决CAPL-1存在问题的基础上,又进一步深化了体

育素养概念模型,采用了国际上通行的体育素养定义作为该测评工具的基础。

(二) CAPL 的目标和定位

2008年以来,HALO一直负责CAPL测评工具的研发,该测评体系的研发目标是:评价加拿大8~12岁孩子体育素养发展状况;促进加拿大儿童的健康行为,并减少肥胖,提高运动行为监测的质量,提升体育素养;开发一套全面的工具来测评加拿大学生的体育素养,从而使教育和卫生专家更好地了解当前体育教育的质量和有效性,更好地完善体育活动结构,改善青少年的体质健康状况[1]。CAPL-2的定位相对较高,该测评工具在加拿大使用最为广泛,用于监测国家青少年儿童体育素养。这个测评工具为国家体育资源的合理分配提供了有力的数据证明,并对促进个体体育素养的发展具有举足轻重的作用。同时CAPL-2的升级有利于让患有身体疾病和残疾的青少年在不受伤的前提下,积极参与体育素养测试,还有利于为这些"特殊"的青少年提供护理建议和体育素养干预建议,这一举措优化了加拿大残疾儿童的体育素养工作。

(三) CAPL 的内容结构

HALO的测评体系最初将体育素养测评的要素分为:①身体能力(心肺、肌肉力量和灵活性);②运动行为(基本的运动技能熟练程度);③身体行为(客观测量的日常活动);④心理—社会/认知因素(意识、知识和理解)。而CAPL-1测评工具的体育素养定义是以怀特海德最初的定义为基础,具体划分为日常行为、动机和信心、知识和理解、身体能力四个维度。"动机和信心、知识和理解、身体能力"这三个维度主要通过日常行为表现出来,CAPL-1的理论模型如图3-4所示。

2017年CAPL-2修订完成后,测评维度之间的关系发生了变化(详见图3-5),四个维度呈相互交叉的关系,改变了"日常行为"的主体位置。CAPL-2还强调,体育素养是多个因素相互作用的结果,某一个领域的测试得分可能会影响其他领域。CAPL-2的测评对象主要是4~6年级学生,因为这个年龄阶段的学生能够较好地理解和独立完成相应的测评任务。以下是对两版测评工具测试内容的比较。

---

[1] Longmuir P E, Gunnell K E, Barnes J D, et al. Canadian Assessment of Physical Literacy Second Edition: A Streamlined Assessment of the Capacity for Physical Activity among Children 8 to 12 Years of Age [J]. BMC Public Health, 2018, 18(2): 1-12.

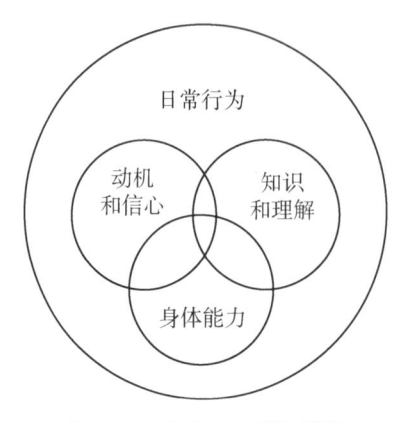

图 3-4　CAPL-1 理论模型　　　　图 3-5　CAPL-2 理论模型

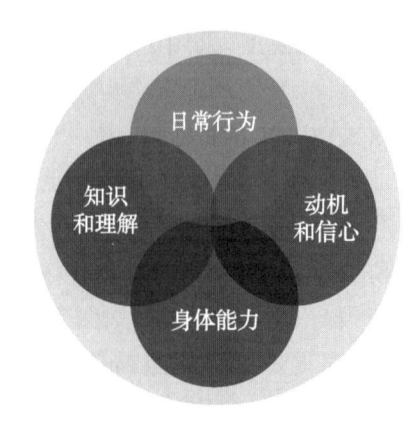

表 3-2　CAPL-1 的测试内容①

测试维度	对应分数	测试内容
身体能力	32	(1) 平板支撑； (2) 身体质量指数(BMI)； (3) 握力； (4) 坐位体前屈； (5) 障碍跑； (6) 折返跑
日常行为	32	(1) 七天内平均每日的步数； (2) 每周面对电子屏幕的时间； (3) 每周参与剧烈体力活动(MVPA)的次数
动机和信心	18	(1) 与同龄人相比自身的技能水平； (2) 对体育锻炼充分性的自我认知； (3) 对体育锻炼偏好的自我认知； (4) 效益与比率； (5) 对身体活动的理解； (6) 每天达到身体活动指南要求的时间； (7) 每天面对电子屏幕时间的上限； (8) 心肺健康定义
知识和理解	18	(1) 肌肉力量和肌肉耐力的定义； (2) 健康的定义； (3) 如何安全地进行身体活动； (4) 如何提高运动技能； (5) 如何获得更好的体形

① 陈思同,刘阳.加拿大体育素养测评研究及启示[J].体育科学,2016,36(3):44—51.

与 CAPL-1 相比，CAPL-2 中的身体能力测试指标大幅减少，删减了握力、身体质量指数（BMI）、坐位体前屈和障碍跑等内容，但是增加了运动表现的测试（Canadian Agility and Movement Skill Assessment，简称 CAMSA）内容，该项测评内容更能反映和代表儿童的能力。CAPL-2 更符合怀特海德最新的体育素养理念，不仅采用了主观测评与客观测评相结合的方式，还根据性别差异制订了男女测评标准，具体测试内容见表 3-3。

表 3-3 CAPL-2 的测试内容

测试维度	基础得分	测试内容
身体能力	0~30 分	(1) 折返跑(0~10 分)； (2) 平板支撑(0~10 分)； (3) CAMSA(0~10 分)
日常行为	0~30 分	(1) 计步器步数(0~25 分)； (2) 每周参加中等至剧烈强度体育活动次数(0~5 分)
动机和信心	0~30 分	(1) 体育活动偏好(0~7.5 分,3 题)； (2) 自我活动能力(0~7.5 分,3 题)； (3) 内在动机(0~7.5 分,3 题)； (4) 身体活动能力(0~7.5 分,3 题)
知识和理解	0~10 分	(1) 日常身体活动指导原则(0~1 分)； (2) 心肺功能的定义(0~1 分)； (3) 肌肉力量和肌肉耐力的定义(0~1 分)； (4) 如何提高专项技术(0~1 分)； (5) 身体活动的综合理解(0~6 分)

CAPL-2 的单人测评大概需要 30~40 分钟，25 名儿童的集体测评可在 90 分钟内由 3 名专业人士完成，整个测评过程需要受训严格的专业人士进行指导（教师、教练、专业评估者等）。测评工具研发者将儿童体育素养的测评结果划分为开始阶段、进步阶段、达成阶段和优异阶段四个等级，并且有相应的对照表作为等级参考依据。以下将进一步对体育素养四个测评维度进行分析。

1. 身体能力(30 分)

这个维度主要测试儿童青少年的体育活动能力，包括体能和运动表现两个部分。体能可以通过平板支撑和折返跑来评估；运动表现(CAMSA)是通过技能的执行、完成动作的时间以及运动敏捷程度来体现，可以使用加拿大灵敏与动作技能测评工具进行测量。身体能力测试共计30分,其中平板支撑测试10分,折返跑测试10分,运动表现测试10分。

2. 日常行为(30分)

日常行为主要通过两种方式进行测评:第一种是让测试者用计步器记录一周内行走的步数,占25分;第二种是记录一周内中等至剧烈强度体力活动的次数,占5分。在测评当天,每个孩子将收到一个计步器、一个日志表和一个信息表。计步器应在第一个测试日分发,并在七天后回收,用于记录儿童青少年的步数;日志表和信息表用于记录孩子的活动次数,以及他们是否会在运动中感到呼吸困难、心跳加快。

3. 动机和信心(30分)

动机和信心主要测试儿童参加体育活动的自信水平和动机,采用纸质问卷和网络问卷相结合的方式进行。测试内容主要由内在动机、身体活动能力、体育活动偏好和自我活动能力四个指标组成。其中"内在动机"与"身体活动能力"指标分别是通过"你为什么如此积极活跃?"和"你觉得你的活跃水平怎么样?"两个量表来进行测试;"体育活动偏好"和"自我活动能力"两个指标是通过一个叫"什么最像我"的问卷来评估,表3-4与表3-5展示了"体育活动偏好"和"自我活动能力"测评问卷的具体内容:

表3-4 "体育活动偏好"测评问卷

	非常符合	有点符合	非常符合	有点符合	
有些孩子不喜欢活跃的运动	0.6	1.2	2.5	1.8	其他孩子很喜欢活跃的运动
有些孩子认为运动没有多少乐趣	0.6	1.2	2.5	1.8	其他的孩子认为运动很有趣
有些孩子不喜欢运动	0.6	1.2	2.5	1.8	其他孩子非常喜欢运动
总偏好得分					

表3-5 "自我活动能力"测评问卷

	非常符合	有点符合	非常符合	有点符合	
有些孩子擅长玩游戏	0.6	1.2	2.5	1.8	其他孩子发现玩游戏很难

续表

	非常符合	有点符合	非常符合	有点符合	
有些孩子在大部分体育运动中都做得很好	0.6	1.2	2.5	1.8	其他孩子感到不擅长体育活动
有些孩子能够轻松地学会玩游戏	0.6	1.2	2.5	1.8	其他孩子觉得很难学会玩游戏
总偏好得分					

上述问卷纵向得分相加,得分范围在1.8~7.5之间。通过正向问题和反向问题结合,可以保证测评的准确度,减少测评偏差,有效评估学生的体育活动偏好和自我活动能力。

4. 知识和理解(10分)

知识和理解测试主要是评估儿童对体育素养知识的了解水平,主要内容有:日常身体活动指导原则、心肺功能的定义、肌肉力量和肌肉耐力的定义、如何提高专项技术、身体活动的综合理解。CAPL-2的知识与理解测试共5条,具体如表3-6所示。

表3-6 CAPL-2知识和理解维度的调查问卷

序号	项目
1	你和其他同伴每天做多少分钟的运动才能让你的心跳、呼吸加快?计算你在学校、家里或社区活动的时间。正确答案=至少60分钟或1小时。(量化问卷后1=正确答案,0=错误答案)
2	体能有许多种表达方式,一种被称为心肺耐力或有氧耐力或心肺功能,心肺耐力指什么?正确答案=心脏泵血和肺供氧能力。(1=正确答案,0=错误答案)
3	肌肉力量或肌肉耐力名词解释。正确答案=肌肉推、拉或伸展的能力。(1=正确答案,0=错误答案)
4	当前状态如果你想提高一项运动技能,比如踢球或接球,最好的方法是什么?正确答案=看一段视频,上一节课或者找个教练教你如何踢球和接球。(1=正确答案,0=错误答案)
5	填入空缺单词,每正确填写一个单词得1分。(最多得6分)

对比两个版本可以明显看出CAPL-2在测试项目上的优化,以及测试合理性上的提升。CAPL-1的测评重点在身体能力和日常行为方面,可能是因为这两个维度更容易被量化,以及更容易获得数据。虽然身体能力和

日常行为在体育素养中占有重要的位置,但是动机和信心的作用也不容小觑。因为一个人对于体育运动的动机尤为重要,没有较强的运动动机,学生可能难以主动投入运动中,也无法产生对运动的兴趣,影响学生对体育运动的积极性。同样,在知识和理解方面,学生要学会理解体育运动的知识、理解并使用技战术、预防运动损伤、采取措施应对突发情况,以及理解体育运动规则等,这些方面的体育素养都应该在测试中占有一定的比例,因此CAPL-2对测评分值做了调整,重点提升了体育素养的"动机"维度。

CAPL-2不但变动了测评项目的内容,而且在项目的分值上也进行了很大的改动,在方便测评与计算的同时还改善了问卷的结构。CAPL-1在实践中平均每个人要耗费30分钟以上的时间来进行测评,这在人力、物力上都会付出较大的成本。CAPL-2降低了时间成本和计算难度,使工作量大大减少。在测评的形式上,CAPL-2积极采用网络问卷的形式,网络测评可以减少重新输入数据的时间,避免计算错误,并确保填写所有问题(电脑问卷有提示未完成的功能)。

(四) CAPL 的使用现状

CAPL目前使用较为广泛,不仅用于评估加拿大12个省和地区的约2万名儿童,还在澳大利亚、法国、肯尼亚等国家推广使用。2014年至2017年间,研究人员在加拿大的11个市收集了数据,采用抽样的方法,从小学、社区中心和课外项目等不同环境中招募参与者,以便全面测评不同社会经济阶层和不同城市化水平地区儿童的状况。2015年1月,加拿大与肯尼亚进行了体育素养合作测验,通过测评10岁儿童的体育素养水平,发现加拿大儿童在体育素养的总得分方面高于肯尼亚儿童,这样的优势还体现在身体能力、身体活动动机和身体活动知识方面,但是肯尼亚儿童在日常行为方面优于加拿大儿童。总体而言,CAPL是目前世界上使用最广泛的体育素养测评工具之一。

然而儿童肥胖是一个由多因素引发的问题,需要综合多学科的知识来全面认识和纠正。尽管加拿大政府密切关注、努力减缓儿童肥胖的流行,但整个加拿大的"减肥计划"进展甚微。肥胖问题久未改善的部分原因是缺乏精确测量的数据,因此CAPL测评工具还需不断测试和完善。

二、CS4L 的 PLAY 测评工具介绍

(一) PLAY 的研发背景和历史

据加拿大学者调查发现:加拿大每个儿童平均每周花费6小时在电子屏幕前,长时间的静坐以及沉重的学习负担等原因导致目前只有7%的儿

童日常锻炼时间能够达标。相比过去而言，儿童缺乏运动和活力，长此以往，加拿大青少年的寿命将可能低于他们父母的寿命。CS4L 的领导者为了增进儿童和青少年的健康，需要帮助他们建立长远的运动习惯和健康意识，让他们更加积极、活跃地参与到各种体育运动项目中。实现此目标的第一步就是促进儿童和青少年体育素养的发展，而全面综合地完善青少年体育素养测评有利于体育素养的跟踪调查[①]。

青少年体育素养测评(Physical Literacy Assessment for Youth，简称 PLAY)是一套完整的系统性评估工具，涉及体育、健康、娱乐和课外活动等多个领域，用于评估儿童和青少年的体育素养。2009 年，加拿大曼尼托巴大学的迪安·克里亚尔斯(Dean Kriellaars)博士带领其团队与 CS4L 合作，共同研发了 PLAY 测评工具。2014 年，这款适用于 7 岁以上(无年龄上限)的青少年体育素养测评工具在 CS4L 官网正式发布。该评估工具有良好的信度和效度，对调查对象的体育素养变化有较强的敏感性。

(二) PLAY 的目标和定位

PLAY 中包括 6 个不同类型的测评子工具，每个测评子工具都有其不同的目标和定位。PLAY-fun 主要测评身体素质方面的内容，PLAY-basic 主要测评动作技能方面的内容。上述两个测评工具主要侧重技能评估，而 PLAY-self、PLAY-parent、PLAY-coach 和 PLAY-inventory 是用于除技能以外其他维度的测评。

PLAY 的主要用途是研究和测评体育素养，次要用途是对儿童和青少年的体育素养进行筛选、监督。PLAY 有利于激发加拿大儿童更加积极主动地参与体育活动，远离电子屏幕，让他们更积极、健康地生活。因为在测试的项目中包含多项体育运动项目的融合，所以在这种测试环境下更容易激发儿童运动的兴趣。

(三) PLAY 的内容结构

PLAY 是一个系统的测评工具体系，从不同社会角色的角度来审视儿童青少年的体育素养，并且对其做出评价，这在一定程度上可以保证测评对象体育素养的全面性，而并不只是局限在群体的角度来看待测评对象的体育素养。PLAY 旨在从不同社会角色的角度去评价个体的体育素养得分情况，测评结果更加客观真实。表 3-7 是对 PLAY 子工具的详细解析。

[①] Stearns J A, Wohlers B, Tara-Leigh F M, et al. Reliability and Validity of the PLAY-fun Tool with Children and Youth in Northern Canada [J]. Measurement in Physical Education and Exercise Science, 2018, 23(28):1-11.

表3-7 PLAY测评工具构成介绍

测评子工具名称	测试对象与内容	测评人员
PLAY-fun	专业训练者对青少年运动技能、信心和理解能力进行测试。综合评估18个基础动作/任务，如跑、投掷、踢、平衡等	专业人员
PLAY-basic	PLAY-fun的简化版，主要测评五种动作技能	专业人员
PLAY-self	青少年对自己的运动动机倾向、自我效能进行自评	青少年
PLAY-parent	父母对孩子的体育知识、运动能力、运动倾向进行测评	父母
PLAY-coach	教练/教师对学生的运动知识和能力进行测评	教练/教师
PLAY-inventory	青少年对过去12个月参加体育活动的行为进行自评	青少年

1. PLAY-fun 工具介绍

PLAY-fun 没有明显的"天花板效应"（指测验题目过于容易，测试个体得分普遍较高），因此对于7岁以上青少年乃至成年个体都非常适用。PLAY-fun 提供了对关键动作技能的评估，测评由18个任务组成，涵盖了身体运动能力的各个方面，每个测评任务都会有一个相关的案例解析，需要专业的测试人员或经过培训的人员进行操作。PLAY-fun 将18个测评任务分为五个测试指标（详见表3-8），分别是：跑（running）；肢体技能（locomotor）；自我控制-上肢（object control-upper body）；自我控制-下肢（object control-lower body）；平衡、稳定、身体控制（balance、stability、body control）。

表3-8 PLAY-fun测评指标列表

测试指标	测试指标任务
跑（速度）	方形跑3×3米；折返跑5米；冲锋跳远
肢体技能（耐力、爆发力）	交叉跑5米；高抬腿；冲刺跑；单脚跳；立定跳远
自我控制-上肢（上肢力量）	过肩扔球（网球）；击球（棒球或网球）；单手接球（网球）；运球（篮球）
自我控制-下肢（下肢力量）	脚踢球（足球）；脚运球前移（足球）
平衡、稳定、身体控制	平衡移动测试（前行、后退）；立卧撑；头上/胯下传球

PLAY-fun 的指导说明书由四个部分构成,分别是:①设备要求;②使用说明(如何管理);③四个得分等级:初始期(initial)、萌芽期(emerging)、胜任期(competent)、熟练期(proficient)(详见图 3-6);④测评案例。

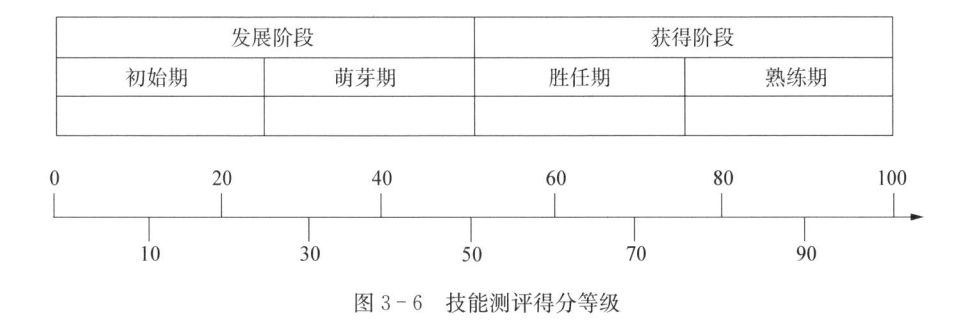

发展阶段		获得阶段	
初始期	萌芽期	胜任期	熟练期

图 3-6 技能测评得分等级

2. PLAY-basic 工具介绍

PLAY-basic 提供了对关键动作技能的评估,与 PLAY-fun 相比,测评内容有一定的修改和调整,但评分等级不变。该工具包含肢体技能(locomotor)、投掷(throwing)、踢准(kicking)、平衡(balance)四个维度,涵盖折返跑、单脚跳、过肩扔球、踢球、平衡移动测试 5 项具体测评任务。PLAY-basic 的适用对象、表格记分要求等与 PLAY-fun 基本一致。

3. PLAY-self 工具介绍

PLAY-self 是一种体育素养的自我测评工具,被测者可以用该测评工具来确定他们自身体育素养的感知。PLAY-self 只适用于衡量自身的体育素养进展,一般情况下不适用于个体间的横向比较。该测评工具适用于儿童和青少年,为每个孩子创建目标并跟踪改进。该测评工具分为环境(environment)、体育素养自我效能(physical literacy self-description)、素养等级排列(relative ranking of literacies)、健康状态(fitness)四个维度,共计 22 道测试题。

环境维度一般使用 6 个题目来进行测评(详见表 3-9)。

表 3-9 环境维度的测评量表部分

你擅长在以下的环境中运动	从不疲倦 0 分	差不多 50 分	非常好 75 分	优秀 100 分	分数
1. 在体操馆					
2. 在水上或水中					
3. 在雪中					

续表

你擅长在以下的环境中运动	从不疲倦 0分	差不多 50分	非常好 75分	优秀 100分	分数
4. 在冰上					
5. 在户外					
6. 在操场					
合计分数					

体育素养自我效能维度主要用于儿童和青少年自我评估自身的体育素养,可以评估自我效能感,以及自我效能感与体育活动的关系。自我效能感是指个体对自己是否能完成某件事的自信程度。在表3-10量表中,第18题采用的是反向问题,其他都是正向问题。个人得分的分段解析如下:900~1200分说明体育活动自我效能感非常高;600~900分说明体育活动自我效能感较高;300~600分说明体育活动自我效能感较低;0~300分说明体育活动自我效能感非常低。

表3-10 自我效能维度的测评量表部分

项目	完全不符合 0分	不总是符合 33分	符合 67分	非常符合 100分
7. 我觉得学习新技能和运动时不会花费很多时间				
8. 我有足够的技能去参与我想参与的运动				
9. 我认为积极运动对我的健康和幸福很重要				
10. 我认为积极运动使我更快乐				
11. 我认为我可以参加任何我选择的体育运动/活动				
12. 我的身体可以承受我选择的任何运动				
13. 我明白教练和教师使用的专业术语				
14. 我做运动的时候很有信心				

续表

项目	完全不符合 0分	不总是符合 33分	符合 67分	非常符合 100分
15. 我迫不及待地想尝试新的运动/活动				
16. 我经常在运动中做到班级最好				
17. 我不需要经常练习技能就能做到很好				
18. 我总是担心尝试新的运动/活动				
合计分数				

素养等级排列维度主要测评青少年"在学校、在家和家人在一起、和朋友在一起"时对读写素养、算术素养和体育素养重要程度的判断(详见表3-11)。通过对这几种素养的比较和排序,可以了解测试对象对体育素养的重视程度。

表3-11 体育素养等级排列维度的测评量表部分

	非常不同意 0分	不同意 33分	同意 67分	非常同意 100分
19. 读写素养:阅读和书写非常重要				
在学校				
在家和家人在一起				
和朋友在一起				
合计分数				
20. 算术素养:数学和计算非常重要				
在学校				
在家和家人在一起				
和朋友在一起				
合计分数				
21. 体育素养:动作、体育活动、体育运动非常重要				

续表

	非常不同意 0分	不同意 33分	同意 67分	非常同意 100分
在学校				
在家和家人在一起				
和朋友在一起				
合计分数				
总合计分数				

健康状态维度主要测评个人健康相关的内容,包括心血管能力、力量、耐力、柔韧、身体成分(骨骼、肌肉、脂肪),该题用于判断青少年是否具备积极参与体育运动的状态。

表3-12 健康状态维度的测评量表部分

	非常不同意 0分	不同意 33分	同意 67分	非常同意 100分
22. 我的健康状态能够让我随心所欲地活动				
合计分数				

4. PLAY-parent 工具介绍

PLAY-parent 可以被家长用来评估自己孩子的体育素养水平,测试题目中包含了孩子的能力、自信、参与等各种体育素养要素。该测评工具内部又划分为体育素养视觉模拟评分、认知、动作能力、环境、健康五个维度,五个维度中又包含不同指标的细化测评。下文将分别介绍各维度如何测评。

体育素养视觉模拟评分:通过视觉模拟评分量表来评估孩子的整体体育素养水平,促使个体在多种环境中高效执行一系列运动任务。图3-7是让父母直观评价自己孩子的体育素养在同龄人中的发展程度,父母需要在10厘米的刻度尺上标记刻度,来衡量孩子的体育素养发展程度。"0"刻度向左代表"没有体育素养","100"刻度向右代表"完美的体育素养"。

认知维度的测评内容包含自信、动机和理解力。家长要帮助孩子们理解跳跃、单足跳等运动术语,否则孩子将难以参与体育素养测评。参与体育活动的动机可能来自家长鼓励、运动技能专长和一个安全且舒适的环境。孩子参与运动越多,就越自信;相反,如果他们不参与运动,就有可能缺乏自

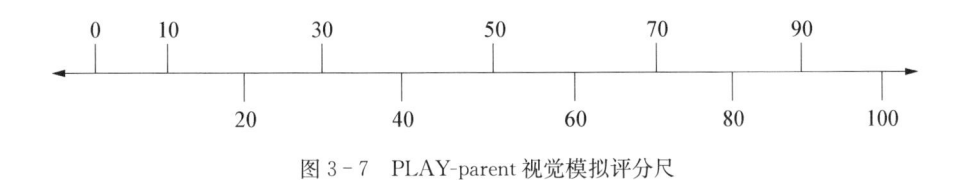

图 3-7　PLAY-parent 视觉模拟评分尺

信和自尊。学会更多的体育运动技能有利于孩子更积极地参与体育活动，并保持积极的生活方式。认知量表采用三级评分，低＝0 分、中＝1 分、高＝2 分(详见表 3-13)。将最终得分进行等级划分：8~12 分表示孩子进行体育活动的自信、动机和教育较好；4~7 分表示需要鼓励孩子走出舒适区，去积极参加运动；0~3 分表示孩子可能缺乏从事体育活动的信心、动机或教育。

表 3-13　PLAY-parent 认知量表部分

	低	中	高	分数
1. 自信地参加体育活动和运动				
2. 参与体育活动和运动的动机				
3. 理解运动术语，如跳跃、飞奔和单足跳				
4. 渴望独自参加活动				
5. 渴望与他人或团体一起参加活动				
6. 与健康体育活动相关的知识				
合计分数				

　　动作能力维度划分成两个方面，分别是移动技能和物体操作能力。移动技能指一个人在各种环境中移动身体的能力，是体育活动中的关键技能。移动技能评价为 7~12 题，同样按低＝0 分、中＝1 分、高＝2 分进行记分(详见表 3-14)。合计 8~12 分说明移动技能水平较高；4~7 分说明移动技能需要改进；0~3 分说明有待提高。物体操作能力评价为 13~15 题，合计 5~6 分说明身体控制能力非常好，手脚具有高度的协调性；3~4 分说明手、脚和身体两侧的协调性仍有改进的空间；0~2 分表示身体控制能力亟需提高。

表 3-14　PLAY-parent 动作能力量表部分

	低	中	高	分数
7. 运动时的协调能力				
8. 在各种环境运动时,都能注意安全				
9. 获得的运动技能数量				
10. 在运动中保持平衡的能力				
11. 跑的能力				
12. 能够启动/停止和改变方向				
合计分数				
13. 使用手投掷、抓住和携带物体的能力				
14. 能够使用脚踢或脚传球				
15. 左右肢体能力一致				
合计分数				

环境维度主要测评在不同场景中运动的次数和习惯。测评问题为 16~19 题,合计 6~8 分说明被测者已经接触过大多数环境,并且享受其中;3~5 分表明他们可以从不同环境中受益,有较好的基础;0~2 分说明他们在大多数环境中仍需要较多的练习。

表 3-15　PLAY-parent 环境量表部分

	低	中	高	分数
16. 参与水中活动的次数				
17. 参与室内活动的次数				
18. 参与户外活动的次数				
19. 参与冰雪活动的次数				
合计分数				

健康维度可以确定孩子的健康状态是否与他们的身体活动相关,拥有体育素养并不意味着身体一直健康活跃,健康相关的要素包括:心血管健康、力量、耐力、灵活性和身体成分。

表 3-16　PLAY-parent 健康量表部分

	低	中	高	分数
20. 整体的身体状态				

PLAY-parent 测评工具除了以上问题外,还包括一道给父母设置的开放式题目:请列出你的孩子经常参与的体育活动或运动。PLAY-parent 的量表是从父母的角度来测评孩子们的体育素养,但是不得不注意一个问题:父母往往会高估自己孩子的表现。因此这部分量表最好与 PLAY-self 的测评量表结合使用,以主客观相结合的视角来综合评价体育素养。

5. PLAY-coach 工具介绍

该测评工具主要是为教练设置,但是其他受过相关专业培训或对体育运动、动作具有较深理解力的人也可以用它来测评体育素养,测评内容包括孩子的能力、自信、参与度等多个方面。与 PLAY-fun 不同,该测评工具不需要青少年完成具体的测试任务。与 PLAY-parent 相同,PLAY-coach 的测评被分为体育素养视觉模拟评分、认知、环境、运动能力、健康五个维度,下文将分别介绍五个维度的测评方式。

体育素养视觉模拟评分指评估者使用刻度尺从宏观的角度,对评价对象进行整体体育素养评估(详见图 3-8)。

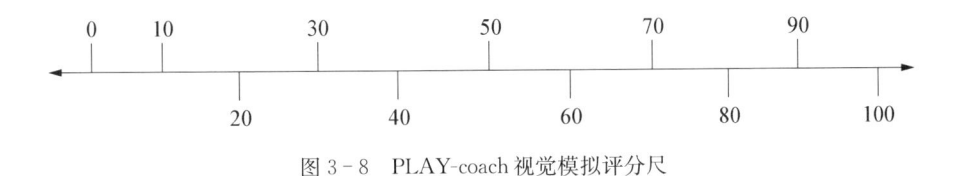

图 3-8　PLAY-coach 视觉模拟评分尺

PLAY-coach 的问卷部分采用四维度量表进行测评。每个维度有若干测试题,每道测试题有五级选项,各选项对应一定分值:缺乏＝0 分、一般＝1 分、好＝2 分、非常好＝3 分、优秀＝4 分。认知维度共 3 题,获得 8～12 分被视为有较高的信心、动机和知识来从事体育活动;获得 4～7 分表示需要走出舒适圈去参加体育运动;获得 0～3 分则可能缺乏从事体育活动的信心、动机或知识。环境维度共 6 题,获得 15～24 分说明在大多数运动环境中感到舒适、自然;获得 7～14 分说明能够适应不同环境,但是还不够全面;获得 0～6 分说明需要在大多数运动环境中提高认知水平和锻炼。运动能力维度共 11 题,获得 27～44 分说明具有较强的运动能力;获得 12～26 分说明还需要进一步发展运动能力;获得 0～11 分说明迫切需要提升运动能力。健康维度共1题,获得3~4分被视为具有较好的健康状况;获得2分说明需要关注自己的健康状况;获得0~1分说明迫切需要采取措施改善自己的健康状况(详见表3-17)。

表3-17 PLAY-coach 的四维度问卷测试题

认知维度(Cognitive Domain)	缺乏	一般	好	非常好	优秀	得分
1. 参加体育活动的信心						
2. 参加体育活动的动机						
3. 对体育活动术语的理解						
合计分数						

环境维度(Environment)	缺乏	一般	好	非常好	优秀	分数
1. 健身房中的运动能力						
2. 户外运动的能力						
3. 水上/水中的运动能力						
4. 冰雪运动的能力						
5. 空中运动的能力						
6. 对他人和环境的意识						
合计分数						

运动能力维度(Motor Competence)	缺乏	一般	好	非常好	优秀	分数
1. 拥有多样化的运动技能(基本技能)						
2. 技能组合的能力(组合技能)						
3. 基础平衡(平衡性)						
4. 碰撞(平衡性、力量)						
5. 绊倒恢复(平衡性)						
6. 上肢力量(力量)						
7. 下肢力量(力量)						
8. 左右肢力量均衡(力量)						
9. 启动、停止(移动)						

续表

运动能力维度 (Motor Competence)	缺乏	一般	好	非常好	优秀	分数
10. 跑（移动）						
11. 灵敏（移动）						
合计分数						
健康维度(Fitness)	缺乏	一般	好	非常好	优秀	分数
1. 个人整体健康状况						
合计分数						

6. PLAY-inventory 工具介绍

PLAY-inventory 是一个清单式列表，要求被测者勾选过去 12 个月在闲暇时间（不包括学校时间和工作时间）参加活动的种类。该清单包含 81 项日常生活中常见的运动，测试者还可以自行补充清单上没有的项目。该清单能够直观反映在过去 1 年内，青少年课余时间的活动倾向，为整个 PLAY 测评体系提供参考依据。

根据上述关于体育素养测评的量表，可以总结出 PLAY 测评工具的如下特点：第一，注重体育素养与多种运动环境的融合。PLAY-self、PLAY-parent 及 PLAY-coach 均有测评青少年在健身房、室外、水中/水上、冰雪等环境中的活动倾向。第二，注重定性测评与定量测评相结合。PLAY-fun 和 PLAY-basic 均涉及运动技术动作的测评，需要专业人员进行测量评估，且两个测评工具分别从体育素养的四个阶段来确定孩子的体育素养。PLAY-coach 和 PLAY-parent 均通过量表对被测者的认知、环境、动作能力、健康等几个维度进行测评。第三，PLAY 测评工具的视角、测量方式更为多样，测试维度也更为全面，通过分析六个测评子工具可知，其运用了清单、量表、技术动作观察等多种手段进行学生体育素养测评。但是相对于 CAPL 而言，其没有对体育知识素养的测评，更多的是对运动行为方面的测评。

(四) PLAY 的使用现状

PLAY 主要是测评基本技能，适用于 7 岁及以上的儿童青少年，且无年龄上限（适用于任何能完成 PLAY 测评项目的年龄段）。PLAY 测评工具有利于确定青少年体育素养发展的差距，监护人有责任提供帮助孩子缩小这些差距的建议和意见。此外，PLAY 测评工具虽然不是专门为残疾人设计,但残疾人可以根据自身活动条件来选择适合的测评子工具。PLAY 测评工具放眼全球,立足本国。自从 S4L 在 2015 年成为非营利组织以来,该机构始终团结政府、卫生、教育、娱乐和体育部门,积极与各级政府官员、健康从业者、教育工作者、娱乐程序员、设施管理员、董事会成员、教练、运动员、家长以及来自社会各界的代表沟通,力求扩大 PLAY 测评工具的使用范围和知名度。

三、PHE Canada 的生命护照(PFL)测评工具介绍

(一) 生命护照(PFL)的研发背景和历史

近年来,青少年体育活动不足导致身体素质下降,以及慢性疾病在青少年群体中日益蔓延等问题已经引起学者们的高度关注。体育是促进青少年运动与健康的重要方式,开展身体活动测评或体质测试有利于提高青少年的身体活动参与度。加大体育课程比重,丰富体育课程内容,有利于强化体育教育的功能。但是,单一的身体活动测评或体质测试在一定程度上容易忽视情感与认知的培养,窄化了体育教育的育人作用,难以形成持续的效果。

在加拿大,体育素养被认为是公民个体活动以及国家建设的基础,而科学的体育素养评价体系在一定程度上能够纠正体育教育的偏差,有利于培养学生的体育情感、身体能力、体育认知和体育行为。本着"以评促建,科学引导"的原则,加拿大研制并发布了名为生命护照(PFL)的体育素养测评工具。

2006 年 7 月,加拿大体育与健康教育协会(PHE Canada)在安大略省的一项青少年体育素养项目中开启了体育素养测评可行性研究。研究证实,PFL 适用于 3~6 年级的学生,7~9 年级的版本于 2014 年 9 月推出,10~12 年级的版本于 2014 年 9 月试行并陆续发布。2017 年 9 月,PFL 已经覆盖了幼儿园至 12 年级,其中还包括 4~6 年级的残障青少年体育素养测评指标体系。

(二) 生命护照(PFL)的目标和定位

2017 年 7 月,PHE Canada 开发并实施了一种正式、标准化的国家在线教育评估工具,即生命护照(PFL)。PFL 的发展目标是:支持与提升体育教师以及学生的体育素养认知,鼓励体育教师结合体育素养评价体系开展教学,指导教师实施体育素养测评,最终有效提高青少年的体质健康水平。PHE Canada 设计的 PFL 通过课堂和线上测试收集数据,同时为学生和家长提供个性化的用户体验,具有较大的可行性。在学年初,学生根据自己的个人成绩制订目标,并在学年结束时参加一次测量评估,主要评估学生成绩水平和体育素养的提高。测试数据可以反应学生的体育素养情况,方便教

师和家长作出针对性的反馈。PFL 还提供了该测评工具的使用定位,做出了"四是和三不是"的使用说明。"四是"指:PFL 是促进学生体育素养发展的工具;是体育素养水平的反映;是设定体育素养目标的辅助性工具;是促进体育素养水平提升的标准。"三不是"指:PFL 不是成绩的唯一评价指标;不是单纯的行为评价体系;不是作为评优评奖的依据。上述说明能够有效促进 PFL 的正确使用。

(三) 生命护照(PFL)的内容结构

体育素养是信心和能力的结合体,能够确保个体在复杂环境下进行有利于健康发展的体育活动。全面的体育素养观具有复杂性和多维性,所以 PFL 没有完全反映整体的体育素养,而是与测评对象的体育素养紧密结合。PFL 是一种形成性评价工具,在持续数年的研究、协商过程中,确定了四个代表性测评维度,这与 PHE Canada 的体育素养定义吻合。图 3-9 为 PFL 测评工具的理论模型[①]。

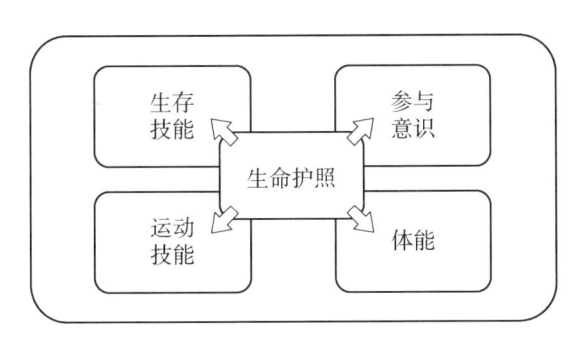

图 3-9 PFL 测评工具的理论模型

以 PFL 测评工具的理论模型为基础,PHE Canada 提供了 PFL 测评的目标与操作要点(详见表 3-18)。

表 3-18 PFL 体育素养测评工具的具体内容

测评维度	目标与操作要点
生存技能	通过问卷调查青少年日常体育活动状态、终身体育认知、情绪管理能力
参与意识	通过问卷调查青少年参与体育活动的频率、状态、体育环境适应能力以及参与体育活动面临的挑战和健康状况

---

① 赵雅萍,孙晋海.加拿大青少年体育素养测评体系"生命护照"研究及启示[J].成都体育学院学报,2018(4):92—97+102.

续表

测评维度	目标与操作要点
体能	专业人士评价青少年完成平衡/稳定性、核心力量、心血管耐力项目的能力
运动技能	专业人士评价青少年完成移动、控制和操纵项目动作时的能力和信心

1. 生存技能维度

PFL 中的生存技能是指身心日常表现与管理能力,该技能可以反映个体的感觉、思考、互动能力以及对于健康的积极选择,这个部分主要通过问卷调查来体现。问卷调查可以让教师、父母和学校管理者等人了解学生参与的活动以及环境情况,并发现学生的活动兴趣。生存技能主要考查的是学生的体育动机、运动技能、体育活动自我规划的能力,使学生能根据自身身体状态以及学习强度来合理规划自己的运动时间、强度,达到学习与体育活动两者之间的平衡。

幼儿园至小学 2 年级的生存技能维度测评使用的是由 5 道题目组成的四点量表,主要调查孩子们的运动专长、情绪控制、体育秩序、寻求帮助的主动性程度以及积极参加体育运动时的心理感受,选项采用便于儿童识别与区分的彩色圆圈表示。

3~6 年级的生存技能维度测评由自我感觉、自我思维和互动交流这三个量表组成,其中自我感觉为 6 题、自我思维为 7 题、互动交流为 7 题(详细内容见表 3-19、表 3-20、表 3-21)。量表中的项目能评估与学生体育活动动机(参与、重要性、享受价值、自我效能感、焦虑、身体形象和自主性)相关的生存技能。

表 3-19 自我感觉量表

序号	题 目
1	我对我的身材、形体非常满意(身体形象)
2	我认为有许多体育活动可供我选择(自主性)
3	每天活动至少 60 分钟对我身体健康很重要(重要性)
4	我在展示体育运动的时候感到很轻松/有压力/害怕(焦虑)
5	我认为我在各种体育活动当中可以表现很好(自我效能感)
6	我很享受日常活动(享受价值)

表 3-20 自我思维量表

序号	题目
1	我知道我可以运用基本动作语言(如走、跑、跳)解释我的运动动作(概念知识)
2	做艰难抉择时,我认为我能够慎重考虑(批判性思维)
3	我会花时间去思考我过去在体育上的错误,努力吸取教训重新提升体育(批判性思维)
4	我可以通过一些简单的方法来计算出我的身体锻炼强度,比如测量自己的脉搏或者知道自己出了多少汗(监控知识)
5	我能够为自己设定目标并且达到它(目标设定)
6	我努力学习并享受体育活动,即使我不那么喜欢它们(努力调节)
7	我明白运动、有规律玩耍和吃好的食物可以让我更健康(理解)

研究表明,"自我思维"调查中获得高分的学生更有可能定期锻炼。这是因为他们的内在动机强烈,生活目标或选择更健康;知道并实际关注活动强度、文化多样性、定期体育活动的好处、饮食和睡眠;知道一个人的身体能力可以通过努力学习和实践来提高;仔细考虑并运用洞察力、证据来做出困难的决定;能够调节自己的注意力,保持体育活动的动机;能够制订具有挑战性和现实性的短期和长期目标,并实现目标;能够管理他们的活动、时间和帮助资源。

表 3-21 互动交流量表

序号	题目
1	在团队中,我能够提供时间、努力和支持来解决困难问题(问题解决)
2	当我真的为某事心烦意乱时,我会仔细考虑或和别人谈论这件事,而不是大喊大叫或打别人(自我控制)
3	我可以和班上的其他同学一起玩,即使他们和我有不同的信仰(尊重)
4	我可以和别人相得很好,创造一个有趣的体育环境(合作)
5	我关心他人,与他人分享,公平对待他人,并且鼓励他人(关心/同情)
6	我可以用委婉的语言让别人知道他们的行为伤害了我或其他人(自信,魄力)
7	我知道在哪里可以找到我需要的信息来解决问题,也会尝试向他人寻求帮助(资源管理及寻求帮助)

"互动交流"得分较高的学生倾向于表现出适当的自信、积极倾听、自我

控制、交朋友和合作(与他人相处、赞扬和尊重他人);他们也更有同情心,对遇到困难或不幸的人有合理的同情心和关心;在下结论或做决定之前,他们会试图了解别人的观点或感觉。

7~9 年级的生存技能测评是由 21 道题目组成的量表,其内容与 3~6 年级的相差不大,但是问题的表达方式略有不同。另外,在 3~6 年级生存技能问题的基础上,增加了规律锻炼等具体计划的调查问题。

10~12 年级的生存技能测评是由 49 道题目组成的量表,包括情感 17 题、思维 20 题和其他相关 12 题。题目按 4 分制评分(1 分=从不、2 分=有时、3 分=大部分时、4 分=全部时间)。在这 49 道题目中,有 20 道来自 7~9 年级的生存技能调查量表,其余 29 道题目来自于其他权威量表,但根据体育素养相关性进行了修改。

2. 参与意识维度

参与意识主要是调查学生在校内及课外有组织的和无组织的体育活动。参与意识维度认为儿童和青少年应在各种环境中(如陆地上、冰雪上、水中和空中)参与体育活动。表 3-22 是针对幼儿园至 12 年级的参与意识问卷的内容介绍。

表 3-22　参与意识测评内容分析

年级	题量	测试内容
幼儿园至 1 年级	6	参加体育活动的频率;参加中等以上强度运动的频率;提高体育运动的积极性;参加体育培训的意愿;画出每天最经常参加的体育活动,并简单描述
2~3 年级	11	自评在学校、家庭、集体活动、户外、室内、冰雪环境、水上水中环境参加体育活动的频率;对过去一年内参加体育活动的描述
4~6 年级	23	调查学生参与团体运动、非团体运动、舞蹈、体操、健身等运动的频率;调查户外运动的参与频率;整体调查学生目前的体育活动状态,提高体育运动参与积极性
7~9 年级	23	与上一年级问卷基本一致,但是在运动项目方面换成了篮球和足球,水上项目变成了游泳和皮划艇
10~12 年级	47	包含体育运动水平、体育运动挑战、活动环境多样性。运动水平方面包含对作息时间、面对屏幕时间、参加中度体育运动时间的调查;运动挑战方面包含运动时间的偏好、监护人体育活动支持情况;活动环境方面与 4~9 年级基本一致,但是活动内容在逐渐多样化,新增了日常生活的调查,比如做家务等

幼儿园至1年级的量表由5道评分题和1道开放性题目组成；2~12年级的量表主要在原有量表基础上，根据儿童身心发展特点和规律逐步增加测试指标或变换测试指标。总体而言，量表是根据被测对象的年龄和理解力，以层层递进的方式来设置内容和题量的，保证更加全面地反映儿童、青少年参与意识维度的动态发展状况。

3. 体能维度

体能维度主要是客观衡量学生在各种任务中的表现，主要包含平衡/稳定性、核心力量、心肺耐力（有氧耐力）三个大项。学生完成每项任务都由教师来评估，并被分为初始、发展、获得和熟练四个等级。根据课程的期望以及学生的预期水平，下面对测试项目进行简单阐释。

幼儿园至1年级："跳河"指借助道具完成模拟跳水、平板支撑、游泳等动作；"交通灯"要求学生根据教师手中展示的牌子颜色来进行动作变化；"颜色区域"是根据音乐停止时间完成不同跳跃动作，过程中穿插情境模拟和对话环节。

2~3年级："跳石头"要求学生在同伴的协助下，利用道具石头搭桥通过指定区域；"特定点"要求学生随音乐进行跑或跳等教师指定动作，音乐停止时找到呼啦圈，用单手、单脚或者身体其他部位保持平衡；"拼图旅程"是类似于"颜色区域"项目的内容，但完成的动作更复杂，情境对话环节较多。

4~6年级、7~9年级："侧向弹跳"要求学生在两条相隔85厘米的线外进行来回跳跃练习；"平板支撑"要求学生保持俯卧姿势支撑60秒（4~6年级的平板支撑目标和方案与7~9年大致相同，7~9年级平板支撑的难度提高了，学生可以选择一个更难的平板支撑位置）；"四站环形"要求学生依次达到不同站点，完成敏捷梯跳30秒、举球蹲起跳30秒、"8"字跳30秒及"剪刀"跳30秒。

10~12年级："六角跳"要求学生围绕边长为60.5厘米的六边形分别顺时针和逆时针跳跃；"平板支撑"项目在要求学生在保持俯卧姿势60秒的基础上，增加单手平板支撑或单脚平板支撑等姿势；"四站环形"项目要求学生依次到达不同站点完成敏捷梯跳30秒、登山跑30秒、三角跑30秒及举手分腿跳30秒。

表3-23 PFL各年级体能测评项目

测评指标	幼儿园~1年级	2~3年级	4~6年级	7~9年级	10~12年级
平衡/稳定性	跳河	跳石头	侧向弹跳	侧向弹跳	六角跳
核心力量	交通灯	特定点	平板支撑	平板支撑	平板支撑
有氧耐力	颜色区域	拼图旅程	四站环形	四站环形	四站环形

4. 运动技能维度

在 PFL 测评体系中,运动技能维度的测评也是重要的组成部分,下面对测评指标进行分析。

幼儿园~1 年级:"身体移动部位"指学生随音乐移动手、足、膝等部位,音乐停止时保持当时的站立姿势;"信号运动"指学生根据音乐或教师的指令进行跑、单腿跳、双腿跳;"太阳舞"指学生按照小组围成圆圈,依照外部信号提示完成向背后投球、过肩传球、踢定位球等指定动作。

2~3 年级:"石头剪刀布"指学生之间进行石头剪刀布的游戏,根据输赢情况完成跑步、快走、跳、连续前滑步动作;"找伙伴"要求学生随音乐运动,并将手中的球传到同组无球的小伙伴手中;"交易地点"指学生按照小组依次奔跑到固定点,并完成背后投球、过肩传球、踢定位球等动作。

4~6 年级:"跑—停—返"指学生连续完成跑步、停止和返回动作;"投、接"要求学生投球到 1 米线以外的墙上并接住弹回的球;"踢"指学生将球踢到距离 4 米的墙上并接住弹回的球。

7~9 年级:"跑—侧滑—后退"指连续完成往前跑、侧滑步、倒退后走动作;"投、接"要求学生在 8.25 米处投球到中间指定区域,保证球反弹并接住;"悬空—踢—接"要求学生在距离墙 3 米处,悬空踢球至墙上反弹后接住。

10~12 年级:"跑、交叉、侧滑、后退"要求学生连续完成往前跑,并且做前跑、交叉、侧滑、后退跑;"跑、投、接"要求学生奔跑 4 米,在距离墙 7.75 米处投球至中间指定区域,保证球弹回并接住;"跑—悬空踢球—接"要求学生奔跑 4 米后,从距离墙 3 米处悬空踢球至墙上,并接住反弹回的球(详见表 3-24)。

表 3-24 PFL 各年级动作技能项目测试内容

测评指标	幼儿园~1 年级	2~3 年级	4~6 年级	7~9 年级	10~12 年级
移动	身体部位移动	石头剪刀布	跑—停—返	跑—侧滑—后退	跑、交叉、侧滑、后退
目标控制	信号运动	找伙伴	投、接	投、接	跑、投、接
操控技能	太阳舞	交易地点	踢	悬空—踢球—接	跑—悬空踢球—接

PFL 的开发很大程度上促进和发展了加拿大 K-12 年级学生的体育素养,同时为体育教师提供了有用的在线资源。PFL 强调可行性,即清晰

性、可实现性、在线记录、经济、高效、安全和及时。PFL 还强调学生最大限度地参与和保持持续的评估。PFL 的最大优点是不依赖训练有素的技术人员来完成评估，而是使体育教师有足够的能力完成评估。该评估的包容性大、适应性强，以学校的课程设置为导向，促进体育教学工作的提升与改进。该测评工具对学校教育者关注学生体育素养的动态发展具有很大的参考价值，也为学校体育课程的调整和改进提供了依据。

(四) 生命护照(PFL)的使用现状

PFL 适用于进行特定群体的历时追踪研究，例如可以运用 PFL 体系追踪同一批加拿大青少年不同时期的体育素养水平，以制订或调整具有针对性的教育与培养策略。PFL 目前主要用于加拿大教师的课堂班级，教师需要一定的时间来建立班级账户，建立学生在线档案并加入班级。为了支持使用 PFL 作为学习工具，PHE Canada 建立了一个在线平台来收集和存储学生数据，使教师能够输入、管理和下载每个学生和班级的数据，帮助学生和班级设定目标，并朝着持续改进的方向努力。

2015—2016 年，PFL 开始在加拿大各大学校全面实施。学生首先要完成一个简短的人口统计调查，然后完成八项评估：一项关于参与、兴趣和体育活动首选环境的自我报告；三项健身技能（核心力量、心肺耐力和动态稳定性）；三项运动技能（运动、物体控制和物体操纵）；一项生活技能（评估感觉、思考和关联的自我调查报告）。教师在体育课中可以让学生完成在线调查，并使用在线平台输入和管理学生数据，这使得教师能够随着时间的推移跟踪学生的成绩，以便在必要时对学生和班级给予更具体的关注。在线平台还为学生提供 PFL 的解释信息，帮助学生设定目标并为持续改进而努力。学生不会得到每个部分的分数，而是会收到一份个人"护照"，其中总结了他们在每个阶段的评估结果，并就如何进一步发展体育素养提出建议。PFL 测评工具在学校中使用较多，帮助学生、教师和家长解释和使用评估结果，以持续改进体育素养。教师也可以根据学生体育素养的动态变化进行调整，改善教学方向，提高教学质量。这有利于教师抓住学生的短板，因材施教，综合提升学生各个维度的体育素养。

四、加拿大幼儿体育素养小组的幼儿体育素养观察工具(PLOT)介绍

(一) 加拿大幼儿体育素养观察工具(PLOT)的研发背景

2006 年，加拿大皇家山大学不同学科的教师和学生组成了幼儿体育素养小组，开始研究幼儿体育素养的相关问题。该小组注意到，加拿大幼儿体育活动的时间不足，这促使该团队启动了创新的应用研究项目，旨在为幼儿教育工

作者(非体育教师)提供教育资源,并且影响该地区的政策。该小组认为应该让幼儿从发展动作技能中获得动机、信心和能力,因此启动了积极的游戏和每日体育素养计划(Active Play and Physical Literacy Everyday,简称 APPLE),鼓励创造丰富的环境,以身边的材料和器材为特色,促进幼儿积极地玩耍,激发幼儿的好奇心和探索精神,并为此开发了体育素养观察工具(PLOT)。

(二) 加拿大幼儿体育素养观察工具(PLOT)的目标和定位

该小组旨在为幼儿教育工作者提供资源,提升幼儿运动的动机、信心和能力,帮助幼儿成为拥有体育素养的人,每天积极玩耍,从而获得体育素养。其理念是:创造多样的环境,激发幼儿的好奇心和探索精神,提高幼儿参与运动的主动性;鼓励幼儿运动,使幼儿重复地参与到积极的游戏中,帮助幼儿建立优势,有信心以不同的方式去运动;通过积极的游戏促进幼儿基本动作技能的发展以及体育素养的提高。该观察工具为早期幼儿教育提供了体育素养的测评依据,让幼儿教育工作者明白游戏活动的重要性,也有助于他们理解积极游戏和体育素养之间的关系。体育素养观察工具(PLOT)是观察幼儿学前基本动作技能的指南,旨在增强对体育素养的规划,从而促进儿童体育素养的发展。PLOT 将婴儿期到六岁看作个人身体发育的里程碑阶段,PLOT 帮助幼儿教育工作者观察儿童如何发展基本动作技能,从而提供有利于体育素养发展的环境。

(三) 加拿大幼儿体育素养观察工具(PLOT)的内容结构

APPLE 计划主要是支持那些还没有信心和能力为幼儿提供高质量体育素养活动的教育者,其提供的活动具有关联性,每一个活动都建立在前一个活动的基础上。APPLE 模型展示了幼儿如何通过积极的玩耍过程来培养体育素养,该研究基于怀特海德的体育素养定义,即体育素养是参与体育活动的动机、信心、身体能力、知识和理解,重视并承担参与终身体育活动的责任。

幼儿在生活中的直接体验与游戏中的动作感知和技能体验是培育幼儿体育素养的有效载体,通过测试幼儿生活和游戏中的表现能够评价他们的体育素养[1]。以体育素养为核心,在 APPLE 模型的指导下,加拿大编制了可以量化的幼儿体育素养观察工具 PLOT。PLOT 由幼儿体育素养小组设计,通过 APPLE 模型提供的游戏,制订观察幼儿基本动作技能的指南,优化项目规划、活动环境的设计,从而促进幼儿体育素养的养成。APPLE 模型为 PLOT 提供了合理化的积极身体活动指导,观察者通过使用 PLOT,为

---

[1] 李佳美,周珂,尹志华. 加拿大幼儿体育素养观察工具(PLOT)介绍与分析[J]. 体育教学,2020,40(3):78—81.

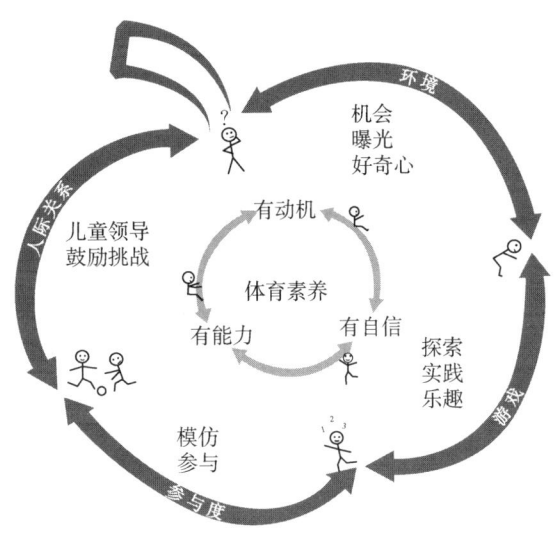

图 3-10 APPLE 模型

进一步完善 APPLE 模型提供人性化的建议。

PLOT 包括五个模块(详见表 3-25),另附有基本动作技能的资源包。对观察者而言,基本动作技能的相关知识是进行观察的前提;对观察对象而言,基本动作技能是进行游戏或探索的基础。

PLOT 的观察对象是 6~71 个月的幼儿,具体划分为三个阶段:第一阶段是 6~23 个月,第二阶段是 24~47 个月,第三阶段是 48~71 个月。观察者需依据幼儿的年龄及表现勾选对应的选项(详见表 3-26、表 3-27 和表 3-28),在填写观察表时可以不用完全按照题目的顺序。在观察量表后还附有针对本模块的参考视图,方便观察者理解题目。

表 3-25 PLOT 具体内容结构

模块	形式	题数	具体内容	辅助工具
第一模块	量表	19题	稳定性技能:主要以伸展/坐立/平衡为主	参考视图:用插图来形象表达具体体育动作,帮助观察者理解
第二模块	量表	36题	活动技能:主要以步行/平地爬行/攀爬/跑/双足跳/单足跳/旋转为主	
第三模块	量表	25题	操作技能:主要以抓取/投掷/接住/踢为主	
第四模块	题目问答	9题	室内外环境、成人的支持态度、动机、信心	
第五模块	题目问答	5题	体育素养发展的环境	

表 3-26　第一模块——稳定性技能题目

题　　目	不明显	初显	始终如此	年龄阶段划分
当幼儿……				
1. 俯卧的时候,是否抬起了头	○	○	○	6～23个月适用
2. 俯卧时,伸直双臂,将整个胸部从床上或地板上抬起	○	○	○	
3. 仰卧时,是否把腿抬得足够高可以看到他(她)的脚	○	○	○	
4. 在地板上身体坐直几分钟	○	○	○	
5. 站着的时候,可以平衡自己的身体	○	○	○	
6. 站着的时候,弯腰捡起一个玩具,然后回到站着的姿势	○	○	○	
当幼儿站着时……				
7. 俯身触摸自己的膝盖或脚趾	○	○	○	24～47个月适用
8. 踮起脚尖,双手伸向天空	○	○	○	
9. 有支撑状态下,单脚保持一秒钟左右的平衡	○	○	○	
10. 没有支撑状态下,单脚保持一秒钟左右的平衡	○	○	○	
当幼儿……				
11. 在直线上行走时,会用手臂保持平衡	○	○	○	48～71个月适用
当幼儿站着时……				
12. 弯下腰去摸脚趾,然后再把手伸向天空	○	○	○	
当幼儿用手和膝盖时……				
13. 可以弯腰,然后仰头把背弓朝向地面	○	○	○	
14. 一只胳膊伸直放在身体前面,不要摔倒	○	○	○	
15. 一条腿伸直并向后抬起而不会摔倒	○	○	○	
当幼儿走路时……				
16. 可以两脚交替地走一圈	○	○	○	
17. 在像平衡木一样的东西上而不会掉下来	○	○	○	
18. 从脚跟到脚趾保持直线前进而不失去平衡	○	○	○	
19. 在一条直线上后退,脚跟对脚跟,不失去平衡	○	○	○	

表 3-27　第二模块——活动技能题目

题　目	不明显	初显	始终如此	年龄阶段划分
当幼儿……				
1. 仰卧时,是否会挥动手臂和腿,像波浪一样摆动	○	○	○	
2. 翻跟头时双手不会被压在身体下面	○	○	○	
3. 用手和膝盖可以支撑爬起来	○	○	○	
4. 试着在地板上移动来拿玩具	○	○	○	
5. 抓住某样东西,可以自己站起来	○	○	○	
6. 有支撑物的情况下,可以绕过婴儿床或家具	○	○	○	
7. 有支撑的情况下,走几步不会被绊倒/摔倒	○	○	○	6~23个月适用
8. 在没有支撑的情况下,利用家具把自己拉起来,并放开手走几步	○	○	○	
9. 在没有支撑的情况下,站在地板中间走几步	○	○	○	
10. 推着带轮子的玩具,绕着物体转圈并可以从角落里走出	○	○	○	
11. 走路很少跌倒	○	○	○	
12. 有支撑的情况下,上下楼梯时双脚都能站在楼梯上	○	○	○	
13. 先跑后停,不会撞到东西或摔倒	○	○	○	
14. 双脚同时离开地面跳起来	○	○	○	
当幼儿……				
15. 绕着墙角和固定的物体走,不会摔倒或撞到任何东西	○	○	○	
16. 绕着移动的物体和人走而不会摔倒或撞到任何东西	○	○	○	
17. 向几个方向移动:向前、向后、向旁边、向下、向上	○	○	○	
18. 上下楼梯时,每个楼梯只放一只脚	○	○	○	24~47个月适用
19. 大部分时间跑步不会摔倒	○	○	○	
20. 双手拿着一个较大的物体/玩具跑步	○	○	○	
21. 可以追到一个球	○	○	○	
当幼儿站着时……				
22. 双脚同时离开地面向前跳	○	○	○	
23. 从一个凸起的表面跳下去,然后稳稳地着地	○	○	○	

续表

题　目	不明显	初显	始终如此	年龄阶段划分
24. 有支撑时，可以单脚跳	○	○	○	
25. 没有支撑时，可以单脚跳	○	○	○	
26. 没有支撑时，可以爬到一个稳定物体上	○	○	○	
当幼儿……				
27. 用脚尖走路	○	○	○	
28. 躺下，像一根圆木一样在地板上滚或是从像小山一样的斜坡上滚下	○	○	○	
29. 跑步时平稳地停止、启动和改变方向	○	○	○	
30. 绕着墙角和静止的物体跑而不摔倒或撞到任何东西	○	○	○	48～71个月适用
31. 绕着移动的物体和人跑而不摔倒或撞到任何东西	○	○	○	
32. 站着向前跳，落地时保持双脚并拢	○	○	○	
33. 单脚向前跳并保持不放下另一只脚	○	○	○	
34. 从一只脚跳换到另一只脚，在同一个地方跳几次	○	○	○	
35. 在房间里可以双脚交替地跳来跳去	○	○	○	
36. 可以跳过小障碍物	○	○	○	

表3-28　第三模块——操作技能题目

题　目	不明显	初显	始终如此	年龄阶段划分
当幼儿……				
1. 用双手触摸或抓住一个物体	○	○	○	
2. 只用一只手拿起一个物体	○	○	○	
3. 将一个物体上下摔在桌子或地板上	○	○	○	6～23个月适用
4. 当两只手各拿一个玩具时，将两个玩具拍在一起	○	○	○	
5. 把一个物体从一只手传到另一只手	○	○	○	
6. 可以用双手在地板上滚动球	○	○	○	
7. 用一只手在地板上滚动球	○	○	○	

续表

题 目	不明显	初显	始终如此	年龄阶段划分
8. 用双手把球抛向空中	○	○	○	
9. 用一只手把球抛向空中	○	○	○	
10. 有支撑的情况下,可以踢一个静止的球	○	○	○	
11. 没有支撑的情况下,可以踢一个静止的球	○	○	○	
当幼儿……				
12. 用双手扔一个大球	○	○	○	
13. 用一只手扔一个小球	○	○	○	
14. 用双臂在身前抱住(像篮筐一样)来接住一个大球	○	○	○	
15. 用双手接球	○	○	○	24~47个月适用
16. 腿伸直着踢球	○	○	○	
17. 腿弯曲着踢球	○	○	○	
当幼儿站着不动时……				
18. 踢一个固定的球	○	○	○	
19. 踢一个在移动的球	○	○	○	
当幼儿……				
20. 用一只手朝一个人或篮子的方向扔球	○	○	○	
21. 能够接住一个小球	○	○	○	
22. 和其他人玩球时,既可以扔球也可以接球	○	○	○	
当幼儿站着不动时……				48~71个月适用
23. 把一个移动着的球踢向一个特定的方向	○	○	○	
当幼儿跑步时……				
24. 能够踢一个正在移动的球	○	○	○	
25. 把一个正在移动的球踢向一个特定的方向	○	○	○	

第四、第五模块的观察测评是开放式题型(详见表3-29、3-30),需要观察者依据幼儿的情况回答问题。第四模块共有9道题,主要涉及幼儿运动的室内外环境、家长对幼儿参与活动的态度以及幼儿对参与体育活动的动机与信心。第五模块中,5道题都围绕着体育素养环境这一主题展开。每道题都标出了关键词(表中加粗),帮助观察者理解问题,抓住问题的关键

要点。

表 3-29　第四模块——观察、处理环境、动机、信心

题　目
1. 所在的**室内**环境是否能够**支持**体育活动？
2. 所在的**户外**环境是否能够**支持**体育活动？
3. 幼儿教育机构/家长(成人)是否**鼓励**幼儿的身体活动？
4. 幼儿教育机构/家长(成人)是否**积极参与**幼儿的身体活动？
5. 幼儿是否对身体活动的机会感到**好奇**(即表达兴趣)？
6. 幼儿是否有**探索**身体活动的机会？
7. 幼儿是否**参与**并坚持参与体育活动(即重复掌握)？
8. 幼儿是否在他或她的技能基础上**建立**或**扩展**技能(挑战他或她自己)？
9. 幼儿教育机构/家长(成人)是否重视幼儿对学习环境的**好奇心**？

表 3-30　第五模块——体育素养的环境

题　目
1. 您可以在**室内**游戏中添加什么器材或设施来进一步**提高**幼儿体育素养？
2. 您可以在**户外**游戏中添加什么器材或设施来进一步**提高**幼儿体育素养？
3. 您在考虑幼儿兴趣的前提下，会**策划**什么样的活动？例如，一个 2 岁的幼儿对农场动物很感兴趣，您怎么能把它变成一项体育活动呢？
4. 您如何**创设**室内外的体育活动？
5. 在幼儿的学习环境中，有哪些方法可以促进他们的**好奇心**？

(四) 加拿大幼儿体育素养观察工具(PLOT)的使用现状

PLOT 观察工具自从发布以来，便在加拿大艾伯塔省卡尔加里市被广泛使用。比如，皇家山大学的儿童发展实验室，为 5 岁的学龄儿童提供了各种工具，进行不同情境下的测评观察；在卡尔加里的舍伍德社区操场，用轮胎、木桩、台阶、拱桥等不同的工具搭建了障碍，对学龄前儿童进行测评观察。卡尔加里是加拿大的第四大城市，PLOT 项目获得了艾伯塔省文化与旅游中心提供的基金资助，到目前为止，已经有 1 300 多名幼儿参与该项目，这为幼儿体育素养测评提供了有利的推广条件。近年来，皇家山大学的学者们正在探讨如何为早期儿童教育者提供培训，以便他们能够帮助儿童积极参与活动，促进其成长和发展。在 2020 年召开的网络研讨会上专家们还

考察了"日托"环境中的体育素养,皇家山大学儿童和青年研究系教授、儿童福利中心主任克拉克(Dawne Clark)担任了本次网络研讨会的主讲人,会议中分享了来自加拿大各地关于PLOT的建议、策略和项目。

五、加拿大体育素养测评体系的综合评价

上述四个测评体系都有各自的优缺点,都是以非营利性的形式在加拿大运作,其体系还在不断测验和改进当中。从这些测评工具的目标来看,四个测评体系都是对加拿大儿童青少年的体育素养发展状况进行评估,以促进加拿大儿童青少年体育素养提高为目的,致力于改善加拿大目前面临的学生久坐行为、肥胖以及学习压力大等问题。从测评体系的内涵来看,四个测评体系都是以怀特海德的体育素养理论为基础,从身体、情感、认知等方面入手。各理论模型基本遵循国际主流体育素养的内涵,但是在测评方式上还是有一定的区别。比如CS4L的PLAY是一套系统、完整的评估工具,涉及体育、健康、娱乐和课外活动等多个领域。CAPL-2考察了身体活动或运动技术的具体知识,拥有较为完善的问卷结构及评分细则。PLOT是观察学前基本动作技能的指南,旨在增强对体育素养的规划,从而促进儿童身体素养的发展。从四个测评工具的内容结构方面来看,各测评工具都将体育素养分成了几个不同的维度,并根据不同的维度去设置问题,来满足不同测评者的需求。例如,PLAY测评体系对体育素养的考察主要从认知、环境、运动技能和整体健康状况等几个方面进行;CAPL-2则将体育素养分成四个维度,主要评价身体能力、日常行为、知识与理解、动机与信心;PFL也将体育素养测评细化为四个维度,通过对运动技能、生存技能、体能和参与意识的测评来反映被测者整体的体育素养水平;PLOT工具则是针对幼龄儿童的体育素养观察测评工具,主体部分可以概括为稳定性技能、活动技能、操作技能、情感和环境这五个维度。

整体而言,加拿大体育素养测评体系比较完善,但是这些测评工具依然存在很多不足。首先,弱势群体或加拿大其他种族人群的受教育程度受到经济等因素的影响,关于这些群体的很多特点和特征没有被纳入测评体系的考虑之中,很多测量项目没有结合加拿大多民族的特点来进行说明。其次,加拿大的体育素养测评项目只是在教育及经济水平较高的区域开展,还没有覆盖加拿大全境。最后,部分测评工具对体育素养的理解还存在一些偏颇,因而测试出来的数据也并不能确定是否能确切地反映一个人全部的体育素养水平。此外,加拿大学者倡导终身践行体育素养,然而目前还没有针对中老年的体育素养测评体系。上述问题是未来加拿大要发展体育素养测评工具不得不考虑的问题。

第三节　加拿大体育素养的培养策略

加拿大是世界上最早研究体育素养并进行实践的国家之一，加拿大学者针对体育素养的培养进行了广泛的研究和探讨，并取得了一系列的研究成果。例如，在具体培养体育素养方面，S4L网站发布了针对专业运动员的长期运动员发展模式(LTAD)。在此基础上，又发布了专门针对普通人群的体育素养培养模式(LTD)，LTD模式根据个体身心发展的客观规律，分别从"年龄、目标、注意事项、体育素养活动"四个方面，来说明每个年龄阶段应如何培养个体的体育素养。此外，加拿大还有针对残疾人、妇女与女童、原住民和加拿大新移民等特殊群体的体育素养培养模式。因此，加拿大的体育素养培养基本涵盖了社会的各个群体，指向全民体育素养的共同发展。

随着加拿大政府和各个社会体育组织对体育素养发展的深入研究，体育素养的培养也在不断完善中。以LTAD模式为例，从20世纪90年代加拿大学者贝利(Balyi)博士提出LTAD模式至今，LTAD模式已经更新了三次，可见体育素养研究是不断发现和解决问题的过程。下面对加拿大体育素养培养进行详细介绍与分析，主要分为对普通人群的体育素养培养和对特殊人群的体育素养培养两个方面。

一、加拿大对普通人群的体育素养培养

加拿大体育素养的培养以LTAD模式为载体，LTAD模式一共有七个发展阶段，起初加拿大只将LTAD模式的前三个阶段(女孩0~11岁，男孩0~12岁)定为发展体育素养的关键期，之后为了惠及更多的人群，发展除专业运动员以外普通人群的体育素养，加拿大修改了LTAD模式的内容，并在原有LTAD模式的基础上编制了LTD模式，以此为基础，发布了针对普通人的体育素养培养具体要求。

(一) 加拿大体育素养培养的LTAD模式

1. LTAD模式的历史沿革

加拿大的LTAD模式至今已有三十多年的历史，随着时间的推移，其内涵和体系也在不断发展和更新。LTAD模式最初由加拿大学者贝利博士在1990年提出，他设计的LTAD模式是一项训练、比赛和恢复计划，旨在确保运动员在整个职业生涯中获得最佳发展。也就是说LTAD模式最初是针对专业运动员而开发的。2001年，贝利博士发布了LTAD模式的理论

模型,此为 LTAD 模式的 1.0 版,在该版本中 LTAD 模式分为五个阶段。

随着体育素养理念在全球的发展,加拿大终身体育协会(S4L)与贝利等学者合作,共同构建了新的运动训练模型,也就是加拿大体育中心 CSC 在 2005 年推出的 LTAD 模式 2.0 版。在该版本中,体育素养被定为加拿大人发展技能、知识和态度的基础。LTAD 模式 2.0 版成为引导加拿大人健康积极生活,活跃人生发展的重要载体。该模式共分为七个阶段,前三个阶段被定为体育素养发展的关键期。

LTAD 模式在创立之初,其主要理念是:以运动员为中心,采用技能指导、长期规划与个人发展相结合的方法来帮助运动员成长。但随着研究的深入,学者们发现体育素养的培养不能局限于专业运动员,也应该包括加拿大普通人群乃至全体公民,形成全社会共同参与。因 LTAD 模式 1.0 版具体的培养内容已无从考证,下文主要介绍 LTAD 模式 2.0 版的具体培养内容。

2. LTAD 模式对体育素养培养的阶段划分

LTAD 模式共分为七个阶段,指导个体从婴儿期到成年期再到发展成为专业运动员,在每个阶段都有具体的发展内容、指导意见及实施方式。具体的阶段划分见图 3-11。

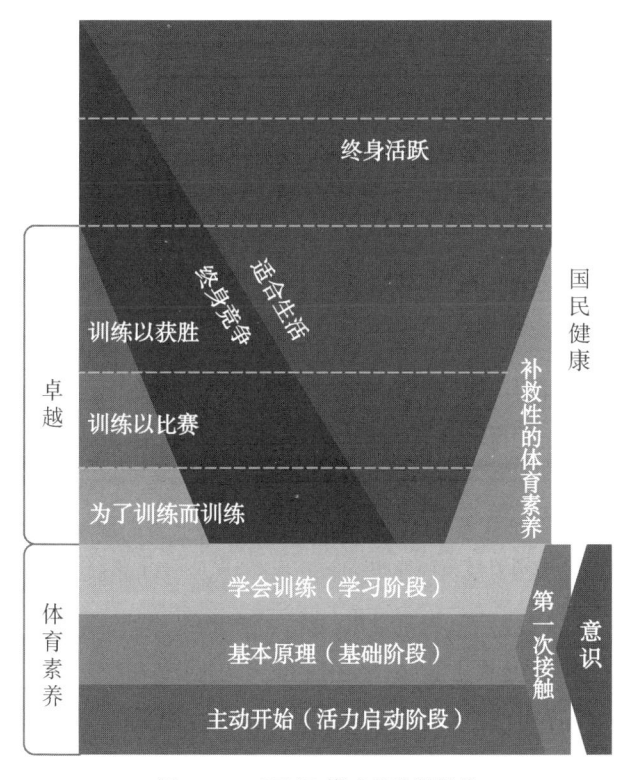

图 3-11 LTAD 模式的阶段划分

由图 3-11 可知,该模式前三个阶段是培养体育素养的关键期,强调基本运动技能和基本动作技能的习得、第一次与外界建立联系,以及培养儿童对体育活动的兴趣。该模式提出在为了训练而训练阶段(Train to Train)和训练以比赛阶段(Train to Compete)仍然可以培养体育素养,但是实际效果会比前三个阶段差,后四个阶段是为了让运动员发展高水平的竞技能力,使运动员尽可能保持在最佳竞技状态,延长运动寿命,最后指向积极的生活。

3. LTAD 模式对体育素养培养的具体要求

LTAD 模式将 0~12 岁具体分为三个阶段:活力启动阶段、基础阶段和学习阶段。作为发展体育素养的关键期,这三个阶段分别有其发展的侧重点。加拿大终身体育协会(S4L)为加拿大父母制订了《0~12 岁体育素养指南》,指南中分别从年龄、目标、需要注意的问题和体育素养活动四个方面,说明了每个阶段应如何培养个体的体育素养,具体如下。

(1) 活力启动阶段

表 3-31 活力启动阶段培养的具体要求

年龄	0~6 岁
目标	学习基础动作,并将动作融入游戏之中
总体评价	在生命的前 6 年里,体育素养是儿童健康发展的关键要素。与晚年相比,幼时学习可以创造更多的大脑细胞连接,这对于生命发展非常重要,在这段时间进行体育锻炼有以下好处: ① 通过帮助儿童享受活动和学习有效的移动,可以提高他们的协调和平衡能力,为未来技能的成功发展奠定基础; ② 当儿童进行有节奏的活动时,可以在大脑中的多个通路之间建立神经连接; ③ 促进大脑功能、协调、社会技能、大运动技能、情感、领导能力和想象能力的发展,帮助儿童建立自信和发展自尊; ④ 帮助建立强壮的骨骼和肌肉,提高肌肉灵活性,发展良好的身体姿势,促进健康,保持健康的体重,减少压力和改善睡眠
需要注意的问题	① 在这个年龄段,身体活动应该是儿童日常活动中最有趣的内容,而不是强迫他们去做,在安全且富有挑战性的环境中积极玩耍是保持儿童身体活跃的最佳方式; ② 有组织的体育活动和积极的游戏对残疾儿童的健康发展尤为重要,社区可以采用器材交换或租赁的方式,确保所有儿童都能获得活动所需的器材; ③ 感觉障碍的残疾儿童(视觉缺陷或听力丢失)通常需要反复学习动作技能,也需要从教师那里以相对不同的方式获得信息

体育素养活动	① 在进行奔跑活动时,不是单纯在直道上跑,要结合急停和快速启动以及方向的变化,所以捉迷藏和追逐游戏比较适合; ② 俯卧或仰卧,假装像蛇一样滑行,也可以在地板上像擀面杖一样滚动,或者在一个小草坪上往下滚动; ③ 玩投掷游戏:使用儿童可以握住的柔软物体,让儿童对着一个目标投掷,越用力越好,并且左右手都要得到锻炼; ④ 在安静或狭小的空间里,进行平衡游戏,先用一只脚站立,再用另外一只,找到身体不同部位的平衡,也可以试着沿着地上画好的线走路; ⑤ 跳起来在空中做出各种姿势,或者是看看孩子能跳多高、跳多远,让儿童想象从河的一岸跳到对岸,试着用单脚或双脚,确保孩子在落地时双膝弯曲; ⑥ 向孩子介绍水上活动并让他们学习游泳项目,让他们在冰上或雪地上穿上溜冰鞋或滑雪板,以便他们能学会滑行; ⑦ 用有辅助的三轮自行车或无辅助的两轮自行车,发展儿童的动态平衡能力

对 LTAD 模式的活力启动阶段进行分析可以发现:此阶段的目标是用游戏等轻松的方式帮助儿童掌握协调、平衡等基础动作,促进骨骼的发育和形成正确的身体姿势;该阶段最重要的是引导儿童积极主动地参与各种体育活动,培养儿童参加体育活动的兴趣,帮助他们形成良好的体育活动参与习惯。此阶段需要指导者们合理利用各种资源,给儿童创造优美、舒适的体育活动场所,并时常带领儿童参与新奇和富有挑战的体育项目,引导儿童发展各种基础动作,促进其体育素养的发展。

(2) 基础阶段

表 3-32 基础阶段培养的具体要求

年龄	男孩 6~9 岁,女孩 6~8 岁
目标	学习所有的基本动作技能,培养全面的运动技能
总体评价	这是体育素养发展的关键阶段,这段时间可以为许多复杂技能打下基础。在这个年龄段,孩子们最好在一个安全而有挑战性的环境中进行开放性的游戏,最好能得到教师和教练们的有效指导。 ① 在此阶段应该获得结构良好、积极且有趣的技能发展,主要集中发展敏捷、平衡、协调、速度以及有节奏的活动; ② 手和脚的速度在此阶段尤其要得到好的发展,如果错过这个速度发展窗口期,以后的身体速度发展就会受到影响; ③ 此阶段是儿童参加各类运动的最佳年龄,应该鼓励他们参加陆地、水上、冰雪类活动;

	④ 掌握基本的动作技能对所有儿童都是十分重要的(包括残疾儿童在内); ⑤ 力量、耐力和柔韧性可以通过游戏和有趣的活动来进行发展; ⑥ 学会在游戏过程中"读懂"周围的动作并做出正确的决定,是这个阶段应该发展的关键技能
需要注意的问题	这个年龄的儿童不应该有一个单独的专项,他们每周至少应该参加3~4次其他体育活动。 ① 儿童在这个年龄对"公平"有很敏锐的感知,应该向他们介绍一些简单的规则和体育道德,或者是一些基础的战略和决策; ② 使用适合儿童尺寸的器材,使学习活动更愉快也更安全。器材的交换和租赁可以降低成本,这对残疾儿童来说尤为重要
体育素养活动	① 鼓励儿童不管天气如何,每天都和朋友们进行开放式的身体游戏; ② 继续玩接球、投掷、击打、跑步和其他需要体力的游戏,尽可能让孩子尝试不同的活动; ③ 参加家长会或其他学校会议并提倡优质的学校体育活动。要保证足够的时间(建议每周150分钟,每天30分钟),由一名资深的体育教师授课; ④ 不要涉及分数。在这个年龄段的很多项目和比赛不需要保留成绩,重点是学习和获得乐趣; ⑤ 不要相信早期专业化会在以后的生活中带来更好的表现,在这个年龄段最好是培养儿童全面发展,但是有些运动(如体操和花样滑冰)确实需要早期的专业训练

对 LTAD 模式基础阶段进行分析可知:此阶段的男孩和女孩身体发育进程不一样(男孩是 6~9 岁,女孩是 6~8 岁),在进行体育活动时要注意性别的差异,提供适合的体育活动,多鼓励男生参加运动,增强男生的自信心;另外在此阶段要集中发展儿童敏捷、平衡、协调、速度以及有节奏的活动,继续用轻松活泼的游戏或其他户外活动来帮助儿童发展各种基础技能,为后期学习复杂技能打下基础;同时要注意,此阶段应当培养儿童多样的运动爱好,不可在此阶段让儿童进行专项化的动作练习(少数运动项目除外,如体操和花样滑冰),应该全面发展各种动作技能,多组织一些小型比赛,提高儿童的规则意识。

(3)学习阶段

表 3-33 学习阶段培养的具体要求

年龄	男孩 9~12 岁,女孩 8~11 岁(直到青春期开始)
目标	学习全部的运动技能

	续表
总体评价	这是发展专项运动技能前最重要的阶段,是加速学习协调和良好移动控制的时间段,也是儿童享受实践技能和看到自己进步的阶段。 ① 这个年龄段的儿童在一两项自己喜爱的运动项目中已经有所发展,但此时专项化还为时过早,他们仍需至少参加 2~3 种不同的运动; ② 这时比赛也是至关重要的,但此时的重点是学习如何竞争,而不是取胜。为了获得长期良好的效果,在运动中 70% 的时间应该进行练习,30% 的时间用来进行比赛; ③ 这是发展灵敏性的重要时间段; ④ 此时应当通过比赛和接力来发展耐力
需要注意的问题	① 这是发展和完善所有基本的运动技能,学习整体运动技能的时候。此时大脑的大小和复杂程度已接近成人,能够进行非常精细的技能表现; ② 晚发育的人(进入青春期较晚的人)在学习技能方面有优势,因为对他们来说,学习训练阶段时间更长。应该鼓励这个年龄段的儿童清晰思考他们喜爱的运动,鼓励他们至少参加 2~3 项运动并获得成功体验; ③ 不鼓励全年只专注于一项运动
体育素养活动	① 继续鼓励儿童不管每天天气如何,都与朋友进行开放式的身体游戏; ② 偶尔让儿童参加小众的体育项目,让他们尝试不同的位置或项目,他们可能会发现自己擅长一些意想不到的事情; ③ 鼓励儿童利用每一个机会在体育课、校内活动或学校运动队中进行不同的运动; ④ 试着让孩子们参加一些陆地、水上和冰雪类活动,保持他们灵敏、速度、耐力和力量的继续发展,在发展力量方面,应该以克服自身重力或小重量的器械(如瑞士球或健身球等)为主; ⑤ 保持运动和身体活动的趣味性

对 LTAD 模式学习阶段进行分析可知:其主要发展目标是学习全部的运动技能,可以逐渐培养儿童发展自己喜爱的运动项目,对其进行全面的技能学习。但同时也要给出一定时间让儿童参加其他项目,以练习为主,也可以适当组织一些充满趣味和富有挑战性的比赛,培养儿童的耐力和竞争意识。

综上所述,可以清晰地看到 LTAD 模式根据儿童身心发展规律,逐步加强并改变体育素养的培养目标和内容。例如,在活力启动阶段目标是学习基本的动作,并将动作融入各种游戏之中;而在基础阶段的目标是学习所有的基本动作技能和培养全面的运动技能;学习阶段的目标则是学习全部的运动技能。每个关键阶段对于儿童的身心发展程度都有所侧重,形成了一个逐步递进的培养路径,可以最大限度地发掘儿童对参与体育运动或活动的兴趣,潜移默化地帮助每个正在学习基础技能的儿童提高运动能力,使儿童在运动中能平衡身体、控制动作和自信展示,并且能提前预判运动环境和运动情境中的突发状况,并做出合适的应对措施。

每个阶段需要注意的问题也是一种预见,帮助父母、监护人以及教师提前做好相对应的防护措施,以便更好地促进该阶段儿童在各方面的发展。另外,我们也必须清楚地认识到,此表格中提供的体育素养活动是十分宽泛的。指导者需要根据表格中的培养信息,有针对性地培养儿童各方面的能力,促进儿童各种基本能力的全面和谐发展,同时注意使各种培养活动在不同环境中有效衔接。

(二) 加拿大体育素养培养的 LTD 模式

1. LTD 模式的历史沿革

LTD 模式全称 Long-Term Development in sport and physical activity,可以看作是 LTAD 模式的更名版。LTAD 模式最初被加拿大国家体育组织认可,应用于促进运动员(Athlete)的发展中。随着国家体育事业的发展,LTAD 模式的影响力逐渐扩大,陆续被用于社区、教学、娱乐、卫生等不同领域中,人们意识到 LTAD 这个不能代表所有人群的名称已不再适用,故在 2019 年去掉了"Athlete"一词,将长期运动员发展模式更名为体育运动和身体活动长期发展模式,即 LTD 模式。加拿大正在努力完善面向全体民众的体育素养培养方案,其正是以 LTD 模式为基础的。

2. LTD 模式对体育素养培养的阶段划分

由于 LTD 模式是在 LTAD 模式的基础上更新与优化的,故其阶段划分与 LTAD 模式相同,也包含活力启动、基础、学习、训练、训练比赛、训练取胜和积极生活七个阶段,其中前三个阶段依然是发展体育素养的关键期,为后续的发展打下坚实的身体基础;后四个阶段则主要促进个体体育素养的终身发展。以上各阶段的划分符合个体身心发展规律,有利于个体完成各自的体育素养之旅,具体见图 3-12。

3. LTD 模式培养体育素养的四项指导原则

LTD 模式是加拿大学者们在综合了各种人群的多种现实情况的基础上,为切实改善加拿大全体公民的健康状况,促进体育素养不断发展完善而提出的发展框架和培养路径。学者们深知实现这一美好愿景并不简单,需要倡导者和实行者乃至受益者理解并清楚其中的细节,有共同的理念、统一的行动,做到万众齐心,才能确保有效完成目标。下文介绍的四项指导原则蕴含了 LTD 模式培养体育素养的初心和使命。

① 质量第一:要尽量使每个儿童、青少年和成年人在每次参加体育活

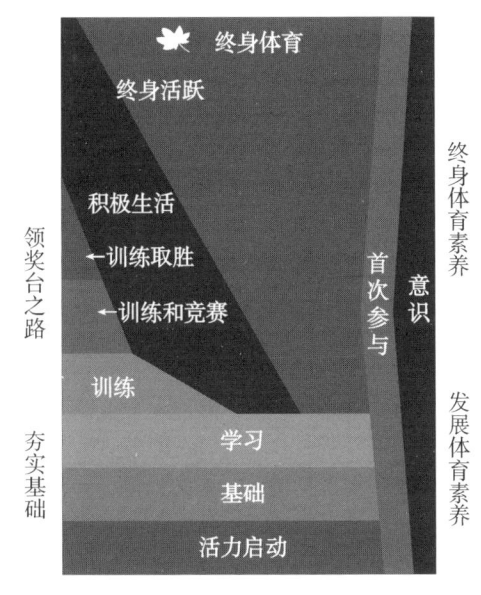

图 3-12　LTD 模式的阶段划分

动时都获得高质量的体验。高质量意味着有成熟的项目、精英化的团队和良好的培养环境。

② 最佳课程导向：在培养体育素养时，要考虑参与者的需求，以参与者为中心优化活动，并与个体的发展相适应，以取得最大的进步。

③ 包容一切：包容的态度既可以消除不同参与者在物质、文化、经济和价值观方面的差异，又有利于设计出惠及所有个体的活动。要尽量保证参与者在进行体育活动的过程中感到安全、受欢迎和被接纳，支持参与者的不同需求。要不断完善项目和服务，对于外界的建议和不同群体的需求表现出包容。必须认识到：每个人都有发展体育素养的机会，学会将包容变成常态。

④ 注重团队合作：当个人融入到各个组织的活动时，他们会获得更多高质量的体验，社区、体育组织以及卫生和教育部门也会从协调规划和协作中受益。例如，一个参与者可能在娱乐或俱乐部项目、体育教育以及学校体育活动中都保持活跃，如果一定要把参与者拉向某个组织，反而会不利于参与者的发展。相比之下，通过各个组织的合作更有可能使参与者得到理想的发展。

4. LTD 模式对体育素养培养的具体要求

LTD 模式的三个主要目标是：支持体育素养的发展、追求卓越和鼓励人们积极生活。七个阶段中的前三个阶段，即活力启动阶段、基础阶段和学习阶段,为加拿大人掌握各项体育运动打下坚实的基础。活力启动阶段旨在掌握人体基本动作,养成身体活动习惯;基础阶段旨在发展基本的运动技能和享受身体活动;学习阶段旨在学习广泛的基础运动技能。大多数孩子在成长和发展的时期会经历这些阶段,成人在学习一项新的体育运动时,也要经历基础阶段和学习阶段。后四个阶段是建立在前三个阶段基础上的,所以根据个体体育素养的发展情况制订发展规划很有必要。总体而言,LTD模式的最终目的是促进个体在生命旅程中不断更新和完善自身的体育素养,保持健康和高质量的生活状态。

（1）活力启动阶段

表 3-34 活力启动阶段培养的具体要求

年龄	出生到大约 6 岁
目标	开始体育素养的旅程
总体评价	使身体活动成为幼儿日常生活和运动技能发展的一部分,重点培养幼儿在陆地、水中、冰雪和空中完成各种动作的身体移动能力、物体控制能力和平衡能力,满足 24 小时运动指南,让幼儿每天活动 180 分钟
时间划分图	监护人带领游戏 25%；儿童自主游戏 75%；物体控制能力、身体平衡能力、身体移动能力；总活动-100；每年中的时间比例（%）；预计活动时间比例%
体育素养活动	① 鼓励游戏:倡导有组织(成人领导)或无组织(儿童领导)的游戏,以及在自然环境中玩耍的机会; ② 倡导有利于发展执行能力的活动,例如建立工作记忆、认知灵活性和自我控制力; ③ 提供一系列可能成功或失败的挑战,以帮助儿童建立自信心; ④ 倡导优美的运动环境与结构良好的体操和游泳项目,支持在户外玩雪和冰,创造小挑战来扩大孩子的发展范围; ⑤ 确保有趣的活动,并可以建立社会联系

由表3-34可知:在LTD模式的活力启动阶段,主要目标是引导儿童接触各种体育素养相关的活动,发展他们探索身边世界和参与简单有趣活动的能力,为进一步发展体育素养打下基础。另外,时间图中非常直观地指出,根据此阶段儿童的特点,每次活动应留出75%的时间让儿童自主探索和游戏,剩下的时间则由家长或监护人引导其进行活动。应重点帮助儿童掌握对各种物体的控制技能,同时身体平衡和移动控制技能也应逐步有意识有计划地发展。

（2）基础阶段

由表3-35可知:在基础阶段由于男生和女生生理发育时间的差异,在体育素养培养上要注意设计符合其自身发育特点和有针对性的练习。此阶段依然以儿童自主选择游戏为主,监护人带领游戏为辅,同时可以在游戏和活动中适当设计规则,培养儿童理解并遵守规则的意识,引导儿童在各种环境中（空中、水中、冰雪和地面）进行活动和游戏,促进其对各种环境的理解和适应能力的增强,培养其广泛参与各类运动的兴趣。

表3-35 基础阶段培养的具体要求

年龄	男生大约6～9岁,女生大约6～8岁
目标	进一步发展体育素养
总体评价	发展基本的运动技巧,强调日常身体活动的参与性和趣味性,提倡能发展敏捷性、平衡性、协调性和速度的活动。鼓励通过跑步、跳跃、旋转、投掷和捕捉、游泳,以及在冰上和雪地上的活动来发展基本运动技能;通过实心球、瑞士球和克服自重的练习来增强体能;通过介绍简单的体育规则和礼仪,促进公平竞争和尊重他人。但是当前加拿大还没有形成周期化且结构良好的项目
时间划分图	规则说明15%；监护人带领游戏35%；自主选择游戏50%。空中环境、水环境、冰雪环境、地面环境（预计活动时间比例%）。运动-25；活动-75（每年中的时间比例%）

续表

体育素养活动	① 继续发展执行能力,提高思维灵活性并加强控制; ② 支持并尊重孩子的活动选择; ③ 比赛应该是非正式的,不记录比赛结果

(3) 学习阶段

由表 3-36 可知:此阶段是儿童进入青春期前重要的发展阶段,此阶段应重点培养儿童广泛学习各种体育技能的习惯,同时要注意培养儿童的体能,帮助儿童确定自己喜欢和擅长的运动项目,鼓励儿童在不同时段学习不同的运动项目。使儿童学会与他人交往,在比赛过程中明白公平竞争的意义,形成良好的体育品德。此时应注重儿童生活技能和心理技能的成长,全面地发展体能,逐步培养儿童在比赛中运用战术的能力,可适当加入一些专项运动技能的练习,为接下来的训练阶段打好基础。

表 3-36 学习阶段培养的具体要求

年龄	男孩大约从 9 岁开始,女孩大约从 8 岁开始,直到青春期
目标	继续发展体育素养,使大脑和身体为技能习得做好准备
总体评价	在进入训练阶段之前,在地面、水中、空中和冰雪等多种环境的各种各样的运动和活动中习得基本运动技能。要确保环境能促进儿童兴趣和人际交往的发展;避免早期的过度专业化;要注意个体在生理、心理、认知、情感和道德发展方面的差异。可以通过健身球、瑞士球和克服自重的练习来增强体能,尤其注重柔韧性和速度的发展
时间划分图	比赛* 30%，训练 70%；生活技能、心理技能、身体技能、战术技能、技术技能；预计活动时间比例%；运动项目1-33，运动项目2-33，运动项目3-34；每年中的时间比例(%)；*包括两人比赛和专业训练比赛

体育素养活动	① 介绍热身/放松、营养、补水和心理准备方面的知识； ② 提供运动机会，使参与者有丰富的培训环境； ③ 参与正式的当地比赛，强调公平竞争，尝试不同项目或角色； ④ 每周进行三次体育专项训练，并参加其他运动或活动

（4）训练阶段

由表3-37可知：训练阶段是培养专业运动员的关键时期，此阶段个体会出现两极分化，一部分人在不断训练中提高了运动能力，决定成为专业运动员，而另一部分人因为各种主客观因素，不得不放弃从事专业运动员的道路。因此，此阶段要关注个体发展的特点，进行及时有效的指导，以训练为主，多组织规则严密的比赛，培养个体公平竞争的意识和能力，同时也要兼顾个体心理的健康发展，以及生活技能的习得，促进其各方面和谐发展。

表3-37 训练阶段培养的具体要求

年龄	女性大约11～15岁，男性大约12～16岁
目标	为培养专业运动员做准备，指导正确地发展体育素养
总体评价	从童年到成年的过渡时期，部分个体决定努力追求卓越，致力于成为一名运动员；部分个体因为伤病、缺少机会或运动成绩无法进步而决定不再投入时间和精力去运动。训练阶段也标志着个体开始进入追求卓越阶段，此阶段体育素养的培养效果跟前三个阶段相比有所下降。 注意：在个别运动项目中，训练阶段是高水平运动员发展的关键时期。在训练阶段中，参与者通常致力于提高运动表现。在这个时期之后，参与者会选择进入终身竞争或从此退出运动。选择进入终身竞争的个体会逐渐细化运动技能，走向专业化 |运动员训练存在的问题|||| |---|---|---|---| |感受到的运动是？|感受的反馈|缺乏平衡|其他问题| |过多关注结果|被冷落|多种运动需要|缺乏高水平教练| |付出多，进步小|指导不当|多种团队需要|训练不当|

	\multicolumn{4}{c	}{运动员训练存在的问题}
	不以运动员为中心	感到不安全（身体上）	两种运动没有训练计划	容易受伤
	不再有趣，不公平	感到不安全（心理上）	没有考虑学业和生活的需要	训练没有计划
	太简单或太困难	缺少支持	有意义的竞赛	训练负荷增加过多
	付出太多时间	不能平衡好运动、学校、朋友和闲暇时间	俱乐部和学校俱乐部代表的矛盾	没有取得明显的进步
时间划分图	\multicolumn{4}{c	}{比赛* 40%　训练 60%　生活技能　心理技能　身体技能　战术技能　技术技能　专项运动-66　运动项目2-34　每年中的时间比例（%）　*包括两人比赛和专业训练比赛}
体育素养活动	\multicolumn{4}{l	}{此阶段是有氧能力和力量发展的重要阶段，青少年身体快速发育，速度、力量等能力也加速发展，所以必须关注其生长状况。 ① 这个阶段最好保持比赛时间占 40%，训练时间占 60%，注意保持良好运动环境和提供促进友谊发展的机会。需要强调正确的运动技术，也要注意运动的心理准备； ② 严格按照规则开展体育比赛，尊重对手、公平竞赛和不使用兴奋剂； ③ 进行正式的竞争和排名，注重运动与生活的平衡； ④ 每周进行 6～9 次运动专项训练，采用单周期或双周期的形式，既包括比赛，又包括专项训练和培养生活技能； ⑤ 训练、恢复与比赛是体育运动长期发展的重要组成部分； ⑥ 要进行适合的训练，例如：逐步增加训练时间、次数和强度；充分利用运动技能发展敏感时期，使其相关技能得好良好的发展；结合参与者的身体发育阶段，支持参与者的个人需求；在训练前要进行一般准}

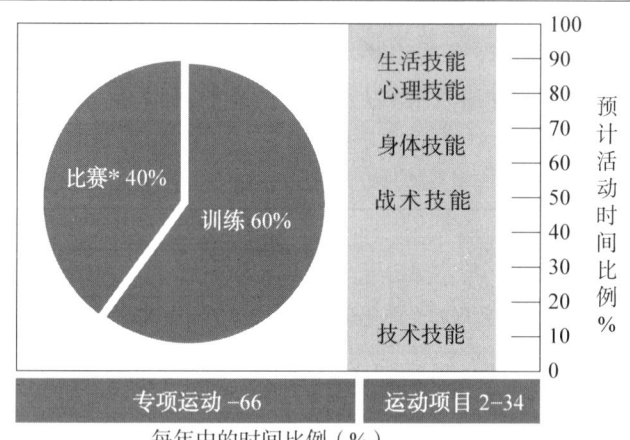

	备活动和专项准备活动； ⑦ 确保最佳恢复：意识到恢复训练的重要性，确保在训练或比赛前已经充分恢复，认识到高质量的睡眠可以帮助技能学习和记忆，以及体能恢复，赛后需要及时补充营养； ⑧ 进行竞争：要形成有益于训练的良性竞争；修改比赛的时间、区域大小和规则以适应参与者；促进运动参与并提供平等竞争的机会；在早期阶段要重视竞争的过程和使用技能竞争；要合理设置竞争难易程度，使参与者既不会轻易赢得也不会输得太多，即处于挑战区

（5）训练比赛阶段

由表 3-38 可知：此阶段的重点是培养个体比赛和竞争的能力，确保个体专业化有效发展，并且比赛应多于训练，以此加强个体的专业能力，丰富个体的比赛经验，不断提高个体对技战术综合运用的能力，为下一阶段训练取胜打好基础。

表 3-38 训练比赛阶段培养的具体要求

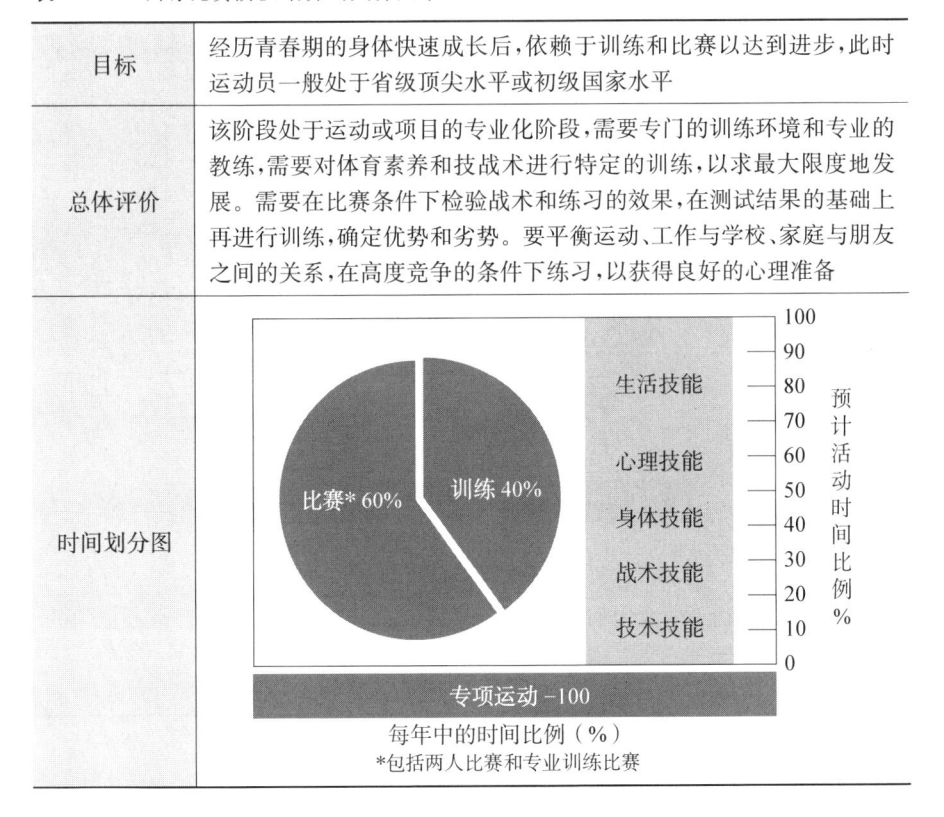

目标	经历青春期的身体快速成长后，依赖于训练和比赛以达到进步，此时运动员一般处于省级顶尖水平或初级国家水平
总体评价	该阶段处于运动或项目的专业化阶段，需要专门的训练环境和专业的教练，需要对体育素养和技战术进行特定的训练，以求最大限度地发展。需要在比赛条件下检验战术和练习的效果，在测试结果的基础上再进行训练，确定优势和劣势。要平衡运动、工作与学校、家庭与朋友之间的关系，在高度竞争的条件下练习，以获得良好的心理准备
时间划分图	比赛* 60%　训练 40% 生活技能　心理技能　身体技能　战术技能　技术技能 预计活动时间比例 % 专项运动 -100 每年中的时间比例（%） *包括两人比赛和专业训练比赛

体育素养活动	① 加强对体育道德的培养,包括尊重对手、公平竞赛和承诺不使用兴奋剂; ② 采用单周期、双周期或三周期的形式进行运动专项技术、战术和体能训练,每周训练 9~12 次; ③ 对于集体项目来说,要训练适合于比赛的获胜风格

(6) 训练取胜阶段

由表 3-39 可知:训练取胜阶段的主要目标是让个体在重大比赛中获得好成绩,并且尽可能保持个体的最佳运动状态,此阶段比赛的时间应占到总时间的 70%,并注意个体的休息与恢复。

表 3-39 训练取胜阶段培养的具体要求

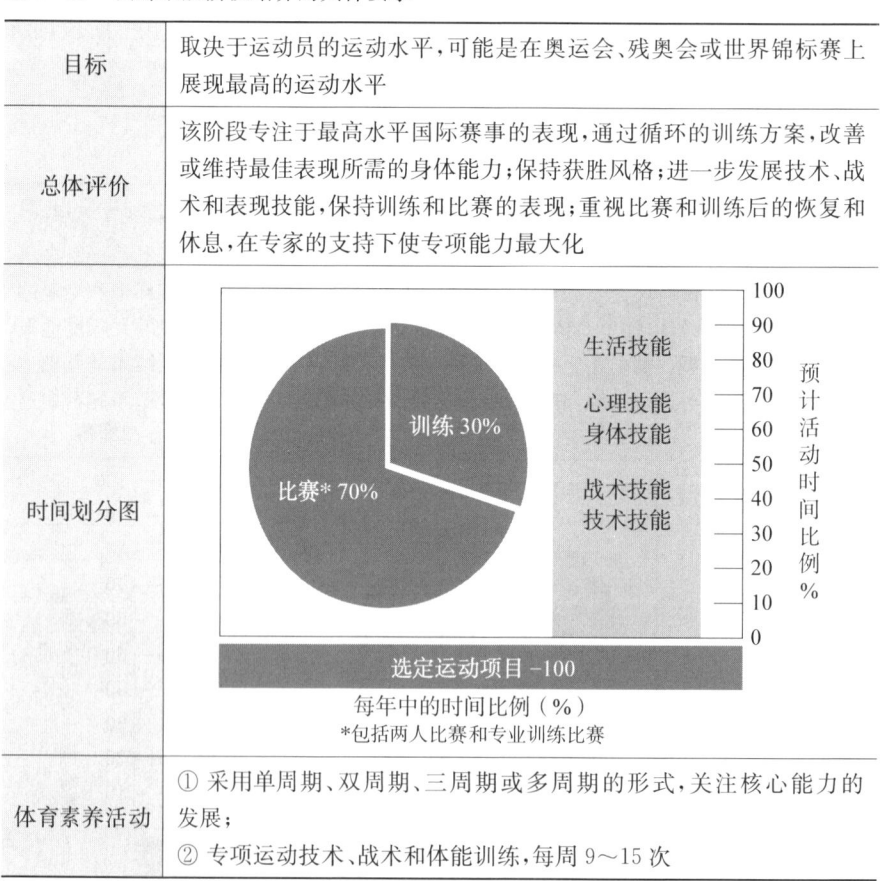

目标	取决于运动员的运动水平,可能是在奥运会、残奥会或世界锦标赛上展现最高的运动水平
总体评价	该阶段专注于最高水平国际赛事的表现,通过循环的训练方案,改善或维持最佳表现所需的身体能力;保持获胜风格;进一步发展技术、战术和表现技能,保持训练和比赛的表现;重视比赛和训练后的恢复和休息,在专家的支持下使专项能力最大化
时间划分图	训练 30%,比赛* 70%;生活技能、心理技能、身体技能、战术技能、技术技能 选定运动项目-100 每年中的时间比例(%) *包括两人比赛和专业训练比赛
体育素养活动	① 采用单周期、双周期、三周期或多周期的形式,关注核心能力的发展; ② 专项运动技术、战术和体能训练,每周 9~15 次

（7）积极生活阶段

无论从事何种运动，绝大多数人都会进入积极生活阶段。在该模式的前三个阶段打下坚实的基础之后，个体就会继续从事他们所选择的运动，以获得享受、满足或健康利益。竞争生活指的是那些参与正式运动项目，并进行竞争的阶段。这个阶段可能开始于U-14或U-17水平的学院联盟，一直到世界大师赛。它不同于健康生活阶段，因为运动员会努力训练，渴望提高和胜利。健康生活是指仅仅因为从运动或体育活动中获得满足，而选择继续参加的阶段。个体可能会不时地以娱乐的方式竞争，但竞争不是主要目的。健康生活主要针对那些从事非体育训练活动的人，例如教练、官员、管理人员以及科研和医务人员。

有证据表明，规律的体育锻炼有利于保持长期健康、增强社会联系，对老年人的效果更加显著。然而加拿大只有15%的成年人达到了国家建议的体育锻炼标准，而且在日益增长的老年群体中，体育参与率在过去几十年有所下降。

健康的成年期和老年期有八个基本要素（见图3-13），它们是维持积极生活的关键所在。这八个要素相互依赖，每一个都至关重要。

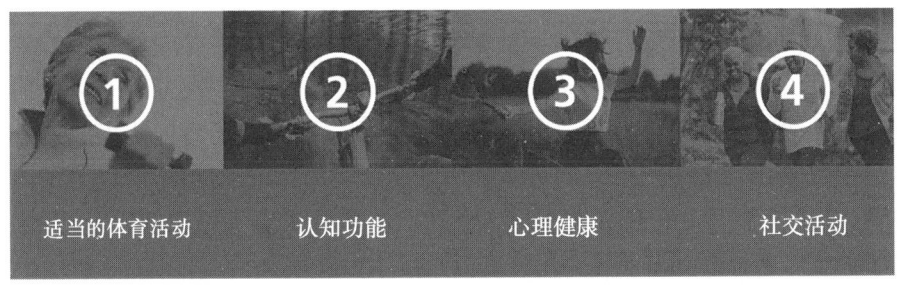

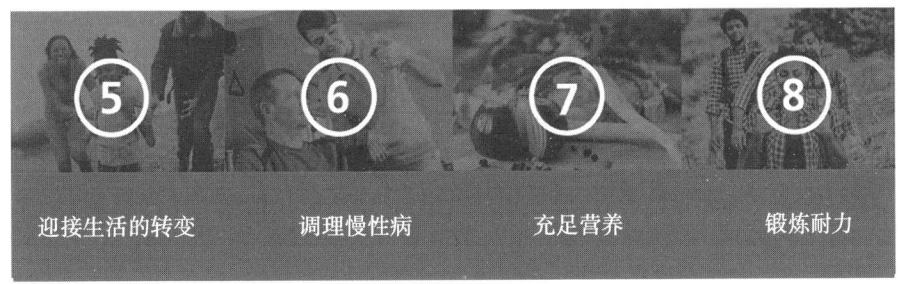

图3-13　总体身心健康的八个基本要素

在运动和身体活动中，个体与个体之间存在巨大差别。所有人都从对某一项运动感兴趣而开始，参与运动并学习基础知识，个体可以根据自己的特点和能力决定所选运动。理想情况下,以上途径将引导个体发展他们的运动潜能,然后积极地生活。他们当中的优秀个体可以获得奥运会或世锦赛金牌,或者是世界大师赛的冠军。

二、加拿大对特殊人群的体育素养培养

加拿大是一个人口众多、文化多元的国家,曾经被英国和法国殖民。目前加拿大有十个省、三个地区、两种官方语言、两种主要宗教信仰。因为有多个民族和多种宗教信仰的存在,加上教育水平参差不齐,所以加拿大的体育事业发展也呈现出不均衡的状态。近年来加拿大政府及各体育部门专家领导注意到,不仅仅要关注普通群体体育素养的发展,同时也要关注一些社会特殊群体,这样才能让体育素养更大范围地惠及加拿大人。这些特殊群体包括原住民、妇女与女孩、残疾人和加拿大新移民。

(一) 加拿大对原住民体育素养的培养

20世纪70年代,加拿大原住民自称是加拿大"第一民族",加拿大政府在80年代接受了原住民的诉求,取消了"印第安人"的称呼,改称"原住民"。目前加拿大的原住民主要分布在魁北克、渥太华、乔治亚湾地区,他们有着自己传承、衍生的风俗习惯及运动爱好。如生活在魁北克地区的部分因纽特人(旧称爱斯基摩人)有着自己的传统活动及节庆风俗,其中最常见的是鼓舞节。在这个节日里,男人会轮流跳舞,一边敲大鼓一边唱歌,并进行游戏和运动竞赛,其中摔跤和拳击最为常见。原住民保留了许多传统的体育运动习惯,但没有进一步推进这些体育活动项目的系统化发展,所以传统体育运动依然有发展空间。此外,种族歧视、经济收入水平低等因素,也造成了体育活动难以全面开展。2015年,加拿大政府在《94呼吁行动》文件中提到,要努力改变原住民体育运动方面的消极情况。《94呼吁行动》中提出了5个关于原住民体育发展的措施,这一政策的出台,极大鼓舞了原住民体育事业的发展[①]。

财富的不均等和种族歧视,导致加拿大对原住民受教育程度和健康的关注较少。在这种思想下,原住民的体育运动理念可能指向不同目的,比如自尊的建立和群体的团结。因为以上原因,一个明确的原住民体育运动发展路径诞生了。在保持LTAD模式发展路径的基础上,还采取了适用于原住民运动发展的另一个新模式。在这个模式中运动员既可以加入原住民的

---

① Whitehead M. Physical Literacy across the World [M]. London, Britain: Routledge, 2019:125-142.

团队也可以加入主流团队,两者有机会交叉存在。加拿大终身体育协会(S4L)已经将原住民参加体育运动的条例写进了文件中,促进体育运动交流。这种原住民模式的发展,离不开原住民领导者的努力与投入。目前加拿大的国家教练认证系统也为服务于原住民的教练提供了专业训练项目,这将有助于培养一批原住民专业性人才,为原住民体育事业和体育素养的发展注入新鲜血液。这个专业训练项目主要从以下几个方面着手。

体育素养层面:参加适当训练,发展基本和专项的耐力、力量、速度和灵敏性,发现身体素质对运动发展以及维持最佳健康状态的必要性。

精神层面:精神对于每个人的生命来说都是重要的一部分,精神影响着生活目的和生活方式,也会对个体参加运动的原因和方式产生影响,因此在精神层面要给予积极正面的引导和关注。

智力和情感层面:运动员发展技能需要思维的预判、策略、战略和集中学习,智力帮助人们回答、思考、分析过程和提供信息,它能够让人们集中注意力,分析形势并做出迅速的反应。

文化层面:体育运动可以产生强大的号召力,有利于原住民了解和发扬传统文化。但是不能确定那些受过专业训练的教练之前是否了解原住民的文化习俗,所以他们需要学习原住民的文化,确保对当地人的尊重,这样有助于体育素养更好地在原住民区域发展。

(二) 加拿大对妇女与女孩体育素养的培养

据统计加拿大女性人口超过加拿大总人口的50%,但女性的运动参与人数比例(包括教练、工作人员和领导者的人数)却远远低于平均水平,所以很有必要培养她们的体育素养。S4L分析了加拿大女性运动不足的原因:一是人际障碍,如家人、伴侣或监护人的积极性低,难以支持妇女和女孩参与体育活动。家人、伴侣或父母通常会认为运动对女性的重要性不如对男性,担心女性参与运动会被认为有男性化或是同性恋倾向,所以女性参与体育运动通常缺乏社会支持、积极反馈和榜样。二是准入和机会障碍,如缺少资金、适当的设备、优质的设施,缺乏与文化有关的活动、有语言和文化障碍、有遭受歧视或种族主义的经历等。此外,加拿大女孩辍学率极高,这也给体育素养的推广造成了极大的困难。另外,加拿大纬度高,天气干冷的时间段较长,外界环境和气候也会直接或间接地带来额外的挑战。三是项目的障碍,主要是项目缺乏选择性和多样性,没有专门针对女性的项目,教师及教练可能难以提供专业的指导,以及项目过于注重竞争或专业化等。

以上这些复杂的问题会影响妇女和女孩的运动参与和运动成绩,从而限制技能发展,并对晋升、薪酬、机遇和未来前景产生负面影响。考虑到妇女和女孩参与锻炼的好处,以及缺乏锻炼的消极后果,这些问题必须得到解决。

基于以上加拿大妇女和女孩群体在进行体育活动方面的障碍,S4L 提出如下的行动建议,以便帮助妇女和女孩积极参与体育活动,培养她们的体育素养:①制定、促进和执行有效的政策,确保加拿大体育和体育活动体系中的性别平等;②促进和展示加拿大体育和体育活动体系中妇女和女孩的价值;③发展和加强加拿大体育和体育活动系统的功能,以支持妇女和女童的积极参与;④加强伙伴关系和跨部门的协作行动,以影响国家、省/地区、社区妇女和女孩的体育活动环境;⑤支持、进行和传播针对女性的研究和评价,为国家和省级体育组织提出具体建议。培养高效能的教练和领导者、项目负责人和社区教练、教育工作者和监护人。

从以上五个方面的行动建议可以看出,加拿大正在通过完善政策、体现女性群体的社会价值、完善体育部门的功能以及加大对女性群体的研究,促进妇女和女孩的体育素养的发展。

(三) 加拿大对残疾人体育素养的培养

加拿大 S4L 和 LTAD 模式认可并支持联合国《残疾人权利公约》,该公约规定政府要促进残疾人的体育和娱乐活动。残疾儿童可能由于各种原因难以掌握基本的运动技能,例如:父母没有鼓励他们的孩子参加有趣和安全的运动或体育活动;并非所有学校的残疾人体育设施都发展得很好;一些教练不欢迎残疾儿童参加活动,因为不知道如何包容他们;体育教练或指导员没有进行过针对残疾人的知识学习或培训。总之,需要足够的创造力才能把残疾人纳入一个团体活动,使他们锻炼基本技能、发展体育素养。

加拿大有针对残疾人的 LTAD 模式,并且正在推行中。通过 LTAD 模式,加拿大残疾人也可以通过训练在运动中取得优异成绩,或者可以追求体育活动带来的许多好处。10% 以上的加拿大人存在感觉、智力或身体方面的残疾,其中一些人可能有一种以上的残疾。根据残疾人自身的特点,S4L 开发了《没有偶然的冠军》一书,书中描述了永久残疾人士在从事体育和体育活动时面临的一些机遇和挑战,以及加拿大体育系统如何通过 LTAD 模式来满足他们增加体育活动和取得更大成就的需求,介绍了基于 LTAD 模式促进残疾人体育素养培养的两个阶段:意识和第一次接触。下面具体介绍这两个阶段。

意识阶段:残疾人士参加体育活动的机会并不总是为公众所熟知,意识阶段旨在向公众和残疾人士介绍各种各样的机会。为了达到此目的,体育和娱乐组织需要制订宣传计划,使人们了解其所提供的服务和资源。就残疾个体而言,残疾之后的生活通常会发生巨大的变化,要经历过渡时期,他们以前参加的一些体育活动可能不再适合,而又可能不知道残疾人有许多可以参加的体育活动。在意识阶段与残疾人士进行有效沟通有助于帮助他们完成转变。这些宣传还可以提高其父母和相关工作人员(如卫生保健专业人员和教师)的认知。

第一次接触阶段:主要是确保残疾人对一项活动有积极的初次体验并保持参与。因此,相关组织需要培训教练并制订计划,为未来残疾运动员提供合适的支持,帮助他们在环境中感到自信和舒适,并在同伴和培训人员中受到欢迎。

这两个阶段对先天和后天残疾的人均适用,有利于更好地帮助有潜力的残疾人进一步发展运动能力,从而取得成功。但也必须意识到,对于普通的残疾人而言,还要考虑到兴趣和身体条件。表3-40节选自S4L发布的《体育素养为加拿大人生活提供新常态》,展现了残疾人的体育素养培养规划。

表3-40 加拿大对残疾人体育素养培养的具体要求

发展地点	应鼓励和支持先天性残疾儿童通过与同龄人相同的方式发展体育素养:从家里开始,然后是学前教育、学校、社区娱乐和体育项目。对于先天残疾或后天残疾的个体来说,医院和康复设施在发展体育素养方面发挥着重要作用。为了使这一切成为可能,需要帮助残疾人使用健身及体育设施,并确保教育、体育和娱乐一线工作人员能够使用专业知识帮助残疾人,并让他们在参加活动时感到受欢迎和支持。
谁帮助发展	不管某人是否有残疾,都需要来自父母、教师、教练和社区娱乐工作人员的支持。此外,残疾人士需要经常与康复专家(包括职业治疗师和物理治疗师)紧密沟通,以学习广泛的日常生活和娱乐技巧。 终身体育活动需要常态化,所有从事与残疾人群体相关工作的人员都必须对其采取包容、欢迎的态度。此外,残疾人的家人和朋友们也需要支持他们参与体育和娱乐活动。
发展措施	不管一个人是否有残疾,体育素养的发展都是类似的。为了提高残疾人发展技能的机会,需要思考如何使用尊重的语言。使用尊重的语言可以使残疾人感到受欢迎和受重视,而不恰当的语言则会使他们失望。 当与残疾人一起工作时,要直接与残疾人交谈,而不是与他的陪同人员交谈。如果一个孩子坐在轮椅上,就应当调整活动和游戏内容,使他们都坐在轮椅上。例如,对于那些有视觉障碍的人来说,可以考虑改变原来的接球方式,改为让球在地上滚动。

续表

	要有创意地与残疾人一起活动,想出调整设备或器材的方法。没有人比残疾人自己更想改造设备,所以要利用他们的知识和智慧,可以采用简单和自制的发展体育素养的设备。 要加强与残疾人士(或他们的父母/照顾者)进行交流,了解他们在活动中可能遇到的限制,以帮助他们安全地参与体育活动。不要对残疾人能做什么或不能做什么做出假设,如果有疑问要直接问他们(或他们的父母/照顾者)。

从表 3-40 可以看出,加拿大对残疾人体育素养的培养综合考虑了多个方面,同时鼓励残疾人进行体育活动尝试,形成自己的兴趣,并且让所有参与照顾残疾人的人群相互配合,帮助他们完成指定的活动安排,在这个过程中逐步发展个人的体育素养。帮助发展残疾人的体育素养时要兼顾他们的主观感受,尊重他们的决定,了解他们的生活,在此基础之上再谈进步和超越自己,这值得我国借鉴。

(四) 加拿大对新移民体育素养的培养

1604 年法国人来到加拿大探险,1608 年建立了魁北克殖民地,大量法国人涌入加拿大进行传教、办学,开始输入宗教、习俗、教育等文化上的观念。1763 年,加拿大被英国殖民,这些外来者开始在加拿大定居繁衍,直至今日衍生出英语和法语两种官方语言。

2011 年,作为加拿大运动政策更新的一部分,加拿大讨论并举行了加拿大运动官方语言检测社区计划。例如,魁北克省目前与其他省在运动和娱乐上面临的挑战不同,因为该省政府要兼顾说法语和说英语的群体。体育运动让两个群体感受到了团结,加拿大新移民也认为运动是促进两者加强联系的一个重要方式。但是目前的教学和教材还没有统一,加拿大新移民后裔在某种程度上不赞同学习英语。虽然体育运动让两个群体感受到了加拿大人的团结,但是语言确实是体育参与的一个障碍。加拿大新移民不希望把自己局限在英语项目中,然而法语的项目又并不普及,也缺少说法语的教练和机构。因此当前在沟通和教学方面还存在一定的障碍和困难,体育素养在加拿大新移民中的发展依然面临极大的挑战。

第四节 加拿大体育素养面临的问题与未来展望

到目前为止,加拿大在体育素养理论与实践方面的成就是全世界有目共睹的。专家团队始终在不断反思和更新体育素养理论与实践方面的具体内容，目前负责加拿大体育素养培养和实施的相关部门也存在矛盾和困惑，亟待解决。

例如，在定义方面，加拿大三个由政府支持的组织，即加拿大体育与健康教育协会（PHE）、健康生活与肥胖研究小组（HALO）和加拿大终身体育协会（CS4L），由于各个组织内部专家的研究背景不同，因此对体育素养的定义仍存在一定分歧；在体育素养测评方面，三个组织都开发了针对不同人群的体育素养测评工具，在实际测评过程中遇到了不同的问题；在具体实施体育素养培养方面，由于地区和文化差异，也会存在难以推行和得不到足够重视的问题。加拿大地域辽阔，是世界上陆地面积第二大的国家，其官方语言是英语和法语，但是也有说其他语言的群体和原住民群体，不同地区经济和教育水平及社会观念的差异给体育素养的普及带来了挑战。针对原住民、妇女与女孩、残疾人和加拿大新移民等特殊群体体育素养的培养和普及同样存在一定的阻碍。

针对以上问题，加拿大相关部门给出了一定的解决办法和应对措施，详见本节中加拿大体育素养的未来展望部分。

一、加拿大体育素养面临的问题

（一）体育素养的定义尚未统一

目前加拿大各相关组织对于体育素养的定义和解读各有不同，影响力较大的是 PHE、HALO 和 CS4L。这三个组织对体育素养都有自己的理解和体系，并给出了相应的定义和要素。由于不同组织的服务宗旨有差异，体育素养这一定义的解读也是见仁见智，所以造成了许多迷惑和不解。

随着体育素养这一概念被接受并解读，英国学者怀特海德所提倡的体育素养也开始出现被简化或者误用的现象，怀特海德本人也经常在学术上进行批判和回应。体育素养具有深奥和抽象的哲学基础，要真正将体育素养运用到运动、娱乐和教育之中有一定的难度，体育素养与指导实践之间还有一定的距离。所以加拿大在 2015 年发布了有关体育素养定义的《共识声明》，这份《共识声明》是在加拿大关于体育素养定义问题较尖锐的时候提出的，解决了当时的部分问题，比如确定了体育素养的定义，避免了学术中术语使用不规范的问题。不可否认由于各组织间存在相互竞争的关系，不同组织的学者对于体育素养的认识仍然存在差异。此外，各组织服务宗旨不同，因此导致在学术论文和日常体育实践中，体育素养的定义仍没有统一，这给很多人造成了迷惑和不解。

通过分析加拿大当前的体育素养文献可知，虽然各体育组织和部门对于体育素养的内容、定义等方面存在差异,但都主要以怀特海德的体育素养理论为研究基础。梳理加拿大体育素养的发展历史,对比体育素养在各组织的发展过程,可以发现体育素养的定义从专注于基本运动技能发展到重视素养(如动机、认识)的培育,再到强调个人终身的不断发展和完善。体育素养的内涵和定义始终在发展和丰富,因此较难形成统一的体育素养定义。

(二) 体育素养的测评工具仍有待完善

加拿大目前开发的三个较为主要的体育素养测评工具——加拿大体育素养测评工具(CAPL)、生命护照(PFL)和青少年体育素养测评工具(PLAY)在全世界都有广泛的影响力。三个工具分别针对不同年龄阶段的群体,以测评内容的具体性、测评对象的针对性以及测评主体的多元化为特征,这三个测评工具的实践价值显而易见。当然,这三种体育素养测评工具都存在改进或提升的空间。CAPL 评价所需时间较长(需要携带计步器 7 天),对评价人员、评价设备均有较高要求;PFL 对运动策略的关注程度不够,结果无法量化;PLAY 的评价过程过于复杂,分数不易理解。此外,除 PFL 设计了 4~6 年级阶段残障青少年适用的评价体系外,其他测评工具均未考虑特殊人群。下面对这三个测评工具进行具体的问题解析。

1. CAPL:身体能力和日常行为的分值大于运动动机和理解力

目前 HALO 已经推出了 CAPL-1(2008 年)和 CAPL-2(2017 年)两个版本,CAPL-1 的动机和信心维度问卷很长(36 个单项,5 个量表),对参与者和实践者来说都是沉重的负担。由于 CAPL-1 存在测试不稳定等情况,所以在 2014 年开始重新修订,并在 2017 年将 CAPL-2 投入使用,其测试对象为 8~12 岁的儿童青少年。CAPL-2 中缩短了问卷,动机和信心维度中包含 12 个项目,分为 4 个子量表。问卷的内容与动机和信心的定义相一致,并有更明确的完成指示。但 CAPL-2 的内容还存在一定的不足,例如模型中的题目总分值为 100 分,其中身体能力的分值为 32 分,日常行为的分值为 32 分,剩下的 36 分包含知识与理解、动机等多个维度。由此可以看出,测试的重心主要放在身体能力和日常行为方面,原因可能是这两种能力更容易被测量和获得数据。虽然身体能力在体育素养中占有重要的位置,但是个体的运动动机和理解能力也不容小觑。因为个体对于体育运动的动机尤为重要,没有运动的动机,就不会投入到运动中去,也无法产生对运动的兴趣。同样,在理解能力方面,个体要学会理解体育运动的知识,重视对技战术的理解使用,掌握运动损伤预防和突发情况的应对措施,以及对规则的理解等。

2. PFL:没有考虑到特殊群体的需求

PFL 工具的优势在于能够动态评价青少年的体育素养发展状况,但是 PFL 没有面向全体青少年,特别是忽略了作为特殊群体的残疾青少年。残疾青少年本来在自身条件和锻炼需求方面就需要特殊照顾,如果没有适合他们的测评工具,也就意味着他们只能站在体育素养的门外观望,而得不到培养和发展。因此,PFL 工具还存在改进和完善的空间。

3. PLAY:测试步骤复杂

PLAY 的六个测评子工具分别为 fun、basic、self、parent、coach、inventory,这六个测评子工具都有指定的测试对象和特定的测试步骤,比较复杂。如 PALY-fun 支持评估儿童的关键动作技能,其中涉及对具体运动项目动作的分析,需要专业的测试人员或者经过培训的人员进行操作。PLAY-basic 和 PLAY-fun 都是问卷的形式,需要测评者具备一定的运动基础和专业水平,测评者需要对孩子特定的运动动作进行观察,并对其运动表现进行评分。PLAY-basic 有助于训练有素的专业人员进行快速管理,有利于便捷、快速测评孩子的体育素养。PLAY-coach 的测评者主要由教练、运动治疗师、运动专家或体育素养专家担任,测评者从自己的角度来观察并记录孩子的体育素养水平。PLAY-self 以自测的方式进行,包括自我效能、环境、素养比较和状态四个维度,主要以问卷形式呈现。PLAY-inventory 主要的形式是清单列表,要求学生勾选过去一年内参与体育活动的种类,帮助家长、监护人或者孩子自己跟踪记录活动参与情况。上述的 PLAY-self、PLAY-parent、PLAY-coach 三者都不包含技能方面的测试,PLAY-basic、PLAY-fun 用来补充技能测评。综上所述,PLAY 工具需要涉及不同职业和身份的人一起进行联合测评,由此体育素养测评的工作量相对较大,而且实施过程中需要一定数量的专门人员参与,才能保证测评结果的客观性和准确性。

(三)体育素养培养的方案模糊,实践效果有待提高

在加拿大体育素养培养方面,最具影响力的是 LTAD 模式,涉及教育、体育、娱乐、运动训练系统等各个领域。LTAD 模式关注参与者的需求和他们各自的发展阶段,也为教练、管理人员、家长和体育科学家提供了参考。该模式作为培养体育素养的主要途径,为提高体育运动质量给予指导。随着 LTAD 模式影响力的扩大,它的局限性也呈现出来,一定程度上影响了体育素养的具体实施,具体表现在以下方面。

LTAD 模式的发展建立在十个关键因素之上,体育素养的发展只是其中一个重要因素。在这十个因素之中,如情感、道德、年龄等因素会有多重的交叉影响，体育素养只作为其中一个因素，难以准确反映个体的综合发展。第二个局限性来自个体身体状况的差异，个体的运动能力除了受到训练的影响外，还受到先天条件以及环境的影响，因此每个人对于训练产生的反应具有差异性。

有学者在LTAD的基础上提出了新的理念，也就是以LTD模式来重新解读体育素养，但是新的问题也接踵而至。比如：①LTD模式提倡包容性理念，认为每个人都应该有均等的机会接受系统的体育素养培养。但是加拿大的体育素养培养只在部分省市进行，没有上升到整个国家层面；②并非所有的体育设施和项目都会向低收入和非传统的参与者开放；③LTD模式没有充分了解残疾人等特殊群体的发展需要，因为残疾人存在生理缺陷，正常的设施可能并不适用；④父母可能会受到教育水平较低的限制，难以让自己的孩子得到最优化的选择，或者没有意识到应对孩子体育素养方面进行培养；⑤目前加拿大青少年，尤其是女孩的辍学率很高，未受到良好的教育将导致代际间的恶性循环；⑥加拿大的人才识别系统建构不完善，学校体育、社会、娱乐和竞技体育等领域缺乏整合和沟通，相互间信息不通达，造成了人才的流失。

（四）文化差异和教育资源不平衡导致培养方案的执行效果差

加拿大针对特殊人群的体育素养培养开展了一系列研究，明确了原住民、妇女与女孩、残疾人和加拿大新移民这四个群体在发展和培养体育素养方面存在的问题，但是在具体的解决措施方面还是存在诸多困难。

在原住民方面，种族歧视导致财富水平不均等、对教育和健康关注较少的情况出现。原住民的传统与非传统价值观以及信仰与其他民众还存在较大差异，这也是导致原住民在体育素养的培养和发展方面处于劣势的原因。

妇女与女孩的社会角色不同，她们共同面临着身体问题（例如体质弱、身体活动可能性较低）、社会心理阻碍问题（例如在才能和知识上缺乏自信，个性表现较差）、时间问题（例如在工作和学习上花的时间过多，要担负照顾更小兄弟姊妹的责任，照顾儿童或年长的父母）、社交问题（例如家庭活动较少，缺少伙伴和照料者，缺少同龄人支持）、使用机会问题（例如缺少使用合适器材的机会）、运动项目问题（例如没有只供女性进行运动的机会，缺少从事多种体育活动的选择）。这些问题限制了妇女和女孩参与体育活动的机会，进而限制了其运动技能的发展，这对她们的体育素养的培养产生了负面影响。

残疾人体育素养发展的问题在于，一般残疾人与残疾人运动员的身体素质、身体条件和经济背景与正常人都存在差异，因此在具体的体育素养培养方面,该人群会出现积极性不高、效果不明显的现象。此外,当前还缺乏专业性强并了解残疾人具体情况的专业人员,因此对残疾人群进行有针对性的体育素养培养的难度较大。

加拿大新移民在体育素养培养和发展方面也面临一个主要问题,那就是语言方面的障碍。说法语的人不希望只参与英语项目,然而法语项目并不普及,也缺乏说法语的教练和政府,这就导致体育活动的开展以及体育素养的普及困难重重。

(五)加拿大国情复杂导致各地体育素养发展不均衡

加拿大在17世纪初沦为法国的殖民地,之后又被英国殖民,后来美国又干涉其内政,这些政治问题的影响至今仍然存在。加拿大地域广博且是一个移民大国,所以移民与原住民之间难免会产生矛盾,在体育事业的发展上自然也会相抵触。目前加拿大居民以英裔为主,但是整个国家有50多个民族,原住民(印第安人、因纽特人)有自己的民族语言。在官方语言方面,英语文化和法语文化具有不同的历史背景。族系庞大和语言体系繁杂造成了体育事业发展的不平衡。此外,加拿大还存在着根深蒂固的种族歧视问题,并且大部分原住民经济收入较低、生产方式单一、教育水平落后,这进一步加剧了加拿大体育素养区域发展不平衡的状态。

二、加拿大体育素养的未来展望

(一)加强部门沟通与合作,统一体育素养定义和框架

加拿大自2015年发布关于体育素养的《共识声明》之后,在体育素养命名等问题上达成了一致,但仍没有对体育素养定义进行统一。不同组织从不同的角度出发,丰富了体育素养的内涵,以求更好地指导体育素养培养实践,促进加拿大全体公民在体育认知、动机、理解和情感方面的更好发展。但不同的定义也在一定程度上造成了资源浪费,例如不同部门开发各自的体育素养框架,不仅做了许多重复性的工作,开发出来的框架也难以在加拿大全国范围内推广,造成了不同体育素养部门之间的隔阂。基于此,未来各部门应当加强沟通与合作,基于研究成果早日对体育素养定义达成共识,在此基础上开发全国统一的体育素养框架,推动体育素养的发展。

(二)完善测评工具,积极培训更多专业的测评人员,确保测评的有效性

加拿大三个不同的非营利机构研发了针对不同群体的体育素养测评工具,各具特色,也各有其亟待完善的地方。CAPL工具在2017年更新之后,其测评的分值主要集中在身体能力和日常行为方面,今后应重视动机和信心、知识与理解维度的测量,尽管这两个领域不容易测量和获得数据,但是对于个体培养运动情感具有关键性作用,因此合理划分各维度分值,保证测评的准确性非常重要。对于PFL工具而言,关键在于扩大测评范围,考虑到各类人群,例如开发针对残疾人的测评项目。残疾青少年相对普通人更需要通过测评了解自身的身体情况,加强体育运动的参与度,从而提高身体素质和生活质量。PLAY的六种测评子工具针对人群广泛,测评内容也全面,但是完成测评需要大量的专业人员,测评的工作量也较大。因此,未来需要加大培养专业性人员的力度,来提高测评的效率和准确性。

(三) 以LTD模式为基础,完善和改进普通人群体育素养培养

在体育素养培养方面,加拿大有针对专业运动员的LTAD模式,也有针对大众的LTD模式,虽然涉及的面很广、内容很多,但都是浅尝辄止。加拿大当前的体育素养发展路径需要社会各个机构和人群的相互合作,而加拿大地域广阔,体育专业人员也有限,因此未来需要制订更加详细的推广计划,进一步规划如何在全国范围内推广以上两种模式,明确各部门的工作职责,最大限度优化体育素养培养的效果。另一方面,LTD模式的理念是促进个体一生的体育素养发展,因此需要进一步调研成年和老年群体对体育素养的理解与态度,根据具体的调研情况,帮助他们结合自身的身体和经济条件,树立正确的体育素养观,将覆盖全生命周期的体育素养发展落实到实践中。

(四) 出台针对性的政策和方案,重视特殊人群的体育素养培养

加拿大不同组织对特殊人群的体育素养培养都有所研究,但是落到实处的方案却有限。例如,对妇女与女孩的社会角色偏见限制了妇女与女孩体育素养的发展,未来需要更多地宣传和呼吁,使妇女与女孩群体关注自身的体育素养发展,同时政府也需要发布相关的政策支持妇女与女孩参与到体育素养的实践中。对于残疾人、加拿大原住民和加拿大新移民的体育素养培养,学界也有针对性的研究,并计划发表相关的文件。但目前针对特殊人群的体育素养培养方案仍未发布,因此无法了解针对特殊群体的体育素养培养是否有所改善。未来应根据特殊群体的特点和实际需求,落实特殊群体的培养方案,促进公众对特殊人群体育素养的关心,最终促进特殊人群的体育素养发展。

(五) 集思广益,促进体育素养的均衡发展

加拿大各地区在自然、文化等方面表现出许多差异,这也给体育素养的培养带来了很大挑战。由于各个地区的情况有所不同,因此未来当地政府和体育素养专家们需要共同努力,从政策引领和实践落实两个方面来促进当地的体育素养发展。

首先,在政策层面,加拿大政府需要制订科学适宜的政策,来解决目前地区间体育事业发展进程差异的问题;其次,在实践层面,目前在加拿大S4L体育组织开发的LTAD模式和LTD模式影响力虽大,但依然存在不同看法,未来应召集更多的学者共同改进模式,减少争议。值得一提的是,加拿大最大的体育教育部门PHE Canada已经发布了对优质体育课程的要求,为青少年积极学习体育奠定了基础。虽然每个省有自己独特的体育课程,但许多教育原则是相同的,因此,省际之间可以相互借鉴学习,通过优质体育课程进一步强调体育素养,推进青少年体育素养的发展。

第四章　英国威尔士体育素养研究

英国(UK)是一个统一的主权国家,分为英格兰、苏格兰、威尔士和北爱尔兰四个地区。由于英国在政治上实施的是区域自治政策,四个地区形成了各自独立的教育体制,因此四个地区体育素养的研究和战略发展也是相对独立的。英国这四个地区各自有独立的体育运动管理机构,并分别参加许多国际体育竞赛。体育在威尔士地区的文化中扮演着重要角色,其愿景是建立一个活跃和健康的地区,每个人都可以终身享受体育运动。威尔士同时也是全球范围内体育素养推广与本土化的先行者,经过多年的不懈探索,无论在体育素养理论还是实践领域都收获了良好的反响。通过阅读本章能够了解威尔士体育素养发展的成功经验和现实困境,这将给予正处于体育素养探索之路上的其他国家和地区一些启示。

第一节　英国威尔士体育素养的框架构成

威尔士作为最早开始体育素养研究的地区之一,其经验积累和研究成果颇丰。近年来,随着全球范围内对体育素养的重视程度越来越高,威尔士作为该领域的先行者也加快了相关研究的脚步。本节将从提出背景、发展历史和具体框架三个方面对威尔士的体育素养进行具体介绍,通过阅读该小节将会对威尔士的体育素养有宏观的了解。

一、威尔士体育素养提出的背景

(一) 改善地区居民健康状况的需求迫切

运动不足被认为是导致死亡的第四大危险因素,威尔士政府意识到,缺乏体育活动是造成居民健康状况欠佳的主要因素之一。威尔士在2009年进行的一项健康调查显示,51%的成年人表示自己健康状况良好或非常好,而21%的成年人表示自己健康状况一般或很差。调查还记录了27%的威尔士成年人患有长期慢性疾病,如关节炎、哮喘、糖尿病和心脏病。2018年威尔士全国调查结果显示,19%的成年人是吸烟者,18%的人承认他们的饮酒量超过了每周建议量。南安普顿大学(University of Southampton)在一份书面报告中指出:威尔士儿童的身体活动和安静程度是全球最不理想的。威尔士卫生部 2018 年儿童测评项目的最新数据显示,在过去两年中,威尔士 4 至 5 岁的肥胖儿童数量有所增加,目前超重或肥胖儿童数量已经超过了四分之一。威尔士的儿童肥胖水平在英国四个地区中居首位,在整个欧洲也属于肥胖高风险地区之一。肥胖会在儿童未来的生活中导致各种慢性疾病,这些疾病主要包括 II 型糖尿病、心脏病和癌症等。

威尔士地区政府统计数据显示,目前地区政府每周花费 140 万英镑至 165 万英镑用于治疗肥胖引起的疾病。到 2050 年,英国用来治疗由非健康生活方式引起的慢性疾病的医疗费用预计将增至每年 97 亿英镑。在经济与科技迅猛发展的今天,人们的生活饮食习惯发生了极大的变化,久坐行为的增加和体育活动量的减少是全球共同面临的问题。随着英国威尔士地区的居民健康每况愈下,当地政府和相关部门试图通过立法和颁布相关政策的形式改善现状,而体育素养概念的出现提供了解决这一问题的新方法和新思路。十年前威尔士开始将体育素养概念引入改善地区居民健康的政策中,即关注居民的整体性健康,主要包括身体、心理和社会健康等(横向),与个人终身的健康发展(纵向)。此外,政策强调加大对青少年的体育素养培养,并着力改善贫苦地区民众的健康水平等,这些尝试都得到了良好的反馈。2018 年的调查统计显示,除了规定的学校体育课程外,有 48% 的青少年每周参加 3 次或更多次体育运动,相较于 2011—2015 年的调查,青少年参与体育活动的比例实现了持续增长。

(二)贫富悬殊下的国民健康差异巨大

威尔士首席医疗官阿瑟顿博士曾表示,如何解决最富有和最贫穷地区之间居民的健康水平差异等问题,仍然是威尔士面临的最大、最复杂的挑战之一。《2016 年威尔士公共卫生不平等测评报告》显示,与最贫困地区相比,生活在威尔士最富裕地区的男性平均寿命长了 9 年,健康预期寿命要多出 19 年。对妇女来说,最不发达地区和最发达地区的平均寿命相差 7 年,健康预期寿命相差 18 年。威尔士最贫困地区的居民一生中大约有四分之三的时间处于健康状态,女性为 74%、男性为 77%。这一比例大大低于威尔士较富裕家庭,女性为 86%、男性为 89%。

地区贫富水平的差距意味着居民接受教育、健康意识和当地医疗卫生水平等的差距,相较富裕地区儿童而言,处于贫困地区的儿童可能由于父母健康意识淡薄、医疗保健水平有限、更早辍学等问题,面临着更大的健康风险,处于一种幸福与健康权利缺失的状态。2016 年公布的数据显示,威尔士有 29% 的儿童生活在贫困中。英国给相对贫困的定义是:家庭收入低于中等家庭收入的60%。贫困会对孩子的生活造成毁灭性的影响,孩子基本的温饱问题无法解决,便无法像同龄人一样参加体育活动。同时贫困与较低的学业成绩、较差的健康状况,以及就业前景有关。阿瑟顿博士的报告也强调了健康权利缺失与超重或肥胖率之间的明显关联。在威尔士最贫困的地区,28.4%的儿童超重或肥胖,而没有健康权利缺失的儿童肥胖率则为20.9%。童年期的健康意识和运动习惯会影响成年后乃至终身的健康水平,此外还会对家庭和后代产生连锁影响。威尔士贫富差距悬殊下的居民健康水平差异,是当地政府必须要重视的问题。体育素养是面向所有人的健康生活之旅,所有年龄段和地区都可以通过发展体育素养来提升个人的幸福和健康水平。威尔士政府也将体育素养这一概念引入学校体育中,旨在解决贫困地区学生的体育教育问题。

(三) 威尔士新课程的推广

威尔士于1988年首次引入了英国国家课程,这成为威尔士当前学校课程的基石。1988年的《教育改革法案》规定,英格兰和威尔士地区的公立学校必须开设法定的课程。威尔士在两个地区通用的课程框架之外,开始进一步探求适合威尔士语言和文化背景的独特学校课程。英国在1999年建立了威尔士国民议会,并将权力移交给新的议会政府。在这之后威尔士制定了一套独特的教育政策,由此开始出现了不同于英格兰的本土教育政策,以满足威尔士人民特殊的教育、社会和文化需求。最初,威尔士的体育教育学习计划与英国国家课程大体相似,将游戏、体操、舞蹈、游泳和田径等体育活动列为可选项目,此外还增加了户外和冒险活动项目。然而随着2008年新课程的引入,这一切都改变了。新课程强调体育教育应该注重对自然环境和资源的利用,学生应该在当地环境中发展体育能力,并将冒险活动,健康、健身和福祉,创造性活动和竞争性活动视为法定活动领域。新课程不再对体育课程内容进行具体的规定,而是给予学校和教师更多的自主权,希望能够借助当地独特的自然、社区环境与设施更好地开展体育课程。《创造一个活跃的威尔士》进一步指出年轻人需要具备技能和动机,通过体育教育进行广泛的体育活动来发展体育素养,改善因缺乏体育锻炼造成的日益严重的健康问题。

新课程根据年龄将学生分为四个阶段,即基础阶段(3~7岁)、关键阶段2(7~11岁)、关键阶段3(11~14岁)和关键阶段4(14~16岁)。3~7岁儿童可以通过更全面的学习领域来代替传统科目进行学习,所以新课程将早期阶段(学龄前)和关键阶段1合并为基础阶段。该阶段倡导儿童通过亲身的经验活动进行学习,以整体性的新方法创造良好的结果。所以在基础阶段中,

"体育"不作为学校课程中的一个单独科目,而是采用"游戏"来达到学习效果。自从威尔士的体育课程被认可以来,在7岁以下儿童的学校教育中,"体育"首次不再被作为一门学科来教授。基础阶段的这一举措反映了世界范围内的一种趋势,即在教育系统中将学科融合,在不同学习领域中发展能力[1]。

此外,由于《行业报告》指出年轻人离开学校时并没有掌握所需的工作与生活技能,新课程引入了针对3~19岁年轻人的基础技能框架。该课程提倡在3~19岁的所有学科和学习领域中(包括体育),发展思维、沟通、信息与通信和数字等关键技能。在强调提高读写能力和计算能力的同时,还引入了读写能力和计算能力框架,该框架要求将技能嵌入课程的所有科目中。2008年的新课程改变了威尔士长期以来的教学模式,学校课程中明确提出培养学生的体育素养,并且已经影响了课程的教学方法。体育素养这一概念与威尔士的教育理念有很多契合之处,在长达十年的改革和探索中也取得了良好成效。2019年4月,威尔士政府发布了新的地区课程草案,此课程框架于2022年投入使用,并且将学生的幸福感作为学校教育的核心。下文将详细进行介绍,此部分不再赘述。

二、威尔士体育素养的发展历史

(一)发展历史梳理

威尔士的体育素养探索之旅开始于2008年,在多年的探索过程中,威尔士取得了很多成就,但也面临着很多质疑和挑战。由于在当时体育素养是一个新概念,各个国家和地区都处于开始尝试和摸索阶段,并没有一个成熟的模式可以参考和套用,所以威尔士大部分时间都在探索、创新并为此承担着风险。总而言之,体育素养的发展是一个循序渐进的过程,威尔士还有很长的路要走。

威尔士体育局(Sport Wales)是负责威尔士体育素养推广和发展的重要机构,同时也是负责发展和促进威尔士体育运动的组织。它是威尔士政府的主要体育事务顾问,负责发行体育彩票,为各地的精英体育和大众体育提供资金。威尔士体育局的目标是建设一个积极、健康和成功的威尔士,每个社区的公民不管背景和环境如何,都可以参加体育活动并开发他们的潜力。自2000年以来,威尔士体育局受命支持威尔士各地学校体育和体育活

---

[1] Laugharne J, Sylva K, Charles, F. Monitoring and Evaluation of the Effective Implementation of the Foundation Phase (Meeifp) Project across Wales[J]. Palaeontology, 2006, 284(47): 1093-1107.

动。该组织在协调学校和社区内的运动和体育活动,联合跨组织和机构的专家进行合作等方面发挥着不可替代的作用。

1. 初步探索阶段——"改善青少年体育素养"意识的兴起

过去的20多年间,威尔士体育局发布了一系列的方案和倡议,取得良好效果的同时也暴露出一些问题。虽然在千禧年伊始,威尔士并未关注体育素养这一概念,但前期的工作为后期正式引入体育素养奠定了良好的基础。威尔士在2000年推出了龙体育计划,这个计划是为了增加7~11岁(关键阶段2)儿童的课外活动。两年后,威尔士体育局推出了体育课程和学校体育计划(PESS),并一直持续到2014年。该计划旨在通过专业、有针对性的发展机会,确保年轻人在运动和学校体育中应对挑战并获得支持。高质量的课程、课外活动和社区活动有助于吸引儿童和青少年,为他们提供积极的活动经验、技能、信心和动机,使他们终身"沉迷于体育"。PESS项目组开发了一套专业发展课程和资源,用于支持3至19岁儿童和青少年的体育素养发展(基础阶段到关键阶段4及以上)。

上述项目得到了专业的地区联盟团队的支持,有利于促进各领域对体育素养的了解,通过课程和更广泛的社区体育活动实现体育素养的发展。龙体育计划和PESS计划取得了成功,也暴露出中学教育的短板。因此威尔士体育局于2006年颁布了5×60计划,这个计划的目标是加强中学范围内的课外体育教育。2008年新课程的颁布,带给威尔士体育局改善基础阶段(3~7岁)儿童身体能力和健康状况的新任务与探索机会[①]。例如如何为学校和相关机构提供指导与培训,以及为其提供身体发展和创造性运动的课程支持等,这些问题对威尔士体育局来说是一个挑战。因此威尔士体育局开始了七个月的研究和专家咨询,并与体育素养实践者进行合作,正是这个时期,体育素养的概念开始进入了威尔士的视野。

2. 快速发展阶段——体育素养理念逐渐应用于实践

在实施PESS计划早期,威尔士体育局对体育素养概念还不是非常了解,这个时期该机构开发了舞蹈、体操和团队游戏等特定类型的资源,旨在提升青少年的身体能力和健康状况。2008年威尔士正式引入体育素养的概念后,体育素养的概念带给学校体育教育新的理念,威尔士体育局认识到需要用整体的、以孩子为中心的方法来进行教与学。以此为起点,2010年

---

① Wainwright N, Goodway J, Whitehed M, et al. The Foundation Phase in Wales: A Play-based Curriculum that Supports the Development of Physical Literacy [J]. Education 3-13,2016,44(5):513-524.

威尔士体育局开发出了一个名为 Play to Learn 的资源与培训包,旨在发展基础阶段儿童的体育素养。Play to Learn 的理念是重视玩耍对于儿童的重要性,证明快乐的玩耍和高水平的体育参与之间存在高度的正相关。

自 2010 年起,威尔士体育局就将体育素养作为其核心工作之一,并于 2011 年宣布了威尔士体育局的愿景,即"让每个孩子终身沉迷于体育,每周至少参与三次体育运动"。2013 年,谭妮·格雷·汤普森(Tanni Grey-Thompson)主持了"学校和体育活动"审查会议,该会议旨在激励学校提高儿童和青少年体育活动水平。此会议还提出将体育课程列入国家课程中的核心课程,这是促进威尔士体育素养发展的一个里程碑。

3. 稳步推进阶段——加大对体育素养探索和实践的投入力度

2014 年 3 月,威尔士体育局推出了学校体育素养计划(PLPS)来代替已经实施了 12 年的 PESS 计划。PLPS 计划的重点在于创造参与体育活动的机会,以满足每个孩子的需求,并帮助他们充分发挥潜力。此项目主要针对贫困地区表现欠佳的学校,目标是弥合威尔士地区贫富差异下教育和健康的不平等。当时威尔士政府计划截至 2016 年 3 月,将为 PLPS 计划提供超过 320 万英镑的资金支持。作为这个项目的一部分,威尔士体育局随后制订了体育素养框架(PLF,现在又称为体育素养之旅——PLJ)。此框架是一个工具,确定了青少年在学校中应该培养的技能,并说明了在体育领域中培养信心、动机和知识的重要性。该框架还为学校、体育从业人员、家长等提供了指导,以跟踪每个儿童在体育素养发展过程中的进程。2016 年的《PLPS 与 PLF 项目影响评估报告》显示,经过两年的干预,青少年的身体状况、社会和情感发展以及青少年的体育参与度、出勤率和行为有所改善。这也证明将体育素养的概念融入威尔士的体育教育中,对改善学生的健康水平和体育参与程度切实有效。不幸的是,2017 年 3 月由于资金支持中断,PLPS 项目在实施三年后宣布结束。虽然威尔士体育局不再为学校提供直接资助,但由威尔士体育局开发并得到威尔士政府认可的大量资源及理论与实践成果仍可用于学校,这些资源中就包括体育素养之旅(PLJ)。值得一提的是,PLPS 项目结束前,在威尔士体育局领导下成立了体育素养项目小组。这个小组在高等教育机构、教育联盟和学校之间建立了三方合作关系,用来支持威尔士的体育素养发展,这是该项目留下的最有价值的成果之一。这个小组的成员包括威尔士三一圣大卫大学、卡迪夫城市大学、南威尔士大学、班戈大学和格林多大学,它们在每个地区参与实践研究,以探索学校中体育素养的发展。最终目的是更深入地了解并实施与体育素养相关的持续性改革,将健康和福祉作为体育素养发展的一个重要方向。

(二) 获得的经验和对当下产生的影响

综上所述，在过去的 20 多年间威尔士体育局做出了很多实践与突破。由于威尔士的体育素养之旅依然处于探索阶段，至今体育素养相关的项目和计划仍处于商议之中。但是威尔士体育局各个项目之间具有极强的衔接性，过往的实践成果都为后期提出更加有效的项目奠定了基础。

过去的经验对于威尔士当前体育素养的影响主要集中在两个方面：第一，在学校教育领域中，体育素养已经影响了体育课程的教学方法。虽然 PLPS 项目已经告一段落，但留下的理论和实践经验将为今后的工作提供指导。普及体育素养的新课程目前正在研发，并已于 2019 年 4 月发布了课程草案。该课程于 2022 年开始正式在学校中推广，以取代威尔士政府 1988 年引入的固定、狭义和过时的课程。新课程将打破传统四个阶段的培养模式，这将更有利于 3~16 岁儿童和青少年的连续性学习。此外学科之间的传统界限也将被取消，取而代之的是六个新的学习和经验领域，即艺术表现，健康与福祉，人文素养，语言、读写和沟通能力，数学与算术，科学与技术。其中"健康与福祉"这一学习和经验领域将代替传统的体育课程。威尔士体育局表示新课程实施后，将会成为一个用来说明"如何在教育中实现体育素养"的世界领先案例。第二，PLPS 项目在促进体育素养发展过程中强调跨部门合作，在健康卫生机构、图书馆和学校等广泛的社区环境中开展了大量跨部门工作，并取得了良好成效。目前威尔士各地有很多不错的跨部门合作正在开展，但还不是全地区性的。

三、威尔士体育素养的框架

（一）威尔士体育素养的定义

1. 体育素养的定义

威尔士体育局与卫生部、教育部等初次跨部门合作讨论体育素养时，采用的是怀特海德于 2012 年对体育素养的定义，即体育素养是一种基本且有价值的人类能力，它可以被描述为个人所获得的一种性格，包括动机、信心、身体能力、知识和理解，这些性格使参与者将体育追求作为其生活方式的组成部分。为让民众清晰明确地了解体育素养的具体内容，威尔士体育局将体育素养的定义进行了简化，起草了两则具有本土特色的公式。一则为体育素养本体公式：体育素养＝身体技能＋信心＋动机＋知识＋理解。精练后的公式保留了威尔士体育素养所覆盖的身体（身体技能）、情感（信心和动机）与认知领域（知识和理解）的重要维度。另一则为体育素养的获得公式：体育素养＝身体技能＋信心＋动机＋大量的机会。该公式强调"身体技能"

"信心""动机""大量的机会"这四个因素将影响个人体育素养的获得。体育素养意味着个体拥有一系列的技术技能,在生活的每个阶段都能参加许多不同的运动项目,具备体育活动的信心和动力。体育素养使个人有能力选择自己喜欢的方式进行体育锻炼,进而消除体育活动中的困扰或缺乏动力带来的恐惧。

2. 体育素养的构成

威尔士体育局强调"身体技能""信心""动机""大量的机会"这四个因素将影响个人体育素养的获得。其中,"身体技能"包括早年参与运动时学习诸如奔跑、跳跃、投掷和平衡之类的技能,随着年纪的增长以及运动能力的提升,逐渐将身体技能组合在一起形成连贯性的动作,参与更加广泛的体育活动,例如参与骑自行车、游泳或三级跳远等运动项目/活动。"信心"和"动机"包括通过培养正确的运动知识技能,能够使人们在安全和充满趣味性的环境中进行积极的身体活动。这意味着孩子将在运动和体育锻炼中长大,这些积极的经历会帮助孩子建立一种内在的动机,对自己的能力充满信心并长期进行积极的运动。这种经历和习惯将会影响他们至中年和老年阶段,无论是参与娱乐性活动还是竞技体育项目,他们都具备必要的技能,能在某一水平上参与并享受终身的运动和体育锻炼。这两个因素的关键部分在于:第一,要给予儿童积极、有趣和安全的体验,借此培养他们的信心与动机;第二,要了解他们,给予他们充分的尊重,并适时地为他们创造机会。"大量的机会"是指要给予个人充分的实践和练习机会。练习是必要的,要成为一个具备体育素养的人就需要有很多机会练习技能,在此过程中强化积极参与的体验。此外,教师、社区体育机构、卫生保健人员、教练、政府体育管理机构和青年体育大使都应在帮助青少年提高体育素养方面发挥作用,在家庭、学校或社区中利用 Play to Learn、龙体育计划之类的资源来支持个体的体育素养发展。

这两则简单的公式能以最直观的形式向公众解释体育素养,并得到他们的支持。此后威尔士体育局以一位四岁小女孩为主角,制作了一个 90 秒的短视频,通过这个短视频传达何为体育素养及其重要性。这个短视频一经推出便获得了超过预期的强烈反响,并在全球范围内产生了极大的影响力。但这个短视频也并非十分完善,所以威尔士体育局通过收集来自各领域的意见和建议,于 2015 年在原视频(1.0 版本)的基础上更新为短视频 2.0 版本。值得注意的是,威尔士体育局与卫生部门强调,体育素养并非仅针对儿童,必须重视各群体体育素养的发展。例如,卫生部门要更加关注老年人的健康与福利,切实加强对痴呆症患者等群体的关注。

另外,威尔士也在不断更新体育素养的概念,力求与国际意识保持一致,保证采用最新的理论与实践成果造福威尔士地区。2016年国际体育素养协会(IPLA)成立之际,威尔士与其进行了积极的合作交流。国际体育素养协会于2017年发布了体育素养最新定义,即体育素养是个体为了重视并承担终身参与身体活动的责任,所需要的动机、信心、身体能力、知识和理解。相较于2012年的定义,该版定义更为简单,威尔士体育局也采用这一定义代替了旧版本。当前定义可以避免仅仅关注简单的"公式",而丢失知识和理解等关键信息。

(二) 威尔士体育素养的阶段划分

推出短视频1.0版本后不久,威尔士体育局就意识到短视频的局限性,因为仅靠该短视频能传递的信息实在太少了,于是威尔士体育局又制作了体育素养之旅的海报。这个海报以插画的形式表现了个体的体育素养旅程,贯穿了个体从出生到上学,再到成年和老年的生命历程,相较短视频而言能传达更多的信息。它呈现了生命过程的各个阶段、各个阶段的重要品质及变化规律,也说明了早年生活经验对成年和老年阶段参与体育活动的重要性。此外,海报还强调了成长道路上的关键参与者和影响者,以及各种环境的重要性,以上都是体育素养之旅中的重要因素。此海报将人的一生分为四个阶段,即婴幼儿阶段、学龄阶段(未成年)、成年阶段、老年阶段,其中各个阶段又进一步分为多个年龄区间(见表4-1)。

表4-1 威尔士体育素养的人生阶段与年龄划分

人生阶段	所需素养概述
婴幼儿	0~3岁:婴儿和幼儿需要获得尽可能多的身体活动机会,通过发展运动技能来体会运动的乐趣,这会刺激婴幼儿的大脑发育并鼓励其与周围人进行互动。
学龄	3~7岁:该阶段(基础阶段)儿童需要发展基本的身体技能。要重视培养儿童的移动技能、身体控制技能,让儿童有能力控制沙包、球等物体。 7~11岁:在理想情况下,该阶段(关键阶段2)的孩子已经掌握了基本技能,现在有机会参与各种类型的体育活动。学习多种技能有利于孩子将自己获得的技能运用到各种环境中,并成为拥有综合技能的个体。 11~16岁:该阶段(关键阶段3、4)保持参与至关重要,因为在青春期有很多因素可能会对青少年造成影响。理想情况下,青少年现在可以选择从事广泛的体育活动。在此阶段,应重视培养他们的社交技能。

续表

人生阶段	所需素养概述
	16～21岁:该阶段(高等教育阶段),中职校/大学/工作通常在年轻人的生活中起着重要作用。年轻人可以选择和朋友们一起运动,在他们所选择的运动项目中享受竞争的乐趣,或者参加训练指导和志愿者活动。
成年	21～30岁:早年从事体育活动的经验,以及从体育活动中获得的广泛技能,可以增加此人生阶段的运动参与机会及其他方面的机遇。例如参加俱乐部、参与志愿者服务、获得工作机会,以及加入更广泛的社交网络。 30～40岁:此阶段重要的是保持一种习惯性参与体育活动的生活方式。参与者可以作为榜样带领全家人参与运动,也可以通过休闲娱乐或社交活动单独参加体育活动。 40～50岁:此阶段的当务之急是保持健康。以前从事运动的人可能有参加健身房、健身课程等其他需要。
老年	50～60岁:该阶段获得社交、娱乐休闲的机会很重要。老年人可以选择在有趣的社交环境中与朋友见面,这给人带来愉悦的感受,并激励老年人保持体育参与以及健康的生活方式。 60岁及以上:该阶段最重要的是保持良好的精神和身体健康,二者互相关联影响。拥有良好的社交圈对老年人保持生活的积极性很重要,也有利于他们在家庭和社区领域成为积极参与体育活动的榜样。

1. 婴幼儿阶段

威尔士政府将婴幼儿阶段定义为:从出生到基础阶段开始前,即0～3岁的阶段。这段时间对孩子的发展、发育来说都是关键时期,而且该阶段的身心发展很大程度上受到他们所处环境的影响。0～3岁阶段对于人整体的健康发展尤为重要,在好动好奇的天性与家庭成员的积极引导下,他们通过翻身、爬、滚动、坐立等动作进行身体活动,并在这一过程中建立对世界的初步感知。这时期婴幼儿不仅身体肌肉、骨骼及身体机能正经历着快速的发展,其大脑和思维的发育也处于敏感期。婴儿的大脑在出生时会发育到25%,至3岁时则会增长到80%。在人生早期参加多样的身体/体育活动能够发展必备技能,激发个体尝试任何事物的动机和接受信息的能力,并提高再次参与体育活动的可能性。孩子天生好奇且生来就有学习的能力,他们需要家人和外部环境的支持,以理解、感受周围的世界。大量的研究表明,加大孩子在婴幼儿阶段的"教育"投入可以改善他们一生的健康水平。

2. 学龄阶段

威尔士的孩子一般5岁前后就会进入小学,是世界上入学年龄最小的国家之一,这意味着威尔士儿童和青少年的校园生活时间会非常长(3~21岁)。孩子在上小学前(三四岁左右)会进入幼儿园或早教/托儿机构进行学习,威尔士将这段时间(学前阶段)以及小学的头两年(关键阶段1)一起称为基础阶段。这个阶段的孩子主要在玩耍中学习技能、发展身体和思维能力,通过游戏学习与人交流并培养合作意识,开始逐渐趋于独立,能更好地适应环境变化。2008年的新课程规定,在基础阶段中以游戏作为基础的课程代替传统的体育课程,专门培养儿童的身体能力和目标控制能力,这为其体育素养的终身发展奠定了基础。

小学阶段的后四年统称为关键阶段2(7~11岁),由于之前在基础阶段已经学习了基本的身体技能并掌握了相应的操控能力,这一阶段的学校体育课与课外活动应该为个体提供广泛的参与机会,让孩子能够把学习到的技能应用在真实场景中,使他们在提高技能的同时感受到运动的乐趣。随着年龄的增长(11~16岁),孩子会离开小学进入中学。初中(关键阶段3)和高中(关键阶段4)正值他们的青春期,青春期是青少年心理、身体迎来第二个变化高峰的阶段,此阶段他们会因为社交、身体变化等很多因素继续参与或远离体育活动。这时青少年的思想更加独立,因此除了关注其身体技能的发展,还应重视情感需要,帮助他们发展社交技能,这也是体育素养的关键部分。在进入大学之后(16~21岁),青少年的身体和心智开始趋于成熟,这是真正独立的开端。此时他们能够独立地选择自己喜欢的运动项目和社团,不仅可以和朋友们一起参与其中,在体育活动中享受竞争的乐趣或者度过娱乐休闲的时光,还可以通过成为赛事的志愿者或青年运动大使实现自我价值。

对于学龄阶段的儿童和青少年来说,学校和社区是他们发展体育素养的主要场所,威尔士体育局也意识到了这一点,并为该阶段的年轻人提供了很多政策支持。例如,威尔士于2013年成立了学校和体育活动任务小组,以研究如何发挥威尔士学校教育的作用,该小组建议体育教育应与英语、数学和科学一起成为核心学科,使体育素养与阅读和写作一样重要。此后该小组又进行了为期六个月的工作,旨在发挥学校在增加儿童和青少年体育活动中的作用,提出创新和实用的建议。这些建议是在征求了威尔士各地教育、体育和文化组织意见的基础上提出的,主要涉及设施、培训、课程设置和学校体育设施检查等方面。威尔士于2014年启动了针对学校的体育素养计划(PLPS),旨在针对威尔士最贫困地区的学校开展有针对性的干预措施。该计划为青年人的体育素养之旅提供支持,提高了他们的自信心和在学校中的运动参与度。这些干预措施还有利于解决青年人的学业问题,提高他们的自信心,在某些情况下还提高了他们的计算和识字能力。

3. 成年阶段

此阶段年轻人离开了校园,开始逐渐成为社会的中坚力量。很多人在此前的阶段中发展了体育素养,为此他们在这一阶段会获得很多益处,在工作能力、人际交往和身心健康等方面的表现会优于缺乏体育素养的人。随着年龄增长,生活和工作的压力可能对其参与体育活动产生影响,所以这一阶段重要的是继续保持运动参与。因为体育素养的培养并非是一蹴而就的,也非一经获得就能维持终身,而是需要进行不断的发展与培养。因此发展体育素养的最好方式就是保持定期锻炼的习惯,和家人一起参与体育活动或参与社区活动都是不错的选择。到了中年期,人的身体机能已经开始走下坡路,保持健康对他们来说是当务之急。随着肌肉含量的逐渐下滑,以前所从事的激烈体育锻炼可能已经不再适合当前的身体状况,人们逐渐开始求助于专业的健身指导人员。事实证明,这确实会更大程度地保证他们的身体健康并减少受伤的几率,获得专业健康知识并更好地理解运动的益处,这对参与者该阶段的体育素养发展尤为重要。

4. 老年阶段

这个阶段是人生的黄金阶段,许多人开始进入退休后的生活。离开了工作的环境,也就意味着接触社会/外界环境的渠道变少了,因此保持社交和休闲娱乐是维持老年人身体和精神健康的关键。老年人可以通过参与社区的体育活动或老年俱乐部满足其社交、精神、情感和生理需求,良好的身心状况能够支持老年人保持生活的积极性,使他们在家庭和社区中扮演榜样的角色,带领他人进行体育锻炼并重视体育素养的培养与发展。

(三)不同人群对体育素养的支持

1. 家庭成员

家庭是育儿的重要场所,家人可以通过情感支持、及时的反馈和切实可行的预防措施等多种方式培养儿童的体育素养。儿童早年所处的环境和经历对其身体和大脑发育有很大的影响,在一定程度上会影响个体的终身发展方向。婴幼儿时期,家长就是孩子最好的引导者和榜样,家长需要为其提供安全的生理环境和情感环境,以及丰富的身体活动机会,这对婴幼儿的体育素养发展十分重要。随着幼儿进入"基础阶段",他们的身体活动需求逐渐增加,父母和其他家庭成员可以在帮助孩子发展基本技能(如奔跑、跳跃、掷球和接球)的过程中发挥重要作用。在早期阶段帮助孩子获得这些技能,有利于其在一生中参与自己想要的任何体育活动。在孩子进入"关键阶段2"后,应鼓励孩子尽可能多地参加不同的体育锻炼,并将自己的技能应用到广泛的环境中。基于孩子的身心发展规律,当他们进入"关键阶段3、4",家长应给予孩子足够的决定权和选择权,让他们根据自己的兴趣和能力参加体育活动,而不是为了赢得奖牌或满足家长的期望而参与其中。

2. 学校

1998年的《学校标准与框架法》(第118条)规定,威尔士的儿童在年满3周岁后,均享有基础阶段的入学权利与义务,因此学校环境是体育素养培养的关键场所。学校在体育素养发展的"关键阶段"扮演着重要角色,学校可以在教育平等的基础上通过官方体育课程、学校体育课程和课余体育活动,促进所有年轻人进行充分的体育活动。学生通过体育课程可以获得基本的运动技能,成为健康、有韧性的个体。学校需要了解,并不是每个学生都对竞争性体育项目或传统体育感兴趣,所以需要为他们提供各种各样的体育活动,并且无论学生性别、种族和家庭背景如何,都应当享有公平的体育参与机会。学校和教师可以借助威尔士体育局提供的各种资源,帮助学生发展运动技能,培养体育素养。威尔士侧重于青少年的体育素养培养,在下文第三节中将进一步分析学校提供的体育素养支持,故此处不作展开。

3. 青年大使

从2007年开始,英格兰、北爱尔兰、苏格兰和威尔士的青年体育信托基金(Youth Sport Trust)与体育团体组织合作,为各地设置了青年大使(Young Ambassador)。2018年,该项目在英格兰各地继续蓬勃发展,并融入当地的学校体育措施;在苏格兰和威尔士,该项目继续由中央资助。威尔士青年大使计划由威尔士体育局、青年体育信托基金和当地政府的体育发展团队合作实施,青年大使的设立旨在支持和激励年轻人(主要是3~21岁),帮助不活跃的同龄人"迷上"体育。威尔士各地区的学校(包括小学、中学、大学)中有2 800多名活跃的青年大使,他们作为青少年参与社区锻炼和学校体育课的代言人、榜样和倡导者,在支持年轻人的体育素养发展方面发挥着重要作用,在鼓励贫困地区的青少年参与体育活动方面更是意义重大。生活在最贫困地区的孩子不太可能达到目前建议的体育活动水平,其进行体育活动的主要障碍包括金钱、时间、资源和交通等因素,而处于贫苦境地的人几乎无法控制这些因素。各地的青年大使可以努力利用社会捐助组织有趣的跑步、骑行等低成本项目,促进贫困地区的孩子长期有规律地参与体育,增加他们的信心和动机。

威尔士青年大使包括五个级别,分别是青铜青年大使(小学)、青铜+青年大使(中学)、白银青年大使(中学)、黄金青年大使(大学)和经验最丰富的白金青年大使。

表4-2 威尔士青年大使等级介绍

级别	概　述
青铜	简介:青铜青年大使通常是小学适龄儿童(5～6年级),他们在运动能力和沟通组织能力方面表现出色,能够激发和影响年轻人,具有领导其他年轻人的能力。 培训:理想情况下,青铜青年大使需要获得"体育领袖"、英国Playmaker奖或具备同等资历,也需要获得中学黄金、白银青年大使的培训支持,培训内容主要集中于促进自身工作,以及有效发挥自身作用。 职责:在学校推广健康的生活方式,以增加儿童参与体育运动的机会;弘扬体育的积极价值;成为倡导运动和学校体育的大使和榜样;成为学校中体育运动和学校体育的代言人。 任务:促进设立学校体育组织人员;创建体育和学校运动公告栏;建立新的体育俱乐部;就提升学校的体育参与机会进行演讲等。
青铜＋	简介:青铜＋青年大使通常是7～9年级的中学生,是青铜青年大使继续升级在中学工作,并在学校体育理事会上代表他们的年级。但此时其还没有达到白银青年大使的等级,处于青铜和白银两者之间,通过继续工作和培训即可升为白银青年大使。
白银	简介:白银青年大使需要在学校内与体育教师、体育发展团队以及其他青年大使一起工作,以支持体育和学校体育事业的发展。白银青年大使一般是全日制学校中9年级或以上的学生,具有与他人有效沟通的能力;他们是学校和社区的榜样,能够影响和激发其他年轻人的潜能。 培训:由黄金和白金青年大使进行培训;与其他青年大使讨论协商相关问题,以增加学生在学校的体育参与;培训内容集中于如何有效发挥自身作用。 职责:增加参与体育运动的机会,并在学校促进健康的生活方式;成为倡导运动和学校体育的大使和榜样;弘扬体育的积极价值;成为学校中体育运动和学校体育的代言人。 任务:与青铜大使合作,在他们的学校里增加参与体育活动的机会;参加他们学校的体育委员会;成立新的俱乐部以增加学校体育参与度。
黄金	简介:黄金青年大使要以白银青年大使,以及尚未成为白银青年大使的杰出领导者的经验为基础。黄金青年大使应当是全日制学校10年级或以上的学生,有过担任白银年轻大使的经验,或曾在学校及社区中担任过杰出体育领袖/榜样。 培训:黄金青年大使每年将在全国青年大使会议上与来自威尔士各地的其他新会员一起参加培训。培训侧重于他们对黄金青年大使角色的理解,以及技

续表

级别	概 述
	能发展和目标设定。 职责:与各地当局/其他地区的青年大使以及体育发展团队合作,从而增加青少年的体育参与,促进学生在学校形成健康的生活方式;培训白银和青铜青年大使;成为倡导运动和学校体育的大使和榜样;管理体育领袖和其他青年大使。 任务:在当地培训新的白银和青铜青年大使;主持或着力建设学校体育理事会;与相关体育发展人员合作,在他们的学校及当地开发新的体育锻炼机会;支持学校运动调查的数据收集,使用报告结果,创造新的体育参与机会。 发展渠道:加入国家青年大使指导小组,并努力成为白金青年大使;参与威尔士体育局、青年体育基金会和其他合作伙伴提供的项目;联系当地媒体,以促进自身在学校和社区中的工作。
白金	简介:白金青年大使是本计划中的最高等级,旨在表彰那些在本地、区域和全国范围内为青年大使计划做出杰出贡献的人(11 年级或以上);白金青年大使通常至少有一年在学校、学院、大学或社区志愿服务的经验;具有出色的沟通、领导以及影响和启发他人的能力。 培训:白金青年大使有机会接受威尔士国家领导学院的定制培训;还将在全国青年大使会议上接受专门的培训。 职责:培训和指导黄金、白银、青铜青年大使;领导和管理当地的年轻大使;在青年大使和学校体育活动中发挥作用,与相关机构工作人员一起承担宣传工作,成为体育运动的大使和榜样;支持威尔士体育局、青年体育信托基金和其他伙伴组织,在全国范围内为年轻人发声。 任务:负责培训当地的白银和青铜青年大使;支持黄金青年大使会议上的发言;与企业和委员会等当地相关机构建立积极联系,以支持运动和学校体育;向校长汇报学校体育调查的结果,并提出改善方法。 发展渠道:接受威尔士国家领导学院(National Leadership Academy for Wales)的额外培训,有机会加入国家青年事务委员会(National Youth Panel)和国家青年事务指导小组(National YA Steering Group)。

此外威尔士还设有一个全域青年大使指导小组,该小组由来自威尔士各地的白金青年大使组成。他们每学期召开一次会议,讨论项目未来规划的想法并分享他们的工作经验,该小组每年最多会面五次,但全年都保持信息沟通。该小组有机会与威尔士体育局、青年体育信托基金以及其他合作伙伴磋商新的倡议或想法,他们还组织一年一度的全域黄金青年大使大会,为年轻人提供发言机会。指导小组成员还会接受国家领导学院的额外培训,以改善工作表现,提升团队工作和沟通等技能。

2017 年时该小组有 16 名成员,威尔士的每个地区至少有一名代表。

其中的一名成员来自威尔士体育委员会，通常会在会议上为年轻人群体发声。

表4-3 威尔士全域青年大使指导小组部分成员简介

姓名	地区	自我简介及工作感想
亚历克斯·格里菲斯 （Alex Griffiths）	斯旺西	在做了两年的青年大使之后，我只能用一个短语来描述我的经历，那就是改变生活！当我刚成为一名青年大使时，我不知道这个角色涉及什么，但在我的努力下，我感觉自己已经取得了一些特殊的成就。我曾有机会在欧洲田径锦标赛、塞恩斯伯里学校运动会等活动中担任志愿者，并在"自豪咆哮"项目的开幕式上发言。作为威尔士指导小组和国家领导学院的一员，我希望获得更多的信心，结交新朋友，获得新经验。
贝坦·哈里斯 （Bethan Harris）	斯旺西	从在欧洲田径锦标赛上做志愿者，到参加拉夫堡的未来训练营，再到为学校管理一个体育俱乐部，作为一名青年大使，我非常喜欢过去三年里的这些经历。在做青年大使的过程中，我有机会对年轻人的生活产生积极影响，同时也结交了一群终生朋友。作为一名年轻的大使，国家指导小组是激励我进步的完美场所。我非常喜欢过去的经历，希望我能继续在全地区范围内产生积极的影响，能让整个威尔士受益于我对青年大使计划的投入。
布朗尼·格里菲斯 （Brownie Griffith）	朗达卡嫩塔夫	早在2014年，我就以黄金青年大使的身份参加国家领导学院的工作。在我的大使之路伊始，我作为志愿者参与了威尔士体育局在卡迪夫国家室内田径中心举办的2014年轮椅体育盛事。在三个月内，我参加了三个课外运动俱乐部，这些俱乐部证明了我的成功。2015年，我作为威尔士青年之声的代表，被邀请加入威尔士体育理事会，此外我还在意大利都灵足球俱乐部进行了实习。以上一切都要感谢作为青年大使的工作经历。我希望我能在大学期间成功地推广青少年体育计划，增加儿童的体育俱乐部参与度，让每个孩子都能终身参与体育运动。

续表

姓名	地区	自我简介及工作感想
西瑞丝·戴维斯 (Cerys Davies)	安格尔西岛	多年来我在 Urdd、5×60 计划以及社区等多个组织中担任体育志愿者,已经完成了 100 多个小时的志愿者工作。由于这些经历,我最近获得了安格尔西和格温内德的年度青年志愿者奖。我最喜欢的运动是无挡板篮球(netball),我现在效力于专业的无挡板篮球队,此外还参加了威尔士 U17 的网球队选拔赛。我喜欢指导年幼的孩子,因为我想把自己对体育的热情和知识传递给他们,让他们成为最好的个体。作为国家指导小组的一员,我获得了很多提升自己技能的机会。
卡蒂·摩尔 (Katie Moore)	加的夫	我今年 17 岁,成为青年大使已经 3 年了。我热爱运动,从 5 岁起便参加了各种运动,并且对运动的好处充满信心。作为一名青少年,我有很多成长的机会,比如能够指导孩子、获得卡迪夫城市大学的体育奖学金等。这些机会帮助我获得了信心,获得了宝贵的生活技能,结识了很棒的新朋友。

4. 俱乐部、教练和志愿者

家长和学校提供的运动机会与指导通常针对所有儿童青少年,具有普适性和基础性。不可否认,其对学生体育素养起着重要的支持作用,但儿童和青少年还需要更加专业的体育机构和人员指导。随着孩子获得了基础的运动技能,他们也逐渐开始产生了明显的兴趣分化。个体会逐渐产生更加明确的运动项目偏好,他们渴望加入俱乐部,以及获得教练的专业指导。例如足球俱乐部可以根据孩子的年龄组队,并让他们每周参加有利于提高技能的活动。这样的俱乐部不仅使孩子觉得有趣,也满足了那些致力于培养孩子专业运动能力家长的需求。俱乐部的技术顾问能够确保球员正确且安全地进行活动,并保证他们的基本技能学习。所以教练不再只专注于完整的训练课程和比赛,而是鼓励孩子们的运动积极性。

对于孩子们来说,通过游戏学习体育知识的活动非常有趣,尝试一些与比赛相关的活动也有助于他们了解竞技体育。孩子从很小的时候就拥有尝试新鲜事物的动机以及接收大量信息的能力,如果可以在专业人员的指导下充分培养体育素养,有利于他们提升终身体育的意识和能力。反之,如果没有专业人员的指导，则可能导致个人技能的发展产生差距，这些差距需要后期耗费大量精力去弥补，最终可能由于缺乏能力和信心使得他们不再参与体育。研究证明，在童年时期积极参与体育活动、拥有多种体育技能的孩子，长大后将更有可能在体育或其他领域成为佼佼者。一个拥有良好体育素养的孩子在成年后参与运动的可能性也更大，因此社会层面的社区俱乐部、教练及志愿者的重要性不言而喻。

5. 健康指导人员

无论是对家庭、学校还是社区而言，培养民众的体育素养都不是一件容易的事，还需要专业的指导。健康指导人员作为威尔士政府卫生部门的工作者，需要具备专业的知识和方法，指导各领域的机构和个人获得体育素养。对家庭而言，健康指导人员可以为新晋父母/看护者提供支持和指导，使父母支持孩子尽早开始其体育素养之旅，养成健康卫生的习惯并预防长大后的健康问题。随着孩子长大，健康指导人员将向其家庭宣传威尔士体育局开发的一系列工具和资源，通过这些资源来鼓励、支持孩子运动技能的学习。

青少年由于受到身体变化、个人形象和同辈压力的影响，可能会改变其体育参与的习惯，但一些家庭由于缺乏相关的经验和知识，不能意识到孩子成长过程中心理和情感的变化。健康指导人员将为家庭普及这些知识，确保家庭可以帮助孩子建立能力和信心，形成积极健康的生活方式。在青少年阶段养成的良好习惯，可以减少以后生活中肥胖、心脏病和精神疾病等健康风险。与此同时，健康指导人员也可以为学校和教师提供专业的健康指导建议，参与校本体育课程的制订，使课程变得更合理。此外，健康指导人员还在社区环境中发挥着重要作用，例如鼓励中年人在有趣的体育社交环境中与朋友见面、激励老年人保持体育参与及健康的生活方式。健康指导人员还可以将相关知识和倡议做成海报或宣传页张贴到社区内部，这将大大提高社区环境中人们对体育素养的重视程度。

第二节　英国威尔士体育素养的测评体系

体育素养的测评是衡量一个国家或地区民众体育素养水平的重要依据，也是对相关政策的有效性进行评价的标尺。由于各国对体育素养的定义和解释有一定差异，因此在全球范围内并没有通用的体育素养测评工具。体育素养测评是推动体育素养发展不可缺少的一部分，其重要性不言而喻。本节分析威尔士的体育素养测评观点和具体方法与工具，旨在为各国体育素养的测评研究提供启示。

一、威尔士体育素养测评的现状

威尔士是最早重视发展体育素养的地区之一,它关注高质量的教育、健康和福利,以及体育成就,旨在提高国民的体育素养。所以威尔士需要一些指标和标准来评估和测量体育素养的发展状况,以提出下一步有针对性的改进意见。体育素养是一个包含身体能力、信心、知识和理解的多维度概念,国际体育素养协会对体育素养的定义也展示了体育素养的复杂性,这种复杂性使得体育素养难以被评估,威尔士也几乎没有指导体育素养测评的政策和战略。体育素养的测评有利于为相关工作人员提供指导,帮助年轻人在他们的体育素养之旅中取得进步。为了解决这个问题,威尔士采取了联合测评的方法,即通过学校体育调查(SWSSS)项目和运动技能测评工具(DC)共同完成测评。威尔士体育局的学校体育调查每两年进行一次,以收集年轻人的体育活动参与信息。作为学校改善计划的一部分,调查结果能让各级领导了解学校在支持年轻人的体育素养之旅方面做得如何,这些调查结果对于高级领导团队、州长和地区财政员的工作具有指导作用。学校体育调查能够评估年轻人的体育活动,了解他们对体育的感受,还有利于引导年轻人理解体育的益处。威尔士体育局能够通过调查和问卷的形式,对体育素养的情感和精神领域(信心、动机、知识和理解)进行测评,但当时还缺乏测评身体能力的方法与工具。因此,威尔士体育局于2014年10月发布了一套针对10~12岁儿童的体能测量工具"龙挑战"(Dragon Challenge V1.0,简称DC)。此工具认可稳定性、操作性和移动性等基本动作技能是促进身体活动的基础,也是提高体育素养的前提条件,DC测评工具能够帮助体育教育相关人员来评估这些基本动作技能[1]。

二、威尔士体育素养测评工具介绍

(一)学校体育调查(SWSSS)项目

1. SWSSS项目的调查对象及内容

SWSSS项目始于2011年,当时有11万儿童和青少年参与调查。至今已经开展了五次全地区性的调查,时间分别为2011年、2013年、2015年、

---

[1] Tyler R, Foweather L, Mackintosh K A, Stratton G. A Dynamic Assessment of Children's Physical Competence: The Dragon Challenge [J]. Medicine and Science in Sports and Exercise, 2018, 50(12): 2474 - 2487.

2018年与2022年。学校体育调查是一项关于学生参与体育活动，以及学校体育教育和课外体育项目的在线调查，调查对象主要包含3~11年级公立学校的学生、体育教师及相关工作人员。学生们需要完成一份关于体育参与和运动态度的问卷，每所学校都要有一名工作人员来填写关于学校体育设施的问卷。这项工作通常由小学体育协调员或中学体育主任来组织完成。调查所得的数据可以帮助威尔士体育局及其合作机构有效地监测与跟踪社区和学校体育参与趋势、学校体育活动和体育教学执行质量与效果、教师及学生的体育态度等，这为制定体育教育政策和体育实践提供了依据。

学校体育调查内容可以分为学校体育教育与课外日常体育参与情况。关于学校体育教育的调查内容如下：①体育课程在学校课程中的地位。主要由小学体育协调员和中学体育主任定期代表学校完成一份关于体育教学的调查问卷，问卷内容主要包括每周开设体育课程的平均时间等。②学生对体育的态度、兴趣和信心以及健康信念。主要是通过对学生的跟踪调查来实现，其主要内容包括学生在体育课、学校体育俱乐部和校外运动等环境下对运动的喜爱程度，学生在尝试新活动时的自信程度，学生认为体育和学校运动对拥有健康的生活方式的促进程度，学生对学校体育课程和体育活动的建议是否被采纳等。③学生每周参与有组织的学校课外体育活动的频率。该数据有助于进一步了解年龄、种族、性别、家庭背景、经济状况、是否残疾等因素对学生体育参与的影响。关于日常体育参与的调查内容如下：①学生在学校以外参与的俱乐部运动。该数据有助于统计不同性别之间参与体育项目的差异。②除了校本运动和社区俱乐部运动外，学生在公园或家中等"其他地方"参加的运动和活动。这反映了他们参加非正式体育活动的程度。

2. SWSSS项目的调查结果

威尔士2015年的学校体育调查收集了11.5万名儿童和青少年的体育参与自我报告数据，调查对象来自威尔士各地区的1 000多所学校，是英国乃至全球大规模的学校体育参与调查。在SWSSS项目中，孩子们完成了与体育素养相关的测评，如尝试新活动的信心与动机、社区运动和学校体育课是否有助于他们建立健康的生活方式。报告显示约80%的学生有信心尝试新的活动，77%的中学生和49%的小学生认为体育和学校体育有助于他们遵循健康的生活方式。数据显示，尽管不同种族、性别、年龄、贫富程度和身体条件的学生存在一定差异，但在2013至2015年期间，"对体育上瘾"的儿童在数量上呈上升趋势。

2018年春季和夏季，威尔士在地方当局和学校的支持下开始了新的学校体育调查,这次调查的规模比上次更大,来自1000所学校的12万多名儿童和青少年借此机会表达了对体育的看法,这也成为威尔士乃至世界范围内规模很大、极具反思性的学校体育参与调查活动。调查结果显示,威尔士体育局的努力收获了良好的反馈,青少年的体育素养相比之前得到了逐步提高。例如,除了定期的体育课外,威尔士有45%的残障儿童每周参加3次或更多次运动,高于2015年的40%。随着学校逐步重视满足特殊教育的需求,本次调查中这一数字上升到了47%。参加体育活动最少的少数民族是亚裔英国人,其定期的体育参与人数从过去的36%增加到40%,如今更接近全国平均水平。但与此同时,贫困地区和富有地区之间的体育参与差异更大了,来自最贫穷家庭的儿童中,仅有42%的孩子能够达到政府建议运动量,相比2015年的43%有所下降。最后,由性别差异引起的参与度区别在调查结果中显示为:46%的女孩每周参加三次或三次以上的体育活动,而男孩的这一比例为50%。相比2015年的调查结果,青少年的体育参与度有所提高。此外数据也表明,性别差异引起的体育参与度差距可能正在缩小。

3. SWSSS项目调查的设计依据——内部动机与外在支持

威尔士的体育素养的支持公式指出:身体能力、动机、信心和大量机会是相互联系不可分割的。通过了解儿童和青少年的态度,可以为学校和地方当局提升学生体育参与度的行动提供依据,进而提升年轻人从事体育运动的可能性,培养该地区年轻人的体育素养。因此,既要测评内因(学生体育素养水平),又要测评外因(外部环境为其提供的支持质量)。由此,对内因的测评包括:动机(是否想参与)、信心(是否能参与)、知识与理解(是否知道在何处及如何参与);对外因的测评包括:机会与资源(是否容易参与)、体验/经验(是否喜欢参与),这些要素构成了青少年体育素养的参与模型。基于此,衍生出的调查问题如下。学生需要回答的:平时参加体育运动的频率、更感兴趣的运动活动类型、社区体育设施是否齐全等;教师需要回答的:学校体育设施配备情况、学校体育俱乐部的规划情况、能否为学生提供高质量指导促进其再次参与等。

2015年的学校体育调查显示,那些对尝试新活动及自身能力充满信心的学生,每周参加体育活动三次或以上的可能性是普通学生的两倍。利用调查结果来确定特定群体的信心水平,将有助于合理分配资源、时间和精力,以更有效地提升学生体育素养。如果想让更多的年轻人活跃起来,终身享受威尔士的体育运动,了解何时、何地及如何利用相关运动参与机会至关重要。学校和教育机构可以采取若干措施,提高学生对当地和学校体育参与机会的了解,以帮助学生更好地参与到体育活动中来。为了使更多的年轻人能够更频繁地参加体育运动,重要的是要使他们更容易获得参与体育运动的机会。调查结果为学校和特殊地区的课程和课外活动提供了参考,这些易得的参与机会能够降低学生接触体育的门槛,从而为其提供更加公平的机会。2015年的学校体育调查显示,如果学生非常喜欢学校体育运动,那么他们每周参加体育活动的可能性几乎是普通学生的两倍。在学校里享受和体验体育运动可以提高学生在校外的参与度,并有助于养成健康积极的生活习惯。利用调查结果可以了解当前的学校体育项目是否令人愉快,可以帮助学校与教育机构实施改进措施,提高学生的体育参与度。

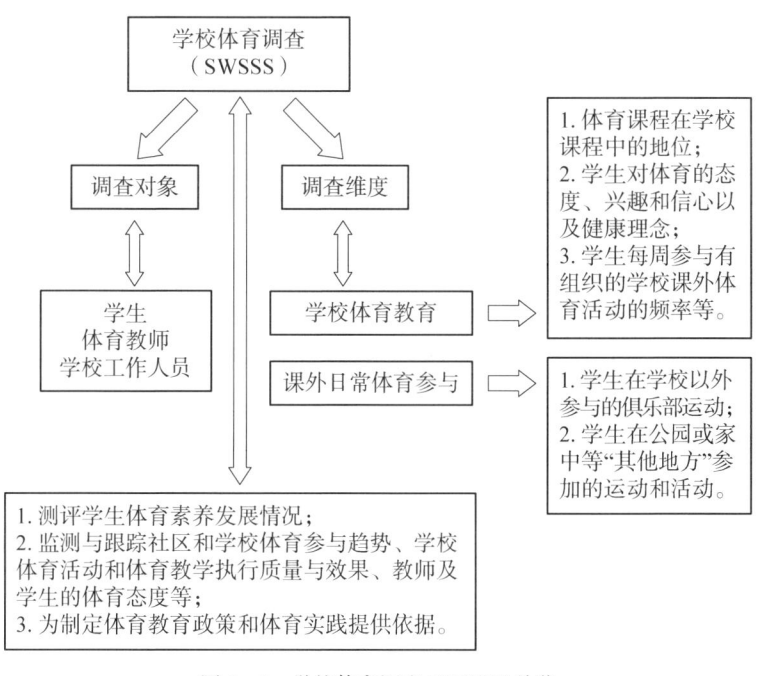

图4-1 学校体育调查(SWSSS)总览

(二) 体育素养身体能力测评工具"龙挑战"(DC)

身体能力是体育素养发展的基石,是一个多维度的概念。身体能力由三个相互关联的结构组成:基本或简单的运动技能(平衡、核心稳定性、协调、速度变化、灵活性等);组合运动(流畅、精确、灵巧等);复杂运动(双边协调、肢间协调、手眼协调、转身、节奏运动、加速/减速控制等)。当能够熟练地使用基本运动技能、组合与复杂运动时,则可以获得更精细和具体的运动模式。DC测评工具由威尔士体育局与斯旺西大学、利物浦约翰摩尔斯大学及格林德尔大学共同开发,这些大学中的学者与学校以及社区体育专业人士合作,旨在评估10~12岁儿童基于陆地的身体能力。2013至2014年期间,DC 测评工具经历了严格的开发过程,这些过程包括对 DC 评审员和管理员的培训,编制培训手册、在线视频和文字说明等支持 DC 测评工具实施的材料。在学校体育素养团队的领导下,威尔士北部、中西部、中南部和东南部四个地区于 2015 至 2016 年对当地 4 500 名 10~12 岁儿童进行了身体能力测评。测评结果显示,威尔士三分之二的儿童没有达到良好的身体能力水平,不同性别和种族之间存在身体能力水平不平衡的现象。

1. DC 工具测评内容与流程

DC 是一个有趣且有挑战性的测试,能够帮助从业人员测评儿童的身体能力。它包括 9 项需要计时并连续完成的任务活动(见表 4-4),这些活动测试的内容包括运动能力(灵敏性、平衡、协调、力量、柔韧性、速度和反应能力)、空间意识(方向和水平的变化)及成就意识(速度、力量和连贯性的变化)。被试者在争分夺秒完成任务的过程中,也会展现信心、决策和对环境的判断等认知方面的能力。通过对儿童的运动技能、运动表现结果和完成挑战的时间进行综合评定,可以测评他们的身体能力水平。值得一提的是,DC 测试打破了孤立运动技能的测评局限,采用更加动态、复杂与真实的测试环境去评价儿童的身体能力。任务要求儿童在不同运动模式的组合中以连续的方式展示运动技能,如敏捷性、平衡、协调性、力量、速度和反应时间都在测评中体现。此外,还要求儿童展示身体健全的个体应有的运动概念和属性,即"在各种挑战性情况下沉着、有效率地及自信地运动"和"对物理环境进行预判,并对此做出适当反应"等。值得一提的是,任务并不是顺序化的而是随机性的,学生在一个任务结束后才知道下一个任务是什么,这对其反应力具有一定挑战性。

表 4-4　DC 9 项测评任务概述

任务	概述	身体能力考察指标
平衡长凳	在狭窄的长凳上行走,在标志处完成 360 度转弯,然后在长凳的末端落地	主要:稳定性; 次要:移动能力
核心灵敏性	核心灵敏性需要以双手双脚举起、腹部着地的身体姿势完成两个方向的旋转	主要:稳定性
摆动点	用一条腿保持平衡,并在身体周围完成 5 次沙包传递	主要:稳定性、操纵性
抛扔	用手将一个网球抛向大约 9 米远的目标	主要:操纵性
篮球运球	单手运球,按照"Z"形路线,将球运到 4 个彩色标记处,再运回到起点	主要:操纵性; 次要:移动能力

续表

任务	概述	身体能力考察指标
接住目标	向反弹网扔网球,并接住反弹回来的网球	主要:操纵性; 次要:移动能力
跳跃	完成一个跳跃组合(双脚跳跨栏→双脚着地→双脚左跳→双脚右跳→双脚跨栏→双脚着地)	主要:操纵性、移动能力
自由跑动	始终面朝前方跑动	主要:操纵性、移动能力
加速跑	冲刺10米,最快速度跑过终点线	主要:移动能力

了解测试内容后,需要明确测试场地、测试工具和工作人员。儿童通常需要90～240秒才能完成DC测试,测评者需要使用秒表记录完成时间(精确到0.1秒)。每次测评至少需要1名训练有素的测评人员和1名管理员,还需要1名额外的助手来照看、管理那些未参与的孩子。测评空间需要全标准尺寸的羽毛球场地(13.4×6.1米),因此测试适合在学校体育馆和社区体育中心进行。除此以外,还需要平板电脑、平衡木、篮球、网球、标志物、反弹网、跨栏和计时器等工具/设备。

综合来说,整个测试包括前期准备(15分钟),观看测试过程的视频和解答问题(整个小组26分钟),以及练习和完成DC测试(10～12个孩子大约需要60分钟)。总体来看,每个孩子的总测评时间约为10分钟。DC测评实质上类似障碍挑战赛,在给学生讲清规则,使他们了解相关流程后,测评便可以开始。首先由学生触碰平板电脑开始计时,快速奔向平衡长凳完成行走,在标志处完成360度转弯,在长凳的末端落地并迅速返回起始点后,触碰平板电脑结束第一任务计时;接着迅速点击平板电脑进行其他任务,所有任务中间没有休息。在此过程中,需要一名测试指导人员全程跟随跑动,直至测试结束。

2. DC工具测评标准

由于具备体育素养的学生有能力表现出高水平的身体能力,能够在速度和准确性之间找到最佳平衡,所以技术、结果和时间得分被赋予相同的权重。这意味着测评分数并不是单一的,而是由多个部分构成。此外对每个孩子来说,无论年龄和性别如何,测试分数的计算方法都相同。这也体现了体育素养的中心概念,即人人都拥有体育素养,体育素养的发展水平并非根据年龄而定,而是根据各领域的能力来判断。

儿童在 DC 测试中所能获得的最高分数是 54 分,由动作完成质量(0~18 分)、最终完成结果(0~18 分)及所用时间(0~18 分)三部分构成,能够更加全面、综合性地评判个人体育素养水平。DC 总分共分为七个能力等级,从初级到高级的顺序依次为:青铜、青铜*、白银、白银*、黄金、黄金*和白金(见表 4-6)。孩子的 DC 总分可以反映其身体能力,*表明该分数段儿童在该水平的顶端,他们即将迈向更高的层级。

表 4-5 DC 身体能力测评标准的概述

任务	技术标准	技术标准	行为标准
平衡长凳	1.1 毫不犹豫地转身	1.2 身体姿势稳定(头部和躯干稳定,手臂最小程度摆动)	1.3 在长凳上行走,在 3/4 标记处完成完整的转弯不掉落,在末端区域跳下
核心灵敏性	2.1 手和腿伸展并保持张力,肩膀和脚离开地板	2.2 通过身体控制能流畅地过渡	2.3 以正确的顺序完成 4 个位置双向旋转动作
摆动点	3.1 非支撑脚不接触支撑腿/脚/摆动点/地板	3.2 身体和头部稳定/静止	3.3 用一条腿保持平衡,并在身体周围完成 5 次沙包传递
抛扔	4.1 投掷臂向后弧形移动,开始投掷(肩部旋转)	4.2 脚与投掷手相反,朝向目标	4.3 过臂投掷直接击中目标(球在击中目标之前不应反弹)
篮球运球	5.1 用指尖推动球(不拍击球)	5.2 受控定向运球	5.3 用任何一只手在所有的点上运球(身体和球必须在点外移动),不能同时用两只手接球
接住目标	6.1 脚随着反弹球移动	6.2 只用手接住球(必须在没有触地的情况下接住)	6.3 成功接住反弹网反弹回来的球(必须在没有落地的情况下接住)
跳跃	7.1 横向跳(从右到左和从左到右)	7.2 侧踩脚掌(从右到左和从左到右,脚不交叉)	7.3 面朝前快速后退到起点(必须均进入右侧和左侧球场场地)

续表

任务	技术标准	技术标准	行为标准
自由跑动	8.1 手臂越过第一栏（肘部弯曲，手臂摆动以产生力量）	8.2 保持	8.3 正确完成跑动模式序列，不接触跨栏
加速跑	9.1 前脚掌落地，躯体向前倾斜	9.2 手臂弯曲，前后摆动（手臂弯曲大约直角）	9.3 从起点出发冲向终点（不能走路）

表4-6 DC V1.0身体运动能力等级测评的概述

等级	分数	概述
青铜	≤27	青铜组的儿童在运动能力测试中垫底。与其他同龄儿童相比，这些儿童的运动能力水平较低，他们的身体技能仍处于发展阶段，需要显著改善。这些孩子需要很多的鼓励和支持，也需要练习和指导的机会来发展他们的技能。
青铜*	28～29	
白银	30～34	白银组的儿童在运动能力方面属于中等水平。这些儿童的运动能力水平与同龄儿童相似，但他们的身体技能仍在发展中，需要改进。这些孩子会在指导和实践的机会中受益，完善自己的技能。
白银*	35～36	
黄金	37～43	黄金组的儿童在运动能力方面属于前30%。与其他同龄儿童相比，这些儿童具有良好的运动能力，并获得了广泛的身体技能。这些儿童表现良好，应鼓励他们不断练习、探索不同的运动和活动，以提高和保持他们的身体技能。
黄金*	44～45	
白金	46～54	白金组儿童的运动能力属于前5%。与同龄儿童相比，这些儿童具有非凡的运动能力，在使用身体技能方面也很熟练。这些孩子很有天赋，应该肯定他们的技能，并鼓励他们继续努力。

DC主要测试10～12岁儿童身体领域的能力（稳定性、操纵性、运动能力），为专业人员改进相关的教学方法与制定体育政策提供了指导，但是没有对体育素养的其他方面（如信心和动力、知识和理解）进行测评。2015至2016年，威尔士四个地区超过4500名儿童完成了DC测试，结果表明，威尔士三分之二的儿童没有达到身体能力水平的良好标准。测试还显示了不同性别、种族、学习需求和贫富程度的群体在DC总分上的差异，这为解决威尔士青少年的身体能力问题提供了参考依据。此外，这些评估数据能够成为评价威尔士体育活动和体育教育投入有效性的参考指标，还有助于发现有运动天赋的青少年，促进个人和国家竞技体育的发展。

三、威尔士体育素养测评的发展方向

第一,DC 测评工具是一种对儿童身体运动能力进行直接测评的方法,但对于一个完整的体育素养测评工具而言还并不全面,还需将动机、信心、知识和理解方面的要素考虑进来。第二,DC 测评工具仅仅适用于特定年龄的儿童,威尔士体育局也强调,下一步工作是创建一个适合其他年龄阶段以及其他群体(例如残疾人)的测评工具,体现体育素养"从摇篮到坟墓"的理念,以及"所有人都可以培养个人独特体育素养"的观点[1]。第三,每个人都有自己独一无二的体育素养,体育素养的发展也是非线性、螺旋式上升的。个体的体育素养与运动体验息息相关,当前体育素养测评将孩子的身体运动能力进行分级,这可能会加重孩子之间的横向对比。没有关注孩子体育素养的发展起点,可能会造成孩子失去体育参与的信心和动机。所以今后应该注重体育素养测评的连续性和长期性,不应只关注一次的测评成绩,而应更加关注孩子的变化与进步。这样可以让孩子更加了解自己的运动能力,并为自己制订长期的运动发展计划,为他们的终身体育素养发展奠定基础。第四,将 DC 测评结果公开,并呼吁相关机构将 DC 测评结果与其他调查(如国家健康调查、学校体育调查)的结果进行结合分析,为提升威尔士整体体育素养与福祉提供参考。最后,还应该合理地使用并管理数据。例如 DC 测评应定时定期进行,以保证数据收集的连续性,并建立可追踪的个人数据库,更有针对性地监测个体的体育素养提升状况,而不是只停留在宏观层面对大数据进行分析。

第三节 英国威尔士体育素养的培养策略

威尔士在体育素养方面进行了诸多研究和实践,这些努力的最终目的是更好地促进国民体育素养发展。体育素养培养是体育素养工作的重要组成部分,采取适当的、有效率的培养方式,能够最大程度提升各类人群的体育素养发展水平。当前威尔士地区的体育素养培养主要针对学龄期的儿童和青少年。本节将解读威尔士体育素养的培养理念、具体培养项目和实际培养案例。

---

[1] Giblin S, Collins D, Button C. Physical Literacy: Importance, Assessment and Future Directions [J]. Sports Medicine, 2014, 44(9): 1177-1184.

一、威尔士体育素养培养的观点

威尔士体育局表示,体育素养是贯穿人一生的旅程,也是实现威尔士繁荣的一项重要举措。如果个体在人生早期阶段就有意识地发展体育素养,那么他在长大后参与体育运动的几率会大大提高。但是体育素养的培养并非一蹴而就,而是需要不断强化和保持,如果个体因为个人或外界因素不再进行体育运动,那么他的体育素养发展很有可能停滞。但如果个体在童年时期就拥有良好的体育素养,那么,他即使短暂退出体育活动,再次进行锻炼的几率也高于那些体育素养较差的个体。

在国家竞技体育方面,通过重视体育素养的培养,可以大幅增加各个年龄段和不同水平的运动参与者的数量,最终培养出更多走向国际舞台的高水平运动员。在健康卫生方面,培养体育素养能够使威尔士民众更加活跃,人们对健康问题越了解,卫生部门有关缺乏运动及其相关疾病的医疗负担就越少。在教育方面,拥有良好体育素养的儿童会对学习更加投入,并且更有可能取得良好的学业表现。虽然体育素养的发展贯穿人生各阶段,但是越早进行体育素养培养,对个人和社会的发展越有利。威尔士体育局强调应重视婴幼儿、学龄儿童和青少年的体育素养培养,并为此制定相关政策,帮助所有儿童从小就获得锻炼的能力和信心。例如,2015年颁布的《威尔士子孙后代福利法案》(见图4-2)旨在改善威尔士社会、经济、环境和文化方面的福利,威尔士议会成为世界上首个将保护未来几代人福祉写入法案的机构。威尔士现在和将来面临许多问题和挑战,比如气候变化、贫困、健康不平等和经济下滑。为了解决这些问题,并给现在以及未来几代人提供高质量的生活,需要所有的公共部门联合起来共同努力。法案中列出的公共服务机构要更多地从长远角度考虑,更好地与人民和社区进行沟通合作,强调循序渐进的重要性并采取更全面的工作方法,通过这些措施建立一个宜居的威尔士。这一法案的七个目标体现了体育素养的观点,同时给予威尔士体育局与其他公共部门合作的机会,旨在运用更加广泛的环境培养国民的体育素养。威尔士于2015年出台了《威尔士课程:生命课程》,该文件是威尔士国家新课程的奠基文件。威尔士呼吁所有儿童和年轻人发展为:有抱负、有能力的终身学习者;在生活和工作中发挥价值,积极进取、有创造力的贡献者;有道德、有情怀的公民;健康、自信、生活充实的重要社会成员。

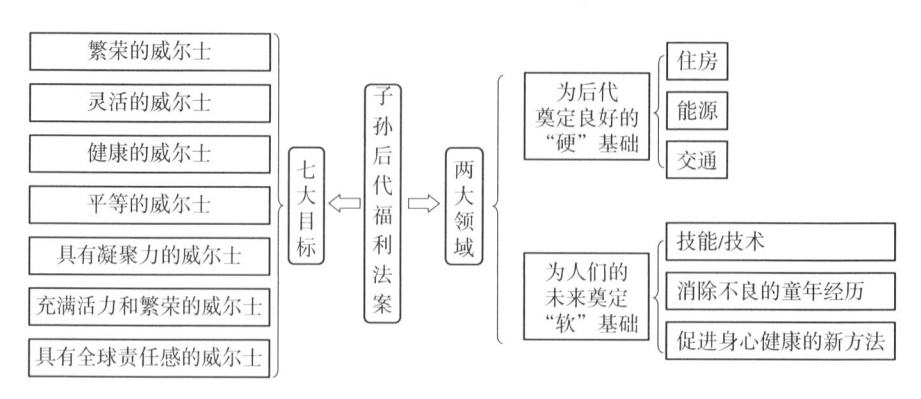

图 4-2 2015 年颁布的《威尔士子孙后代福利法案》一览

二、威尔士学校中的体育素养培养

(一) 威尔士体育课程介绍

2015 年《威尔士子孙后代福利法案》旨在改善威尔士的社会、经济、环境和文化福祉,该法案第 10-1 条规定,应该在学校教育中加强对学生体育素养的培养。在教育环境中,威尔士新课程中与健康和福祉相关的学习和经验领域,需要确保所有教师和相关工作人员拥有专业知识和经验来帮助学生。威尔士体育课程属于当地核心课程,与识字、算术等课程具有同等地位,其贯穿学校教育的四个关键阶段,即基础阶段、关键阶段 2、关键阶段 3、关键阶段 4。威尔士教育部要求体育课程必须使用法定的技能框架,以全面发展学生的思维能力、交流能力、数字技能、信息通信技术(ICT),以及社会适应能力。在 2022 年的威尔士新课程框架中,不再以具体科目来划分学校教育。体育课程归为"健康与福祉"学习与体验领域,强调"健康的关系对于个体的归属感和幸福感至关重要",这指导威尔士的教育发展为"将所有学习纳入社会、情感和心理环境领域"(见图 4-3)。

1. 威尔士体育课程的地位

此前威尔士与其他国家一样,在学校教育领域中将文学、算术、技术等课程放在核心地位,体育课程则一直处于边缘化地位。2014 年威尔士地区出现了将体育课程设置为核心课程的声音,体育课程和学校体育计划(PESS)项目的资金支持与成功实践也为体育课程成为核心课程奠定了坚实基础。使体育课程成为核心课程显然是一个大胆的举措,这需要观念上的改变,以及教育部门和学校系统的大力支持,具体包括更新专业知识以实现理想的教学质量,为初级教师提供培训和持续的专业发展机会,组建一支具备技能和专业知识的高质量教学队伍,持续为学生提供高质量和有激励

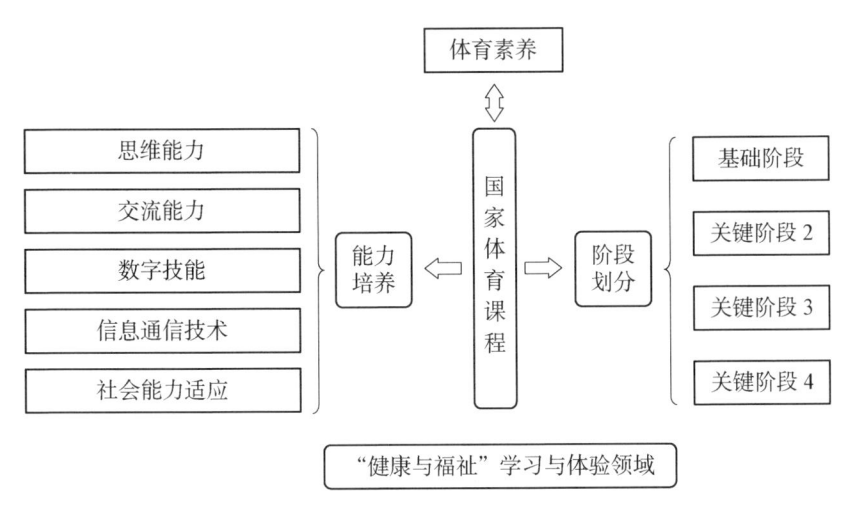

图 4-3　威尔士体育课程框架关系图

作用的课程，建立学校和地区之间强有力的伙伴关系以促进学生体育素养的发展。为了促进所有学生获得体育素养并拥有积极和健康的生活方式，体育课程应该与其他核心课程享有同等地位，体育教育和课外活动应该贯穿整个学校教育的始终。

2. 威尔士体育课程与关键阶段

威尔士规定 5~16 岁必须接受国家规定的义务教育，之后，约 80% 的青少年继续接受 16 岁以上的教育。威尔士的义务教育分为四个关键阶段：基础阶段、关键阶段 2、关键阶段 3 和关键阶段 4。威尔士体育局认为人生的早年是培养体育素养的最佳时期，学校是培养儿童和青少年体育素养的最佳地点。威尔士的义务教育打破了传统的详细年龄分层，进一步规定了各个年龄阶段应该获得的能力，这样有利于那些进步很快或落后的孩子能在一个更为宽泛灵活的区间内发展自己的能力。威尔士 2010 年的地区课程规定，基础阶段包括早期教育和义务教育的前两年（最初称为关键阶段 1），主要采用一种更具发展性、体验性和游戏性的教学方式。基础阶段的课程没有设置具体的科目，而是包含了个人和社会发展及文化多样性、语言识字和沟通技巧、数学发展、语言发展、世界认知、身体发展、创造力发展这七个学习领域。威尔士基础阶段的课程反映了全球教育系统的发展趋势，即聚焦学科以外的学习领域，用整体性的视角来看待个人的发展。传统意义上的"学校科目"不再是基础阶段教育方法的一部分，因此作为课程中一个单独科目的"体育"就消失了。有学者进行相关研究发现：在基础阶段使用一种基于游戏和玩耍的身体活动形式，能够发展学生的体育素养。在该阶段提倡户外和体验式的学习方法,但玩耍和体育活动并非是在无组织的状态下自然发生的,还需要教师的细心引导和组织安排。孩子们根据教师提供的一系列线索投入体育活动中,以游戏为基础的户外学习增加了学生与自然和社会的互动。如果教师能够在他们的课堂实践中设计出好玩的游戏方案,学生们会认为活动本质上是具有趣味性的或好玩的,因此可能会更积极地参与其中。有学者认为,提高学生学习参与度可能会导致更深层次的学习。此外,威尔士地区课程为关键阶段2~4设置了具体的科目,包括英语、威尔士语、数学、科学、设计与技术、信息通信技术、历史、地理、艺术与设计、音乐、体育、现代外语。三个关键阶段设置的课程不尽相同,但体育课程却贯穿始终,由此可见体育课程的必要性。

3. 威尔士体育课程与技能框架

威尔士2008年的地区课程明确强调要关注学习者的需求和学习过程,更加重视技能的开发和应用。为了帮助学校为学生提供实用的课程,威尔士政府制定了"威尔士3~19岁儿童技能框架"。该框架规定了3~19岁学习者应发展的技能范围,并提供发展思维、交流、数字和信息通信技术(ICT)方面的指导。体育课程应该渗透以上这几个方面的内容,体现跨学科交叉课程的学习趋势。

"思维"领域指向学习者通过计划、发展和反思的过程,在整个课程中发展他们的思维。在体育教学中,学习者需要计划如何提高自己的成绩,发展自己的思想和策略,并思考如何进一步提高他人的成绩。"交流"领域是指学习者通过演讲、阅读、写作和更广泛的方式,在课程中发展他们的沟通技巧。在体育教学中,学习者可以选择和使用与活动相关的关键词进行交流,帮助他们分析、改善自己和他人的表现。学习者要根据活动目的,用不同沟通技巧互相交流,倾听他人并找出可能存在的问题,最终找出解决办法。"数字"领域是指学习者通过运用体育数据信息来发展他们的数字技能。例如,在运动和冒险活动中使用坐标和罗盘等相关术语,以及对数据进行测量和处理。学生可以在平面图上使用比例尺来测量和记录时间、距离和高度等相关信息,还可以使用数据来设定目标和提高运动表现。"ICT"领域是指学习者通过使用广泛的设备与软件发现、开发、创造和表达信息和思想,在整个课程中发展他们的ICT技能。在体育教育中,学习者可以通过对成绩和数据的分析来提高自己和他人的表现,并通过创造性的思想和策略来提高工作效率,从而发展自己的ICT技能。

4. 2022新威尔士课程与学习体验领域

在将体育设为核心课程之后,威尔士决定在原来的实践基础上对地区课程进行改革。威尔士于2019年初步制定了威尔士课程框架草案,该课程框架被威尔士教育部长誉为"文化大变革",其旨在开发一种更加综合的学习方法。课程框架使用"艺术表现、健康与福祉、人文素养、语言读写和沟通能力、数学与算术、科学与技术"这六个学习与体验领域代替了传统学科式教学,并鼓励在不同领域之间建立强有力的联系。该课程框架没有对学校的教学内容作出详细规定,只设置了总体框架,列出了重要的学习和体验领域。威尔士强调"健康的关系对于个体的归属感和幸福感至关重要",这指导威尔士更加重视社会、情感和心理环境领域的发展。其中"健康与福祉"学习与体验领域主要包括拥有健康的体魄、拥有健康的思想、拥有良好的人际关系、拥有做出使生活幸福的决定的能力。学校必须教授青少年照顾好自身健康的相关知识,这可以通过烹饪、运动和有关幸福的课程来达成。

新课程框架的一个明确特征是:它要求学校自己设计课程和安排评估,而非照搬现成的程序,这就要求教师能够根据学生的需求进行课程规划。此外,新框架还强调关注学习者的进步,并描述了整个课程以及每个领域的进步原则,主张体育教育中应包含个人和社会发展、福祉和文化多样性以及身体发展的有关内容。威尔士的体育课程非常讲究连贯性和发展性,重视每个关键阶段之间的连接性。基础阶段体育教学的重点在于鼓励儿童进行体育锻炼,不断发展儿童对自我形象的认同感,获得自尊与自信。该阶段主要向儿童介绍健康、卫生和安全的概念,强调饮食、休息、睡眠和运动的重要性。关键阶段2的重点在于让学习者开始认识到如何在体育课程中进行有效学习,如何在获得乐趣的同时保持健康,了解不同类型的活动如何帮助他们保持健康。关键阶段3需要让学习者了解参加身体活动的益处,使学习者重视健康责任。关键阶段4要让学生更加关注健康、健身和福祉,鼓励他们制订适合个人需求和目标的可持续锻炼计划。各个阶段是循序渐进的过程,每个关键阶段发展的能力、身体运动技能及健康卫生知识都为接下来的阶段打下基础,有效促进了儿童体育素养的持续发展。

(二)威尔士青少年体育素养培养案例

1. 威尔士体育局等组织开发的适合各阶段人群的共享资源库

为促进学校教育阶段青少年的体育素养发展,学校、社会和研究机构共同开发了适用于学校环境,可提升学生体育活动参与率的项目和资源。这些活动项目能够融入学校体育教学中,体育教师可将部分资源引入课堂教学或课外活动,丰富课程内容、更新教学方法,以达到改善学生体育素养的效果。斯旺西位于威尔士南部,是威尔士第二大城市,也是威尔士的重工业中心。2015年的学校体育调查数据表明,斯旺西48.8%的中学生和47.4%

的小学生每周至少参与三次有组织的课外活动(课外或俱乐部运动)。威尔士体育局与斯旺西的小学、中学及地方体育俱乐部合作,为3~16岁青少年提供各种激动人心的体育活动和锻炼机会,旨在提升学生的体育素养。值得说明的是,这些活动是作为学校课程的补充,或结合、应用到课程当中,并非代替学校体育教育。这些活动并非仅能在斯旺西这一个城市实施,其他城市可以根据自身情况对这些项目进行改良,应用于体育教学中。

(1) 以游戏为基础的身体活动——游戏与学习(Play to Learn)项目

Play to Learn项目是旨在促进基础阶段(3~7岁)儿童的基本运动技能,鼓励儿童早年身体能力的发展,培养儿童的体育素养和终身运动习惯。通过发展运动技能(如奔跑、跳跃、接、扔、踢球)及精细操作技能(如搭积木和写字),能够帮助孩子提升活力和对运动的热情,使他们充满信心,为继续运动和发展体育素养打下坚实的基础。有些家长认为参与有意义的体育活动需要很大的空间和大量的专用设备,但Play to Learn资源可以让儿童在室内等小范围空间中进行体育活动。随着孩子的进步,他们可能需要更大的空间,但也仅仅需要一个小的房屋后院或花园,还可以在当地的开放场地或公园中进行运动。研究表明,与外界接触、享受户外活动对每个人都很重要,它可以减轻压力、减少吸烟和滥用药物、延长寿命、增进健康,提高参与者在家庭、学校和工作中的表现[1]。

Play to Learn项目中的许多资源可以供家庭、学校和托儿机构参考使用,这些资源包括:①故事书。该系列丛书重视激发孩子的运动动机,鼓励孩子发挥想象力和创造性,以及在家中创造性地进行运动,孩子可以扮演故事、诗歌、音乐或照片里的角色,用日常行动来表现他们学习到的技能。②技能卡。帮助孩子练习跳跃、奔跑和投掷等动作。③游戏组合卡。这些游戏能够让孩子将学习到的所有新技能付诸实践,在不同场景下用他们的身体创造性地展示情绪、情感和想法。值得注意的是,参与者可以先练习技能然后加入游戏,也可以在游戏过程中学习相关技能,更重要的是在愉快的氛围中习得技能,并使这种活动成为日常生活的一部分。以上资源可以在威尔士体育局的官方网站上,以个人或学校机构名义进行购买。

---

[1] Virginia R C, Meghan M S, Robert J M, et al. Is There a Relationship Between Physical Fitness and Academic Achievement? Positive Results From Public School Children in the Northeastern United States [J]. Journal of School Health, 2009, 79(1): 30-37.

表4-7 Play to Learn 资源的概述

内容	概　　述
故事书	三本故事书《梅根与小龙》《海滩派对》《星球大战》中,一共设有八个人物角色(如梅根、小龙、亚米尔等)。故事书的内容围绕在小岛上的这些人物的奇妙探险展开,书里的情节贯穿着逃跑(奔跑)、爬树(攀爬)等运动技能。孩子们可以选择一个故事和家人一起阅读,学习故事中的运动技能,改编并表演这个故事,在这一过程中进行身体练习。
技能卡	大多数技能可以在相对狭小的空间内,使用各种家用物品进行练习。打开技能卡(电子资源),孩子们可以先选择一个喜欢的人物角色,再选择一个地点(房间、公园、沙滩等),接下来会自动生成一些运动技能(爬行、蛙跳、踢球等),孩子们可以模仿资源中的动作,进行身体练习。
游戏组合卡	经过设计的游戏能让孩子们在更加有趣的真实环境中进行身体活动,还能连贯、交替地使用身体技能。由于游戏具有一定的挑战性,家长需要确保儿童的安全。例如,教孩子热身、拉伸以避免受伤;选择宽阔和明亮通风的运动场地;在平整光滑的地面进行运动;选择适合运动的鞋子和衣服等。此外,还有吃"我的大餐",鼓励孩子们吃适合自己而不是成年人的食物;每天要喝大量的水,特别是在天气炎热且正在锻炼的情况下。这个过程能从小培养孩子的运动安全意识,以及健康饮食和生活的知识。

（2）参与者为中心,注重选择多样性——龙多种技能和体育(Dragon Multi-Skills&Sport)项目

Dragon Multi-Skills&Sport 项目是由威尔士国家彩票基金会资助的运动计划,是继 Play to Learn 项目之后培养儿童运动技能的进一步措施,它主要针对7～11岁的儿童。该项目的理念是让年轻人掌握更多关键运动技能,这些技能适用于各种体育项目,并可以在不同项目和场景中迁移。Dragon Multi-Skills 主要促进儿童基本运动技能的发展,如敏捷性、平衡性和协调性等,鼓励儿童参与到更多有组织的体育活动中。在威尔士体育局的官网可以购买相关资源包,资源包包括活动装备套装、配套使用的活动卡片和故事书。家长和体育教师可以按照指导说明,引导孩子在游戏情境中发展基本运动技能。该项目强调要重视个体差异,从年轻人不同的需求出发,为其量身定制课程,设计各种活动来支持他们逐步发展身体能力。

Dragon Sport 是威尔士体育委员会为7～11岁孩子制定的计划,这项计划旨在提高已经参加运动的儿童的体育兴趣,并使目前缺乏校外活动机会的儿童也参与到运动中去。Dragon Sport 计划主要以儿童的需求为中心,根据儿童的身体能力和兴趣,开发改良版的体育活动项目。改良后的项

目降低了原本的难度与规模,倾向于使用简单的规则、缩小版的设施和游戏场地,并有专业人员为儿童提供有趣的培训和指导,更加符合参与者的年龄、身材、技术水平和经验。就足球项目来说,改良的措施主要有:将足球换成更小的型号,由22人赛制改为10人,场地更换为半场或者其他规格。这些措施使儿童不拘泥于复杂的组织和严格的场地规定,能快速进行体育活动。儿童通过参加这些改良的活动,能为参加正式比赛做准备。在Dragon Sport计划实施十周年之际,有调查数据显示课外足球项目在女生中大受好评,威尔士现在有78%的学校提供了足球活动机会,而十年前这一比例为57%;现在有64%的学校为想打篮球的男孩提供课外篮球活动机会,而十年前这一比例为45%;女生的课外橄榄球和板球活动也迎来了蓬勃发展。当前Dragon Sport计划强调与社区进行更加紧密的合作,特别是与当地体育俱乐部建立更紧密的联系,吸引更多的家长参与进来,创建以体育为核心的社区,使威尔士的每个儿童和青少年从小就对运动充满信心,能够参加各种体育运动。家庭—学校—社区的体育素养促进模式能为青少年的终身体育行为打下坚实基础。

(3) 降低参与难度、增强时间灵活性以提升积极性——5×60项目

5×60项目是威尔士议会政府和威尔士体育局推出的一项联合举措,旨在鼓励青少年每周进行5次60分钟的运动。该项目将改变学校体育设施的面貌,把运动场和体育馆变成学生从早到晚均可使用的开放空间。为了实现这一目标,威尔士每所中学都设有一名工作人员来监督该项目的实施,他们的职责是收集学生的意见并制订符合学生需要的活动计划。这些活动计划在上学前、放学后或是午餐时间和周末进行,主要针对目前没有参加或试图放弃体育参与的学龄人群。中学生们可以参照项目表中的内容,选择自己喜欢的体育活动并决定参与运动的时间。5×60项目一般集中在午餐时间或放学后进行,例如Powys学校提供的活动包括在每天放学后开设俱乐部和组织赛季联赛、鼓励学生参加体育活动。这些活动包括的体育项目很广,除足球、曲棍球等传统竞技体育项目,也包括乒乓球、羽毛球和壁球等非正式休闲活动,还提供了射箭、山地自行车、冲浪和攀岩等户外探险活动。除了正常上学时间,暑假娱乐周、复活节高尔夫营地和舞蹈营等活动也满足了中学生在假期中的运动需求。5×60项目强调,为了满足学生体育素养的培养需求,体育课、课外活动和俱乐部需要同时为这一目标服务,尊重学生在各个阶段的发展差异和特点,满足个体的爱好与特殊需求。例如,中学时学生已经掌握了良好的基本运动技能,也有了参与体育项目的经验,他们的思想和兴趣更加分化与明确,所以为他们提供高质量的体育参与

机会至关重要。通过参与 5×60 计划,年轻人将有权利选择自己喜欢的活动并享受其中,这有利于提高个体的体育素养,实现终身体育的目标。

2. 教师及从业者培训——SKIP-Cymru 课程

为促进该地区民众体育素养的提升,威尔士三一圣大卫大学专门成立了健康与体育素养学院以探索相关问题。SKIP 是对儿童进行成功动作教学的缩写。相关研究证明,基础阶段(3~7 岁)是奠定人一生体育素养的重要阶段,在此阶段最重要的就是发展儿童的身体运动能力,让他们在游戏和户外玩耍中提升运动表现能力。但这种玩耍并不是无组织的,而是需要外界为儿童提供高质量的运动机会和支持。但由于职前教师教育的局限性[1],小学体育教师可能存在认为儿童可以自然获得物体控制技能的误解,缺乏必要的知识和理解来促进学生发展这些技能。因此,威尔士政府于 2015 年资助了学校体育素养计划(PLPS),使威尔士体育素养学院能够在该地区研究出一种方法,来解决小学生在基础阶段的运动能力发展问题。该学院主任纳尔达·温赖特(Nalda Wainwright)博士与美国俄亥俄州立大学运动学系的杰克·古德韦(Jackie Goodway)教授共同开发了 SKIP-Cymru 课程。该课程基于对运动领域 30 多年的研究经验研发,旨在为体育教师、相关机构工作人员、家长等提供指导,帮助他们培养儿童的体育素养。课程内容有:儿童如何学习基础阶段的运动;辅助人员如何改变任务和环境,使儿童掌握运动技能;如何在基础阶段(3~7 岁)的课程中使用趣味教学法。通过为儿童提供专业的指导,有助于改变儿童基础阶段控制物体能力较差的现象。此外,通过发展基础运动技能可以培养从事体育活动的信心和动机,为改善个人心理和身体健康奠定基础[2]。

威尔士健康与体育素养学院负责开设 SKIP-Cymru 课程的相关培训,这个培训着眼于儿童运动技能的发展规律,帮助教育工作者了解如何安排活动、利用相关设施帮助学生发展技能。在确保为儿童提供有趣的课程活动外,还要与基础阶段的体育、识字、算术等其他课程相适应。该培训包括两个模块:一是幼儿时期身体发展知识的相关课程(四天),并在课程期间进行为期六周的实践和反思。该模块主要研究幼儿身体发育与运动发展的关

---

[1] Seedfelt V. The Concepts of Readiness Applied to Motor Skill Acquisition, in Magili, R. A., Ash, M.J. and Small, F. L. (ed.). Children in Sport [M]. Champaign, IL: Human kinetics, 1980:281-296.

[2] Wainwright N, Goodway J, John A, et al. Developing Children's Motor Skills in the Foundation Phase in Wales to Support Physical Literacy [J]. Education 3-13, 2020, 48(5): 565-579.

系,帮助教育者深入了解运动与大脑发育、协调、平衡和能力之间的关系,明确身体发展与自我知觉、身心健康和福祉之间的关联;二是确立 SKIP-Cymru 课程开设的地区和学校,并且由专业的指导人员在课程实施过程中,为教师提供每周一天的 SKIP-Cymru 课程培训。实践证明,这些课程培训是必要的,威尔士政府应该为其提供资金支持,并将这些培训推广到威尔士各地区的学校和托儿机构中[1]。

此外,威尔士还鼓励各地社区与俱乐部积极与该学院建立联系。2018 年 1 月,卡玛森镇足球俱乐部负责人决定与威尔士三一圣大卫大学进行合作,旨在推动当地 SKIP-Cymru 课程的实施,促进俱乐部、学校和家庭等领域广泛的合作,共同确保孩子们获得运动技能,进而培养其体育素养。SKIP-Cymru 课程培训组与该足球俱乐部附近的两所学校(里士满公园小学和米尔丁学校)进行了合作,为教师和父母提供培训与指导,使他们能够更好地帮助孩子们发展运动技能并鼓励孩子们参加体育锻炼。父母对孩子的体育活动机会有很大的控制权,为了确保孩子能够在生活中更加积极地参加体育活动,需要让父母意识到运动对孩子发展的重要性。此外,社区足球俱乐部作为一个载体,既能增加家长和青少年共同参与体育活动的机会,促进情感沟通,又能在活动的过程中与其他家庭进行经验交流。因此,卡玛森镇足球俱乐部积极地建立与社区、学校和家庭之间的广泛联系,希望孩子无论在家里还是在学校、无论在玩耍还是学习的时候都能发展个人的体育素养。

3. 发挥体育素养突出者对同龄人的积极影响作用

威尔士各地区的学校(包括小学、中学、大学)中有 2 800 多名活跃的青年大使(Young Ambassador),作为青少年参与社区锻炼和学校体育课的代言人、榜样和倡导者,在支持年轻人的体育素养发展方面发挥着重要作用,并在此过程中进一步发展自身的体育素养。例如,自 2012 年以来,超过 300 名 13~21 岁的青少年成为了曲棍球青年大使(Hockey Young Ambassador, HYA)。作为 HYA,一是能向同龄人推广曲棍球和其运动价值,增加他们参与曲棍球运动的可能性;二是在所在的俱乐部及学校针对体育场馆的开放、赛事举办及比赛的组织协调等方面,代表同龄人发声;三是在 HYA 项目中继续发展自身的体育素养与个人能力。作为 HYA 不仅是担任教练和裁判的角色,更要着眼于提高自身自信、社交技能、公开演讲

---

[1] Nalda W, Jackie G, Amanda J, et al. Developing Children's Motor Skills in the Foundation Phase in Wales to Support Physical Literacy [J]. Education 3-13, 2020, 48(5):565-579.

技能及综合能力,并通过曲棍球的力量来领导、激励周围的人。威尔士体育局等部门为 HYA 提供了很多活动机会,包括当地的、区域性的以及全国性的体育活动,最大程度上支持他们的个人发展。成为青年大使,对其个人的积极影响有:通过担任国家和国际活动志愿者的机会获得工作经验、结交新朋友,获得大学或工作申请的支持机会等。就其他方面而言,青年大使能够支持当地俱乐部发展、带动身边的青少年进行体育锻炼等。青年大使在鼓励贫困地区的青少年参与体育活动方面更是具有重大意义。各地的青年大使可以努力利用社会捐助,组织有趣的跑步、骑行等低成本项目活动,促进贫困地区的孩子长期有规律地参与体育运动,增加他们的信心和动机。

表 4-8 HYA 活动机会一览表

层级划分	活动参与机会
当地	① 在俱乐部及学校内推广曲棍球和其运动价值 ② 协助俱乐部及学校的裁判 ③ 在学校俱乐部中代表年轻人发声 ④ 在学校开设曲棍球兴趣课程 ⑤ 在本地曲棍球节庆活动中发挥作用 ⑥ 在当地的小学中进行曲棍球科普
区域性	① 协调并支持地区曲棍球活动和节日的举办 ② 代表其所在的社团及学校参加地区会议
全国性	① 主持国家赛事(杯决赛、青年决赛、室内决赛) ② 国家活动(杯总决赛、国际系列测试、青年总决赛)志愿者 ③ 代表威尔士参加欧洲曲棍球联合会青年节 ④ 在国家相关工作组和威尔士曲棍球理事会上为年轻人发声

第四节 英国威尔士体育素养面临的问题与未来展望

威尔士在过去 20 多年里对体育素养本土化进行了卓越的探索,在政策的颁布与课程的改革等方面都取得了不错的理论和实践成果。事实上,威尔士在各领域推广体育素养概念的过程并非一帆风顺,也出现了许多反对和质疑的声音。此节将对威尔士在体育素养探索之路上做出的努力与遇到的问题进行解读,通过分析暴露出的不足,给予其他国家与地区以启示,也有利于进一步对威尔士体育素养的未来发展方向进行展望。

一、威尔士体育素养存在的问题

（一）各领域对体育素养的认知和重视不足

威尔士政府和威尔士体育局通过实践发现，仅依靠单一部门在有限的领域中去发展公民的体育素养是难以实现的。因此探索体育素养必须采取跨领域、跨部门的方法，听取更广泛领域专业人士的建议与意见，并积极寻求合作。当前体育素养的政策推广主要涉及教育领域、健康卫生领域和体育领域。一些政策和项目在推广过程中，还遭遇了来自各方人群的阻力。例如，虽然家庭是促进个人体育素养发展的关键场所，但父母的教育观点和行为有时是阻碍孩子体育参与的重要因素。一些家长不理解孩子参加主题性或综合技能课程的价值，相较孩子身体能力的综合发展，他们更青睐体育专项技能课程（精英化方向发展）。因此一些社区体育机构和俱乐部投其所好，改变了自己的营销方式，从发展综合技能的趣味俱乐部转变为更为专业的俱乐部，这对基础阶段的体育素养培养并不是有利的。虽然威尔士体育局提出的相关对策在一定程度上缓解了这种趋势，使基础阶段的体育学习更加注重以参与者为中心，但是还需要长期的努力来改变社会潮流和家长的观念。与这种社会潮流相对应的是国家在价值引导方面的问题，对威尔士地区体育管理机构而言，竞技运动成绩是他们工作的目的，注重精英化发展是不可避免的。而体育素养的概念主张青少年参与活动的过程比结果更重要，其目的是确保所有的孩子都有合适的机会参与到体育活动中。这与威尔士地区体育管理机构的工作理念和想法发生了冲突，但这是一个逐渐接受和融合的过程。威尔士体育局应加强与这些体育管理机构的联系，通过不断交流合作为广大青少年提供公平的参与机会，并在这个过程中挖掘那些体育素养出众的儿童，为这类人群制订适合的发展路径。

（二）缺少整体高效的体育素养测评方案

如上文所述，当前威尔士的体育素养测评大致分为两个部分：一是问卷调查形式的情感领域测评，二是诸如 DC 测试工具的身体领域测评。首先，这些工具虽然能够对个人体育素养的部分领域进行评估，但是还没有一个较为成熟的测评工具能够同时对体育素养的各个领域进行评估。其次，DC 测试需要一定的人力和物力基础，而且对测评工作人员的专业能力要求较高，如何对测评流程进行优化，以及对工作人员进行系统培训也是需要考虑的问题。再次，目前威尔士各地开发的体育测评工具不尽相同，测评工具的不同导致无法对威尔士地区的整体情况进行评估。例如，有的学校使用 INCERTS 工具测评体育专业学生的学业成绩，随后又开发了 Dragon

Tracker App工具,通过INCERTS和Dragon Tracker App能够对学生在体育课中的学习成绩进行监测,这在一定程度上促进了学校体育课程的不断发展。但是威尔士尚未统一体育素养的测评标准,而且使用不同的测评工具也会导致各地区数据缺乏可对比性,不利于找出差距并制订改善措施。最后,尚未建立体育素养测评结果数据库,导致整个威尔士地区的数据管理较为混乱,不利于对学生体育素养数据的监管,无法横向对比不同地区学生体育素养的发展情况,也不能纵向掌握学生体育素养的培养动态。数据的缺失导致无法评估政策和相关战略的有效性,大大降低了体育素养发展的效率。

(三)体育素养培养的公平性有所欠缺

对威尔士而言,当前体育素养培养的侧重对象是青少年,学校体育教育被视为培养和发展体育素养的主要领域。这在一定程度上促进了青少年体育素养的提升,但同时也表现出威尔士的体育素养培养方面还存在一些局限。其一,虽然威尔士强调体育素养是贯穿人一生的旅程,但是对成年和老年阶段的体育素养关注较少。当前威尔士的成年人和老年人在体育素养培养中大多发挥着"辅助者"的角色,即更多情况下是对成年和老年群体进行培训,以辅助发展青少年的体育素养,忽视了成年人和老年人自身的体育素养培养。其二,虽然威尔士政府和相关机构强调,要弥合由贫富差距带来的儿童体育素养发展不平等,但目前的情况是贫富差距下的体育素养发展差异问题依然显著,尤其是贫困地区的体育素养培养仍需进一步提升。除此之外,威尔士目前对残疾人群的体育素养重视程度还不够,仍然缺乏包容性的培养措施。

(四)体育教师缺乏相关专业知识

随着全球跨学科和注重对学生核心素养的培养,"学科"的概念越来越淡化。威尔士2008年的地区课程与2022年的新地区课程都基本未对课程作具体安排,更多的是一种理念和目标的引领。这在一定程度上加强了各区域学校的自主性和灵活性,但缺少具体的课程安排也会带来一系列问题。一方面,新课程对很多没有经验的教师来说,实施起来相当有难度。教师是课程实施的主体,如果教师缺乏对新课程的理解,并且从课程文件和培训中得不到足够的支持和指导,一些教师就会缺乏教授多样化、趣味性和包容性的体育课程的信心和动力,进而学生体育素养的培养就无从谈起。另一方面,体育教师本身的专业知识还有所欠缺。教师是课堂的主导者,缺乏专业知识和经验的教师无法为学生提供有趣的课程。尤其在小学体育教育中,一部分体育教师并非体育专业出身,并且可能只有很少的实践经验,这限制了学校体育素养的培养效果。

二、威尔士体育素养的未来展望

(一) 加强重视并开展更广泛的合作

威尔士在前期已经出台了一些体育素养方案,这些方案在一定程度上促进了体育素养的进步。为了更好地发展体育素养,还需要在全威尔士更广泛的范围内加强对体育素养的重视,并重视不同领域的合作。在威尔士,需要进一步发挥跨部门合作的价值。威尔士体育局与教育部门、健康卫生部门还有非营利性的社会组织都建立了很好的联系,当前各个部门设立了"联络官"这一职位,目的是让更专业的人来负责推进体育素养相关工作。威尔士体育局还招募了一支体育素养顾问团队,使各部门都能进一步加强对体育素养的共同理解,促进实现共同目标。跨部门合作确保了体育素养工作的顺利推进,未来需要继续坚持这一方向,并且吸收更广泛的领域进行合作以促进体育素养的发展。在国际上,威尔士要加强与国际体育素养协会(IPLA)的联系。威尔士需要将成功经验与 IPLA 分享,并学习 IPLA 的先进做法。这种双向关系有助于激发威尔士对体育素养的思考,明确所面临的挑战并有针对性地进行快速突破。同时,与其他国家的体育素养发展机构保持紧密联系非常重要,这有助于威尔士吸收他国的宝贵经验。

(二) 开发整体性的体育素养测评工具

鉴于威尔士体育素养测评工具的全面性缺位,各地区尚无统一测评工具。首先,威尔士需要建立一套针对整个地区的体育素养指标收集、分析和反馈系统。这些指标应该与国际上使用的指标保持一致,使威尔士能够与英国其他地区以及欧盟国家进行比较,以了解威尔士体育素养的状况,并推动全球范围内体育素养的发展。其次,当前威尔士的体育素养测评对象基本都是学龄人群,但是体育素养的概念并非只针对某一年龄段,而是横跨整个人生阶段。因此体育素养的测评不应该只针对在校学生,还应注重对不同人群的体育素养测评,开发不同年龄段与不同人群的测评工具。再次,测评还需具有一定的时间跨度,使得测评数据具有可对比性。因为体育素养的发展会受到很多因素的影响,通过纵向周期性的监测能够更精准地了解体育素养的发展程度,因此建立长期的体育素养测评结果数据库也应早日提上日程。最后,体育素养测评的有效性和专业性应成为下一阶段的工作重点。要对参与体育素养测评的工作人员、教师等进行专业培训,组织他们参与线上或线下的培训进行必要的学习,提高测评过程的效率,并确保测评结果真实有效且具有指导意义。

(三) 关注更广泛人群的体育素养培养

体育素养是一个贯穿终生的概念,威尔士体育局就"Physical Literacy for Life"的概念制订了相应的体育素养框架,但成年人及中老年人群的体育素养具体发展方案却并未像青少年人群的方案一样详细明确。第一,无论对处于何种年龄阶段的人来说,家庭都是体育素养培养的重要场所。因此可以推出家庭体育活动的案例,关注家庭体育素养氛围的营造,借助家庭这个场域有效覆盖各年龄段人群的体育素养培养。第二,当地社区机构和学校可以设计供父母等家人同儿童一起参与的体育活动项目,在活动过程中既帮助全家人提升了体育参与度,又促进了家庭成员之间的情感交流,符合体育素养社会和情感维度的培养需求。体育部门要定期安排工作人员进入社区,邀请家长参与发展儿童体育素养的相关培训,并在培训内容中渗透对成年及以上年龄段的体育素养相关指导,在此过程中家长能够潜移默化地认识到体育素养的重要性。第三,政府还应该更加关注特殊群体的体育素养。例如,加速推进特殊教育学校体育素养培养政策文件的发布;加快针对特殊群体体育素养测评工具的研发;相关机构开发具有更具包容性、适合各种身体运动水平人群参与的运动方案,以关注身体残疾等人群的体育素养发展。

(四) 为学校体育素养发展提供支持

许多年来,威尔士教育部建议各地学校开设体育课程的时间为每周2小时,但这不是硬性规定,意味着班主任可以决定体育课程时间的分配。威尔士的初中一般可以达到这个标准,但高中阶段的大部分学校都无法达到建议时间,校长会解释这是为了升学和考试而不得已的做法。学校文化很大程度上是由校长塑造的,因此校长必须认识到学校阶段发展体育素养的价值和重要性,并在学校大力支持和推广体育素养。首先,学校需要关注体育教师的专业发展,与相关研究机构进行合作,为其创造体育素养相关的培训机会。解决这一问题的关键是确保所有教师都参与定期培训,以保证体育教师专注于自身专业发展,确保学生的体育课程和课外活动始终充满乐趣,支持学生的体育素养发展。其次,学校需要加强与外部体育及研究机构的合作,借助其资源和专业的指导来提升学校体育课程的质量,确保每个学习者(不论背景或能力如何)都有机会参与体育素养发展。最后,家校融合的体育素养培养非常关键。如果孩子在学校中养成的运动习惯在回家后没有得到强化,甚至被父母视为不务正业,那么学校体育教育做出再多努力也无济于事。因此,要发展孩子的体育素养不应该只依靠学校环境,还应重视家庭提供的支持。

第五章　澳大利亚体育素养研究

澳大利亚于2008年颁布了《墨尔本宣言》,并确立了"促进公平,追求卓越"和"使所有澳大利亚青少年成为成功的学习者、自信且富有创造力的个体,以及积极明智的公民"两大教育目标。为了达成上述目标,澳大利亚开始了基于核心素养的课程改革①。2016年6月,澳大利亚教育委员会通过了《澳大利亚课程:健康与体育课程标准(F-10)8.2版》(以下简称《课程标准8.2版》),其精简了课程内容和成就标准的呈现方式,提升了课程的可管理性,并且增强了对于素养的关注。澳大利亚新开发的《澳大利亚课程:健康与体育课程标准(F-10)9.0版》(以下简称《课程标准9.0版》)于2023年逐步实施,其中增强了课程标准与体育素养理念的融合。体育素养强调在运动实践中获得知识和技能,主张在实践中不断探索和获得能力并且最终在实践中运用。这种观念影响了《课程标准9.0版》中的教学观念,使澳大利亚逐渐形成了教师主导,学生主动在运动时间中探索学习的教学形式。回顾澳大利亚体育素养发展历史,可以发现这种形式有许多可追溯的起源。最近澳大利亚在体育素养的研究、实践和政策设置等方面有了一系列举措,这些举措也促进了体育素养这一概念的深度发展。本章将详细阐述澳大利亚体育素养的框架构成、测评体系和培养策略等内容。通过对澳大利亚体育素养的解读,力求对我国体育素养的构建与研究产生启示,为我国体育素养发展提出合理的建议。

第一节　澳大利亚体育素养的框架构成

了解一个概念提出的背景,有利于更深刻地理解这个概念;而从一个概念的历史演变中,可以发现这个概念的关键特点。本节将介绍澳大利亚体育素养的提出背景、发展历史和框架内容,有利于读者对澳大利亚的体育素养形成更清晰的认识。

---

① 刁玉翠,李梦欣,党林秀,董翠香.澳大利亚健康与体育课程标准解读[J].体育学刊,2018,25(2):85—90.

一、澳大利亚体育素养提出的背景

(一) 地域和环境特征促进了运动参与和理解

当代体育的起源之一是古人类为适应环境而产生的身体运动行为,因此对环境的适应也是当代体育运动开展的基础[1]。澳大利亚拥有丛林、海滩、田野、山脉、湖泊和海洋等丰富多样的自然环境,这能激发人们探索自然的兴趣,从而产生各种各样的运动需求,使户外运动更加具有吸引力。此外,现代澳大利亚在体育方面取得的成就使其更有自信和动机去发展体育事业。这些因素都有助于澳大利亚人加深对体育素养的理解。个体的各种行为都无法与周围的环境相剥离,环境会对个体的行为产生很大的影响。因此,多样的自然环境以及良好的体育氛围不仅丰富了澳大利亚人的生活,也为澳大利亚发展体育素养奠定了良好的基础。

(二) 健康的生活方式正在减少

澳大利亚的许多社区正在面临居民身体活动比例下降而久坐行为比例上升的情况,这意味着拥有积极健康生活方式的澳大利亚人越来越少了。这种情况产生的后果主要体现为肥胖、心脏病和Ⅱ型糖尿病等可预防性疾病的比例增加[2]。进行有规律的身体锻炼以及参与运动的好处是众所周知的,它不仅能促进健康和提升体能,还能改善行为和增加自信。但是仅仅意识到这些好处,并没有使人们选择"少坐多动"这样更健康的生活方式。

有研究表明,在青少年时期发展必要的技能更容易形成终身参与身体活动和运动的习惯。于是体育素养便强调发展广泛的技能,这些技能要求个体广泛地参与运动和身体锻炼,收获运动和身体锻炼的益处。全国性的体育素养框架是改变人们消极运动的一个契机,教练、教育者和家长用它来测评和支持青少年运动技能的发展,进而保证其健康积极生活方式的形成。澳大利亚积极开展体育素养的相关工作是希望能够增强运动部门、休闲系统、教育及卫生部门的合作,以获得提高未来一代生活质量,以及在全国范围内减小健康压力的成果。

二、澳大利亚体育素养的发展历史

2012年,澳大利亚首都体育和休闲部委托堪培拉大学撰写了一份报

---

[1] 尹志华. 论核心素养下环境适应与健康行为的关系[J]. 体育教学,2019,39(9):4—8.
[2] Keegan R J, Barnett L M, Dudley D A. Physical Literacy: Informing a Definition and Standard for Australia [R]. Australian Government, Australian Sports Commission,2017: 14-15.

告,旨在阐述当前民众对于体育素养的想法,以及总结世界各地现有的体育素养项目。这份报告最终于2013年出版,标题为"让澳大利亚动起来:建立一个有体育素养而积极的国家"。基于州政府的认可,该报告在堪培拉大学的网站向公众展示,并迅速在澳大利亚和全球范围内传播开来。该报告对当时的想法和做法进行了描述性的概述,其中提供的证据清楚地表明:缺乏体育活动对澳大利亚的居民身体健康和社会经济健康构成了重大威胁,这种威胁在许多发达国家都普遍存在。

此前的许多举措似乎只关注运动(通常是竞技性运动)作为解决不良生活方式这一问题的方法,但是该报告对近期趋势的分析表明,澳大利亚应该认识到更广泛、更全面的体育素养将是一种更具包容性和整体性的方法,因为体育素养有助于发展更熟练的运动技能,培养运动的动机,以及了解运动的价值。这份报告认为发展体育素养可以关注到更多的孩子,让更少的孩子遭受疏远和排斥,从而保证更多的孩子更加活跃。

2013年,澳大利亚运动委员会(Australian Sports Commission,英文缩写ASC)在其官方网站上设置了一个叫做"信息收集库"(Clearing House)的网页,该网页成为各种与体育素养相关的文章、博客和资源的链接库。随着时间的推移,澳大利亚运动委员会在体育素养的宣传方面发挥着越来越大的作用,从最初仅仅使用上述网页对相关内容进行公示,逐步成长为定义、推广和支持澳大利亚体育素养发展的重要驱动力。

2015年,新南威尔士州教育部和相关研究机构专门为教师提供了关注和发展体育素养的建议,教育部的工作人员与研究人员密切合作,不断开发、完善和推广资源。该资源采用教师们已经熟悉的语言和课程结构,这在很大程度上帮助了教师,并且与怀特海德对于体育素养的期待是一致的。当地的研究人员、政策制定者和实施者之间密切合作,并且采用了特定的语言和规范,这在澳大利亚体育素养的实践和实施中是一个很好的案例。

在澳大利亚体育局明确将体育素养作为关键发展要素之前,体育教育方面的重要工作主要由澳大利亚健康、体育和娱乐理事会(Australian Council for Health Physical Education and Recreation,英文缩写ACHPER)负责。该理事会始终强调高质量的体育教育很重要,除了为教师提供在职培训和支持外,其倡导的理念对澳大利亚最新体育课程的形成起着重要作用。值得一提的是,在2016年时,体育课程仅仅提倡培养一种"新的"素养,如麦克唐纳(Macdonald)和恩莱特(Enright)等人2014年提出的健康素养,还并没有关注到体育素养。但是,前期的这些工作为澳大利亚后续推广体育素养奠定了重要基础。

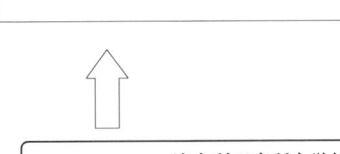

2016年,澳大利亚运动委员会将体育素养纳入该组织的战略计划,并把目标设定为:通过学校体育项目和重视体育素养来关注澳大利亚的年轻一代,推动人们对于终身参与体育运动的需求。此时,澳大利亚体育局强调开展工作的重点应聚焦于:关注教育卫生和体育领域,发展青少年体育、休闲体育和精英体育。

2016年5月,澳大利亚运动委员会招募了一组研究人员,为澳大利亚制定体育素养定义、标准框架、评估指南和实施指南,最终这些资源和文件以开放的形式在 ASC 网站上发布,其中包括(1)为建立体育素养定义和框架而撰写的文献综述;(2)针对澳大利亚环境制定的一个公认的体育素养定义和一份做出解释的报告;(3)一份国家体育素养框架草案,其中包括要素、发展建议和为目标受众(教师、家长和社区成员等)提供的建议;(4)形成国家体育素养框架和体育素养框架的概述;(5)一份能有效衡量学校体育素养的研究报告;(6)一套在教育环境下促进体育素养发展的指导原则。通过这一阶段的不断探索,澳大利亚运动委员会于 2017 年发布了国家体育素养标准草案。

通过对澳大利亚体育素养发展历史的时间轴(见图5-1)进行分析,我

图 5-1 澳大利亚体育素养发展关键事件的时间轴

们发现：自2016年澳大利亚运动委员会正式将体育素养纳入其战略计划开始，澳大利亚的多个机构都在积极关注体育素养的工作。一方面，澳大利亚堪培拉大学、昆士兰大学等多所大学的研究项目都与体育素养有着密切的关系，为体育素养相关文件的制定打下了扎实的基础；另一方面，澳大利亚联邦和州一级的政府、公益组织和宣传团体都参与了推进体育素养发展的工作。广泛的机构参与也证明了澳大利亚政府对于体育素养的高度重视。在澳大利亚发展和推广体育素养的工作中，教育部与研究人员密切合作，将体育素养与教师熟悉的课程知识相结合，在实施体育素养过程中积极关注土著文化和地方语言，这些细致的工作均保证了澳大利亚的体育素养相关政策一经制定，便可以快速投入实施并且真正产生影响。

三、澳大利亚体育素养的框架

（一）体育素养的定义

澳大利亚体育素养定义的形成经过了较为科学的过程，主要采用德尔菲法予以确定。在定义形成的过程中，团队核心研究人员理查德·J·基冈（Richard J. Keegan）等人对体育素养研究进行了广泛的文献综述，为了寻求共识，专家组（由18位主要研究人员和几位国际专家组成）举行了会议并进行了德尔菲咨询程序（包括三轮德尔菲调查）。在这一过程中专家们一致认为：从理论上讲，体育素养应当是与身体活动相分离的（可以称为"双重分离"），即个体在运动技能和体育素养这两个方面的水平有可能是都高或者都低，也有可能一个方面高，另一个方面低。所以可能有以下两种情况：①A类人群没有频繁参与或享受身体活动，却能展示出高度精练的运动技能（可能经历过不愉快的体育课或过于注重技能发展的青少年辅导）；②B类人群很难形成精细复杂的运动技能，但出于娱乐或社交的原因，他们喜欢尝试各种各样的运动方式。比较而言，虽然两者都是身体活动的形式，B类人群的情形可能更接近"体育素养"的含义[1]。经过一系列的咨询程序及讨论，专家组就"定义性声明"达成一致，即每个人都有通过参与体育活动来学习的潜力，且这种潜力可以发展到自我延续的程度。

尽管语言或科学中很少有概念是由其相关的原因和结果来定义的，但是该专家组认为对体育素养概念进行简单易懂的定义很重要。为了实现这

---

[1] Keegan R J, Barnett L M, Dudley D A, et al. Defining Physical Literacy for Application in Australia: A Modified Delphi Method [J]. Journal of Teaching in Physical Education, 2019,38(2):105-118.

一目标，他们从其原因、结果和背景（如健康水平、初始能力、熟练程度等）中解析出了概念的核心。事实上，一旦混乱的想法被梳理清楚，剩下的问题就简单了。例如可以将体育素养的构成定义为：任何由个体运动而产生的学习。这样的学习任何人都有，但是根据每个人的经历不同会呈现出独特的轮廓。其特点是这种学习可以让个体自发性地坚持运动，个体还会尝试寻求更具挑战性和更有成就感的运动体验，这就可能有利于健康。最终，专家组成员达成共识，澳大利亚运动委员会发布了有关体育素养的四项定义性声明：

① 核心/过程：体育素养是终身的整体学习，它在运动和身体活动环境中获得和应用。（94％的专家共识）

② 组成/结构：体育素养反映了身体、心理、认知和社会能力的持续变化。（94％的专家共识）

③ 重要性：体育素养对帮助我们通过运动和身体活动过上健康和充实的生活至关重要。（100％的专家共识）

④ 愿景：具备体育素养的人能够根据情况和环境，综合利用自身的生理、心理、认知和社会能力来支持健康促进和完成运动，并将身体活动贯穿一生。（94％的专家共识）

该声明将学习、运动、生活和整体观作为体育素养的关键属性，所以澳大利亚体育素养的定义可以表述为：体育素养是在运动和身体活动环境下，进行终身学习和运用；它反映了身体、心理、社会和认知能力的持续变化；它对帮助我们通过运动和身体活动过上健康和充实的生活至关重要；具备体育素养的人终身都能够根据不同的环境，综合利用他们的生理、心理、社会和认知能力来促进健康、完成运动和身体活动。

通过对澳大利亚体育素养的定义进行分析，我们不难发现：澳大利亚体育素养的定义并不是采用简短的语言进行表述的，而是从核心/过程、组成/结构、重要性和愿景四个方面进行了较为具体的表述。这样的表述形式有利于更明确地向读者传达体育素养的特征。同时，澳大利亚在体育素养的定义中非常强调整体观，这主要体现在关注个人的整体学习和综合运用方面。此外，该定义重视从学习者的角度出发，切实关注学习者的能力变化和进步，也关注学习者对于体育素养的实际应用。

（二）体育素养的构成框架

1. 体育素养框架的组成部分

澳大利亚的体育素养框架涵盖了身体、心理、社会和认知这四个主要的学习领域，每个领域又由促进体育素养发展的若干个关键要素组成（见

图 5-2)。

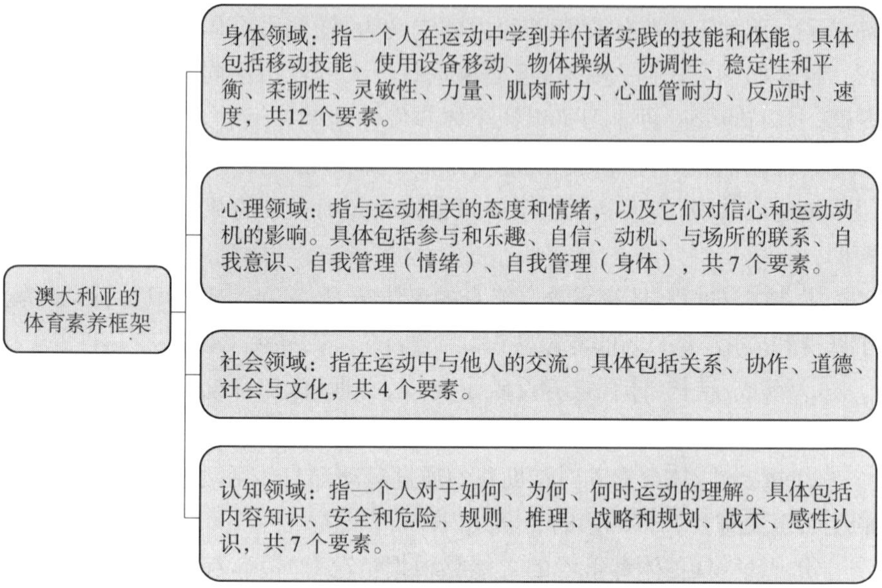

```
                    ┌─ 身体领域：指一个人在运动中学到并付诸实践的技能和体能。具体
                    │  包括移动技能、使用设备移动、物体操纵、协调性、稳定性和平
                    │  衡、柔韧性、灵敏性、力量、肌肉耐力、心血管耐力、反应时、速
                    │  度，共 12 个要素。
                    │
                    │  心理领域：指与运动相关的态度和情绪，以及它们对信心和运动动
                    │  机的影响。具体包括参与和乐趣、自信、动机、与场所的联系、自
澳大利亚的 ─────────┤  我意识、自我管理（情绪）、自我管理（身体），共 7 个要素。
体育素养框架        │
                    │  社会领域：指在运动中与他人的交流。具体包括关系、协作、道德、
                    │  社会与文化，共 4 个要素。
                    │
                    │  认知领域：指一个人对于如何、为何、何时运动的理解。具体包括
                    └─ 内容知识、安全和危险、规则、推理、战略和规划、战术、感性认
                       识，共 7 个要素。
```

图 5-2 体育素养框架的组成部分

其中，身体领域关注身体能力、运动技能、健康和技能相关的体能、技术和心理运动技能。心理领域关注个体对身体内在信号（比如疲劳和力竭）的体验，以及动机、自信、自尊和投入等情感体验。社会领域关注文化敏感性，领导力，理解道德原则，与同伴、教练、教师等合作，友善对待他人及有效沟通等。认知领域关注有意识和无意识的知识与理解、问题解决和决策、了解规则和策略、崇尚健康和积极的生活方式，以及反馈和反思的过程。

澳大利亚运动委员会强调：如果要学习和发展体育素养，就必须同时关注四个领域的发展，而不只是集中在身体领域。所有要素之间都是相互关联的，并且可以通过不同的方式应用于不同的环境和任务。个体需要考虑哪些因素与他们自身的发展相关，有助于提高或保持体育素养。

2. 体育素养框架中要素的发展阶段

体育素养的每个要素都包含五个发展阶段，体现了个体的体育素养水平是如何进步（或倒退）的。第一个阶段是无基础，即 0 阶段。在该阶段，个人的能力非常有限，这通常与儿童早期的生活有关。剩下的四个阶段分别是基础与探索、习得与积累、巩固与掌握、迁移与运用，体现了不断发展进步的过程，即个人的体育素养可以逐步发展到更高级别（见图 5-3）。

0阶段 无基础	1阶段 基础与探索	2阶段 习得与积累	3阶段 巩固与掌握	4阶段 迁移与运用
个体正在体验或探索形式有限的运动	个体正在学习和探索自己的运动能力	个体经常练习和完善自己的运动能力	个体能够执行和分析自己的运动能力	个体可以把自己的运动能力迁移到新的和不同的情况和环境中

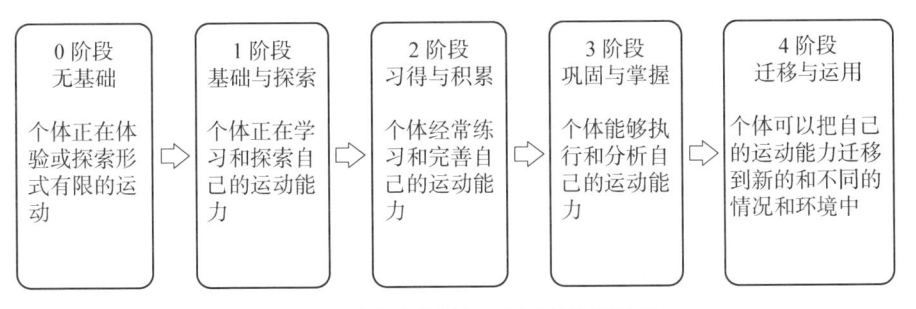

图 5-3 体育素养框架中要素的发展阶段

澳大利亚教育学家比格斯认为，个体对某个问题所表现出的思维结构是可以检测的。在比格斯的学习质量评价——可观察的学习成果结构（SOLO 分类理论）中，以回答问题所表现的认知程度和对问题的理解层次为依据，将学习者对某个问题的学习结果由低到高划分为前结构、单点结构、多点结构、关联结构和抽象拓展结构五个层次。前结构层次的学习者基本无法理解问题和解决问题，只能提供一些逻辑混乱的答案；单点结构层次的学习者根据单一的线索就对结论进行概括，所以结论是片面的；多点结构层次的学习者可以找到多个解决问题的思路，但却不能把这些思路有机地整合起来；关联结构层次的学习者找到了多个解决问题的思路，并且能够把这些思路结合起来思考；抽象拓展结构层次的学习者能够对问题进行抽象概括，从理论的高度来分析和深化问题，使问题本身的意义得到拓展[1]。

从 SOLO 分类理论的五个层次可以看出，前三个层次注重基础知识的积累，而后两个层次是理论思维的飞跃。在澳大利亚的体育素养框架中，各要素发展阶段的划分正是借鉴了比格斯的可观察的学习成果结构：在 0 阶段（无基础）中，学习者不知如何学习运动知识，在该阶段个人的能力非常有限，对应 SOLO 分类理论的前结构；在 1 阶段（基础与探索）中，学习者开始积累经验和了解基础知识，例如在投掷或击打相关的动作中，开始了解动作的发力和速度的变化方式，对应 SOLO 分类理论的单点结构；在 2 阶段（习得与积累）中，学习者可以简单地改变技能的环境或类型，形成相似的技能组合，对应 SOLO 分类理论的多点结构；在 3 阶段（巩固与掌握）中，几个"平行"的学习结构已经积累起来，学习者要尝试去对比、联系和迁移不同动作之间的信息，这是一个困难的过程，成功与否取决于之前的经验积累，对应 SOLO 分类理论的关联结构；在 4 阶段（迁移与运用）中，学习者已经善于在

---

[1] 刘丽丽.基于 SOLO 分类理论的小学生深度学习评价研究[D].上海：华东师范大学，2017.

相似的技能之间建立联系并促进学习,并且尝试把这种经验转移到新颖并富有挑战性的环境中,对应 SOLO 分类理论的抽象拓展结构。

澳大利亚体育素养将每个要素都划分为五个发展阶段,这五个阶段逐步提升,体现出体育素养发展的关联性特点;个体可能在五个阶段内进步或者退步,但不变的是体育素养贯穿人的全生命周期,这体现了体育素养的延续性。所以澳大利亚体育素养五个阶段的划分有利于学习者保持终身体育观,契合体育素养的关联性和延续性特点。

3. 体育素养框架的四个组成领域及其表现

（1）身体领域

身体领域关注个体在运动中习得的动作技能、身体控制和体能,以及协调和应用这些运动技能,在陆地、水中、冰上或雪上等不同环境和条件下展示这些运动技能。身体领域的要求包括:能够在应用动作技能的过程中调整和控制姿势与平衡,以成功适应不同环境;能够运用情境或环境所需要的运动策略;能够通过各种运动和身体活动操纵、控制不同的物体;能够达到一定的健康水平,成功地参加一系列体育活动。

身体领域的具体要素包括:移动技能、使用设备移动、物体操纵、协调性、稳定性和平衡、柔韧性、灵敏性、力量、肌肉耐力、心血管耐力、反应时、速度(见表 5-1)。

对澳大利亚体育素养的身体领域进行分析,可以发现如下特点:首先,相比于绝对的运动成绩,澳大利亚体育素养框架更强调参与者的协调性、控制能力的相对发展,重视学习者在运动中取得的进步;其次,在身体领域的表述中出现了滑雪、棒球、游泳、攀岩等多个运动项目,这体现了澳大利亚体育素养框架为学习者发展身体领域提供了多样化的运动选择,有利于培养学习者的冒险精神;最后,澳大利亚体育素养的身体领域还非常关注学习者技能在实际环境中的应用,例如在"力量"这一要素中,强调使用安全的技术对抗或移动更重的物体,而不是达到某个绝对的力量值。所以,在身体领域中达到更高水平就意味着更注重运动与环境的结合。

（2）心理领域

心理领域关注个体的情绪、价值观和对运动及身体活动的态度,包括发展自尊、自信和动机,理解与运动和身体活动相关的情绪反应。心理领域的要求包括:能够从不同的运动经验中得到满足、自尊、自信、动机并享受乐趣;能够在参与运动和身体活动期间理解、展示和管理如同理心和敏感性等情绪反应;能够在参与运动和身体活动期间理解和管理如疲劳或疼痛等身体反应;不管遇到什么样的困难、挑战或失败,都坚持不懈地进行运动,相信学习和努力会带来进步。

心理领域的具体要素包括：参与和乐趣、自信、动机、与场所的联系、自我意识、自我管理（情绪）、自我管理（身体）（见表5-2）。

通过对体育素养的心理领域进行分析，可以发现澳大利亚体育素养框架的心理领域关注学习者情绪和态度方面取得的进步，注重学习者自尊和动机的发展：首先，心理领域希望学习者能够合理调节情绪，对挫折做出合理的应对；其次，心理领域关注自信和调节能力的培养，例如在"自我意识"这一要素中，强调学习者要了解自己的长处并且加以利用，希望学习者有自我认知能力，关注自己的情绪和身体变化并及时做出调整；最后，心理领域还鼓励学习者运用多样的环境获得更丰富的运动体验，这有利于学习者适应未来的生活，保持身心健康，这也有利于提高自觉性，改善对于运动的态度。

（3）社会领域

社会领域关注个体与他人和环境互动的能力，包括发展协作、公平竞争、领导和沟通等社会技能，这些技能帮助个体享受参与，以及与他人有效互动。社会领域的要求包括：能够建立和维护相互尊重的关系，能够有效地与他人互动；能够在体育活动中领导他人进行合作、道德和包容的行为，了解何时要成为团队成员或领导者；能够在参与体育活动时培养理解和开放的心态，愿意分享和学习来自自己和其他文化的经验；能够在各种体育活动和环境中展示公平竞争和道德行为。

社会领域的具体要素包括：关系、协作、道德、社会与文化（见表5-3）。

通过分析体育素养框架在社会领域的具体表现，可以发现社会领域强调学习者与他人以及环境的互动。发展体育素养的社会领域意味着：首先，要学会与同伴分享成功或挫折的体验，保持与同伴的关系；其次，社会领域鼓励学习者与他人沟通并且尊重他人，在社会领域的"关系""协作""道德"等多个要素中都提到学习者要展示出同理心，表现信任和友爱的行为的要求，这有利于学习者享受活动，营造良好的运动和生活环境；最后，社会领域还强调学习者在竞赛或比赛中要注意自己的行为控制，能够意识到不同文化的差异，展现出一定的领导能力，这有利于形成团队文化，产生体育学习的荣誉感和自觉性。

（4）认知领域

认知领域关注个体在运动和身体活动方面所需要的知识和理解的发展，包括培养个体对如何、何时及为什么要运动的理解，以及对运动和体育活动益处的了解和认识。认知领域的要求包括：能够思考、理解和做出决定,知道如何及何时执行动作技能;能够理解、遵循并预测游戏规则,并在游戏中运用战术或策略;了解如何与他人和周围环境一起行动,应对行动中的挑战;了解和理解参加运动和体育活动的短期和长期益处。

认知领域的具体要素包括:内容知识、安全和危险、规则、推理、战略和规划、战术、感性认识(见表5-4)。

通过对体育素养认知领域的分析可知:首先,认知领域重视对时间、地点和战略的理解,在强调与他人和环境互动的同时,还要求学习者能够关注赛前对场地和设备的检查,意识到可能发生的危险;其次,认知领域强调对规则的理解,帮助学习者了解运动表达的思想和精神,使学习者获得更好的运动体验;最后,认知领域重视学习者逻辑的培养和规律的发现,鼓励学习者能够制订合理的比赛策略,预测即将到来的变化并勇敢应对当前的挑战。

综上所述,从整体上来看,澳大利亚体育素养框架十分清晰。通过分析澳大利亚的体育素养框架,可以总结出以下五个特点:

第一,体育素养框架的结构科学。在宏观层面上,澳大利亚的体育素养框架呈现出"横向四个领域与纵向五个阶段相结合"的特点。从横向上看,澳大利亚的体育素养框架分为四个领域,这四个领域相互关联,涵盖了个体全面发展体育素养所需的各个方面;从纵向上看,每个学习领域都包含若干要素,每个要素中包含了五个发展阶段。这五个阶段循序渐进、逐步提升,符合人们对事物认知的发展规律。可见澳大利亚体育素养框架具有很强的逻辑性,也符合个人实际的发展和应用要求。

第二,关注个体在体育素养方面取得的进步。尽管澳大利亚的体育素养框架划分了五个逐渐递进的阶段,但在体育素养框架中没有对运动成绩提出实际要求。相较于运动成绩,澳大利亚的体育素养框架更重视协调性等体能的发展、运动参与,以及在运动中取得的进步。弱化对于绝对运动成绩的衡量,强调取得的相对进步,这会大大降低体育素养框架在实际应用中所造成的心理负担,使人们关注运动的乐趣,以及取得的进步。

第三,强调解决问题的能力。素养强调在实际情境中运用已学知识,解决实际问题的能力。在澳大利亚的体育素养框架中,多次提到在比赛中的行为控制,强调能够结合天气变化、对手反应和已有设备等实际情况做出合理的运动选择。这样的理念和内容契合了体育素养的内涵,培养了参与者对实际环境的思考能力,提高了参与者解决运动中实际问题的能力,从而进一步促进了运动参与。

第四,关注运动智能的发展。在澳大利亚的体育素养框架中,关注运动智能的发展是一个突出的特点。体育素养框架重视参与者对运动的切身体

表 5-1 体育素养"身体领域"组成要素在不同阶段的具体表现

领域	要素	定义	表现	0阶段 无基础	1阶段 基础与探索	2阶段 习得与积累	3阶段 巩固与掌握	4阶段 迁移与运用
身体领域	移动技能	移动技能是个体在陆地上、水中、雪上或冰面上，独立地从一个点移动到另一个点的能力	(1) 滚动、滑动、攀登；(2) 走路、跑步、飞奔；(3) 跳跃、单足跳、躲避；(4) 游泳、滑翔；(5) 漂浮、跳水	具备通过运动和身体活动来学习的潜力。此阶段，运动能力有限，需要支持	探索和建立以不同的速度移动。具体表现是：(1) 参加短距离赛跑，目的是快速移动；(2) 以不同的速度扔球	发展和运用必要的速度，以参与各种运动和身体活动。具体表现是：(1) 为了提高短跑时间而训练，并参加比赛；(2) 以更快的速度扔球	优化速度，以满足频繁参与各种体育活动的需求。具体表现是：(1) 以最快速度进行有控制的运动，如跨栏中的跑和跳；(2) 以最快速度投球，如棒球中的快速投球	运动和身体活动能赋予我力量。我将不断地将技能、知识和感受应用到不同的运动和体育活动中。我将四个要素组合应用，将运动通过体育活动学到的知识，应用到生活的其他方面。具体表现是：作为一个成熟的网球运动员，我知道快心和调
	使用设备移动	使用设备从一个地方移动到另一个地方的运动技能	(1) 骑自行车、踏板车、骑马；(2) 使用轮椅、助行器；(3) 冲浪、皮划艇、帆船、划艇、单人桨板；(4) 单板滑雪、双板滑雪；(5) 滑水		探索和建立使用设备进行移动的方法。具体表现是：(1) 骑辅助轮的自行车，驾驶平衡车；(2) 在他人的帮助下学会在雪上滑行	练习和发展使用设备进行移动，提高熟练程度。具体表现是：(1) 在无人帮助下骑自行车；(2) 在无人帮助下在更陡峭的斜坡上滑雪、练习滑雪	掌握以及提高使用设备进行移动的能力，精准完成不同的运动和身体活动。具体表现是：(1) 骑自行车比赛，如小轮车、山地自行车、赛道自行车；(2) 在不同的斜坡和雪地上滑雪，运用必要的运动技能成功满足各种需求	
	物体操纵	利用身体的某一部位来移动或操纵一个物体的运动技能	(1) 投掷一个物体；(2) 抓住一个物体；(3) 操纵一个物体；(4) 踢一个物体；(5) 击打一个物体		探索和建立利用身体进行移动、持球、控制、传递和操纵不同的物体。具体表现是：(1) 将物体扔到不同距离；(2) 持球或者运球走或跑	练习和发展物体操纵技能，提高熟练程度。具体表现是：(1) 投掷一个物体，精准命中目标；(2) 精准地控制运球（用手、脚或是击打）	掌握以及提高物体操纵技能，精确完成不同的运动和身体活动。具体表现是：(1) 熟练地改变投掷物体的角度、速度、力量；(2) 快速运球、根据对手的动作或战术迅速改变方向	

续表

领域	要素	定义	表现	0阶段 无基础	1阶段 基础与探索	2阶段 习得与积累	3阶段 巩固与掌握	4阶段 迁移与运用
	协调性	以一种可控的、平稳的和有效的方式来移动身体不同部位的能力	(1) 跳水；(2) 跳舞；(3) 跳绳		探索和建立以可控的方式移动身体不同部位。具体表现是：(1) 随着音乐运动，探索身体的控制和运动；(2) 手眼协调，用球拍击球	积累和发展必要的身体控制，在运动和身体活动中提高协调性和熟练程度。具体表现是：(1) 配合音乐表演一套动作，表现出协调的动作；(2) 移动到球的飞行方向并准确地击球	优化身体控制和协调运动，以满足不同的运动和身体活动的需求。具体表现是：(1) 随着音乐表演一套动作，展示复杂的动作和协调能力；(2) 调整身体姿势，从不同的位置击球，例如正手、反手和截击	节情绪是比赛的重要部分。为了改善自身的心血管健康，我要每周去几次健身房。因为知道增强肌肉力量是预防受伤的一个重要因素，我要练习肌肉力量。喜欢网球对身体和精神的要求，决定参加一个教练课程来增长知识。希望通过成为教练影响网球俱乐部的文化，并
	稳定性和平衡	有关平衡和身体转移的技能	(1) 静态平衡，如单脚站立；(2) 与同伴一同保持平衡（如对抗平衡）；(3) 运动时保持平衡，如在横梁上行走、转动；(4) 滑板滑雪、冲浪、滑冰		探索和建立在静止或移动状态下的平衡和稳定技能。具体表现是：(1) 使用不同的身体部位保持平衡，如单腿站立、高举腿坐；(2) 试图站在某些设备上移动，如冲浪板、滑板和滑雪板	积累和发展必要的身体控制，在运动和身体活动中提高稳定性和平衡能力。具体表现是：(1) 用不同的身体部位控制平衡，如加倒立；(2) 在设备上移动时保持平衡，如冲浪板、滑板和滑雪板	优化稳定性和平衡，以满足不同的运动和身体活动的需求。具体表现是：(1) 完成复杂的平衡操作，如在平衡木上完成手倒立；(2) 在完成复杂的操作时保持平衡，如冲浪板、滑板和滑雪板	
	柔韧性	关节或肌肉扩展其最大活动范围的能力	(1) 静态和动态拉伸；(2) 瑜伽姿势；(3) 体操；(4) 舞蹈		探索和发展身体的活动范围。具体表现是：(1) 通过参与初级瑜伽，探索身体的活动范围；(2) 盘腿坐或弯腰捡起地上的东西	在各种运动和身体活动范围内积累和发展必要的柔韧性。具体表现是：(1) 有规律地参加瑜伽，并展示不断增加的活动范围；(2) 进行整体的静态或动态拉伸，提高整体的动作范围，如腿后侧拉伸和高踢腿	优化柔韧性和动作范围，以满足参加不同的运动和身体活动的需求。具体表现是：(1) 参加高级形式的瑜伽和展示关节最大活动范围；(2) 完成一个拉伸训练计划，提高身体特定部位的灵活性，在特定的身体活动中助力更好的表现	

第五章 澳大利亚体育素养研究

续表

领域	要素	定义	表现	0阶段 无基础	1阶段 基础与探索	2阶段 习得与积累	3阶段 巩固与掌握	4阶段 迁移与运用
	灵敏性	快速改变身体位置或方向的能力	(1) 在玩游戏时改变方向；(2) 在玩游戏时闪开或躲避对手		探索和建立身体移动和改变方向。具体表现是：(1) 向前、向后、左右移动；(2) 玩捉人游戏，尝试躲避捉人者	积累和发展必要的灵敏性来改变方向和身体位置，提高对各种运动和身体活动的熟练程度。具体表现是：(1) 快速改变方向，如在障碍杆中快速穿梭；(2) 横跨一步躲避对手	优化灵敏性，以满足参与不同的运动和身体活动的需求。具体表现是：(1) 在保持速度、平衡和控制下改变方向；(2) 根据对手的快速动作改变身体姿势	且希望成为他人的榜样
	力量	对抗阻力进行工作的能力	(1) 俯卧撑、引体向上；(2) 下蹲和弓步；(3) 举重		建立力量的基础，并探索如何运用更大的力量。具体表现是：(1) 使用轻重量，完成初学者的阻力训练计划；(2) 提起、拉、推、对抗和移动物体	在提、拉、推、旋转、对抗或移动物体时展示力量。具体表现是：(1) 在进行中级抗阻训练计划时，使用适当的重量；(2) 使用安全正确的技术来提、拉、推、对抗或移动物体	优化力量，以满足参与各种运动和身体活动的需求。具体表现是：(1) 使用较重的抗阻训练计划来完成一个高级的抗阻训练计划，以增加力量、提高表现；(2) 使用安全动作移动更重的物体，对抗、推、拉	
	肌肉耐力	肌肉在一段持续时间内反复发力的能力	(1) 俯卧撑、引体向上、仰卧起坐；(2) 瑜伽、普拉提；(3) 攀岩		建立和塑造肌肉耐力的基础，以满足运动和身体活动的需求。具体表现是：(1) 尝试克服身体自重的运动，如俯卧撑、引体向上、仰卧起坐；(2) 尝试将身体抬离地面并保持住，直到肌肉疲劳，如抓着头顶上的单杠	积累和发展肌肉耐力，以利于定期参与运动和身体活动。具体表现是：(1) 进行克服肌肉耐力的练习，以发展肌肉耐力，如跨步、跨跳等；(2) 在室内攀岩中完成初级攀岩路线	优化肌肉耐力，以满足参与各种运动和身体活动的需求。具体表现是：(1) 进行特定的重量训练，以提高肌肉在体育活动中的表现；(2) 规律地完成更高级的室内攀岩路线，以增加肌肉耐力	

续表

领域	要素	定义	表现	0阶段 无基础	1阶段 基础与探索	2阶段 习得与积累	3阶段 巩固与掌握	4阶段 迁移与运用
	心血管耐力	心脏和肺向工作的肌肉输送氧气的能力	(1) 进行长时间及长距离的跑步、骑自行车、游泳、划船等；(2) 快走30分钟或更长时间		建立和塑造心血管耐力的基础，以满足运动和身体活动的需求。具体表现是：(1) 自行停止运动、恢复，然后继续低强度运动；(2) 进行快步走运动	积累和发展必要的心血管耐力，以利于定期参加运动和体育活动。具体表现是：(1) 有规律地完成30~60分钟的中等到剧烈强度的身体活动；(2) 跑步、游泳或骑自行车到更远的距离	优化心血管耐力，以满足参与各种运动和身体活动的需求。具体表现是：(1) 定期进行专门的心血管训练，以提高表现；(2) 定期参加有氧耐力项目，如10千米长跑、探险、划船或铁人三项比赛	
	反应时	对给定刺激做出反应的时间长度	(1) 比赛的开始；(2) 物体的动作；(3) 对手的动作；(4) 展示一项技能		探索和建立如何适当地对刺激做出反应。具体表现是：(1) 根据对信号做出反应而开始或停止动作；(2) 对移动中的物体做出反应，如移动到击球的位置	练习和完善对刺激的反应，以达到及时、恰当和更加准确。具体表现是：(1) 在比赛中对发令枪做出反应；(2) 对向你飞来或改变方向的球做出反应	优化反应时间，以满足频繁参与各种运动和身体活动的需求。具体表现是：(1) 在比赛中对发令枪做出快速反应；(2) 对快速移动或突然改变方向做出迅速反应	
	速度	在地面、水或空气中快速移动或快速移动的四肢的能力	(1) 短跑、跳跃、游泳；(2) 快速移动手臂去打、抓、扔一个物体		探索和建立如何以不同的速度移动。具体表现是：(1) 参加短距离赛跑，快速移动；(2) 以不同的速度扔球	发展和运用必要的速度，以参与各种运动和身体活动。具体表现是：(1) 为了提高短跑时间而训练，并参加比赛；(2) 以更快的速度扔球	优化速度，以满足频繁参与各种运动和身体活动的需求。具体表现是：(1) 以最快速度进行有控制的运动，如跨栏中的跑和跳；(2) 以最快速度投球，如棒球中的快速投球	

表5-2 体育素养"心理领域"组成要素在不同阶段的具体表现

领域	要素	定义	表现	0阶段 无基础	1阶段 基础与探索	2阶段 习得与积累	3阶段 巩固与掌握	4阶段 迁移与运用
心理领域	参与和运动的乐趣	来自运动和身体活动的积极情绪和乐趣经验	(1)关注并参与活动；(2)幸福、满足、知足；(3)对即将到来的活动或事情感到兴奋	具备通过运动和身体活动或事情感到兴奋	探索和建立对运动和身体活动的积极情绪。具体表现是：(1)在玩游戏和体育活动时展示出兴奋和享受；(2)在活动和身体活动时投入并抵制干扰	积极参与运动和身体活动，并享受其中。具体表现是：(1)参加社交性质的团体游戏并与朋友互动；(2)一想到参加体育活动就感到兴奋	确定和利用那些由于参加运动和身体活动，而持续产生积极情绪的因素。具体表现是：(1)即使有挑战，也要保持专注、享受运动和身体活动；(2)完全沉浸在运动中	运动和身体活动赋予我力量。我将不断地将技能、知识和感受应用到不同的运动中
	自信	在运动和身体活动中表现出对自我价值和能力的信心	(1)展现一定程度的坚定、愿意尝试新的运动或身体活动；(2)在经历挫折后表现出坚韧和自信，如从伤病或输掉比赛中恢复过来	活动学习的潜力。此阶段，还没有很好地发展个体	从运动和身体活动中获得能力与自我价值感。具体表现是：(1)愿意尝试新的运动活动；(2)通过参加体育活动获得积极的成果，如专心的增加	通过参与运动和身体活动，建立能力和自我价值感。具体表现是：(1)当参加新的活动时，相信自己的能力；(2)在失败或表现不佳后，表现出积极的反应或恢复力	在运动和身体活动中展示、发展和保持能力和自我价值感。具体表现是：(1)拥抱挑战、确定战略，以保持能力和价值感；(2)自信的感觉不会受到潜在的负面经历的影响。这些负面经历包括：批判的反馈和在团队中落选	和身体活动环境中，将四个领域的要素组合应用，将运动和身体活动通过学习到的知识，应用到我生活的其他方面
	动机	由于内部或外部因素而参与运动和身体活动的原因	(1)渴望寻求新的运动挑战；(2)对外部的输入和反馈做出反应；(3)参加体育活动、享受健康和福利	的态度、情感、运动和身体活动的基础	探索参与运动和身体活动的个人原因。具体表现是：(1)找出激励我们运动的身体的原因；(2)参加能激励我们的运动；(3)由于受他人影响而参与身体活动，如父母	花费精力和努力来参与运动和身体活动。具体表现是：(1)理解激励我们的原因，并利用这些原因来实现目标；(2)利用他人来强化动机，如教练；(3)实施激励策略，如使用活动追踪工具监测活动	重视并希望参加有规律的运动和身体活动，以获得乐趣和满足感。具体表现是：(1)即使在有挑战的情况下也要坚持和经历乐趣和运动平台期，如时间限制和经历不同台阶；(2)重视运动和身体活动的原因，并把它们作为行为动机，如实现一个目标、学习一项新技能	应用到我发生具体表现是：即使我可以找到很多合理由不去上健身课（比如工作、学习）

续表

领域	要素	定义	表现	0阶段 无基础	1阶段 基础与探索	2阶段 习得与积累	3阶段 巩固与掌握	4阶段 迁移与运用
	与场所的联系	欣赏和联系与运动和身体活动相关的人造和自然环境	(1) 寻找熟悉但不喜欢进行的环境的体育活动,如山区滑雪；(2) 因为环境的关系参与不同的活动,如远足、骑马,在国家公园骑山地车		在参与运动和身体活动的地方,体验和探索自然和建筑。具体表现是：(1) 意识到海滩可以用来游泳、散步、跑步；(2) 探索变得活跃的方法,如在公园里使用设备来创造运动挑战或游戏	理解并主动探索自然和人工环境对运动和身体活动的影响。具体表现是：(1) 由于环境的关系而选择在国家公园散步、跑步、骑自行车；(2) 尝试不同的环境,以发展对特定环境的偏好,如在公园打篮球或在室内	理解并重视自然和人工环境对运动类型的影响。具体表现是：(1) 选择在不同的地点参加运动和身体活动,体验不同的海滩冲浪,获得个人福利；(2) 由于环境和身体活动的关系寻找额外的运动和身体活动机会,如依托海洋进行反划规划艇、冲浪和桨板运动	任务的截止日,但还是坚持去上课。当上课时,会投入到运动中去。课后我会意识到这节课对自身的体心理健康的好处。会报名参加一些
	自我意识	了解自我与运动和身体活动的关系,认识个人的优势和发展领域	(1) 了解与运动和身体活动相关的个人品质,优势和发展领域；(2) 知道向谁寻求反馈,以及向谁寻求反馈		体验和探索与运动和身体活动相关的个人偏好。具体表现是：(1) 识别喜欢或不喜欢的运动；(2) 表达、展示或解释擅长的运动	确定发展的优势和领域,制订策略来改善它们。具体表现是：(1) 练习特定的技能以提高自己；(2) 了解自己的长处以及如何利用它们	评估优势和发展领域,制订持续进步的战略。具体表现是：(1) 从自我和他人那里获得反馈,以洞察自己的优势和发展的领域；(2) 优先考虑需要改进的领域,选择合适的战略来支持发展	流行但是更激烈的午餐时间练习项目。因为我觉得这会激励我保持我的目标。我会鼓励一些同事和朋友

续表

领域	要素	定义	表现	0阶段 无基础	1阶段 基础与探索	2阶段 习得与积累	3阶段 巩固与掌握	4阶段 迁移与运用
	自我管理（情绪）	管理与运动和身体活动有关的情绪和行为的能力	（1）将挫折转化为动力；（2）克服紧张情绪；（3）调节并克服愤怒或沮丧		探索参与运动和身体活动的情绪反应，并开始认识到如何监管它们。具体表现是：（1）识别运动和身体活动之前、期间和之后的情绪变化；（2）认识到情绪是如何影响行为的，如不运动行为；（3）了解他人的感受和需求	识别和练习管理情绪和相关反应的策略。具体表现是：（1）实践和完善自我调节策略，以成功地管理情绪反应，如积极的自言自语；（2）克服情绪上的障碍，如尽管感到紧张或者害怕，仍要试着做某事	成功地管理和利用情绪，在运动和身体活动中实施策略来调节它们。具体表现是：（1）了解并应用一系列自我调节策略以改进表现，如想象法；（2）表现出情绪弹性，如即使经历了负面情绪，也能成功地继续下去	加入健身课，因为他们认为课堂上会感到愉悦
	自我管理（身体）	识别和管理身体信号，如疼痛、疲劳和乏力	（1）在耐力比赛中跑步；（2）在团队运动时寻找替补休息；（3）知道如何在自己的身体极限内推动自己		探索不同身体信号在运动之后、期间和之后如何监管它们。具体表现是：（1）识别运动和身体活动之前、期间和之后的心率和呼吸频率变化；（2）探索跑步过程中感到疲劳的影响	识别和练习处理身体信号的策略，如运动前、运动中、运动后的疲劳和疼痛。具体表现是：（1）利用伸展运动作为放松练习的一部分，以减少运动后肌肉酸痛；（2）根据对疲劳程度的识别进行减速或者加速	管理身体对运动和身体活动的反应，实施策略来调节它们。具体表现是：（1）计划和准备身体在不同的条件下保持活跃，如在炎热的条件下防止脱水；（2）有策略地使用节奏以最好地使用节奏以最好地完成项目	

表5-3 体育素养"社会领域"组成要素在不同发展阶段的具体表现

领域	要素	定义	表现	0阶段 无基础	1阶段 基础与探索	2阶段 习得与积累	3阶段 巩固与掌握	4阶段 迁移与运用
社会领域	关系	建立和保持相互尊重的关系，使人能够有效地与他人互动	(1) 展示出同理心和同情；(2) 表现出分享、发展信任和友爱等行为；(3) 对他人的感受、需求和兴趣表示关注	具备通过运动和身体活动来学习的潜力，此阶段还没有发展	通过运动和身体活动探索和建立关系，意识到他人的感受、需求和兴趣。具体表现是：(1) 在运动中与他人互动，包括交谈、倾听、分享和回应；(2) 用语言和肢体语言来表达对他人的尊重	体验运动和身体活动时，了解不同关系的特征。具体表现是：(1) 与他人发展友谊；(2) 探索和体验通过运动和身体活动与社区中其他人联系的方式；(3) 理解和展示创造积极关系的行为，如包容、尊重和信任	分析和保持人际关系，运用一系列技巧建立与运动和身体活动相关的关系。具体表现是：(1) 与团队成员、竞争对手、教练以及官员培养积极的关系；(2) 基于在运动和身体活动中与他人的互动，反思自己的行为可以如何改变；(3) 在承认他人感受的前提下表达自己的想法、观点和信念，以此表明自己对形势、困境或决定的立场	运动和身体活动赋予我力量。我不断地应用技能、知识和感受到不同的运动和身体活动环境中。我将四个领域的要素组合应用，将运动和身体活动学到的知识应用到生活的其他方面。具体表现是：当我搬到一个新的社区，有信心加入一个新的团
	协作	与他人成功互动的社交技巧，包括沟通、合作、领导和解决冲突	了解沟通的重要性，并落实以下概念：(1) 解决冲突；(2) 领导力；(3) 同理心；(4) 合作；(5) 接受差异	展出与他人有效互动的能力	探索和建立在运动和身体活动中如何建设性地与他人合作。具体表现是：(1) 表现出合作行为，如与他人分享球；(2) 对别人有耐心	在运动和身体活动中，理解并实施建设性合作的策略。具体表现是：(1) 在运动和身体活动中与他人合作；(2) 在团队中提出想法以产生积极的结果，如提出防守策略以阻止对手得分	在运动和身体活动中与他人合作，产生令人满意和令人满意的结果。具体表现是：(1) 实施淡化或解决冲突的策略；(2) 在各群体环境中表现出领导行为	

续表

领域	要素	定义	表现	0阶段 无基础	1阶段 基础与探索	2阶段 习得与积累	3阶段 巩固与掌握	4阶段 迁移与运用
	道德	指导个体行为的道德原则,关于公平和正义、包容、平等、正直和尊重	(1) 展示公平竞争; (2) 在竞争环境中表现出体育精神; (3) 在比赛和运动中包容他人; (4) 作为参与者和旁观者使用恰当的语言		探索和建立与运动和身体活动相关的基本道德概念的理解。 具体表现是: (1) 发展公平竞争的概念; (2) 在小组活动中包容他人	理解和解释道德事项,发展自己的道德原则,因为它们与运动和身体活动息息相关。 具体表现是: (1) 明确和承认公平和包容; (2) 尊重团队成员、教练和官员的决定	以道德原则为基础,分析和论证与运动和身体活动有关的伦理事项。 具体表现是: (1) 修改活动以包容他人; (2) 在没有官方裁判在场的情况下,在竞争环境中保持公平竞争; (3) 展示和倡导适当的旁观者行为	体或俱乐部并建立新的关系(如网球、公园跑步俱乐部)。选择这个特别的团体或俱乐部是因为个人以前喜欢过类似的运动和活动(如羽毛球、田径),并且觉得自己已经具备了在团体或俱乐部中进一步所需要的知识和身体能力
	社会与文化	认同团体、组织和社区内的文化价值	(1) 理解团队、俱乐部以及社区的文化价值观; (2) 欣赏人与人之间的差异,尊重他人的价值观和观点		通过运动和身体活动来探索和建立自己的文化价值观。 具体表现是: (1) 了解一个团队或俱乐部的文化价值观,如在训练期间参与设备的组装和打包; (2) 在参与运动和身体活动时,形成个人价值观,如与对手和视贺对手	在运动和身体活动中欣赏自己和他人的文化价值。 具体表现是: (1) 展示和传递一个团队、俱乐部或社区更多的文化价值,如唱队歌; (2) 玩来自不同文化背景的游戏和运动,以了解更多的文化传统,如传统的土著游戏、爱尔兰式足球、巴西战舞	尊重文化内部和文化之间的差异,理解文化价值观如何影响运动和身体活动体验。 具体表现是: (1) 承认和尊重团队成员对手的文化价值观; (2) 意识到并挑战运动和身体活动中可能存在的文化成见和偏见	

表5-4 体育素养"认知领域"组成要素在不同发展阶段的具体表现

领域	要素	定义	表现	0阶段 无基础	1阶段 基础与探索	2阶段 习得与积累	3阶段 巩固与掌握	4阶段 迁移与运用
认知领域	内容知识	个体能够理解和传达运动知识，回忆对识别、计划和事实性知识，它对自我和他人的安全进行的考虑很重要	(1) 描述运动和不运动的影响；(2) 认可评分原则；(3) 了解团队和组内的角色	具备通过运动和身体活动来学习的潜力。此阶段，还不了解为何、如何、何时参加运动和身体活动	了解与运动和身体活动有关的关键知识。具体表现是：(1) 认识和理解为什么动作以特定的方式呈现，如屈膝抬腿、伸出手臂以保持身体平衡；(2) 认识并理解运动和身体活动的益处，如健康和快乐	了解运动和身体活动的原因、结果和基础的主要特征。具体表现是：(1) 了解个人的优点和缺点，如短跑很快，但在长距离跑中就不行了；(2) 描述如何解决运动问题，如在水中保持更流畅的身体姿势，以增加游泳的速度；(3) 解释体育活动为什么很重要，如对健康和幸福，社交，积极的态度和行为的好处	利用关于原因、结果和基础的信息，证明和解释不同运动和身体活动的主要特征。具体表现是：(1) 证明和解释技能和训练策略需要精通一个特定的运动或身体活动；(2) 证明和解释复杂的高尔夫的挥杆技术，以提高准确性和距离；(3) 阐明体育活动如何对身体产生积极影响，如改善心血管功能、肺活量，肌肉耐力强度，心理健康，降低血液阻固醇和血压	运动和身体活动的知识、技能赋予我力量。我将不断地应用感受到的运动和身体活动和学习环境中，将四个领域组合的要素应用，通过运动和身体活动学到的知识，应用到生活的其他方面。具体表现是：决定成为一名终身俱乐部的一员，这样就可以把自愿者，这样就可以把自
	安全和危险	了解风险和风险管理。在运动情境中对自我和他人的安全进行的考虑	(1) 对行为负责，不危及自己或他人；(2) 理解并遵守安全规则和程序；(3) 在参加活动前确认活动和环境的潜在风险；(4) 在高风险的情况下停止运动，如雷击，自己或他人受伤	探索和建立避免风险的方法，采取保护行为。具体表现是：(1) 寻求帮助，如向教练寻求帮助；(2) 识别并遵守安全规则，如在海滩的旗子之间游泳，以克服运动挑战，如平衡木行走时	了解并识别可能造成风险的情况，并采取措施将风险最小化或减轻风险。具体表现是：(1) 天热时增加液体摄入量，避免脱水；(2) 在比赛前检查场地是否有危险	计划和实施促进安全参与运动和身体活动的战略。具体表现是：(1) 为即将到来的活动进行风险评估；(2) 建议并实施对规则或设备的修改，以确保安全参与	

续表

领域	要素	定义	表现	0阶段 无基础	1阶段 基础与探索	2阶段 习得与积累	3阶段 巩固与掌握	4阶段 迁移与运用
规则		明确或理解、管理运动和身体活动中的行为或程序的规则和原则	(1) 理解、修改和应用规则来提高享受、成功、安全等运动体验；(2) 考虑如何最好地利用设备和评分系统来提高运动体验		意识到并能够遵守运动和身体活动中的规则。具体表现是：(1) 理解为什么规则对活动或游戏是必要的；(2) 演示设备的正确和安全使用方法；(3) 遵守有关人身安全和公平竞争的指示，如在比赛结束时与对手握手	任参与运动和身体活动时，理解和应用规则。具体表现是：(1) 为新游戏制订规则；(2) 正确、适当地运用游戏规则	应用复杂的规则或能够创建规则，以促进公平竞争和体育活动。具体表现是：(1) 修改游戏规则，使其更具包容性和趣味性；(2) 按照游戏所想表达的精神进行游戏；(3) 欣赏和遵守不成文的规则，如体育礼仪、体育精神	身对各种水上活动（如游泳、冲浪、划船）的知识以及对当地环境的了解传授给别人，对于个人而言，这能让自己享受更多海滩和水的时间，也能支持自己的健康和生活方式目标
推理		通过验证事实和应用逻辑来理解事物，以求建立或证明实践和信念	(1) 承认"我知道为什么这很重要，所以我会集中精力，尽我最大的努力"；(2) 利用先前的知识来解决运动挑战；(3) 选择特定的活动来适应生活环境		意识到可以运用逻辑解决运动中的问题，改变运动和身体活动中的信念和实践。具体表现是：(1) 选择参加舞蹈课，因为它看起来很有趣；(2) 参加步行小组，因为它对健康有好处	了解如何运用逻辑解决运动中的问题，改变运动和身体活动中的信念和实践。具体表现是：(1) 了解个人在倒立、侧手翻和前滚翻方面的优势，并决定参加人体操表演；(2) 知道自己想要从常规的林忘足活动中获得更多，并决定参加一次为期几天的徒步旅行；(3) 对表现进行反思，并明确如何进行改进	证明和应用逻辑来解决运动问题，改变运动和身体活动实践。具体表现是：(1) 认识到可供锻炼的时间是有限的，选择更短、更剧烈的体育活动来改变；(2) 识别生活中的各种压力，为了关注心理健康而对活动做出改变	

续表

领域	要素	定义	表现	0阶段 无基础	1阶段 基础与探索	2阶段 习得与积累	3阶段 巩固与掌握	4阶段 迁移与运用
战略和战术	战略和规划	描述了如何利用反思和可用的资源来实现制订的目标	(1) 开发一个用于游戏的队形； (2) 计划实现更大目标过程中小的里程碑，作为实现更大目标过程的一部分； (3) 明确个人或团队如何实现即将到来的赛季或挑战中的目标		发展一个经过计划的策略，得到运动和身体活动的成果。具体表现是： (1) 理解在长距离比赛中，需要保持速度来完成比赛； (2) 根据天气情况决定去哪里冲浪	计划多个策略，选择一个或多个策略可以实现相同的结果。具体表现是： (1) 在比赛前设计进攻型和防守型策略，如针对进攻型球队要增加防守队员的数量； (2) 当计划冲浪时，提前决定追逐哪种类型的海浪、什么时候划出海浪	预测可能的反应和对未知情况做出计划，以实现运动目标。具体表现是： (1) 应对规则变化的策略，如在板球比赛中，当赛场圈内球员的最大数量受限制时，设置一个防守阵地； (2) 制订不同的冲浪比赛策略，以满足不同的冲浪比赛中天气及海洋情况位置的不断变化	
战术		将有计划的或临机的行动用于追求目标	(1) 保持控球权并对对方球队的行动做出反应，如足球或橄榄球运动； (2) 根据变化的环境调整计划，如因天气情况而更改训练活动		运用一种战术来解决运动或身体活动中的挑战或问题。具体表现是： (1) 运用行动来达到成功的结果，如在篮球比赛中使用"假动作"过掉对手； (2) 选择一个波浪进行冲浪	运用多种不同的战术来解决运动和身体活动中的挑战或问题。具体表现是： (1) 用一系列的动作取得一个成功的结果，如在篮球比赛中使用各种传球来保持球权； (2) 决定在临近的波浪中能运用哪些冲浪动作	连续实施多种战术，以解决运动和身体活动中出现的挑战和问题。具体表现是： (1) 在战术决策中考虑时间、天气和对手的优势和劣势等因素，如接近比赛尾声时控制球权，如减缓节奏； (2) 当波浪改变速度或形状时，调整冲浪动作以使得分最大化	

续表

领域	要素	定义	表现	0阶段 无基础	1阶段 基础与探索	2阶段 习得与积累	3阶段 巩固与掌握	4阶段 迁移与运用
感性认识	感性认识	运用已有知识快速识别环境，并根据经验、观察和直觉准确地做出决定	(1) 识别对手的身体姿势，以预测他们的意图；(2) 意识到队友或对手的位置，以便与他们一起在他们周围移动；(3) 认识到天气情况的变化，并相应地调整运动或活动		连续实施多种战术，以解决运动和身体活动中出现的挑战和问题。具体表现是：(1) 在战术和决策中考虑时间、天气对手的优势和劣势等因素，如接近比赛尾声时控制球权、减缓节奏；(2) 当波浪改变速度或形状时，调整冲浪动作以使得分最大化	阐明在不同的运动和身体活动环境中运用的意识。具体表现是：(1) 预测对手可能将球投向何处，在不同的体育活动中取得更大成功，如在板球或棒球比赛中，预测球的路线以及击球手的击球；(2) 提高识别比赛模式的成功率，如识别球员在球场上的位置以便相应地调整自己的位置	通过敏锐的意识做出复杂的决定。具体表现是：(1) 在网球比赛对手的发球中处理大量的信息（如球的高度和位置、拍角、风力等）、预测可能的结果（如方向、速度、球的旋转），并进行成功的回球；(2) 在对之前情况认识的基础上成功预测对手的意图（如快速进攻）	

验,它没有要求参与者达到怎样的运动水平,但希望每个参与者对运动形成自己的理解,了解某项运动的价值和传达的思想,在参与运动的过程中学习体育精神,养成良好的运动习惯。当参与者学会关注运动技术的原理,便更可能获得原汁原味的运动体验;同时,只有对某项运动有深入的认知和思考,才具备达到更高水平的潜力。

第五,关注参与者个性心理的发展。学习调节自己的身体和情绪能够有效促进个体心理的发展,促进良好品格的形成。澳大利亚的体育素养框架希望参与者能够认识他人身体和情绪的变化,学会调节自己的身体和情绪。这体现了该框架对于参与者自我认知的关注,以及对于参与者信心发展的重视。

4. 不同人群运用体育素养框架的建议

澳大利亚的体育素养框架旨在帮助个体提高体育素养,促进自己与他人的发展。所以澳大利亚运动委员会还针对不同人群,分别给出了运用体育素养框架的建议:

① 个人:每个人要自我评估目前的能力与所处的环境,确定发展的领域,以促进体育素养的进步。

② 家长和家人:体育素养框架为了解儿童应该通过运动学习什么,如何有效发展体育素养提供了一个参考。父母可以用该框架来支持和监测孩子在家庭、学校等参加体育活动时的体育素养发展情况。

③ 学校和教育者:学校可以使用体育素养框架来支持儿童的发展,专注于教授技能和促进终身运动。体育素养框架可以帮助教育工作者评估学生的能力,确定四个学习领域的发展空间。

④ 教练和助理教练:在开展体育活动时(包括运动员发展和训练项目),教练可以利用体育素养框架来发展更全面的参与者和运动员。

⑤ 高层决策者:要在健康、教育、运动和身体活动领域的政策中嵌入体育素养,将体育素养框架作为改善个人和社会健康与行为的工具。

对于如何运用体育素养框架,澳大利亚针对不同的使用人群分别给出了建议。在对于个人的运用建议中,提到"学习者要评估所处环境,确定发展领域",这体现出体育素养框架对于学习者环境的重视,也说明体育素养框架的运用具有因人而异、关注针对性的特点;家长在儿童的成长过程中扮演着重要角色,对于儿童的行为有引导作用,所以在对于家长的建议中,提到"体育素养框架可以用来支持和监测孩子体育素养发展情况",这有利于家长关注孩子的实际情况,促进其体育素养的发展;对于学校、教育者及教练的建议中强调要确定学习者的发展领域,旨在促进学习者全面发展,表现出对学习者终身参与运动的期望；在对于高层决策者的建议中，建议"在健康、教育和运动等领域的政策中嵌入体育素养"，表现出体育素养与个人生活的紧密联系，也表达了体育素养对改善个人和社会健康水平的重要作用。所以，上述建议不仅有助于不同人群认识和运用体育素养，也体现出澳大利亚致力于从多个层面入手，力求通过运用体育素养框架来改善运动参与者的健康行为和体质健康水平的决心。

第二节 澳大利亚体育素养的测评体系

在各类标准的使用过程中，评价是必不可少的一个环节。合理的评价不仅有利于了解学习者的实际情况，还能对标准的实施效果予以反馈，是促进标准实施的良好手段。体育素养的测评直接影响着体育素养框架的实施与应用，本节将介绍澳大利亚关于体育素养测评的基本观点，并结合体育素养测评的实际案例，阐明澳大利亚体育素养测评的过程与手段。

一、澳大利亚体育素养测评的基本观点

（一）2021 年之前：测评教育者感兴趣的领域

2021 年之前，澳大利亚没有通用的体育素养测评工具，主张根据测评目的及测评者最感兴趣的领域来决定测评的要素。席汉（Sheehan）和基冈（Keegan）强调：若想创造完全符合体育素养概念中所有要素的整体测评方法是非常困难的。如果考虑对每个要素进行单独测评，澳大利亚体育素养框架中各个领域的大部分要素的测评操作方法已经比较完善了。若要测评体育素养的某个学习领域中的若干要素，会有许多合适的选择。然而，当教师和研究人员想要明确使用哪种测评方法、为什么要使用这种测评方法以及这些方法是否与体育素养本身的特征相冲突的时候，他们几乎找不到相关的指导。

巴内特（Barnett）提出的体育素养测评方法会鼓励体育教师反思、定位和评估现有的测评方法，并不会全盘否定现有的测评措施[1]。体育素养的测评方法不仅要关注"这个测评方法能否有效评价体育素养"，还要考虑"每个测评方法如何与体育素养相协调，发挥测评的作用"。多尔曼（Dollman）

---

[1] Barnett L M, Dudley D A, Telford R D, et al. Guidelines for the Selection of Physical Literacy Measures in Physical Education in Australia [J]. Journal of Teaching in Physical Education, 2019, 38(2): 119–125.

和哈迪(Hardy)等人表示,即使某个测评方法是基于现有最可靠的科学和最有效的工具,也总有一些可以进一步考虑和改进的地方[1]。这些需要进一步考虑和改进的因素包括收集数据的目的,以及被测者的年龄等方面。因此,没有"完美"的测评方法,只有在现有环境和资源允许下最可靠(一致性)和最有效(可行性)的方法。对此,特伦布莱(Tremblay)和劳埃德(Lloyd)也主张全面、客观地测评体育素养,以提高体育教育的质量,增强体育评价的稳定性,改进体育课程的监测和评价,提供重要的监测数据以协助决策者进行资源分配[2]。

总体而言,2021年之前,澳大利亚主要是依据测评目的和测评者的兴趣领域来确定体育素养的测评方法。由于列出每个要素的测评方案过于冗长,所以澳大利亚目前并没有完整的体育素养测评方案。为了避免教师对于体育素养测评一筹莫展的情况出现,澳大利亚提供了一些具体的建议,这些建议强调以下两个方面:

①在进行测评时要关注整体的体育素养。不同测评者选择的体育素养测评方案也许可以反应一部分问题,但是建议测评者在选择体育素养测评方案时要关注体育素养的整体发展,重视体育素养四个领域的协调。不同测评者可以自行编制不同的测评方案,但是这些测评方案一定要与体育素养定义相呼应,即关注体育素养的核心、构成、重要性和期望。②促进测评者反思与改进。由于每次进行体育素养测评的时间、地点、目的和对象不尽相同,所以只有测评者才最了解测评的具体情况。在已有建议的基础上,测评者还需要改进测评方案,使方案满足具体情境的要求。这样的设计既能激励测评者对测评方案进行反思与改进,又能给予测评者一定的自主决定空间,加深对于体育素养的理解。

(二) 2021年之后:实施整体性的儿童体育素养测评

2021年,澳大利亚发布了儿童体育素养测评工具(PL-C Quest),采用图像式自我报告的形式来测评儿童体育素养,该测评方式符合整体性的观点,有利于满足儿童体育素养测评的实际需求。

哲学家韦伯将合理性一分为二,即"工具理性"和"价值理性"。在针对儿童体育素养测评的前提下,工具理性以结果为导向,强调测评效果的最大

---

[1] Dollman J, Okely A D, Hardy L, et al. A Hitchhiker's Guide to Assessing Young People's Physical Activity: Deciding What Method to Use [J]. Journal of Science and Medicine in Sport, 2009,12(5):518-525.

[2] Tremblay M, Lloyd M. Physical Literacy Measurement-The Missing Piece [J]. Physical and Health Education Journal, 2010,76(1):26-30.

化；而价值理性以目的为导向，强调动机和情感的培养。PL-C Quest 决定采用图像式自我报告的形式，重视感知能力的重要作用，展现了"强调价值理性"的取向。感知是个体对内、外界信息的觉察、感觉、注意和知觉，它可以帮助人们识别、理解其他个体的行为和情绪，是落实价值理性的重要手段。感知水平较高的儿童表现出更强的自尊，愿意付出更大的努力并选择具有挑战性的任务。在体育领域，"感知运动能力"是对运动刺激物本身、动作表现、意图甚至情绪的识别。根据施托登（Stodden）等人提出的模型，"感知运动能力"是实际运动能力和体育活动行为的中介因素，甚至比实际运动能力更直接地影响着体育活动的行为。

根据感知行为的范式，体育素养感知涵盖感觉和知觉两个过程。其中感觉过程包括"接收体育素养信息"和"产生心理作用"，知觉过程包括"处理信息"和"理解存在形式"，这四个步骤均蕴含价值理性的取向。具体而言，接收体育素养信息环节帮助个体关注并了解体育素养发展的各个要素；产生心理作用环节促进个体思考自身的体育素养行为；处理信息环节帮助个体分析体育素养结构；理解存在形式环节蕴含了一种接受行为，促进个体对体育素养价值产生认同。此外，基于儿童身体活动变化轨迹模型，可以将感知体育素养水平视为实际体育素养水平和重视并终身参与身体活动的中介因素（见图 5-4）。一方面，感知体育素养水平与实际体育素养水平高度相关，能够有效反映儿童的实际体育素养水平；另一方面，感知体育素养水平

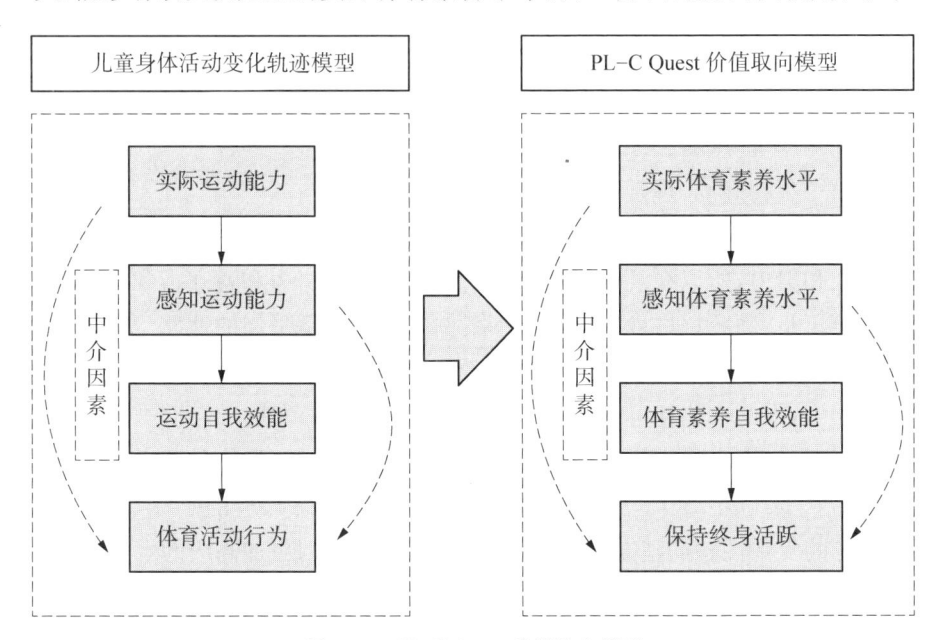

图 5-4 PL-C Quest 价值取向模型

更直接地与自我效能相联系,对于促进个体终身活跃具有重要价值。总体而言,PL-C Quest 选择测评儿童感知体育素养水平,不仅能够反映实际体育素养水平,而且有助于促进儿童增加终身体育活动的可能性,展现了重要的价值理性。

二、2021 年之前澳大利亚体育素养测评的具体案例

学校体育是培养学生体育素养的重要途径,了解 2021 年之前澳大利亚的体育素养测评主要可以通过参考具体的测评案例,下文将提供三个与学校体育教育相关的测评案例,列举这三个案例的主要目的是展示体育素养测评的决策过程。这三个案例不一定是最详细的,但对于体育素养测评者来说,具有一定的启发意义。每个案例都由九个决策步骤构成,这些步骤是从之前的测评指南中发展而来的,并且符合澳大利亚的体育素养定义。

(一) 心理和认知领域测评案例

1. 测评背景

体育教师在篮球课上,发现学生表现出的问题解决能力、规则和策略意识、生活方式、反馈和反思能力是不一致的,所以教师想要测评学生在篮球运动中的动机水平。

2. 测评的要素

在该情境中,动机可以被视为心理和认知领域的整合。心理领域涉及情绪、感觉和态度,认知领域涉及有意识和无意识的知识和理解。所以该情境旨在测评解决问题和决策、规则和策略的意识、推崇健康和积极的生活方式、反馈和反思等要素。

3. 测评的具体步骤

第一步:明确心理领域和认知领域的要素。

第二步:确定教师对该情境的兴趣。本案例中教师可能会强调练习时的投入和努力,所以在观察时就会特别关注学生的努力和遵守指令的程度。

第三步:确定该情境的环境。本案例中的环境是平坦的地面。

第四步:明确目标。在该情境下教师关心的是课堂上已经没有练习动机的学生,因此本测评可以被视为个人、班级或学校评估。

第五步:确定目标群体的年龄组。本案例中的目标群体是青少年。

第六步:确定 SOLO 水平。在该情境中,教师感兴趣的是让学生从感知动作的复杂性转向建立动作之间的联系,或者转向更加高级的水平。

第七步:确定最合适的测评方法(测量工具/评价工具)。本案例中动机不能直接测量,但可以从行为中推断,或使用问卷、调查或访谈进行测评。

每一种测评方法都可以细分为定量方法(如等级量表、心理测量验证)或定性方法(通过观察分析来描述行为、感觉、态度和想法)。在本案例中需要一个善于反思、较为民主、关注学生感知的教师。该教师必须考虑学生应该写日记,还是接受一对一的采访,或是填写一份问卷,来接受测评。如果教师想了解运动动机随着时间推移的变化,那么写日记可能更合适;如果有研究小组和资源,则后两种书面调查可能更合适。运动动机量表(SMS)对于年龄为18岁左右的被测者才是有效的。该量表以自我决定理论为基础,评估与运动相关的内在动机、外在动机和无动机。在评估动机的过程中有许多注意事项,如很多的外部动机可能会成为一件坏事,所以动机更多不一定意味着更好。调查问卷要符合教师希望学生根据特定任务或活动培养的兴趣,因为不同的任务或活动会产生不同的运动动机。此外,对于答案的评分细则和解析需要很详细的说明。

第八步:要考虑到参与的人数与选择的测评方法相匹配。

第九步:考虑成本。该案例中对一个班级的学生进行调查是可行的,也是负担得起的,如果评分有问题,指导与交流也更合适、更方便。

在该案例中,运动动机量表的修订版(包含额外的外部动机测量),已经在澳大利亚青少年运动员中进行了测试和验证,并且被证明是有效的。

(二) 心理和身体领域测评案例

1. 测评背景

体育教师注意到:5~8岁的女生对于参加球类技能运动缺乏信心,导致其动作技能水平不高,对球类运动存在一定排斥情绪。所以该教师想测评这些女生的"身体自我概念"。

2. 测评的要素

一个人的身体自我概念是由他们对自己的外表、体能、力量和感知能力的自我反思构成。因此,身体自我概念与心理和生理领域都是相关的。心理领域涉及情绪、感觉和态度,而生理领域涉及身体能力、运动技能、与健康和技能相关的体能、技术和心理运动技能。因此,该情境提供的案例旨在说明在某些情况下,如何融合上述元素,创造出一个新的"混合物"。

3. 测评的具体步骤

第一步:在广泛的心理和生理领域中确定相关的要素。教师感兴趣的是学生的感知能力,但是没有所谓"感知能力"的要素,因此必须从澳大利亚的体育素养框架中挑选与感知能力相关的要素并构建评价结构。为了实现这一点,教师可以将心理领域下的"自信"要素与身体领域下的"物体操纵"要素结合起来,来表示这种叫做"感知能力"的"混合物"。

第二步:确定教师对测评学生这方面的体育素养的兴趣。该案例中教师对学生认为自己在接球和投掷方面具有怎样的能力感兴趣。

第三步:确定该情境的环境。该案例中的环境是平坦的地面。

第四步:明确目标。在该情境下教师关心的是女生是否提高了对物体操纵能力的感知。因此,本测评的目标可以视为:要在一节课上了解一个学习团体。

第五步:确定目标群体的年龄组。该案例中的目标群体是小学女生。

第六步:确定 SOLO 水平。在该情境中,重要的是了解哪些女生处于单一结构水平,哪些不是这一水平。

第七步:确定最合适的测评方法(测量工具/评价工具)。该案例中自我感知不可能被客观地评价,这就需要强调主观评价。教师需要考虑应该采用日记,还是一对一的采访,或是开展一项调查来作为最合适的测评方法。考虑到小学女生的年龄和文化水平,教师推荐采用一对一的采访和生动的谈话。

第八步:要考虑到参与的人数与选择的测评方法相匹配。在该情境中,考虑到时间因素,与班上大约一半的女生进行简短的面谈是可行的。

第九步:考虑成本。在该情境中,成本可能高于前一个案例。采访小学生的时间与青少年学生自己完成调查的时间是不同的。但是在该案例中,当前选择的测评方法显然是可行的。

(三) 认知领域测评案例

1. 测评背景

一位高中体育教师想要学生对于同场对抗性运动项目产生更深的理解,而这种更深的理解与学生对技战术的认知,以及基于陆地的物体操纵能力是密切相关的。所以,教师要想办法测评学生对于同场对抗性运动项目的理解。

2. 测评的要素

像篮球、无挡板篮球、足球、手球和水球这样的同场对抗性运动项目的主要目标是保持控球、进攻到对手的场地并得分。该情境的学习领域主要是认知,身体领域也与之相关,需要学生具备将战术技能与身体技能相结合的能力。作为教师,需要探索这种能力的外在表现形式。

3. 测评步骤中的要点

相似的测评具体步骤在前二个案例中已呈现过,本案例中不再赘述,只列出步骤中的要点。

在该情境中,战术(认知领域)、基于陆地的运动和物体操纵(身体领域)

是测评的要素。当这些要素组成一个混合概念时,教师需要关注学生的以下表现:①战术-移动(如寻找空间、摆脱防守者,或盯防进攻者);②战术-物体操纵(如将球传到空位、改变进攻重点或限制对手的进攻);③移动-操控(如带球跑动、边跑边踢或扔球);④上述三点的结合(如利用自身和球的运动来控制对方的防守,或对对方的进攻做出反应以阻止对方得分并重新得到球权)。

教师对于该情境的兴趣主要是了解学生比赛中做出决策的能力。该情境的环境是平坦的地面,目标是了解班级的水平。被测者的年龄为高中学生,SOLO 水平为习得与积累。

测评的方式是客观的,要求教师在复杂的运动情境中,对每个学生的表现采取直接的观察测评(或是对一个班级内的学生进行抽样测评)。教师要关注的不仅仅是表现结果,还要关注战术决策的执行。所以教师需要提前制订测评标准,并且制订的标准要能反映学生所做决策的意图。该情境参与的人数不多,就是体育课的平均人数。直接观察虽然比调查所花的时间更长,但是这对一名体育教师来说还是可行的。

(四) 对上述三个测评案例的评析

审视上述三个案例,很明显并没有一种可通用的"完美的"测评方法,但是测评者有权决定如何测评体育素养,以及如何使这种测评方法与体育素养的概念相适应。在这些案例中,相比于运用统一标准来测评复杂的体育素养要素,教师自身对于测评工具的考核与选择更加重要并且更有意义。事实上,教师应结合学习者所需要具备并正在发展中的体育素养情况进行有针对性的测评,这样的测评更符合环境、更准确、更具长期意义。

上述三个案例较为具体地展现了澳大利亚体育素养测评的流程,分析可知这样的测评方式对测评者有较高的要求。这些要求不仅包括理论知识的储备,还包括对于环境的了解和运用知识的能力,具体的分析如下:

测评者需要具备一定的体育素养认知基础。在体育素养的测评过程中,首先要对学习者的素养产生兴趣,发现学习者身上可以探究的问题;其次要对国家体育素养框架比较熟悉;最后测评者还应当具备分析每个测评指标由哪几个要素构成的能力。这不仅要求测评者关注学生的体育素养发展状况,还需要一定的体育素养认知基础作为保障。

测评者需要具备整体性思维。要想发现学习者身上的问题,首先需要关注学习者的状态,并根据学习者的状态进行反思,形成自己的理解。在对学习者体育素养进行测评的过程中,则需要具备整体分析的能力。测评者要根据参与测评的人数和环境,权衡测评的成本和效果,设计出合适的测评方案。而以上这些操作需要测评者的整体性思维作为支撑。

三、2021年起澳大利亚儿童体育素养测评(PL-C Quest)

(一) PL-C Quest测评的内容体系

从对世界范围内的体育素养研究进行综述,到发布澳大利亚体育素养定义,再到构建澳大利亚体育素养框架,最终形成本土化的体育素养测评工具PL-C Quest,澳大利亚经历了漫长的探索过程。2017年,为了奠定澳大利亚体育素养定义和框架的理论基础,基冈(Keegan)等人对国际上的体育素养研究进行了综述。基于综述的理论基础,澳大利亚组建专家组并进行了充分讨论,最终决定采用陈述性声明的形式来呈现澳大利亚体育素养的定义。

在确定了体育素养的定义后,整体结构就变得清晰起来。经过专家组的讨论,决定将身体、心理、社会和认知四个领域作为澳大利亚体育素养的主体框架,其中涵盖30个要素。在澳大利亚体育素养框架的基础上,澳大利亚于2021年发布了儿童体育素养测评工具PL-C Quest。PL-C Quest测评的结构与澳大利亚体育素养框架完全保持一致,分为身体、心理、社会和认知四个领域,并设置30个测评情境(见表5-5),逐一对应澳大利亚体育素养框架中的各个要素。

表5-5 PL-C Quest测评的情境描述

领域	要素	测评情境描述
身体领域	移动技能	是否擅长跳跃
	使用设备移动	是否擅长滑板
	物体操纵	是否擅长过肩投掷
	协调性	是否擅长跳绳很长时间不被绊住
	稳定性和平衡	是否擅长单足站在岩石上不摇晃
	柔韧性	是否擅长不弯膝盖手指碰到脚尖
	灵敏性	是否擅长在追赶游戏中躲避伙伴
	力量	是否擅长搬起大石头
	肌肉耐力	是否擅长悬垂很长时间
	心血管耐力	是否擅长跑很远也不会累
	反应时	是否擅长听到枪响立刻跑出去
	速度	是否擅长跑得快

续表

领域	要素	测评情境描述
心理领域	参与和乐趣	是否感觉喜欢尝试以各种不同的方式变得活跃
	自信	是否感觉自己有信心尝试新的活动,如高空滑索
	动机	是否感觉自己活跃并且很喜欢运动,原因有很多
	与场所的联系	是否感觉自己有最喜欢的场所用于闲逛和玩耍
	自我意识	是否感觉自己很清楚自身的能力
	自我管理(情绪)	是否感觉当没达到目标时能够控制自己的失望
	自我管理(身体)	是否感觉自己可以保持匀速爬上山顶
社会领域	关系	是否想要邀请其他孩子和他们一起玩
	协作	是否想要参加团体活动或游戏
	道德	是否想要在输了一场比赛后,和对方的孩子们握手
	社会与文化	是否想要了解其他地方人们的活动和游戏
认知领域	内容知识	是否认为自己知晓体育运动对人体有益的许多原因
	安全和危险	是否认为自己下水之前会观察在哪里游泳安全
	规则	是否认为要遵守规则,如不在泳池跳水
	推理	是否认为如果不能进行最喜欢的体育活动,可以选择其他运动
	战略和规划	是否认为自己会思考哪条路是最好的攀登路线
	战术	是否认为自己应当出现在正确的位置,以方便队友传球
	感性认识	是否认为自己在骑行的时候会注意到路上的障碍物

(二) PL-C Quest 的测评方法与评价标准

1. 测评方法

PL-C Quest 基于图像的形式,利用儿童对自身体育素养的感知,对儿童的体育素养进行测评。具体而言,澳大利亚体育素养框架中的每个要素都有对应的测评情境,而根据每个测评情境,PL-C Quest 都开发了一组用于测评的图片。儿童需要根据自身的感知,在每组图片中选择更符合自身情况的一张,并且判断图片与自身情况的契合程度。例如,对于身体领域中的"力量"要素而言,预设的测评情境为"是否擅长搬起大石头"。PL-C Quest 开发了一组图片(见图 5-5),儿童需要判断哪一个选项最符合自身的实际情况。

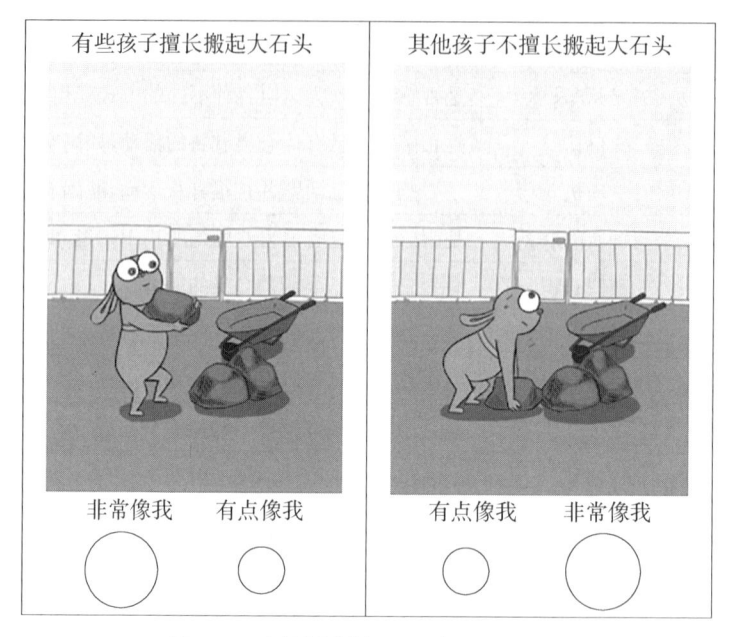

图 5-5　身体领域"力量"要素的测评图像

PL-C Quest 中共包含了 30 组类似的图片,逐一对应体育素养的各个要素,儿童需要根据自身的情况逐一做出选择。值得一提的是,PL-C Quest 主要面向 4~12 岁的儿童,而这个时期的儿童处于各项生理功能快速发展的阶段,不同年龄的儿童在认知与行为等方面可能会表现出明显差异。因此澳大利亚将测评对象分为两组,并且区分了测评手段:①年幼儿童的调查问卷主要针对幼儿园至 2 年级的幼儿,测评对象的年龄大约是 4~8 岁。该年龄阶段的儿童认知和实际操作能力发展可能还不够成熟,因此调查问卷需要采取"面对面交谈"的方式,由教师或测评人员单独指导每位儿童完成问卷。②大龄儿童的调查问卷主要针对小学 3 年级至 6 年级的儿童,测评对象的年龄大约是 9~12 岁。该年龄阶段的儿童已具备一定的读写能力,因此可以在测评人员的指导下,通过"小组评估"的方式完成问卷。

2. 评价标准

得分统计。针对儿童的选择结果,PL-C Quest 确定了一致的评分标准(见图 5-6):如果儿童选择了左边的图片,就会得到 4 分或 3 分;如果儿童选择了右边的图片,就会得到 2 分或 1 分。图片中选项和评分标准形成了一个基于形容词的 4 分量表,这样的设置遵循了自我感知量表的设计原则。大龄儿童身体自我感知量表同样是基于形容词的 4 分量表,并且已经得到了广泛认可,因此 PL-C Quest 的评分标准符合科学性和规范性。在得分汇总方面,测评者既可以按照领域来统计得分,又可以计算体育素养总分。体育素养身体领域的得分范围是 12~48 分,社会领域是 4~16 分,心理领域和认知领域都是 7~28 分,因此总得分范围是 30~120 分。

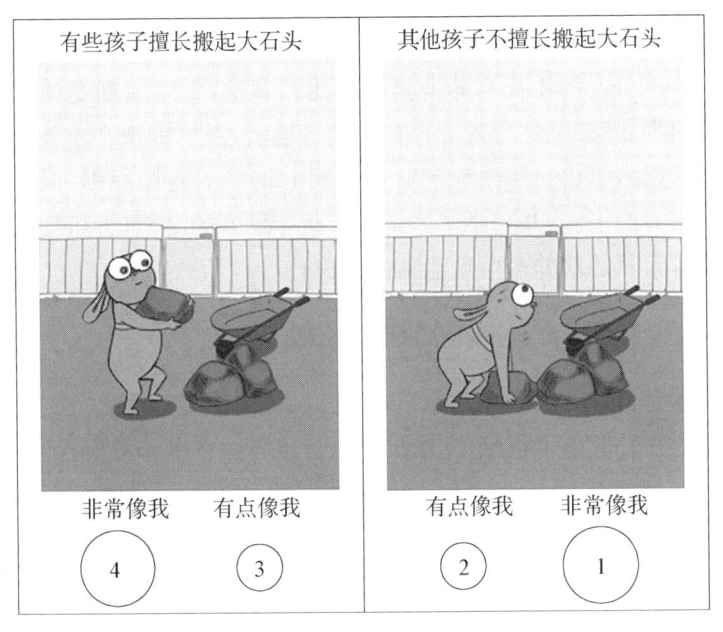

图 5-6　PL-C Quest 测评得分示例

问卷检验。为了保证测评问卷的有效应用,PL-C Quest 严格遵循测评工具的开发流程,问卷从生成草案到确定最终图像共经历了 3 轮专家咨询、2 轮儿童访谈及 3 轮图像绘制。其中,专家咨询有利于对测评图像的设计达成共识,保证测评工具的科学性;儿童访谈有利于对图像进行针对性修正,确保测评图像契合儿童的视角;图像绘制主要是落实专家和儿童的修改意见。在这一过程中,专家和儿童的意见被传达给艺术家,而艺术家又为问卷提供了艺术和绘画方面的支持,最终确保几乎所有儿童都能理解全部图像。如此轮转迭代的修改过程,可以促进图像准确传达预期含义,有力保证问卷的效度。

但是在信度检验和常规模式构建方面,PL-C Quest 仍需进一步探索:当前澳大利亚还没有报告 PL-C Quest 测评的信度,澳大利亚运动委员会鼓励在全球范围内验证 PL-C Quest 的测评效果,有效促进儿童体育素养测评的持续改进。澳大利亚认为儿童的体育素养得分越高,表示其体育素养水平越高。但澳大利亚目前尚未建立体育素养测评的常规模式,也仍未解释什么是较好的或可接受的体育素养分数,这限制了测评结果的进一步应用,也是 PL-C Quest 在未来需要进一步完善的地方。

第三节 澳大利亚体育素养的培养策略

首先,原则是行事所依据的标准,在培养体育素养的过程中,遵守指导原则有利于充分发挥体育素养框架的作用。其次,学生时期是体育素养形成的关键时期,学校是体育素养形成的关键场所,需要重视在学校的体育素养培养。所以本节将介绍澳大利亚体育素养培养的指导原则,以及在学校培养体育素养的措施,并列举了四个体育素养培养的案例,力求使读者对澳大利亚体育素养的培养产生更清晰的认识。

一、澳大利亚体育素养培养的指导原则

来自体育、教育、健康和其他学术研究领域的许多专业人员不仅对体育素养框架的开发做出了贡献,还给出了以下培养体育素养的指导原则:

① 每个人都有通过运动和身体活动来学习的潜力。体育素养框架不应被视为对发展的命令性期望,它提供了一个人如何努力提高体育素养的参照标准。

② 在体育素养的各个发展阶段,每个人的进步速度是不同的。体育素养框架旨在促进个人的体育素养之旅,不应与其他人进行比较,因为这没有实际意义。框架的开发者希望所有澳大利亚人都能够持续地发展体育素养,在他们的一生中保持活跃和健康。

③ 有规律的运动是发展体育素养的最好方法,但体育素养也可以通过身体活动和偶然的运动来提高。要考虑使用楼梯代替电梯,安排步行会议,使用站立式办公桌,在课堂上安排学生经常站起来活动等方式发展体育素养。

④ 在使用和推广体育素养框架时要使用标准和易懂的语言。这有助于达成对体育素养的共识,引起包括家长、决策者、教练、教育工作者和儿童在内的所有澳大利亚人的共鸣。

从上文的描述中,我们可以发现澳大利亚体育素养培养的指导原则具有以下特点:首先,指导原则相信"每个人都可以通过运动和身体活动来学习",表现出了澳大利亚对发展全体国民体育素养的鼓励态度,并且坚信每个人都有发展体育素养的能力;其次,指导原则中表示"澳大利亚体育素养框架旨在促进个人的体育素养之旅,不应与其他人进行比较",不主张在体育素养方面相互竞争,因为学习者会对竞争的氛围感到排斥,进而降低从事

体育运动的积极性,限制学习者的体育素养发展;最后,从指导原则中可以看出澳大利亚注重体育素养与日常生活情境的融合,关注体育素养在现实中的实际应用,力求促进澳大利亚国民健康水平的提升。

二、澳大利亚学校对体育素养的培养

为了培养学生的体育素养,澳大利亚运动委员会与澳大利亚健康、体育和娱乐理事会合作,开发了《学校体育素养指南》。该指南共包括三个领域,涵盖八个要素,提出了学校培养体育素养的目标,并构建了有利于身体活动和体育素养发展的理想环境,也为学校发展体育素养提供了具体指导(见表5-6)。

学校体育工作对学生体育素养的形成至关重要,因此澳大利亚采取了上述措施,力求促进学生体育素养的发展。上述措施大致可以概括为以下三类:

① 强调做好顶层规划和设计。首先,学校领导要"将体育素养纳入学校的战略计划和年度计划",从领导层面便开始重视体育素养的发展,激励有关体育素养活动的开展;其次,体育教师及家长要避免对学生进行体罚,防止产生不愉快的运动经历;同时,学校各类教职工都要加强对学生身心健康的责任感,从宏观思想上重视学生的体育素养发展。

② 加强体育政策的保障。学校和社区的健身器材建设可以为学生体育素养发展提供良好的运动环境,要保证器材能满足所有学生不同的兴趣和需求,保证器材的使用年限与防护装备适当;同时,要注重体育素养框架与国家体育课程标准相结合,完善教学内容和方式的更新,这有利于每位学生获得愉快的运动经历,促进学生体育素养的发展。

③ 注重创设良好的运动环境。家庭成员的参与对发展学生的运动意识起着极其重要的作用,所以要注重学校和家长的联系,创造和增加学生与家人共同参与体育锻炼的机会;另外,要优化社区和学校周边的运动氛围,诸如健身步道等设施的完善,这样能促进学生积极参与运动;此外,同伴的共同参与对学生体育素养的形成同样十分重要,因此学校要引导学生发展良好的运动伙伴关系。

三、澳大利亚体育素养培养的案例

为了展示如何在体育活动项目中培养体育素养,澳大利亚的体育素养网站提供了四个培养体育素养的项目案例(见表5-7)。这些案例选取了不同的学习对象,有效展示了学习者在体育素养四个领域取得的实际进步,并

表5-6 澳大利亚《学校体育素养指南》的内容

三个领域八个要素	目标	主要措施		
学校领导	学校领导非常支持体育素养的发展。学校中发展体育素养的氛围很浓厚	学校鼓励发展体育素养。其主要方式是将其纳入学校的战略计划和年度计划	支持适当分配时间参与固定的身体教育、运动和身体活动。"澳大利亚健康活跃儿童"这个网站每周推荐150分钟有组织的身体练习（包括午餐时间活动等）	为职员制订参加有关体育专业学术会议的计划	了解体育素养的益处，它所扮演的积极角色，并对其保持积极态度	展现促进身体活动，使学校社区全体成员健康的行为与责任，促进学校与社区践行"澳大利亚的身体活动和久坐行为指南"	创造积极支持身体活动玩耍（包括上学前、在学校时、放学后）的学校环境	
学校文化、组织与环境	全校性的体育素养政策已经建立、实施并审核	全面支持体育素养，包括关注发展学生身体、心理、认知和社交四方面的能力	在审查、规划和宣传体育素养相关政策时，面向学校的全体成员	基于学校优势，以学生为中心，注意满足学生的个人需要	政策包含健康与身体教育、身体活动、课外活动和积极运动	提供平等的机会和安全的空间	与其他相关的政策联系并相互补充（如学生的学习、福利政策学习的积极行为等）	员工福利项目包含使员工提高体育素养水平的机会（如站着开会和计步器挑战等）	尊重学生的权利，禁止以停止健康与身体教育，或停止其他身体活动作为惩罚的一种形式

续表

三个领域	八个要素	目标	主要措施					
学校组织与环境		促进接触各种环境,包括教室、操场等。提供在上学前、在上学时以及放学后发展体育素养的机会	建设户外锻炼空间和任何天气都可以使用的健身锻炼设施和场地(如室内运动馆、有遮蔽的室外场地等)	监督场地设施有很好地维护,保持场地设施安全和干净	场地由素质的场地值日督导进行监管,督导的职责是鼓励职工积极组织和身体活动,相关督导训练工作的高年级学生也可以接触	让学生可以接触一系列运动器材,鼓励在上学前、上学时、放学后的身体活动。器材能满足学生不同需求,且器材的使用年限与防护装备都适当,能保证安全	推动与运动融合的教室设计以求促进身体活动(如可以轻松移动的桌椅,既可以保持正常的桌椅排放,也可以方便创造运动空间)	鼓励职工与学生以在返学校的方式运动。这可以通过清除障碍物、建设安全开放交通工具的区域,在校外指定步行区来实现
课程质量和体育项目教学	健康与体育教学	学校提供许多综合的、可发展的健康体育项目,以及全面发展体育素养相关的教学。拥有富有激情的、合格的健康与体育教师。教师应当是专业的,且具有相应的学位	符合各州或国际体育课程标准	包括循证教学方法	包含不同范围的学习者和多种兴趣	竞争性活动和非竞争性活动保持平衡	运用大量形成性和终结性的评价方法,为学生提供建设性的和即时的反馈	保证学生参与的最大化,使学生在体育课中至少50%的时间能参与到中到大强度的运动。提供足够的器材以保证每个学生都活跃,减少未参与体育健康教育的比例

续表

三个领域八个要素	目标	主要措施				
	学校在上课、午餐时间、放学后提供广泛的、包容的、令人愉悦的系列课程和校内或校际体育项目	包含大量的竞争性与非竞争性的、团队与个人的体育活动。发展学生社交和情感技能的课程，以及团队课，性别、能力、背景如何都可以参与	与州或国际体育健康课程、当地社区发展和维持体育积极性，做出表率	在上学前、在学校时、放学后提供参与的机会	鼓励并支持学生在学校和当地社区发展和维持体育积极性，做出表率	督促学生积极参与、认可学生的参与和成就	鼓励学生对体育素养产生积极情绪，强调运动和参与的乐趣	支持学生识别和评估他们所能及的学校和当地社区的体育活动
跨学科领域方法，并支持员工发展体育素养	学校鼓励所有学科领域的员工接受并参与支持体育素养的发展，并提供专业学习来支持员工发展体育素养	各学科促进并纳入身体活动内容。整合体育素养纳入每个年级的系列课程	将体育纳入专业发展计划，形成文件并实施，就像读写和计算一样	为员工提供专业知识以支持他们计划及课外活动中获取资源，以提高他们的发展体育素养的能力	激励员工成为健康与体育活方式的正面典型。鼓励员工参与体育实施，保持与学校改策一致，参与课外项目	鼓励员工提供额外的身体活动经验，促进学生更好地了解和发展他们的体育素养	

第五章 澳大利亚体育素养研究　237

续表

三个领域	八个要素	目标	主要措施			
社区联系和伙伴关系	父母与家庭成员	学校鼓励父母与家人在社区参与体育发展、体育素养。在家里支持体育素养。学校提供复习在家里学校所学体育素养内容的机会	提供信息、建议和实际性的发展策略，定期推广并支持体育素养	意识到父母是榜样，提供一种获得健康和积极的家庭文化氛围。父母积极参与身体活动和保持练习，并鼓励孩子一起参与	了解体育和运动教育的重要性、增加身体活动的机会。了解父母身体活动对于青少年健康的影响	父母参与孩子课外的运动和身体练习，并保持强烈的兴趣	支持孩子参与各种对抗性和非对抗性的团队和个人的休闲活动中（不要过早专攻一两项运动）	支持员工和学生在学校发展和提供体育素养运动。家庭成员需要他们的意见和反馈	被邀请参加和促进在学校或在家里的，来自不同文化背景的体育活动	与孩子的教师和自己的孩子开放地交流关于孩子体育素养的发展与结果
	当地社区	学校促进和支持社区参与，包括俱乐部、体育娱乐设施和休闲项目，增加学生参与体育活动的机会	在学校内外提供参与身体锻炼的机会，包括俱乐部、娱乐设施和休闲项目，职工和家人参与这些社区活动	社区包含许多休闲俱乐部和运动中心。鼓励当地社区与学校合作，学生及其家人建立和保持关系，创造和增加学生和家人参与体育锻炼的机会	鼓励当地社区与学校合作，培养支持体育素养发展的健康专业人士、机构和组织	社区包含安全的运动区域和积极锻炼的机会，如步道或自行车道	不在学校的时候也可以使用学校的体育健康教育资源包括当地的运动器材	支持学校提高对体育素养的认识并加强宣传。这可能包括家长、当地的教练和提供者	鼓励学校和组织加强联系，为当地社区提供更长远的体育素养倡议	

表 5-7 基于具体项目培养体育素养的案例

项目名称	项目介绍	体育素养培养成果				主要发现
^	^	身体领域	心理领域	社会领域	认知领域	^
少儿运动员发展项目	(1) 本项目旨在建立关于身体移动的基本技能、技术和知识； (2) 实施者：由澳大利亚田径协会与教师合作实施； (3) 培训和资源：田径协会和体育素养在线上和线下培训； (4) 周期：每周60分钟，共8周； (5) 参与者：5~12岁的在校小学生	(1) 移动技能：主要是发展跑步和跳跃技能，以促进长期参与运动的能力； (2) 物体操纵：设计非竞争性的游戏，以确保所有学生都能参与，建立他们对于投掷技能的能力和信心	(1) 自我管理（情绪）：学生认识到，通过教练的单独指导，锻炼过程中的紧张感在逐渐减少； (2) 自我管理（情绪）：教练使用各种各样的技巧来管理学生的情绪，如教练会积极地鼓励学生"我知道你表现很沮丧，犯错误是正常的，但是你⋯⋯方面做得很好"； (3) 自我意识：教师认为教练提高了学生的积极性，学生现在对自己的能力有了更多的自我感知，他们了解自己的方式； (4) 参与和乐趣：学生反馈说，他们喜欢教练的单独反馈，因为这会让他们保持参与，提高运动表现	(1) 参与者的关系，合作和道德规范都得到了发展； (2) 通过对学生期待在一个安全的学习环境中与他人建立关系和合作； (3) 教练设计了一个游戏方便学生相互交流，学生表示他们与朋友一起玩游戏是很开心的事； (4) 教练要注意发展与学生的关系，赢得学生的信任，并了解他们的个人学习需求	(1) 内容知识：教练使用了正确的技术术语，帮助学生学习和提高成绩； (2) 推理：通过学习正确的技术，以及为什么技术对于成功很重要，学生能够反思他们的表现，并知道提高的方式	(1) 让学生享受快乐很重要； (2) 学生喜欢和朋友们一起活动，教练要提供一个友好的环境； (3) 教练和蔼的语言有利于创造安全、信任的氛围，这对于参与和实践来讲非常重要； (4) 要鼓励学生通过学习和实践来提升自我； (5) 教练和教师要密切合作，确保了解学生和学校环境； (6) 教练在观察教练创造有吸引力和安全的学习环境时也会得到启示，这会提高他们对体育素养的关注

续表

| 项目名称 | 项目介绍 | 体育素养培养成果 ||||主要发现|
		身体领域	心理领域	社会领域	认知领域	
幼儿园的丛林玩要项目	(1) 本项目在自然的丛林中进行，有利于孩子自由玩耍；(2) 实施者：基督教青年会工作人员、幼儿园教师和家长；(3) 培训和资源：基督教青年会工作人员与幼儿园教师一起讨论项目精神和期望的结果，家长会收到每节课前的安全指南；(4) 周期：每次5小时的活动，共5次，每周两次1次；(5) 参与者：当地幼儿园3~4岁的孩子	让孩子们在自然的丛林中自由玩耍，提供发展身体技能机会。通过尝试，失败，再尝试，孩子们能够评估风险和锻炼一些身体要素：(1) 移动技能和协调性：通过爬树和绳索得到锻炼；(2) 移动技能和灵敏性：通过跑步和跳跃水坑，岩石地面等各种表面得到锻炼；(3) 物体操纵：通过在监督下搬动周围的岩石和生火进行锻炼；(4) 稳定性和平衡：通过在木头上保持平衡锻炼；(5) 力量：拆卸螺栓进行锻炼	(1) 动机：在自然的丛林中玩耍激发了孩子们高水平的动机；(2) 参与和乐趣：在玩耍期间，各种各样的游戏给了孩子们很大乐趣；(3) 自我管理（情绪）：实施者与孩子们建立信任，帮助他们调节害怕爬树，或不敢做某事的情绪，通过活动和帮助他们的话语和行动帮助他们克服恐惧，实施并进一步获得了信任；(4) 自我管理（身体）：鼓励孩子探险，有助于孩子了解自己的身体极限，做出独立的判断；(5) 自信：通过自主学习，让孩子建立自信、挑战自我	(1) 关系和协作：非结构化的课程使孩子们发展了相互协作的技能；(2) 道德：自由玩耍意味着孩子们要公平地与彼此玩耍，甚至自己解决冲突	(1) 内容知识：在户外自然环境中可以自我学习，促进了有关"如何在各种天气条件下移动身体"技能的发展。教师观察到，这些技能可以被迁移到幼儿园环境；(2) 规则：没有关于边界和安全范围的规则，使得孩子们为游戏制定自己的规则，这有助于孩子们更好地理解规则是如何影响游戏的；(3) 战略和规划：不断变化的自然环境要求孩子们考虑他们如何和环境互动，以及与他人和环境互动；(4) 安全和危险：户外的自然环境有利于孩子们考虑自己的安全，并评估他们的运动，考虑后果	(1) 该项目成功地发展了体育素养的四个领域，使孩子们持续保持活跃；(2) 为孩子们提供自主玩耍的时间和空间，为孩子们提供探索风险的机会。这有助于建立自信，提高他们对体育活动的独立判断和思考能力；(3) 为教师和家长提供启发，让他们知道如何在户外的自然环境中组织游戏；(4) 为家长提供信息，使合适的露营地点信息，使家长更加活跃和热情

续表

项目名称	项目介绍	体育素养培养成果				主要发现
		身体领域	心理领域	社会领域	认知领域	
女孩冲浪训练营项目	(1) 本项目是针对十几岁女孩学习冲浪的夏令营。项目包括健康饮食、认证,并在健康饮食环境保护方面丰富经验的初级冲浪经验的教练;(3) 周期:3 天 2 夜;(4) 参与者:具有初级冲浪经验的13~17 岁女孩	陆上活动(瑜伽、伸展运动、步行)和水上活动(浮潜、游泳、冲浪)促进了体育素养的全面发展。女孩的冲浪技巧有所提高,主要表现在:(1) 使用设备动作:通过手臂和腿在水中移动冲浪板得到锻炼;(2) 反应时、力量、速度和协调性:在跃起和冲浪的过程中得到锻炼;(3) 稳定性和平衡、力量和灵敏性:在波浪上保持平衡的过程中得到锻炼	(1) 自信:技能和冲浪能力的进步提升了参与者的信心;(2) 自我管理(情绪):参与者表示她们由于感受到同伴和教练的激励,所以调节情绪的能力增强了;(3) 与场所的联系:夏令营鼓励参与者参加冲浪文化节和社区活动,积极与当地冲浪俱乐部和冲浪商店互动	(1) 关系:参与者之间、参与者和指导者之间、参与者和更广泛的冲浪社区之间都会发展积极的人际和社会关系;(2) 关系:教练鼓励参与者相互支持,创造良好的技能学习氛围;(3) 协作:夏令营形式为参与者提供了在烹饪、清洁等方面的合作工作机会	(1) 感性认识:能够快速调整他们的身体状态,成功地冲浪;(2) 内容知识:了解如何移动和成功地冲浪;(3) 推理:理解饮食和冲浪之间的关系;(4) 战略和规划:规划水和冲浪的最好方式;(5) 安全和危险:通过观察不同的冲浪地点和水的特点,增加参与者的知识,并且能够迁移这些知识	(1) 该项目的成功得益于有渊博知识的教练,他们了解冲浪的原理和方法。在这个夏令营项目中全面学习了健康饮食、健康心态以及这些如何影响冲浪的表现;(2) 社会团体对于女孩的冲浪学习至关重要。同时也为她们建立了一个将来可以一起冲浪的团体;(3) 夏令营结束时的家长会提高了家长的信心,并增加了他们对孩子继续参加冲浪的支持;(4) 冲浪教练成为参与者的榜样和支持者,这发展了参与者的体育素养

续表

项目名称	项目介绍	体育素养培养成果				主要发现
		身体领域	心理领域	社会领域	认知领域	
小学生的身体健康项目	(1) 本项目有利于发展身体的速度和技巧,有利于投掷、捕捉和移动技能的发展; (2) 实施者会是基督教育年会的工作人员。这些志愿者在项目开始前已经进行了两次培训; (3) 周期:每周两次,每次50分钟,共10周; (4) 参与者:5~12岁有课余时间的小学生	(1) 移动技能:学生自述在跑步、跳绳、投掷、接球和踢球技能方面的进步。这有利于保持参与乐趣和发展身体技能; (2) 物体操纵:修改运动规则,以适应不同的运动能力,确保全员参与	(1) 自我管理(情绪和身体):学生在每节课前和课后要积极反思活动的感受,这样有利于发展情绪和身体的自我管理技能; (2) 动机:实施者在必要时要修改游戏和活动规则,以保持学生的积极性和参与性; (3) 自信:学生喜欢看到自己技能的提高,这可以增强自信心; (4) 参与和乐趣:学生倾向于游戏而不是重复的练习,学生很喜欢这种学习方式	(1) 关系:实施者会注意发展促进学生间积极关系的语言; (2) 协作:学生们要互相帮助,学习游戏技巧和规则; (3) 道德:实施者会对学生表现出良好体育精神的行为做出奖励	(1) 内容知识:学生可以学习正确的运动术语、技术,也可以应用到其他游戏和活动中; (2) 策略和规划:学生可以自己创造规则和游戏,这会巩固他们的内容知识、策略和规划	(1) 学生被游戏和各种各样的活动所吸引; (2) 学生们在课程中建立了自信并在体育素养的四个领域都取得了进步; (3) 该项目成功地利用了课外时间,促进了学生发展他们的体育素养; (4) 当实施者参加入游戏和活动时,团队关系会明显增强; (5) 该项目可以启发家长:如何使孩子爱上体育运动; (6) 学生进步的程度取决于实施者的经验,这体现了有经验的教师会促进体育素养的发展; (7) 学生发展了良好的自我意识,要给学生表达自己锻炼感受的机会

分析了这些进步产生的原因。这四个案例具有较好的参考价值,能够帮助读者对体育素养培养产生更深的理解。

上述的体育素养培养案例有效地呈现了学习者在体育素养各领域取得的进步,对这四个案例进行分析,发现其主要呈现出三个特点:第一,力求通过一个完整的项目,整体发展体育素养。项目的实施者关注到"完整的项目有利于参与者全面学习健康饮食、健康心态、健康运动",所以实施者总是通过构建一个完整项目,促进体育素养四个领域的进步。第二,以参与者为中心设计项目。实施者总是"以提高孩子们的积极性为中心,使孩子们对自己的能力有更好的自我感知"。项目不仅关注直接的技能传授,而且考虑了项目对参与者的作用,促进参与者了解成功的方式,使参与者具备进步的信心。第三,在项目中注意考虑环境的影响。"学生期待在一个安全的学习环境中与他人建立关系和合作,创造一个安全、信任的氛围对于孩子们参与、学习和提高是非常重要的",所以实施者需要基于周围环境来设计、修改活动,有效发挥运动情境的作用,以激励所有学习者参与。

第四节 澳大利亚体育素养面临的问题与未来展望

从上文可以得知澳大利亚多样的地理条件丰富了澳大利亚人的生活,为其身体活动和体育素养的发展提供了良好的环境。当前澳大利亚在体育素养框架的建设、体育素养测评、体育素养培养等方面已经取得了一定的成就。但是由于澳大利亚体育素养的发展历史并不很长,所以在许多方面仍然存在不足。本节将提出澳大利亚体育素养面临的问题,并对其未来的发展进行展望。

一、澳大利亚体育素养面临的问题

(一)文化认知差异导致对体育素养的认同感不一致

澳大利亚不仅具有丰富的地理资源,还有来自土著居民和托雷斯岛民的不同传统文化。一方面,多样的文化为体育素养的产生奠定了一定的基础,并且有利于体育素养的发展;但是另一方面,这样的文化特点也会导致澳大利亚体育素养的发展情况更加复杂。比如,不同地区、不同人群发展体育素养的意识和基础差别很大,这就导致澳大利亚个体发展体育素养的路径通常是复杂和非线性的。这种复杂而非线性的发展路径难以使不同学习者产生一致的认同感,从而在一定程度上削弱了学习者发展体育素养的兴趣,也阻碍了澳大利亚体育素养的快速发展。

(二) 使用案例指导体育素养测评的方式复杂且存在争议

澳大利亚现有的体育素养测评案例鼓励测试者发挥自身的创造力,结合周围的环境和被测者的实际情况创造合理的测评方案。这样的测评方式对测试者认知基础、文化水平、整体思维及实际操作能力都提出了非常高的要求,应用起来也较为复杂。尽管2021年发布了针对儿童的体育素养测评工具,但是适用的人群非常有限。

从整体论的角度来看,体育素养由相互关联的领域及其要素组成,只有作为一个整体时才有意义。澳大利亚的体育素养测评案例通常只针对某一个或几个要素,这样单独测量体育素养的某些要素与体育素养倡导的整体性观点是不一致的。虽然澳大利亚也针对此种操作方式阐述了理由,但通过测量体育素养的部分组成要素,很难全面评估个体的体育素养整体水平,澳大利亚的测评方案中也鼓励教师认识到这一局限性。

(三) 高效的体育素养发展方案仍待开发

切实可行的体育素养发展方案应当基于运动参与者的体育素养实际发展水平,并且需要整体考虑环境和气候因素的影响。但是目前体育素养的培养仍然是一个难题,体育素养培养的具体操作方案还不够成熟。澳大利亚拥有多样的地理与文化资源,各地地理与文化情况差异较大,造成了体育素养发展的背景是多样的,脱离运动参与者实际生活环境的体育素养发展方案很难发挥成效,这也为体育素养发展方案的制订带来了一定的挑战。

二、澳大利亚体育素养的未来展望

(一) 关注发展差异性,激励体育素养进步

参与体育活动有利于提升个体的体育素养水平,并获得长期益处。但目前仍存在一些客观因素限制了体育素养推广,因此需要采取一些针对性手段来推动体育素养的发展:一方面,澳大利亚多样的社会文化造成了体育素养发展进程参差不齐的局面。基于此,在国家层面宣传体育素养的价值并将其纳入健康相关的法案非常重要,这有助于引起全社会的重视并提升国民的体育素养水平。另一方面,体育素养带来的进步通常是缓慢和非线性的,这可能会阻碍学校、教师及青少年选择和坚持体育素养方案。基于运动和体育素养效益的长期体现性和很难维持性,澳大利亚的体育素养方案应当设法为参与者带来更多即时性的反馈。例如,对教师来说,要及时对体育素养水平取得进步的学生给予口头或物质上的奖励,以鼓励和强化运动参与。

(二) 重视测评整体性，覆盖不同人生阶段

良好的体育素养测评需要展现系统性思维，形成科学的结构，并确定全面的测评内容。诚然，一些构成要素非常重要，并且难以采用客观的方式测评（如心理领域中"与场所的联系"要素），这增加了体育素养测评的难度。但从系统论的视角出发，各要素之间相互关联方能形成一个不可分割的整体，整体具备在各要素孤立状态下所没有的性质。每个人都是完整个体，测评部分要素不仅会破坏体育素养的完整性，而且测评结果也难以代表个人整体的体育素养水平。以整体的角度出发研究体育素养各要素的相互关系，方能有效解释个体的情感和行为。基于此，PL-C Quest 测评涵盖"身体、心理、社会和认知"领域，包含了澳大利亚体育素养框架中的全部 30 个要素，有效表现了测评的整体性和全面性。但 PL-C Quest 测评仅针对 4～12 岁的儿童，澳大利亚目前仍缺少针对青少年、成年和老年群体的体育素养测评方案，因此未来需要完善不同生命阶段的体育素养测评工具，方便个体对自身体育素养的关注和纵向追踪。

(三) 连接社会各界智慧，将体育素养培养生活化

当前澳大利亚发布了《学校体育素养指南》和体育素养培养的实例，但体育素养的培养和发展是非线性的，因此必须激发更广泛人群的创造性。加强体育素养网站的建设具有重要价值，可以在网站上提供更多的与体育素养相关的资源，为社会各界搭建连接与交流的平台，促进体育素养智慧的交流。例如，通过扩大对体育素养概念的讨论范围，可能会激发更多不同的观点和经验，形成更丰富的关于体育素养的发展方案。从长远来看，这有利于更深刻地理解不同的环境、背景、性格和文化如何影响一个人的体育素养。

此外，体育素养的培养和发展需要融入生活。要重视在学校体育之外的体育素养培养，在更广泛的教育、体育、娱乐和健康环境中关注体育素养的发展。在发展体育素养的过程中，不应当局限于专门形式或专门时间的运动，避免将运动当成一种工具，而是要鼓励多种形式的身体活动。这些身体活动可能包括在空旷的地方跳舞，用楼梯代替电梯，或是在散步的同时与同事交流等。认识到运动的重要性，并且保持对于运动的积极性是非常重要的。基于此，未来澳大利亚应突破学校体育的范畴，在更广泛的层面推广更多的运动形式，与个体的生活全方位融合，实现体育素养的全面发展。

第六章　新西兰体育素养研究

新西兰不仅体育文化历史悠久,而且在国际体育竞技中表现出色,特别是橄榄球(被认为是国球)和板球项目。自体育素养概念提出以来,新西兰就一直致力于将其引入国内。这些年体育素养在新西兰的教育、卫生、体育等领域的尝试均收获了很好的反响。本章将对新西兰的体育素养进行解读,以期使读者更好地了解新西兰体育素养的发展和现状,并从中获得经验。

第一节　新西兰体育素养的框架构成

本节将从宏观与微观角度对新西兰的体育素养进行展示与解读,其中包括新西兰体育素养提出的背景、新西兰体育素养的发展历程、新西兰体育素养的框架等内容。

一、新西兰体育素养提出的背景

(一)改善国民健康状况的需求

在久坐行为和缺乏运动在全球盛行的今天,新西兰同其他国家一样都面临国民体质下降、非传染性疾病发病率上升等问题。2014年新西兰国内的一项调查显示,16%的成年人被诊断出患有常见的精神疾病(包括抑郁症、焦虑症等)。在一些重要的心理健康统计数据中可以看到,毛利人妇女、生活在太平洋地区的妇女,以及最贫困地区妇女的精神状况比其他新西兰人更糟。精神不健康影响了许多新西兰人的生活,国家政府的医疗预算投入比例越来越高,这对国民自身和整个社会的发展都是极大的挑战。新西兰政府不断地探索和改革,尝试改变这一局面。通过多年的研究和调查,新西兰卫生部和相关部门认为预防的价值和效果大于治疗,高质量的体育活动能够改善新西兰国民的身体和精神状况,并对其心理健康产生积极影响。运动和体育活动可以降低癌症、心脏病、Ⅱ型糖尿病和肥胖等非传染性疾病的发病率,并提高预期寿命。此外,在人生早期进行运动和身体活动将大幅度提升在人生后期保持身心活跃和健康行为的可能性。体育素养的概念与新西兰政府的观点不谋而合,所以新西兰试图通过引入并发展体育素养改善国民的身心健康。

(二)国际体育素养发展产生的影响

近年来,体育素养在国际上引发了广泛的关注与讨论,这为新西兰提供了解决当下问题的另一种思路。体育素养的概念以及培养体育素养的实践结果,与新西兰试图通过体育和身体活动改善国民身心健康的目标相契合。美国、英国等发达国家将体育素养的概念引入本国,再根据自身国情将其融入本国的体育教育和社区体育当中。各国在国际体育素养协会给出的体育素养定义的基础上,开始对体育素养的定义进行本土化改造,并颁布了相关政策和文件(具体可参照其他章节)。2020年2月,在国际体育和文化协会的领导下,一个由体育、教育、卫生等部门专家组成的联盟齐聚哥本哈根,参加了"一生中的体育素养"项目启动会议。该会议的目的是建立对体育素养的共识,在全球范围内鼓励体育、教育、卫生等各领域融入体育素养,促进人们保持终身活跃的运动。这一思潮,为新西兰的体育素养探索提供了参照,而新西兰为进一步完善本国的体育素养体系,也在努力吸收和借鉴域外经验。

(三)民族独有的特质

新西兰的特殊国情是体育素养能够顺利推广并收获良好效果的重要原因之一。新西兰的"双文化"背景和优越的自然环境,造就了新西兰人热爱运动、亲近自然的民族传统。新西兰是一个有着约120个族群的国家,全国500多万人口中约15%是毛利人后裔。毛利文化强调精神和自然世界的连结,这有利于新西兰人认同体育素养的哲学理论基础之一——一元论的观点。毛利人对个人健康有一个整体性的理解,他们不是将人作为单独个体,而是更注重人与外界环境的互动,认识到人与自然和社会环境之间有着强大的连接。此外,新西兰还有一部分生活在太平洋地区的国民,无论在传统社会还是现代社会中,他们对生命和健康的理解都包括了家庭、社区、文化、精神等方面。新西兰国民对健康的定义与认知并非只包含生理或心理健康,他们关注人的多方面需求,如社交、家庭等。用全面的眼光看待健康,并将各方面整合为一个整体,这与体育素养的核心精神相契合。

(四)健康四维模型奠定了基础

新西兰国内对健康四维模型的探索为新西兰引入体育素养提供了可能性。毛利卫生专家和研究教授梅森·德瑞(Mason Durie)开发了被广泛应用于卫生、教育和司法领域的Te Whare Tapa Wha(毛利语)模型。该模型认为健康有四个维度:身体健康、精神健康、家庭健康和心理健康。如果这四个维度之一被破坏,则个人或集体可能会变得不平衡,并随后变得不适。身体健康包括身体成长和发展的能力,良好的身体健康是健康发育的必要条件;精神健康包括信仰和沟通的能力,精神健康与看不见及不言而喻的能量有关;家庭健康包括归属、照料和分享,以及个人与社会环境相处的能力;心理健康包括沟通、思考和感觉身心的能力,思想和情感是身体和灵魂不可或缺的组成部分。这个模型在新西兰健康和体育教育(HPE)课程中得以应用,其运用整体性视角在健康和运动环境中通过学习促进学生自身、他人和社会提升幸福。此健康四维模型在教育领域的成功推广与应用,给新西兰开发下一个类似的整体性工具提供了理论与实践信心。新西兰试图再创建一个具有整体性视角的模型,以促进国民的身体和精神等方面共同发展,体育素养的概念为新西兰提供了新思路。

二、新西兰体育素养的发展历程

新西兰体育局(Sport NZ)与新西兰高水平竞技体育部(HPSNZ)共同组成了新西兰体育集团。新西兰体育局原来的机构名称为新西兰体育与休闲委员会(SPARC),该委员会于2003年根据《新西兰运动与休闲法》成立。2012年2月1日,新西兰政府将新西兰体育与休闲委员会改名为新西兰体育局,其职能是促进、鼓励和支持新西兰的体育和娱乐活动。新西兰高水平竞技体育部是新西兰体育局的全属子公司,于2011年成立,其主要职责是帮助新西兰提升在竞技体育领域的表现,确立新西兰在国际上的体育强国形象。

新西兰的体育发展与支持系统十分完善,各机构各司其职、共同合作。新西兰的体育战略通常由几个连续战略组成,具有衔接性和长期性的特点。每个战略通常为期3～5年,各战略的目标和发展领域很有针对性。新西兰体育与休闲委员会于2009年发布了第一个国家体育战略五年规划,即《战略规划2009—2015》,目的在于促进国民积极自愿地参加体育活动。该规划的实施为后期正式将体育素养作为一项改善国民健康的方案奠定了基础。由新西兰体育局发布的《新西兰体育战略规划2015—2020》是在第一个国家体育战略规划的基础上发展而来的,致力于使更多个体自愿参与体育和娱乐活动。新西兰的体育战略规划包括游戏、体育、娱乐活动、竞技体育和人才培养,青少年主要在家庭、学校、社区和俱乐部这四种环境中参加体育活动。在第一个五年体育战略的探索过程中,新西兰体育与休闲委员会主要专注于研究工作,与国内各领域的机构建立了合作伙伴关系,还与国际相关部门进行了广泛交流,这为制定新战略积累了经验。相较于之前的版本,《新西兰体育战略规划2015—2020》更加具有针对性,强调体育素养是新西兰年轻人的一个重点关注领域,具体表现为:第一,明确提出专注于培养5～18岁青少年的体育素养,具体目标是"到2020年,有更多的年轻人(5～18岁)每周参加3小时或更多的体育活动";第二,加强体育参与者和项目工作人员之间的联系,增加国民对体育的了解,特别是在体育参与度低的社区。优先考虑参与率低下的人口群体(如亚洲和毛利人、年轻妇女、收入水平较低的人及存在更多参与障碍的群体),具体目标是"到2020年,将运动参与率提高3%";第三,维持参与传统竞技项目的人数,更加重视为参与者提供高质量的人才培养通道,具体目标是"到2020年,实现目标体育项目的高参与度"。该战略规划于最后提出了五条优先发展的战略重点,其中第五条为:下一步将制订并实施一个国家体育素养框架,以确定参与者不同人生阶段最重要的需求。在体育素养框架基础之上实施国家人才战略,为那些有志于从事竞技体育的人提供发展途径。最后,加强各部门、各领域伙伴的合作,将体育素养框架计划和国家人才战略共同落实推进。

在此战略规划的指导下,《新西兰体育局体育素养方案——高质量体育活动和运动体验的指导》于2015年发布,指导对体育素养的框架和相关内容进行了详细概述,迈出了体育素养本土化的第一步,真正意义上将体育素养从理论形态转化为实践形态,给新西兰国民提供了了解并发展体育素养的依据和指南。新西兰体育局认为体育素养贯穿于人的每个年龄段,青少年时期是培育体育素养的黄金时期。通过参与体育活动获得愉快的体验能促使青少年再次进行体育活动,进而激发青少年的体育潜能,促使一部分人走上竞技体育和精英培养的道路。新西兰以此文件为基础,颁布了针对培养运动员的《人才计划2016—2020》。

《人才计划2016—2020》的目标是提升新西兰在国际体育竞技舞台上的表现,开拓新西兰孩童向精英运动员发展的道路。新西兰认识到要想建立一个世界领先的体育体系,必须从社区开始、从基层开始,鼓励更多的孩子变得活跃起来,体验参加社区体育活动的纯粹乐趣。这个计划将指导那些在体育系统中工作的人,使他们更多地把运动员的发展需求放在首位。此外,它还将影响不同领域的工作人员,使他们为运动员提供高质量的发展机会,通过学校体育、社区体育等途径,使新西兰的孩童有更多机会实现发展并成长为高水平运动员。从2003年开始,新西兰各地区以及很多私人机构都制定了体育人才培养计划,以支持那些在特定项目或多种体育环境中都有潜力的运动员。这些计划虽然取得了很多成就,但仍缺乏国家层面的领导意识或方向。新西兰体育局相信在《人才计划 2016—2020》的指导和支持下，新西兰将在竞技体育领域获得更多成就。

三、新西兰体育素养的框架

（一）新西兰体育素养的定义

新西兰将体育素养定义为"参与者所需要的动机、信心、身体能力、知识和理解，使个体能够重视并承担终身从事体育活动和体育运动的责任"。每个人都有自己独特的体育素养，这决定他们如何评价和选择参加体育活动。一个人的体育素养水平越高，就越有可能终身热爱运动。体育素养有两个关键特点：①反映参与者的背景、环境和文化；②是包括了身体、社会、情感、认知和精神层面的整体概念。

新西兰体育局的目标是使新西兰成为世界上最成功的体育强国，支持与发展世界领先的社区体育系统，通过体育活动和体育运动来丰富生活，从而激励整个国家，实现国民和社会的福祉。福祉的概念涵盖了健康的生理、心理和情感、社会和精神等层面。为了实现这一目标，新西兰体育局将目光投向体育素养，并于 2015 年颁布了《新西兰体育局体育素养方案——高质量体育活动和运动体验的指导》。指导分为几个部分，主要内容包括：为什么新西兰体育局要采用体育素养、什么是体育素养、通过体育素养希望实现的目标，以及开始考虑不同人生阶段整体需求的初步指导。指导采用了怀特海德对体育素养的定义，与国际体育素养协会保持一致，并一直沿用至今。新西兰、澳大利亚和部分太平洋地区的国家采用同一个体育素养框架，将体育素养分为四大领域，即身体、心理、社会和认知。

虽然共用同一个框架，但新西兰在体育素养定义的基础上，对框架进行了本土化的细化和整合，将其划分为身体、社会和情感、认知、精神四个领域。其中，身体领域关注一个人在运动中习得的动作技能、身体控制和体能，此外还包括协调和应用这些身体能力，在不同环境和条件下进行运动；社会和情感领域关注一个人与他人和环境互动的能力，如在社会交往和广泛的环境中提高适应能力并满足个人心理情感需求，以及遵守道德和承担责任等；认知领域关注一个人在运动和身体活动时所需要的知识和理解的发展，包括对如何、何时及为什么要运动的理解，还包括对运动和体育活动益处的了解和认识；精神领域关注一个人的情绪、价值观和对运动及身体活动的态度，包括发展自尊、自信和动机，理解与运动和身体活动相关的情绪反应。框架希望人们能够在身体、社会和情感、认知、精神层面上进步，并享受终身参与运动和身体活动。

《新西兰体育局体育素养方案——高质量体育活动和运动体验的指导》中强调:第一,体育素养具有终身性,它是贯穿一生的旅程,与任何人、任何年龄都相关。第二,体育素养从整体上考虑参与者的身体、社会和情感、认知及精神四个领域的需求。需求是体育素养发展的初始要素,不同年龄阶段的需求会有所不同。每个人都有各自独特的体育素养,这有利于其整体的健康发展。第三,高质量的运动体验能增加人们的信心、能力和动力,促进体育素养的发展,让他们在生活中充满活力。新西兰体育局希望通过引入体育素养的概念,使新西兰的体育机构、政府机构、政策制定者及所有提供运动机会和支持体育活动的人,都认识到体育素养的价值并将其渗透进他们的工作中。引入体育素养有利于新西兰人长期持久地获得高质量的运动体验,使他们终身参与身体活动和体育。无论人们的年龄、性别、能力、经济状况和文化背景如何,理解和拥抱体育素养都将使他们在生活中更有活力。

在新西兰,体育素养被作为一种基础或起点,国民在此基础上实现终身参与体育活动,体育素养还有利于激发部分人的潜能,为国家竞技体育输送优质人才。新西兰体育局为促进体育娱乐和体育活动提出了三种指导途径,体育素养是其中之一,其他两项是洞察力途径和当地导向途径。洞察力途径指利用多个信息源的数据对改善运动行为进行持续的反馈和指导;当地导向途径指利用当地社区和组织促进人们的体育参与。三种指导途径都提出了以参与者为中心的观点,突出了新西兰重视参与者的体验、关注个人发展的工作立场。事实证明,三种指导途径结合使用,对促进参与者获得高质量的运动体验具有明显效果。

(二)新西兰体育素养的阶段划分

1. 不同人生阶段的划分

体育素养是贯穿一生的旅程。新西兰根据体育素养的终身性将人生分为五个阶段,即婴幼儿(学龄前)、儿童(小学、初中)、青年人(高中、大学、就业、失业)、成年人(年轻人、中年人)和老年人(年轻退休人员、老年退休人员)。由于体育素养的独特性与发展性,划分不同的年龄阶段有利于个人体育素养的识别与发展。体育素养不是一个静止或呈线性发展的状态,而是一个持续的学习之旅。体育素养是在个体的经历以及与他人和世界进行不断互动的过程中形成的,由于每个人的经历具有特殊性和不可复制性,所以每个人的体育素养都是独特的。所有的生命阶段都是重要的,对体育素养的养成都具有重要影响。在每个阶段提供个人所需要的高质量支持,可以促进人们增强参与体育活动的信心,并获得再次参与的动机。

(1) 婴幼儿阶段

婴幼儿阶段是人的生理和心理发生巨大变化的阶段,此阶段的孩子神经系统发育最快,各种潜能开发最为关键。身体的发育伴随着心理的发展,这个时期婴幼儿从完全依赖父母和家庭成员,逐渐过渡到可以自己独立玩耍。婴幼儿对世界充满好奇,在爬行、游戏、玩耍中进行身体活动,并获得快乐的体验,这个阶段的成长发展主要出于婴幼儿的自然天性,同时受到外界环境的协同影响。婴幼儿的身体活动促进了骨骼肌肉系统的发育,在爬行中培养了平衡性、反应能力等体适能,也为语言、思维等能力的发展奠定了基础。值得注意的是,婴幼儿需要外界支持,相较于有计划的指令和安排,源于生活和游戏的体验往往更有益。家庭成员的关爱和照顾有利于使婴幼儿获得心理和生理上的安全感,这些高质量的体验会激发他们的好奇心和想象力。虽然遗传基因在一定程度上决定了一个人身体和智力的发展情况,但婴幼儿时期来自外界环境的刺激也能提升其发展潜能,这个时期是体育素养发展的起点。

(2) 儿童阶段

儿童阶段正好处于学龄期,个体将经历小学和初中的校园生活。这一阶段所处的环境更加多元,孩子们可以在学校、社区、俱乐部和家中参与体育活动。儿童生理和心理的发展状况决定了他们对事物的态度并不稳定,辨认良莠的能力有限。如果运动项目太过重视竞技性,将会打消一部分女生和体育成绩普通学生的积极性。参与适合自己水平的体育活动,并在活动中体验到乐趣,能够促进个体长时间、定期地参与该体育活动,进而减少久坐行为和在屏幕前的时间。培养并掌握1~2项运动技能能够让个体体会到成就感和信心,提升在运动中获得的乐趣,进而提升再次参与体育活动的动机。

(3) 青年人阶段

青年人阶段是个体的认知、信念等内部世界发生巨大变化的时期。个体从刚开始独立逐渐过渡到完全自己做决定,并为这个决定负责。在这一时期,个体建立了自己的社交网络,个人行为都源于自己独特的需求,因此参与体育活动的动机、身体能力和信心会因人而异。这一时期获得优质的运动体验,以及来自家长、老师、朋友的鼓励和引导,对发展体育素养具有重要意义。青年人时期的心理发展特征决定了在此阶段,个体喜欢追求刺激、有趣和新鲜的体验,并可以独立地辨别和选择自己喜欢的体育项目并承担更多的责任。此外,个体也会更加关注他人的看法,可能会因为他人的肯定或否定,决定自己是否继续参与体育活动。例如,个体可能因为对自己的运动水平缺乏信心,或者女生可能因为担心他人会关注自己的身材等,而退出体育活动。这个阶段参与体育活动的途径很重要,这些途径包括非正式的体育参与,以及正式的竞技体育。体育参与可以提高个体对体育的认知和理解,在此过程中个体可以认识到体育活动的益处,通过各种渠道去提升自己的技能,学会观赏比赛,在比赛中遵守规则、尊重他人并学会合作。

(4) 成年人阶段

成年人阶段指从成年到退休的这一时期,这是一个跨度很广的时间范围。在此阶段人的信念和喜好都相对稳定,但自始至终有很多因素会影响个体的体育参与。因为此阶段人们的社会网络相较之前会更加复杂,所处环境会更加多元。例如人们可能会因为工作任务繁重、通勤时间过长、需要照顾孩子等原因缺少个人时间,以致减少参与体育活动;没有合适的运动场地等问题也可能使人们减少参与体育活动。因此,这个时期影响个人做出选择的原因是多元的,即使年轻时的运动习惯良好,也可能由于客观原因或他人的消极影响而阻碍体育素养的发展。反之亦然,可能一个人在青少年时期对运动并不感兴趣,但由于受到家庭成员或身边同事、朋友的积极影响,反而在成年人时期发展了体育素养。由此可知,在这个阶段,人们可以完全独立地选择运动方式和同伴,并保持相对稳定。

(5) 老年人阶段

老年人阶段处于人生的晚年,人们会加强对自己身体健康和精神健康的关注。保持健康能够保证老年人独立生活,减少对子女和外界的依赖。这个阶段参与体育活动的动机一般来源于年轻时的运动习惯,与社会、家人、朋友进行交流的情感需求,以及依靠运动保持身体健康的需要等。具有良好锻炼习惯和体育素养的老年人,还能通过自身影响身边的人,向年轻人传递经验或在社区中分享知识。

表6-1　新西兰体育素养发展阶段划分及概述

人生阶段	概　　述
婴幼儿	1. 这是一个成长和发展迅速的阶段,从几乎完全依赖看护者的新生儿阶段,经过探索的蹒跚学步阶段,变得更加独立。 2. 在人生早期的这几年中,玩耍比有计划地指令对婴幼儿的发展更有益。 3. 家人在该阶段能对婴幼儿产生巨大的影响,所以支持家人为他们提供愉快的刺激及积极的体验。这些刺激与体验将培养婴幼儿天生的好奇心,使他们变得积极,也使他们的世界变得有意义。

续表

人生阶段	概　　述
儿童	1. 此人生阶段包括青少年的前期和中期,在该时期儿童所处的环境更加多元,经历了小学和初中,有参加俱乐部活动及许多社区活动的机会。这些环境和经历将会影响接下来他们参与体育活动和运动的选择。 2. 快乐玩耍和发展技能是重要的,在一个积极、能提供支持和富有同理心的环境中,能使儿童根据个人的节奏学习并接受挑战。
青年人	1. 在该人生阶段中个体会发生一系列重要改变,从童年时期过渡到自己做决定且负责的青年人时期。在该阶段个体要面对许多身体、情感、行为和社会的改变。此时不同个体参与体育活动的动机、能力及信心也会不同。在此充满挑战的阶段,运动和体育活动能够在支持积极的发展方面发挥重要作用。 2. 寻求新的体验、承担更多责任、承担风险以及建立对个人的认知,能影响关于运动和体育活动的选择。在该阶段能够接触到许多不同运动渠道至关重要,运动渠道包括非正式的社会体育活动以及竞争性运动活动。
成年人	1. 该阶段个体从青年人到退休,会经历一个很广的年龄跨度。在该阶段,有许多变量自始至终影响体育活动及体育选择,如在家里、工作岗位和社区中发生的一切,以及如何发展身体和精神。 2. 此时个体处在一个能够独立做选择的年龄阶段。参与体育活动的动机就像个人的生活方式一样,自始至终处于变化之中。或许选择参与一个高竞争性水平的运动,也或许更偏爱个人、特定的小组或仅仅跟朋友一起参与运动。
老年人	1. 该阶段是人生的黄金岁月,身体和精神健康对于个体保持每天运动和独立生活至关重要。定期参与体育活动,有助于个体社交、获得快乐以及保持健康。 2. 在该阶段个体也许需要帮助才能参与合适的运动。在学习技能的同时,个体与家人也在社区中分享了运动知识。

2. 不同人生阶段体育素养各领域的需求侧重点及对策

满足各领域的需求是获得高质量体育活动体验的前提,也是发展体育素养的关键要素。虽然培养体育素养具有阶段性,但每个阶段都有一些共同需求。如:开心玩耍、发挥创造力和获得乐趣的机会;与我们个人身体能力相匹配的实践机会,以便我们能够以自己的速度发展和成长;安全的实践环境;安全的情感环境(在其中你会受到欢迎、尊重、接受,并且能够做自己);朋友、家人的支持。

新西兰体育局对不同人生阶段应关注的需求进行了划分(详见表6-2),通过满足身体、社会和情感、认知、精神四个领域的需求,最大限度地促进个体体育素养的发展,并且使个体在身体活动中获得高质量的体验,进而增强个体的信心、能力和动机,使他们终身参与体育活动。

表6-2 不同人生阶段体育素养各领域的需求描述

人生阶段	身体领域	社会和情感领域	认知领域	精神领域
婴幼儿	每天花时间玩耍及游戏;鼓励创造力、想象力、探索精神;培养控制自己的身体,与他人互动和在游戏中与环境互动的功能性技能	拥抱来自于善良、可依赖的人的鼓励,这些人支持孩子们变得积极;独处时间与社交时间;在孩子们身边树立榜样,展示积极健康的生活	来自自然和日常生活环境丰富的感知体验;简单清晰的指令与足够的时间等待回应;帮助和指导去探索以及做决定	来自孩子们最亲近照顾者的爱和支持;独一无二的个性培养;考虑家庭文化的信念和价值观
儿童	多样化的、变化性的活动以匹配孩子们的能力,并鼓励他们最大限度地参与;考虑娱乐性以及影响长期参与的体验;发展技能和能力的机会,这些技能和能力能够运用在他们选择的运动和体育活动中	向有知识、积极主动、反应灵敏的人们学习,他们会得到鼓励以及积极的巩固;同他人社交的时间和保持独处的时间;帮助他们去获得接收他人及自身的身体、社会、文化差异的机会	变得有创造性、有想象力、有好奇心,他们逐渐能够自己探索和解决问题;制订他们自己的游戏及规则,学会协商、合作,以及如何接受失败和成功,并从中受益;培育自信和自我意识,了解他们何时能冒险	提供他们能够去质疑,并且形成自己的信念、态度和价值观的环境;支持能够使他们了解其家庭及社区的精神和文化的风俗,这些风俗也是运动和体育活动的一部分;对他们确信自己的精神文化基础表示支持,并且在必要时鼓励他们自信地去表达
青年人	提供广泛多元的体育活动和运动,让他们能够选择自己最喜欢的;让他们拥有追求竞争、紧张的运动和体育活动的机会	当他们在做选择和决定时来自朋友和家庭鼓励和支持;那些了解他们身体和情感发展的人的支持;社交,与朋友相处并结交新朋友	学会公平竞争,理解规则和角色,制订战略与游戏战术,发展处理风险的技能;使他们为自己选择,并了解为什么并且如何参与;	质疑并形成他们生命中自己的信念、态度和价值观,以及去表达他们的自信;支持参与体育和运动有关的文化活动

续表

人生阶段	身体领域	社会和情感领域	认知领域	精神领域
			使他们意识到什么运动有益于身体和精神健康；使他们发现如何平衡其生命中的学习、运动、体育活动以及社会活动	
成年人	追求他们想去参与的更激烈和更有挑战性的体育活动；学习新的兴趣，以及与社会环境相适应；更广泛多样的机会去改变身体能力以适应环境	在活动中与家人、朋友及同事交往；竞争与非正式的活动	知道如何获得他们想参与的体育活动和运动机会，尝试新的体验的机会，如参加志愿者活动；了解如何管理风险，预防和处理受伤；意识到活动对身体和精神健康的意义	自我目标的意识以及对世界的定位，能够做积极的选择；承认以及尊重个人和文化的价值
老年人	保持健康、维持自信、变得更积极；为不同能力水平的个体提供的一些机会	支持从事适当的活动；提供与朋友社交并结交新朋友的活动；受到欢迎、支持的环境，尊重与利用他们的知识和经验；负担得起且容易接触的活动机会	发挥他们的能力，如选择参与志愿者等工作	在他们的社区中被爱护、尊重且有价值；承认并尊重个人和社会价值

(1) 婴幼儿阶段体育素养的需求侧重点及对策

在婴幼儿阶段进行游戏和自由玩耍，能够发展个体身体和智力的潜能。婴幼儿阶段是学龄前儿童生理和情感发展的黄金时期，家人要创造安全的玩耍环境，使婴幼儿在自然本能的引导下，通过坐立、爬行和学步发展肌肉和骨骼系统，增强婴幼儿对外界的感知。游戏和玩耍有利于激发婴幼儿的大脑发育，培养婴幼儿的创造力和想象力，让他们更具有探索意识，对这个世界产生更多的好奇。婴幼儿的观察能力非常敏锐，他们会不由自主地模仿成年人。因此,成年人通过自己的行动为这个阶段的孩子树立健康行为的榜样,有利于为其一生的体育素养之旅奠定基础。

成年人通过恰当的肢体语言和语气语调,能够给孩子们创造安全的情感环境,让他们的性格更加阳光开朗。等孩子们再长大一些后,就要开始改变完全依赖父母的状况。成年人应该考虑通过幼儿园和社区等渠道,给孩子们与同龄人玩耍和交流的机会。来自于自然和社会环境的变化有利于孩子们获得丰富的感知和体验,并对环境的变化做出反应。这时候家庭和幼儿园要为他们提供指导,发出简单的指令并给他们足够的时间做出判断,这会促进婴幼儿的认知发展。此外,在人生价值观和性格奠基的阶段,外界要给予婴幼儿足够的爱和鼓励,让他们形成良好的个性以及稳定的情绪。一些高水平运动员的职业生涯就是从婴幼儿时期开始得到启蒙的,因此在这一时期,满足婴幼儿兴趣和身体能力发展的需求十分重要。

(2) 儿童阶段体育素养的需求侧重点及对策

为满足儿童在身体领域的需求,首先要为他们创造多元丰富的体育参与机会,并且这些机会要符合个人能力水平,娱乐性与挑战性并存,这样的体育活动机会将提高他们的参与积极性。其次,由于个体能力水平具有差异,要针对个体的兴趣和能力提供合适的体育参与机会,让他们长期、定期地参与体育锻炼,将所学到的动作技能应用在真实情境中,利用游戏和竞赛的方式促进他们对战术和技术的掌握。

由于新西兰是一个多民族国家,学校和社区中的社交更加多样和广泛,所以要培养个体尊重他人的文化、性别以及身体差异的意识,并在整个社交网络中形成良性循环。积极鼓励儿童向优秀的人学习,并了解自己身上的优点,善于交朋友也能享受自己独处的时间,满足儿童的社会和情感领域需求。体育活动能帮助儿童树立规则意识,学会尊重对手,正确地对待竞争与合作,同时有利于提升个人的创造力和自信心,掌握对危险的预判知识并保护自己。此外,参与体育活动的过程有利于提升体育素养中的理解和认知,培养个体的质疑和探索精神,加深对体育项目文化背景的了解,培养文化自信。

(3) 青年人阶段体育素养的需求侧重点及对策

在青年人阶段个体的身体和心理发育逐渐成熟,广泛的体育活动机会可以帮助个体发现并选择适合自己的体育项目。个体在该阶段处于一生中身体状态的巅峰时期,竞技性和刺激性的项目更能吸引他们参与。在对抗性和团体性体育项目中,队友之间的关心和鼓励能提升整个团队的凝聚力,个体能在这个过程中加深与队友的友谊并结交更多的朋友。朋友和家人的鼓励与支持能够满足个体情感上的需求，促进个体持续性的体育参与行为。运动有利于培养规则意识，掌握战术和战略安排的知识，提升处理风险的技能，提高健康意识，理解持续性运动参与对个人的益处。青年人阶段也是价值观形成的重要阶段，除了学习运动技能本身，更要加关注运动背后文化层面的含义，学会辩证批判地接受外界的信息并形成自己的信念，丰富自己的精神世界。

（4）成年人阶段体育素养的需求侧重点及对策

成年人阶段个体能完全独立做出选择，了解自己的需求和喜好并有能力选择自己适合的体育项目。个体在这一阶段接触到的环境是多元的，接收信息的途径相较中学时期也越来越丰富，有能力通过不同的渠道去接触并学习新的技能。个体在这一时期常常与家人、朋友、同事一起参与体育活动，在参与过程中满足情感和社交需求。随着年龄的增长，成年人需要更加了解体育活动对身体和心理方面的益处，并知道如何在体育参与中规避风险及处理紧急情况。成年人还需要加深对体育活动意义的理解，这些知识和理解在发展个人体育素养认知方面具有重要作用。成年人阶段是一个跨度很大的时期，个体要在这一时期中形成自己积极稳定的价值观念，并尊重世界的多样性。

（5）老年人阶段体育素养的需求侧重点及对策

老年人阶段个体身体机能已经逐渐下降，故必须选择适合老年人身体能力的体育活动。这类体育活动既有利于他们的健康，也能提升他们的信心与持续参与的可能性，还能为老年人创造社交和沟通的网络，大大满足其情感需求。此时体育活动的门槛很低，几乎任何人都能参与进来并享受其中。在社区活动中担任组织者或志愿者也能让老年人感受到尊重与自我价值。

第二节　新西兰体育素养的测评体系

通过体育素养测评有利于了解新西兰国民的体育素养现状，并为相关政策的制定提供参考。本节将对新西兰体育素养测评的现状、测评工具和未来测评工具的开发进行论述。

一、新西兰体育素养测评的现状

体育素养的理论和实践之间存在着鸿沟，对体育素养进行测评是跨越这一鸿沟的首要挑战。但是对体育素养的构成要素（如情感、认知或身体）

进行单独监控或测评,可能会割裂由身体和精神组成的统一整体,违背体育素养的一元论哲学意图。国际上对于"监控个人体育素养发展过程是否合适?"仍存在广泛的争论,当前的基本共识为:监控和测评体育素养的需求正在增加,这是非常必要的,因为监控和测评可以促进体育素养的研究进展。国际体育素养协会希望将"测评"一词与体育素养相关的概念分离,如果必须使用测评工具,也应该慎重、批判性地处理测评方法与数据,所以针对个人长期追踪的定性方法是最佳选择。新西兰至今还没有开发出一种完善的体育素养测评工具,可以对各年龄段个体的身体、情感、认知等方面的体育素养进行测试评估。在新西兰,体育素养更像是一种思想观念层面的理论指导,将它作为政策和具体措施的依据,从整体性视角出发来考虑国民的需求,从而保障政策实施效果最大化。

尽管现在新西兰还没有完善的体育素养测评工具与体系,但新西兰体育局提出应开发体育素养质量指标,这为新西兰今后建立系统的测评工具奠定了坚实的基础。

二、新西兰体育素养质量指标工具

(一) 质量指标工具介绍

虽然新西兰还没有具体的体育素养测评工具,但在体育素养建设方面新西兰始终坚持高质量要求。体育素养质量指标是新西兰做出的一个新尝试,它将抽象的体育素养概念转化为易于测量的实体,明确个人的需求是获得高质量经验的前提,高质量的支持、机会和经验又是提升体育素养的关键。体育素养质量越高,影响越积极,参与者终身保持体育参与的可能性就越大。新西兰体育局认为年轻时的经验会影响个体一生的认知与行为,因此5~18岁的年轻人是体育素养培养的重点对象。新西兰体育局、国家体育组织以及地区体育信托合作开发了一套名为《青少年体育和身体活动质量指标》的工具,可参照该指标对身体活动质量进行对比,从而评估出体育素养的发展程度。这些指标可作为青少年与其他个人或组织(如体育组织、地方政府和学校)进行互动的起点,参照这些指标可以为青少年体育素养的发展提供最大机会。

新西兰的体育素养质量指标分为三类,即高质量的支持、高质量的机会和高质量的体验。高质量的支持是指那些能为年轻人提供优质机会和经验的人、机构或制度,例如:教师对体育课程有清晰的理解、成年人鼓励年轻人选择他们感兴趣的活动等。高质量的机会是指为年轻人提供时间、场地和资金方面的支持,例如:所有年轻人都能保持比赛、竞争和娱乐机会之间的平衡,学校认识到持续开设体育课的重要性,当地的体育场所对年轻人开放等。高质量的体验可以满足青少年的期望和需求,例如:年轻人为了娱乐而进行体育活动,家人共同参与,课程满足年轻人的身体、情感、社交、认知和精神需求,俱乐部的实践体现了公平竞争等。这些指标可以作为一个起点,促进年轻人与体育组织、地方政府和学校进行对话。体育素养质量指标能够为个人和组织提供一个指南,更加有效地改善年轻人的运动体验,改善体育组织提供的支持、机会与体验。

表 6-3 新西兰体育素养培养的质量指标概述

分类	特征	指 标 内 容
高质量的支持	有知识、有原则、忠诚、鼓励	(1) 教师对体育课程有清楚的了解; (2) 学校聘用校外体育辅助机构员工时做出明智的决定; (3) 成年人认识到他们对年轻人的参与体验有影响; (4) 工作人员积极寻求与年轻人的合作; (5) 教练参与到体育教育之中; (6) 积极地指导年轻人; (7) 鼓励年轻人选择他们感兴趣的活动; (8) 成年人理解什么是适合不同人生阶段的体验
高质量的机会	一致的、安全的、最低限度的障碍、可获得的、符合能力与愿望	(1) 所有年轻人都可以平等获得游戏、竞争和娱乐的机会; (2) 学校认识到持续开设体育课的重要性; (3) 社区体育机构和工作人员协调工作; (4) 提供场地和资金方面的支持; (5) 年轻人可以自由选择时间参加活动; (6) 年轻人可以选择参加自己感到舒适的活动; (7) 以年轻人的需求为中心; (8) 鼓励年轻人参加不同类型的活动
高质量的体验	有趣、积极、包容、有价值、有挑战	(1) 年轻人参与娱乐性体育活动; (2) 年轻人积极探索,并通过体育活动提高创造力; (3) 家庭成员共同参与游戏; (4) 为年轻人提供广泛的体验,测试他们的限度; (5) 体验包括冒险的成份; (6) 年轻人不断积极参与体育活动; (7) 满足年轻人身体、情感、社交、认知和精神需求的活动; (8) 俱乐部提供公平竞争的环境

为了对个体一生的体育素养产生积极影响，新西兰体育局认为首先要全力理解处于这种经历中心的那个人，即参与者。要加深对体育素养整体性的理解，并认识到不同人生阶段的身体活动需求。人们参与体育和娱乐的原因是多种多样的，以参与者为中心必须考虑到人们想要什么及其原因。注重参与者的需求，就能创造支持他们的环境，创造高质量的体验，这有助于人们重视并选择终身锻炼身体。无论处于什么阶段，积极的外界支持都能增加人们的参与机会。这些机会大多数由来自不同领域的人提供，这些支持必须是积极的、系统的，并且要遵守一定的原则。

（二）高质量的支持

高质量的支持主要是指那些能为年轻人提供优质机会和经验的人、机构或制度。首先，体育课程是学生在学校学习体育的最直接方式，教师对课程有深刻的理解意味着能够真正以学生为中心，选择适合的教学方式并对自己的专业技能、教学技能有着严格的要求，这些要求能够极大地提升学生的体育课程学习质量与课堂感受。然而由于新西兰的学校体育课是与外部的营利或非营利体育机构联合教学的，学校需要对这些外部教学辅助者的资质进行监测和评估，或者借助全国标准认证等方式来进行考察，这些措施能在很大程度上提升学生上课时的体验感。其次，学校课外活动和俱乐部中的教练，能够为那些想要提升技能并且对具体运动项目有浓厚兴趣的学生，提供更加专业的支持。

此外，成年人也发挥着重要作用。由于年轻人体育素养发展阶段的特质，决定了他们必然会受到成年人和环境的影响，成年人必须能够意识到他们的举动会影响到年轻人的认知和行为。因此成年人要加强与年轻人的交流与合作，这种非指令式的关系能够给予年轻人情感上的满足感和安全感，建立长久的信任关系，这对年轻人持久参与体育活动更有利。在此基础上，成年人要能够认识到在体育素养发展的每个阶段需求是不同的，要根据不同人群的需求，鼓励他们选择自己擅长或感觉到有趣的运动，并积极投入运动中。这个过程能够使年轻人更加自信，并产生继续参与的想法。

最后，为了能够促进外界为青少年提供高质量的支持，新西兰体育局强调要重视关键岗位人员的招聘和发展，并开发一个最佳实践模型，用来展示学校和社区环境中的高质量支持。要向父母宣传，帮助年轻人获得优质的社区体育参与机会，开发和推广支持教师、家长、教练和志愿者的资源，这些措施都能增加年轻人积极的体育活动体验。

（三）高质量的机会

高质量的机会是指在合适的时间、空间和资金方面为年轻人提供支持。

无论家庭、学校还是社区,提供的这些机会应该具有一致性。一致性表现为这些机会是针对每一个人的,无论何时何地这些支持都是安全的、低门槛的、便于获得并符合年轻人的能力水平和兴趣的。所有的年轻人都能够在竞争、游戏和娱乐之间保持平衡,在不同类型的体育参与中获得乐趣,并依据自己的情况选择可持续参与的体育活动或项目。

学校是青少年体育素养培养的启蒙地,学校要能认识到体育课程开展的必要性,并且提升体育课与体育教师的质量,这对青少年获得体育能力而言至关重要。社区是青少年体育素养培养的另一重要场所,社区体育机构和工作人员要能够协调,为青少年提供参与机会、活动场地、资金等支持,这能够对青少年的持续参与起到促进作用。以上谈到的这些支持要以年轻人为中心,保证年轻人能根据自己的时间、兴趣爱好和能力水平选择参与不同的体育活动。社区要根据地域情况组织年轻人有序地开展体育活动,并在不同的地域之间建立联系。

(四) 高质量的体验

以上这些支持和机会共同促进了年轻人获得优质的体验,这些体验可以满足年轻人的期望和需求。优质的体验通常表现为有趣味性的、积极的、符合参与者身体能力又具有一定挑战性的,采用整体性的角度关注年轻人的身体、情感和社会、认知、精神等领域。

体育参与能够提供乐趣并且提升持续性参与的机率,这些体育活动可以独自参与,也可以与家人、朋友一起参与,个体在参与过程中能够得到情感上的陪伴和满足感。通过这些活动能够提高青少年的创造力、想象力,培养他们优质的品格,青少年在其中不断探索自己能力的边界并寻找自己的兴趣,最终逐渐形成稳定的爱好。参加体育运动和体育活动可以培养积极、自信和有能力的年轻人,但如果这些经验以错误的方式传递,个体可能会因此失去动力和兴趣,有时这些变化是终身性的。

高质量的支持、机会和体验并非单独的领域,而是呈交叉重叠的,这三者共同发挥积极作用,体育素养才能实现真正的发展。明确体育素养发展的三个要素,并将"高质量"一词指标化,这对青少年体育素养发展具有极大的促进作用。通过制定这些质量标准,并将这些标准推广到社区体育部门,有利于明确基本技能和运动技能的发展途径,为其提供参考,以提升体育教学的质量。

三、关于未来新西兰体育素养测评工具的开发

纵观国际体育素养发展情况,并非每个国家对体育素养的定义与解释

都相一致,有的国家重点关注体育素养的身体和运动能力方面,如跑步速度、基本运动技能等;有的国家采取身体和情感等量表相结合的方式来评估体育素养的发展,所以开发的测评工具并没有普适性。总体而言,定性测评的方法对情感和认知领域的评估更为适合。未来的研究应关注身体能力以外的领域,从更全面的角度测量和评估体育素养。此外,由于体育素养是一个终身性的概念,测评工具很难涵盖所有的年龄段,针对不同人生阶段的不同领域需要分别进行评估,这加大了测评工具的开发难度。当前的研究主要集中于体育课上的儿童和青年,较少测评成年人和老年人的体育素养,所以需要加强针对不同年龄段和不同环境的研究。新西兰的《青少年体育和身体活动质量指标》并非是针对体育素养本身进行测评的工具,所以推动新工具的研发是新西兰下一步需要关注的重点。

新西兰体育教育协会(PENZ)在2016年国际体育素养协会研讨会的报告中,针对体育素养的测评方面提出了展望:新西兰下一步将开展对定性方法的研究,即民族志研究、叙事、自我研究、解释学和案例研究等。如果要进行定量研究,不应分别测量不同的领域来获得个人数据,提倡采用质性混合方法对体育素养进行测评。由于每个人的体育素养都是不同的,每个阶段的体育素养发展也是不同,新西兰下一步将致力于开发长期追踪性的测评工具,采用整体性视角对被测者的身体、社会、情感、认知和精神方面进行测评。在进行评估时,需要更加关注如何合理地使用测评工具,以确保教学过程适当。例如在教育环境中,教师进行体育素养评估时将学生的素养量化、指标化,更加关注横向对比而不关注学生的进步,这可能会打击学生的学习兴趣和再次参与体育活动的信心,不利于学生体育素养的发展。由此可见,新西兰体育素养测评工具的开发是一个长期性课题。

第三节 新西兰体育素养的培养策略

体育素养并非天生存在,是需要后天培养的。由于体育素养是一个终身性的概念,因此体育素养的培养应该贯穿每个人生阶段。本节将对新西兰体育素养培养的观点、特定人群的体育素养培养与案例进行分析。

一、新西兰体育素养培养的观点

体育素养是一个贯穿人生各个阶段的概念,个体可以通过发展体育素养实现积极幸福的生活目标。从关于体育价值的研究中,新西兰人已经了解充分参与体育活动的益处:人们需要高质量的体育活动体验,以增强他们的信心、能力和动机。但增加体育活动参与是一项复杂的挑战，特别是对那些参与水平低于平均水平的人来说。因此，明确体育素养的培养途径和有针对性地进行引导是非常必要的。

身体活动是培养体育素养的主要途径，其中游戏和体育教育是培养体育素养的基础。根据世界卫生组织（WHO）的定义，广义的身体活动包括人们在日常生活中所做的所有运动，包括工作、娱乐、锻炼和体育活动。体育素养始于婴幼儿和儿童时期，通过玩耍和各种身体活动，在自然本能的引导下，他们能够在自由活动中体验到快乐。随着儿童的成长，体育教育成为促进个人体育素养的重要方式。儿童和青年人早期的体育和身体活动经验对他们今后的终身参与和积极活动至关重要。早期经验越优质，影响就越积极，进而体育素养越好，终身体育参与的可能性就越大。成年人所面临的环境是丰富多变的，有很多因素会影响到体育活动的参与和健康生活方式的选择。在这一过程中人们可以根据自己的认知和意愿独立做出选择，这一阶段也会产生体育参与态度和行为的改变，因此在这一阶段仍需要重视体育素养的培养。一般理论上会认为老年时期的行为和思维模式都已经固定，很难去改变。但调查发现退休在家的老年人会通过子女、老年社团群体等的影响，或由于身体健康状况和情感需求等原因增加体育参与的行为。因此，体育素养的培养不是一蹴而就的，而是伴随人的一生。在人生的每个阶段都可能由于环境的变化或消极的体验，从积极参与转变为不再参加体育活动。新西兰正在积极探索不同阶段、不同人群的体育素养培养方案，目前主要针对学龄前婴幼儿和学龄阶段的青少年人群展开。

二、新西兰婴幼儿（0~5岁）的体育素养培养

（一）培养婴幼儿体育素养的必要性

婴幼儿时期是个体成长的黄金时期，从胚胎到出生，再到蹒跚学步，独立的个体开始接触这个世界，并逐渐产生对世界初步的感知。这也是体育素养的奠基阶段，在这个过程中身体、智力、情感、社会和精神等方面逐渐发展，并为学习、个人行为和交流能力打下基础。很多研究表明，积极的运动对新生儿和幼儿来说非常重要，从出生开始定期进行体育锻炼可以防止短期和长期的健康问题，如超重、肥胖、心血管疾病和肌肉骨骼方面的疾病。此外，早期的运动经验会影响人生后期的运动参与程度。由于婴幼儿还处于无法独立的状态，在运动过程中必须有家人的照顾，如帮助他们学习、使他们感到安全以及让他们感受到爱护。此时的体验决定了未来他们能否健康快乐、充满自信地生活。积极的运动能初步培养孩子终身锻炼的兴趣，使

他们了解身体是如何移动的,在这个过程中促进骨骼和肌肉的生长,培养他们的信心和自尊,发展他们的记忆能力、思考能力和语言能力等。随着孩子的成长,他们更愿意尝试有挑战性的活动,也获得了与他人合作交流的能力。

但如今婴幼儿和儿童的活动量通常不如他们的父母和祖父母处于婴幼儿和儿童时期时的活动量,因为随着科技发展,婴幼儿被动运动的机会太多了,如乘坐婴儿车、汽车、超市手推车代步,或由家长抱着、背着等。此外,电视和电脑游戏正在占用孩子们更多的时间。这对他们的发展非常不利,所以必须要通过一些措施改善他们消极运动的现象。新西兰体育局坚信父母和家人能够帮助孩子变得活跃,由于每个孩子都是不同的,他们会在不同的时间学习做不同的事情,因此家人需要为孩子提供一个支持性的环境,这对他们一生的发展将会有巨大的好处。家长应当让有规律的体育活动成为孩子日常生活的一部分,如步行去公园或商店,而不是乘坐婴儿车或汽车;鼓励他们出去玩,多花些时间亲近自然,减少观看电视和电脑的机会等。

(二) 婴幼儿体育素养培养的主渠道:玩耍和身体活动

1. 玩耍和身体活动的重要性

玩耍是自愿的、本能的、创造性的、适应性强的、普遍的行为,是一种乐趣,没有额外施加的目标或奖励。根据《联合国儿童权利公约》相关内容的阐述,玩耍的重要性得到了国际上的承认,新西兰也是该公约的签署国之一。该公约第31条规定:"缔约方承认儿童享有休息和休闲、从事适合儿童年龄段的游戏和娱乐活动,以及自由参与文化生活和艺术活动的权利。"通过游戏、玩耍和身体活动,能够促进儿童身体、认知和社会情感领域与运动技能的发展,这将给他们信心和动力,使他们终身热爱体育运动并有利于体育素养的培养。

2. 获得家长支持的重要性

人类的大脑在幼儿时期发育得非常快,大脑的发育取决于遗传基因和个人独特的经历以及生活环境。运动能够帮助大脑的不同部分之间建立联系,促进认知、记忆等功能的发展。孩子通过探索、游戏和玩耍来理解世界,家长要为他们提供尽可能多的玩耍和身体活动机会,帮助他们建立起对外界的感知。玩耍不仅可以使孩子保持活跃,还可以帮助他们发展社交、情感和认知。随着孩子学会控制自己的身体,攀爬、奔跑和跳跃都将成为重要的活动。家长应该鼓励孩子活跃起来,并参与游戏,家长和孩子在参与游戏的同时还能获得很多乐趣,一起度过美好时光。这些游戏活动通常是低成本的,如在庭院中投球并接球、转呼啦圈、随着音乐一起跳舞、一起去社区的游泳池等。也许在刚开始运动的阶段并不容易,伴随着很多困难,但家长可以通过自己的行动为孩子树立好的榜样，鼓励孩子积极参与运动。如果孩子排斥体育活动，那就从有趣的事情开始，如采用步行的方式去当地的游乐场，这顺利增加了一天额外的步行量；在休息日进行短暂的旅行，不乘坐公共交通而是尝试与孩子散步、骑自行车或踩踏板车到达目的地。

3. 婴幼儿的基础运动技能发展

为了方便家长和看护人员更好地帮助孩子发展体能，为其提供高质量的支持和活动机会，新西兰体育局为 0～5 岁的婴幼儿制定了基础运动技能发展目标。0～5 岁婴幼儿的基础运动技能共分为四大领域：移动技能、稳定性技能、操作技能、运动与身体意识。

移动技能，即使用大肌肉群从一个地方移动到另一个地方的技能，包括走路和跑步、跳跃、快速跑跳等；稳定性技能，即利用肌肉在固定姿势或移动时保持平衡的技能，包括平衡、拉伸和弯曲身体、扭转、滚动等；操作技能，即使用肌肉将物体从一个地方移动到另一个地方的技能，包括投掷、追赶、踢和运球等；运动与身体意识包括了解自己的身体、控制身体和行动能力等。这些目标为促进婴幼儿的基础运动技能发展提供了依据，也为新西兰体育局制订培养 0～5 岁年龄段孩童体育素养的相关方案奠定了基础。

(三) 培养婴幼儿体育素养的案例一：积极运动指南(Active Movement)

1. 积极运动指南简介

新西兰体育事务部(新西兰体育局的前身)在 21 世纪初就开始探索有关婴幼儿积极运动的概念，致力于促进人生早期身体、精神、社会、认知方面的健康。通过多年的学习与研究，新西兰体育事务部颁布了针对 5 岁以下儿童包含 14 个方面的《积极运动指南》，目的是与家长、教育工作者和体育机构共享信息，帮助激发孩子的兴趣并促进新西兰孩童的主动运动。该指南于 2005 年出版成书，到 2008 年共出版了英语、毛利语、萨摩亚语等 9 个版本。之后新西兰体育局通过与家长、护理人员、教育工作者以及各组织机构(如国家心脏基金会、新西兰体操协会、卫生部和教育部等)共同商讨和完善，于 2015 年在其官方网站上公布了最新版本的积极运动指南(Active Movement)，新指南包括 14 本手册和两张教学光盘。事实证明，这份指南在用于培养 0～5 岁孩子的体育素养方面起到了重要作用，为家长与孩子共同参与运动提供了指导。

2. 积极运动指南的构成

积极运动指南的 14 本手册分别针对性描述了如何发展婴幼儿的不同身体技能和能力，这些不同的手册和光盘可以为家长和看护人员提供专业的指导。这 14 本手册分别是：①积极运动：介绍；②腹部时间：滚动和爬行；

③步行、跑步和跳跃；④平衡、摇摆、旋转；⑤上半身发展：攀登、悬挂和摆动；⑥捕捉、投掷和踢；⑦关注手和手指的发展；⑧通过积极的运动发展语言；⑨按摩和触摸；⑩利用环境促进积极运动；⑪眼睛也需要移动；⑫通过积极的运动培养自尊；⑬歌曲、韵律和手指演奏；⑭阳光、安全和营养。

每一本手册又分为几个部分：①介绍为什么要发展该能力，如爬行的重要性；②活动前家长应该做的准备，如保证周围没有障碍物、相信孩子等；③针对新生儿（0～3 个月）和婴儿（4 个月～1 岁）时期设计的活动；④针对蹒跚学步期的幼儿（1～2 岁）设计的活动；⑤针对学龄前儿童（3～4 岁）设计的活动。

3. 积极运动指南的使用

积极运动指南的 14 本手册分别介绍了不同的内容，采用图画和文字结合的方式，通俗易懂。第一本手册介绍了整个指南的目标、如何正确使用这些资源、家长在培养儿童体育素养中扮演的角色等知识与常识。后面的 13 本手册针对具体的方面分别展开详细叙述。其中有 5 本是针对发展基本运动技能而设计的，如滚动、爬行等是为了发展移动技能；平衡、摇摆、旋转是为了发展稳定性技能；捕捉、投掷和踢是为了发展操控技能。通过这些资源，可以让孩童在基本运动技能快速发展期采取有针对性的训练，发展体育素养中身体领域的能力。之后 3 本是针对身体感知能力的发展而设计的，如婴儿从触摸中学习、进行抓握训练、锻炼孩子的观察能力等，这有利于婴幼儿时期的孩子建立对外界的感知和联系。此外，在如何正确地利用环境等资源中，家长通过阅读能够加深对孩子的了解，关注孩子的需求，创造安全的物理环境和情感环境。对于此阶段孩童来说，体育素养情感领域和认知领域的知识和理解发展同样十分重要，如为什么在阳光下要小心以及如何正确涂抹防晒霜。它还包括一些其他有用信息，如无烟环境，营养和安全信息对孩子的重要性。其余的手册对如何通过积极运动培养孩子的语言能力、音乐欣赏能力以及自尊意识等方面进行了详细的阐述。

（四）培养婴幼儿体育素养的案例二：少坐、多动、睡得好指南（Sit Less, Move More, Sleep Well）

1. 少坐、多动、睡得好指南简介

定期进行积极活动，减少久坐和保持充足的优质睡眠对于孩子的健康成长和发展至关重要。《少坐、多动、睡得好：5 岁以下儿童积极活动指南》是《饮食和活动指南》系列的一部分。这是 2017 年由新西兰卫生部颁布的文件，旨在培养婴幼儿时期的体育素养，也是新西兰体育局推动跨部门合作发展体育素养的一个里程碑。该指南包含了对新西兰 5 岁以下儿童的健康建议,还包含了少坐、多动和睡个好觉的指导方针。该指南适用于所有 5 岁以下的儿童,无论其性别、种族、能力或家庭的社会经济地位如何。儿童早期教育工作者、家长、看护者和家庭成员应该共同努力,支持孩子们的健康成长和发展,鼓励教育工作者提供足够的机会让孩子们经常玩耍,尽可能减少久坐行为,并确保孩子们养成高质量的睡眠行为。这些指导方针也适用于残疾儿童或患有疾病的儿童,充分体现了体育素养的全纳性。

从出生到 5 岁期间,会经历大量的身体、认知和社会情感发展。游戏和玩耍可以促进这种发展,使儿童获得身体技能,这将赋予他们信心和能力,进而促进更加积极的身体活动。0~5 岁的运动经验需求十分广泛,新西兰的体育素养发展经验表明,让孩子参与运动不仅可以发展身体技能和学习能力,还可以促进儿童创造力、想象力和探索能力的提升。

2. 少坐、多动、睡得好指南的构成

该指南的内容主要包括两部分:首先是对指南的介绍,其次是对"少坐、多动、睡得好"这三项分别进行详细的介绍。其中少坐、多动、睡得好又分别包含三方面内容,即相关研究的总结(采取行动的必要性)、背景介绍(新西兰的现状)、解决办法(应采取的具体措施条例)。下面将对第二部分进行更加详细的阐述。

(1) 少坐

新西兰卫生部强调要提供有规律的活动来减少孩子坐着的时间。尽量不要让 2 岁以下的儿童看电视,2 岁以上儿童每天看电视的时间不能超过一小时,应限制其使用电子产品的时间。久坐或长时间看电视将导致儿童的健康状况变差,超重和肥胖儿童在成年后更有可能肥胖,与正常体重范围内的儿童相比,他们出现胆固醇和血压水平异常的机率更大。

新西兰卫生部的调查数据显示:新西兰 2~4 岁儿童肥胖率约 7%,社会和家庭必须采取行动来改善现状。家长应该做出榜样减少自己对电子产品的使用,用阅读、故事时间或一起做拼图游戏来代替看电视;不要在卧室里放置电视或电脑;为所有电子产品设置有限的观看时间;鼓励幼儿和学龄前儿童多走路,而不是坐在婴儿车里。

(2) 多动

游戏是促进孩子身体、社交、情感和精神成长的重要方式,所有这些都对他们未来的健康和幸福至关重要。孩子们天生好奇和活跃,玩耍活动是他们了解世界的方式。研究表明有规律的积极游戏有助于发展孩子的身体系统,如肌肉和骨骼的生长、协调、平衡以及基本的运动技能。新西兰卫生部强调应该鼓励幼儿和学龄前儿童每天进行至少三个小时任意强度的体育活动,此外学龄前儿童每天应该进行至少一个小时中高强度的游戏或体育活动。积极的游戏为此阶段孩子提供了发展社交技能、情感自信、自尊和适应力的机会,玩耍的过程有利于发展孩子的创造力、想象力和探索能力。此外,家人也可以帮助5岁以下儿童通过锻炼发展社会和情感方面的技能,这些指导将帮助孩子们独立做决策,并提高他们对环境的适应力以及规避风险的能力。

新西兰卫生部提出:家长应为婴幼儿提供有趣的活动机会(幼儿和学龄前儿童每天至少活动三个小时),支持他们身体、社交、情感和精神的成长;注重运动机会并建立弹性和鼓励机制,使婴幼儿在运动中发展运动能力和信心;注重孩子们与他人互动,如父母、兄弟姐妹、朋友等。

(3) 睡得好

根据新生儿(0~3个月)的身体需求,他们每天应该有14到17个小时的高质量睡眠;婴儿(4~12个月)每天应该有12到15个小时的高质量睡眠,当他们接近1岁时,这种睡眠就会减少;幼儿(1~2岁)每天应该有11到14个小时的高质量睡眠;学龄前儿童(3~4岁)每天应该有10到13个小时的高质量睡眠,并且有固定的就寝时间和起床时间。长期睡眠不足的孩子(所有年龄段)在身体、情感和社交能力方面表现较差,学业成绩也较差。此外,儿童早期不良的睡眠习惯与后期较差的健康状况密切相关。2016年一项关于就寝时间和肥胖之间关系的研究表明,晚上9点之后就寝的学龄前儿童,在青春期时的肥胖率是晚上9点之前就寝儿童的两倍。

新西兰卫生部在其网站上提供了很多关于如何保证儿童睡眠的信息、建议和提示。指南也针对改善婴幼儿的睡眠质量提供了更加详细的指导,如鼓励家长观察婴儿的睡眠模式,以识别他们困倦的迹象;当婴儿哭泣时,给予他们足够的拥抱,并对身体和情感上的暗示做出反应;鼓励在婴儿睡觉时唱摇篮曲;养成规律的就寝时间;睡前一小时不要看电视或其他电子设备,调暗灯光;鼓励学龄前儿童晚上8点之前上床睡觉,以促进他们的独立睡眠等。

三、新西兰青少年(5~18岁)的体育素养培养

(一) 培养青少年体育素养的必要性

2017年,联合国儿童基金会根据9个可持续发展目标对41个高收入国家和地区进行了评估,在41个国家和地区中,新西兰的整体排名是第34位。新西兰的"健康与福祉"排名第38位,在"确保所有人的健康生活并促进所有年龄段人的福祉"中排名倒数第三,生活在失业家庭中的儿童人数占

国内儿童总人数的七分之一。新西兰国内健康统计数据显示,接近半数的精神疾病始于 14 岁,近年寻求专门心理健康咨询服务的年轻人人数增加了一倍以上。与其他国家相比,新西兰 15 至 19 岁年轻人的自杀率较高。如果不加以治疗,青年时的精神健康问题可能会成为长期问题。整个生命阶段最初的五年以及青春期的大脑和行为都具有较高的可塑性,预防和早期干预是应对这一问题的最佳方案。

新西兰人口数据显示,25 岁以下的新西兰人约有 160 万,大约占新西兰总人口的 33%。新西兰的人口正在迅速老龄化,预计到 2068 年,儿童和年轻人的人数将与现在大致相同,但 65 岁以上的人数将增加一倍。也就是说每年出生的婴儿数量大致相同(约 6 万人),但人们的寿命更长,老年人占比更大。在人口老龄化的同时,新西兰的种族分布也在发生变化。大约四分之一的儿童(0~14 岁)属于少数种族,而 65 岁以上的人中只有 3% 属于少数种族,这给代际教育带来了极大的挑战。青少年不希望文化、种族、性别、残疾、心理健康或家庭状况影响到学校、社区中的学习以及朋友之间的交往。但种族主义和歧视正在对他们参与体育活动产生影响,无论在学校、工作场所还是社区中,儿童和年轻人正普遍感受到这种影响。当前文化越来越多元、城市化越来越严重、贫富差距越来越大,必须采用一个更加包容的整体性框架,在学校、家庭和社区中对青少年的身心健康加以干预。在新西兰如此多样性的背景下(包括文化多样性、民族多样性、性取向多样性及残障人士),通过培养青少年的体育素养可以从源头改善新西兰国民身心健康的问题。

高质量的身体活动是儿童认知、运动技能、情感和心理发展的基础。青少年时期的认知和行为能够影响他们的成年和老年时期,具备良好体育素养的年轻人不仅在体育方面表现出色,还可以改善学业表现。许多国家都将读写、算术和信息技术能力作为学龄儿童重点培养的内容,但在学校中度过丰富有趣的一天,并通过体育活动让青少年在不同环境中体验到成功的乐趣,对于提高学习成绩有明显的促进作用。除了学习成绩外,体育活动对青少年成长、思考、参与,以及成为社区和社会中的一部分是必不可少的,体育活动可以在获得生活技能和提高社会交往能力等方面产生良好的影响。儿童通过体育活动会表现得更加乐观,并因此影响身边的家人和朋友,还会把自己的行为和态度传递给下一代。从长远来看,这不仅对个人有益,而且对社会和国家的长期发展都具有建设性意义。综上所述,培养青少年的体育素养迫在眉睫,学校体育和社区体育是培养学龄(5~18 岁)青少年体育素养的两个重要领域。

(二) 青少年体育素养培养的主渠道：体育教育

1. 新西兰国家课程介绍

学校体育教育是培养青少年体育素养的主要渠道。体育素养从出生就开始发展，随着儿童年龄的增长，越来越多的发展要通过高质量的学校体育教育体验来实现。但需要注意的是体育素养不能"教"，它不是课程。体育素养应该是优质的体育课程、游戏、运动和体育锻炼共同作用的结果。新西兰的小学适合学龄通常为5～12岁，中学为13～19岁。新西兰的国家课程分为新西兰课程和毛利人课程。新西兰课程在所有以英语授课的中小学中使用，包括州立学校和州立综合学校。新西兰课程分为英语、艺术、健康与体育、语言学习、数学和统计学、科学、社会科学、技术共八门学科。毛利人课程被用于毛利人中小学的教学计划之中，其中至少一半的课程只在毛利人中教授。毛利人课程包括数学、科学、技术、社会科学、艺术、健康与福祉、毛利语言文学、英语、语言学习共九门学科。课程设置应确保广泛的通识教育，并为以后的专业奠定基础。尽管两种体育课程具有一些不同的见解，但二者的愿景都是培养年轻人学习、工作和终身学习所需的能力，并持续发挥自己的潜力。新西兰课程中对体育的定义是：体育教育的重点是运动及其对个人和社区发展的贡献。通过学校体育课程和课外体育活动，学生们了解到运动是人类的一种表达方式，它可以帮助人们获得快乐并改善生活。当他们在不同的身体和社会环境中从事游戏、运动、锻炼、娱乐、冒险和表达性运动时，要学会理解、欣赏和活动自己的身体，积极地与他人相处，并表现出建设性的态度和价值观。体育教育能培养批判性的思维和行为，使学生了解体育活动对个人和社会的作用与意义。

2. 新西兰体育课程介绍

健康和体育课程主张通过在与健康有关的运动环境中学习，实现学生自身、他人和社会的福祉。健康与福祉（精神健康、情感健康、身体健康、社会福祉）、态度和价值观、社会生态视角以及健康促进这四个相互依赖的概念是健康和体育学习领域的核心。这与体育素养的核心概念具有一致性，为体育素养贯穿学校体育课程，并对青少年进行潜移默化的渗透提供了可能性。健康和体育课程的主要构成如下：①四个分支——个人健康和身体发展、运动概念和运动技能、与他人的关系、健康的社区和环境；②七个领域——精神健康、性教育、食物和营养、身体护理和人身安全、体力活动、运动研究、户外教育。这七个领域都将纳入小学和中学的教学计划；③三个不同但相关的主题——健康教育、体育教育和家政学。由此可见，新西兰的健康和体育课程并非简单的运动技能教与学，而是包含健康知识、生活技能和身体活动在内,促进青少年身心发展的知识综合体。随着青少年适应能力以及个人和社会责任感的增强,他们越来越有能力为自己承担责任,并为周围的人、社区、环境(包括自然环境)以及整个社会的福祉做出贡献。此外,新西兰健康和体育课程的内容繁杂丰富,新西兰中小学除了聘用在校的专职体育教师外,还聘用了校外体育教育辅助者,这些辅助者一般是外部盈利性或非盈利性体育机构的教练。由校外体育辅助教练和学校专职体育教师共同担任健康和体育课程教师的小学相比于中学占比更高(例如4年级45%,8年级33%)。但是,近几年学校的专职体育教师越来越依赖校外体育机构的支持,这造成体育教师技能水平下降。这些下降体现在动作技能和教学技能方面,对教师的自我成长和发展都是很不利的。此外,健康和体育课程由不断变化的非教师群体教授,对学生而言也并非好事。

3. 学校教育中体育素养培养的困境及解决办法

新西兰学校体育教育的开展也面临着一些挑战。首先,普遍认为学校为青少年提供了充分的体育活动和锻炼的机会,但事实证明由于新西兰的学校具有自治权,并非由国家统一直接管理,因此无法以特定方法让学校教授体育。体育课程过去是以一种相当"规范"的方式进行的,如1987年的国家体育大纲规定了体育课的时间要求(每天分配30分钟),并且明确了应该教什么(包括健身和技能部分)。但现在需要各校按照国家发布的课程指南,根据各地区和各学校的实际情况进行体育课程设计。这给了学校很大自主权,但另一方面也造成了各学校体育教育水平差异很大。第二,新西兰学生的成绩评定方式,导致教师和学生过度关注评估结果和周期报告,很少有时间关注那些"非优先"科目。事实证明,体育教育可以为学生计算和识字能力的提升提供帮助,这需要引起学校和教师的关注。此外,由于社会的变化,家长对于体育参与的看法发生了改变。由于受到自身环境的影响,部分家长并不重视孩子从事体育活动甚至对此施加负面影响。第三,由于体育运动的商业化和竞争化,学校被定位为"市场"。青少年针对某一个体育项目进行长期的学练,可能会限制其掌握技能的范围,削弱他们的全面发展,限制许多青少年发展广泛的技能和尝试不同的运动。在新西兰学校教育领域中,体育课与课外活动等许多方面都面临着理论和实践难题,亟需一些资源和文件对学校和教师进行指导。新西兰的政府组织和社会非盈利机构都开发了针对培养青少年体育素养的资源工具包,旨在解决上述问题。

(三) 培养青少年体育素养的案例:资源工具包的利用

1. 运动开始(SportStart)资源工具包

SportStart是由惠灵顿体育部开发的资源工具包,旨在激发、授权和支持学校为年轻人创建或改善体育锻炼计划。惠灵顿体育部与学校和体育组织共享信息、共同行动,致力于培养一代具有体育素养的新西兰儿童。SportStart 资源工具包为教师提供实用的活动资源以及详尽的用户指南,激励他们为在校学生提供有趣、适宜发展的高质量活动,并协助教师设计创新性的体育素养培养计划。学校可以通过惠灵顿体育部的官方网站购买该资源工具包,该资源工具包包含一个文件夹、一份用户指南以及覆盖八个核心部分的 109 张活动卡,开发机构通过提供资源访问权限以及定期培训的形式,对学校教师进行持续的支持。

SportStart 资源工具包的开发主要基于两个理念,即精英化发展和体育素养。资源工具包的开发机构强调体育素养包括基本运动技能、运动技能、批判性思维和沟通能力等方面,这对健康、自信、有能力的青少年的长期发展至关重要。这些资源会为教师帮助学龄儿童小学阶段(5~12 岁)发展体育素养提供指导。为了发挥这一资源工具包的最大效益,并增进学校和教师对体育素养以及如何使用这些资源的理解,惠灵顿体育部为他们提供了专业人员进行指导。

2. 活跃学校(Active Schools)资源工具包

新西兰体育事务部于 2008 年制作了 Active Schools 资源工具包,以帮助学校发展体育锻炼文化并提升学生的体育素养。该资源工具包为学校和教师提供了整个体育课程中需要的体育活动环境知识、体育学习知识、增加课外活动的方法,并专注于让体育活动成为学校日常生活的一部分。

Active schools 资源工具包有 5 组资源:①准备——研究体育锻炼的好处以及如何在学校引入并保持体育锻炼的文化;②入门——着眼于将体育活动引入课堂,提供简便的方法来增加学校教育领域的体育活动(包括 90 项课内外活动方案和进行体育活动的建议);③有效评分——旨在帮助学校评估体育课程和课外活动的规划是否合理,最终目的是为儿童提供优质的体育锻炼体验;④学校中的健康饮食——使学校认识到健康饮食的好处,并为促进学校的健康饮食提供支持方案;⑤模板和案例研究——该资源包中包括一些模板及案例研究,并向学校和教师提供联系方式,为他们提供进一步支持。目前这些资源可以在新西兰体育局的官方网站上获取。

资源工具包中的 90 项课内外活动方案共分为跨课程、跨文化和跨场景三个系列。跨课程是指在数学、科学、英语、科技、社会学、艺术课程中结合与体育知识有关的内容。例如在数学课学习统计学时,可以让学生在学校周围通过步行收集树叶或石头,然后数一数、分类、与同伴讨论;此外统计数据的内容可以与体育有关,例如比较不同学生在一分钟内可以走多少步等。

跨文化是指在毛利语和毛利文化的教学中学习与体育有关的词语或文章。例如教师给同学们朗读一篇有关毛伊是如何抓住太阳的毛利传说,之后选择部分内容,让学生即兴创作舞蹈,同学之间互相展示学习。跨场景则是指在体育课、课外活动、家中等不同环境中都能开展体育活动。例如利用10分钟的空闲时间,或者利用休息时间和午餐时间,进行简单快捷的体育活动,这些活动只需要很少器械或根本不需要器械。该资源工具包中的很多案例能够被教师迅速运用到班级当中。在课内和课外给予学生支持、信任和关怀,使每个人都参与到趣味游戏当中,注重合作而不是竞争。新西兰体育局采用了整体性的视角和工作方法,为培养国民体育素养提供了可能性。

第四节 新西兰体育素养面临的问题与未来展望

新西兰在体育素养的推广方面起步较早,近几年也呈现出愈发积极的态势。本节将在上述内容的基础上,对新西兰体育素养的发展之路进行回顾与展望。

一、新西兰体育素养回顾与不足之处

(一)新西兰体育素养回顾

1. 概念的统一性与实施的灵活性

尽管体育素养不是一个新的概念,但如何将其因地制宜地引入新西兰还处于初步探索阶段。在新西兰实现体育素养本土化的过程中,有支持者肯定的声音,同时也存在许多的质疑和反对,为了促进体育素养价值最大化,新西兰体育局做出了很多的努力。自从采取体育素养策略以来,新西兰体育局就呼吁并确保各部门对体育素养要有一致的理解。全球对体育素养的解读建立在同一个哲学基础上,但大多数国家都进行了各自定义以适应本国的需求。新西兰体育局认为,只有对体育素养的概念进行统一规定,才不会导致各个领域对其术语和概念混淆,导致交流和实施出现阻碍,因此《新西兰体育局体育素养方案——高质量体育活动和运动体验的指导》具有重要意义。如果说统一概念是推广体育素养的前提,那注重因地制宜就是顺利推行的加速器。由于体育素养并不是一种条例或具体的规定,它更像是一种观念和方法论,主张以整体性的观点来关注个人的发展,因此各种组织和社区也需要保有一定的灵活性,结合地域环境建立和支持当地体育素养发展。

2. 多部门合作共同推广体育素养

体育素养的推广并不是一个部门的事情,新西兰体育局认识到必须建

立广泛的合作伙伴关系,并为这些合作伙伴提供工具、培训、资源、案例和网络支持。同时新西兰也成立了专门的体育素养倡导小组,这个小组致力于将不同领域的部门联合起来共同工作,探讨体育素养以及推广体育素养。体育素养倡导小组的成员包括:国家体育组织、地方体育信托、新西兰国家体育学科协会、青年发展组织,同时新西兰体育局也希望在未来有更多伙伴加入。目前新西兰的体育素养培养主要是针对儿童和青少年人群,教育部在体育素养的研究和执行中扮演着重要角色。但是根据体育素养的特性,还需要更广泛的合作,如与卫生部等部门共同进行探索。国际体育素养协会也一直努力与教育、体育和健康等相关部门进行合作,探索体育素养在这些领域中的具体形态,新西兰也将尽力与国际意识保持一致。

3. 积极回应外界对体育素养的质疑

有些人对体育素养有所误解和疑问,是因为他们并没有清楚地认识这个概念,开展研讨会是消除误解与质疑的有效途径。新西兰体育局和新西兰国家体育学科协会共同承担了全国性演讲的工作,在新西兰一些地区举办了一系列"介绍体育素养"的工作坊和培训论坛,向社会各界和个人传递体育素养有关的知识。培训的目的是分享其愿景,激发公众对体育素养的兴趣,并确保合作伙伴之间对体育素养概念达成共识。这些培训课程和研讨会的一个重要目标是消除对体育素养相关的质疑,主要通过公开讨论的方式对质疑进行解答,公开的讨论和坦诚的跨界对话是这些活动成功的关键,在这一过程中新西兰体育局和其他合作组织也会得到很多启发。

(二)新西兰体育素养的不足之处

1. 体育教育领域:仍需落实体育素养的指导地位

新西兰对体育素养的推广做了很多努力工作,在获得进展的同时也存在许多问题。正如世界上许多国家一样,新西兰也面临"体育素养"和"体育教育"边界模糊的问题。新西兰体育局公开澄清:在新西兰,体育素养并不打算取代任何东西,而是为国家课程的倡导者以及教师们提供理论和实践支持。

新西兰的一些专家提出,基础运动技能的熟练程度是决定幼儿体育素养的重要因素。这个观点并非错误,但难以体现体育素养的全面性特征。体育素养不仅要考虑运动技能的发展,还需要考虑发展个体对如何运动、探索世界的知识和理解;既要关注"基本运动技能"的提升,又要发展"信心和动机"。总体而言,新西兰在将体育素养作为学校体育的指导思想并在课堂中落实,合理利用体育素养促进体育教育提高方面还有很长的路要走。

2. 体育素养信息公示与测评方法仍待完善

目前新西兰虽然对体育素养进行了研究和探讨,但很多政策是针对学龄儿童和青少年的,没有颁布针对成年人和老年人的文件政策或指导措施。当前新西兰在信息收集和测评方法方面仍有提升的空间:其一,在信息收集方面,当前新西兰体育素养的相关信息比较分散,这加大了寻找有用信息的困难,也不利于普及体育素养。而如澳大利亚和加拿大等国家,体育素养的研究团队网络规模庞大,同时上线了体育素养的专门网站,公众能够以更加直观的方式了解体育素养。其二,在体育素养测评方面,新西兰对测评工具的开发仍处于起步阶段。测评是衡量个体现有体育素养,以及制定体育素养培养方案的重要途径,目前已成为国际体育素养研究的热点问题,新西兰需要将体育素养测评方案开发作为下一阶段的研究重点。

二、新西兰体育素养的未来展望

(一)突出本土优势,制定阶段性策略

新西兰拥有独特的文化、历史和人口背景,在理解体育素养并推动其造福国民方面有着得天独厚的优势。如何结合这些优势推动新西兰体育素养的发展,是下一步要思考的主要问题。新西兰已经在学校和社区等领域针对体育素养制定了一系列政策和战略,也取得了一定的成效。但新西兰体育局强调,体育素养促进是一个长期的过程,最终目标的达成需要分阶段进行。由于对体育素养的探索还处于初步阶段,在每个政策实施后,新西兰相关机构都进行了阶段性的工作报告总结,作为下一步工作推进的依据。新西兰制定的新战略已于2020年生效,支持和发展个人体育素养之旅成为了主要目标。未来还需要关注年轻人福祉与代际福祉,增强政府间各部门的合作。

(二)关注更广泛人群,扩大交流网络

目前教育和体育是新西兰体育素养研究与推广的主要领域,对学龄儿童课程和学龄儿童能力发展具有重要影响。但体育素养具有终身性,其发展不应仅限于教育部门。新西兰体育局的观点与国际体育素养协会"从摇篮到坟墓"的理念一致,新西兰正在突破学校教育领域,研究更广泛人群的体育素养。对新西兰而言,下一步除了加强各个年龄段的专门化培养,还应关注妇女、贫困人群、残疾人等特殊人群的体育素养发展。除此之外,体育素养概念已经得到国际的广泛认可,如美国、澳大利亚、加拿大等其他国家的相关研究均有所突破并逐步实现本土化。新西兰体育局与国际体育素养协会、威尔士体育局和澳大利亚体育委员会将密切合作,进一步提升国际合作带来的潜力。这些措施不仅有利于新西兰汲取国际经验,还有利于推动全世界的体育素养发展。

(三) 坚定哲学立场,推动实践工作

体育素养发展是一个需要持续探索的主题,明确体育素养的哲学立场并且始终坚持立场非常重要。如果希望人们从运动和身体活动中得到最多的益处,那就需要考虑人们身体、社会、情感、认知和精神的需求;如果希望人们发展终身运动的能力,就需要跳出身体技能和狭隘的体育成功视野。基于此,未来要坚持"身心一元"的哲学立场,关注个体在生命中每个阶段的多维需求。

此外,在实践层面,新西兰体育局在进行体育素养探索的过程中制定了名为"健康积极学习计划"的新战略,该计划作为政府 2019 年福利预算的一部分,政府为其投资了约 4 760 万美元。该计划也是新西兰《儿童和青年福祉战略》的一部分,教育部、卫生部和新西兰体育局将共同为学校和孩子早期阶段的学习提供支持,通过健康饮食和优质体育锻炼来改善新西兰国民的健康状况,推动新西兰体育素养的实践。

第七章　IPLA 体育素养研究

近年来,体育素养在国际体育界备受关注,世界各国特别是发达国家对体育素养展开了大量的理论与实践研究,并将研究成果运用于实践之中。在这个过程中,体育素养的概念、结构内容、实践与评估和培养体系不断完善,对中小学体育教学改革产生了巨大的积极影响。为了在全世界范围内加快推广体育素养概念并发展体育素养研究,国际体育素养协会(International Physical Literacy Association, IPLA)于 2014 年应运而生,玛格丽特·怀特海德担任该协会主席。该协会的主要目标是在国际上推广体育素养、不断更新体育素养的概念、维护体育素养的完整性、提供有关体育素养交流的论坛、传播体育素养各方面的研究成果、鼓励并支持开展体育素养相关的研究和学术活动,并将成果应用到政策和实践中。本章将对国际体育素养协会体育素养的框架、测评、培养、存在的问题与未来发展等内容进行介绍与分析,以帮助读者对体育素养形成更加全面、深入的了解。

第一节　IPLA 体育素养的框架构成

进入互联网时代,人类的生活方式发生了巨大改变:久坐现象成为常态,由身体活动严重不足引发的一系列慢性疾病,给人类健康带来了巨大的困扰与威胁。目前,这些困扰全球的人类健康问题依然没有得到解决,身体活动作为解决这些问题的重要途径,其价值仍然没有受到足够重视。此外,学校体育教育的价值定位依然存在偏差。基于此,国际体育素养协会提出了"体育素养"这一概念,以期解决这些棘手的问题。学界对体育素养这一概念进行了二十多年的挖掘与研究,已经形成了相对完善的理论体系,并在这一过程中逐步认识到体育素养对个体不可替代的价值。

一、国际体育素养协会提出体育素养的背景

(一)身体活动水平的严重不足

身体活动与人体健康密切相关,适当的身体活动可以降低冠心病等慢性疾病的发生率,而低水平的身体活动则可能导致能量代谢失衡,并带来一

系列的健康问题。

进入21世纪以来,全球范围内的久坐行为和拒绝运动的生活方式增多,个体身体活动水平正以惊人的速度下降。生产生活各领域均已向自动化、网络化、智能化发展,曾经不可或缺的身体活动被汽车、电梯、家电、手机、互联网取代,每天在办公室或家中的座位上进行工作、学习、通讯、娱乐成为越来越多人的生活常态。在今天,"身体活动缺失症"成为了全球性流行病。在过去60多年里,由"身体活动缺失症"导致的慢性非传染性疾病的致死人数占世界总死亡人数的63%。由此,世界卫生组织(World Health Organization,WHO)指出,需要通过一种积极的身体活动去改变这种状况,80%的心脏病、中风、糖尿病等慢性病可以通过积极运动达到预防的效果。此外,2011年联合国在确定优先行动和应对危机的干预措施中明确指出"身体活动是预防和延缓慢性非传染性疾病的有效策略"。2014年,美国运动医学会、国际体育科学和体育教育理事会和耐克公司在联合发表的《为动而生——关于促进身体活动的行动框架》研究报告中指出,身体活动的不足不仅给各国经济和人类健康造成重大损失,而且会形成代际间的恶性循环,削弱人类潜能。由此可见,当今需要采取紧急行动来减缓并扭转"身体活动缺失症"在全球蔓延的趋势,提高人们的身体活动水平,以改善人们的整体健康并提高其幸福水平[①]。

对此各国采取了一系列计划措施,以支持国民参与不同类型的身体活动,但实际效果却不显著。2013年《世界卫生组织通讯》的社评"为什么我们未能在全球促进身体活动?"指出:出现这一状况的原因既不是社会对身体活动的重要性缺乏认识,也不是公共卫生部门未采取积极的干预措施,其原因在于"基于健康的促进模式"不足以改变人们的行为,不能有效地促进身体活动。因此,要改变这种困境必须要改变观念,将着眼点由关注身体活动促进健康的实际效用,转向重视人们在身体活动时的体验,即从人参与身体活动的原因上寻求答案,将焦点由人们参与身体活动的结果转向过程,将人置于身体活动的主体位置,由生理促进转向意义探求。人是寻求意义的动物,过去人们之所以参与身体活动,是基于实用性的工具意义,因此在相当程度上属于功利驱动的被动行为。而今天,当科技进步使身体活动的工具性意义消失或弱化时,身体活动若仅仅是为了体质健康,就不足以激发人们的参与热情。因此,如何让全球民众自愿选择非工具性的身体活动

---

① 祝莉,王正珍,朱为模.健康中国视域中的运动处方库构建[J].体育科学,2020,40(1):4—15.

并使之成为其生活的常态,是 21 世纪亟待解决的世界性难题。此时,"体育素养"的出现为解决该难题打开了一个突破口,它试图用身体活动的主体观取代身体活动的工具观,将满足生存需要的被动参与变为追求人生价值、开发生命潜能、提高生活质量的主动参与,为人类的健康注入新的活力①。

(二) 身心二元的机械区分

怀特海德认为,体育和身体活动不受人们重视的思想根源在于身心二元论。在传统西方哲学中,身体处于一个很低的地位。柏拉图的灵魂学始终坚持灵魂在本性上高于身体;笛卡尔认为心灵和身体是独立存在的两个实体,身体与物质联系在一起,而心灵与精神、思维联系在一起,从而形成了身心二元论。该理论主张人是由心灵和身体两个可区分的部分组成,心灵高于身体,身体的意义仅在于服务心灵。近代以来西方哲学中占主导地位的本体论,要么把一切归结为精神,世界被观念化,人成了超然的意识主体;要么把一切归结为物质,世界被物化,人成了机器②。这样一种非此即彼的观念无法全面表达身体的真实状态,进而对于身体活动也无法形成正确的认识。

一切身体活动都离不开身体和心灵的共同作用,身体活动在本质上是身心一体、知行合一的。而身心二元论扭曲了原本相互交融的身心关系,将二者分割对立起来,进而虚构出一个"心"高于"身","身"从属于"心"的幻象,贬损身体活动在社会价值系统中的位置,使这一关系到生命质量和生活幸福的重要部分在社会生活中得不到应有的重视。此外,身心二元论还严重折损了人们参与体育活动的效果,将需要"全心全意"投入才能充分获益的体育活动,变为"半心半意"的参与,甚至"无心无意"的敷衍。身心二元论导致人们对体育的认识在基本理论层面产生谬误,在实际操作层面出现失当,给体育带来了根本性的伤害。在身体活动中,身心二元论表现为轻视参与者的身体感觉(体验),忽视身体的认知作用(体知),武断地认为人在身体活动中的感觉是不真实的,知觉是不可靠的。因此使人们只信"诚实的"仪器,不信"说谎的"身体,一切以数据为凭,使身体活动"科学化"。其结果是活动者不断以"科学数据"纠正其体验和体知的"错误",将体育参与过程拱手交付科学数据控制,以期进入健身或训练的"科学轨道"。然而,个体的差异性和独特性告诉我们,普适于所有人的"科学轨道"是不存在的。活动者

---

① 任海.身体素养:一个统领当代体育改革与发展的理念[J].体育科学,2018,38(3):3—11.
② 季晓峰.论梅洛-庞蒂的身体现象学对身心二元论的突破[J].东南学术,2010,2:154—162.

一旦发现（他们迟早会发现）自己的身体达不到"科学标准"时，要么加倍锻炼，以惩罚不听话的身体；要么停止参与，放弃对身体的控制。这种见物不见人，忽视人主体地位的"科学迷思"抑制了人在身体活动中本应具有的体验敏感性和体知深刻性，导致体育中人自身的异化，将体验自我、认知自我，从而丰富自我的体育过程变为一场注定无法成功的"科学"实验。其结果是活动者不仅无法体会体育的乐趣，领悟身体活动的意义，而且弱化了他们的自信和自尊[①]。

体育素养以具身性重新审视身体活动，强调身体活动的身心统一及整体性，反对身体与心灵的割裂，坚持理性地认识身心的同等地位，以求在本源上让身体活动回归其应有的位置，重构体育生存和发展的基点，使体育和身体活动在人类生活中的重要性和价值得到重视。

（三）学校体育教育的定位偏误

竞技运动即竞争性的体育活动，它是由少数人参加，为争取优异运动成绩，进行科学、系统训练和竞赛的身体活动，它以最大限度地发挥和提高个人与集体在体格、体能、心理及运动能力等方面的潜力为目标。随着社会的不断发展，竞技体育的发展亦日趋成熟，随着各种运动的不断普及，喜爱竞技运动的人也逐渐增多。因其具有激烈的竞争性、观赏性等特点，运动员以追求更高水平的运动成绩为目标，观众也强烈渴望看到更高水平的运动表现，于是产生了侧重于追求高水平竞技运动成绩和表现的价值选择。由于高水平的运动成绩和表现占据了体育舞台的中心，许多学校将追求高水平运动成绩和表现作为学校体育的主要训练重点，设置以提高运动成绩为目标的教学活动，而缺少对"体育活动意识和习惯"培养的关切。这忽视了对普通学生的健康促进，缺乏对那些竞技能力虽不及高水平，但热爱运动且希望提高运动水平的大部分学生的照顾。由于这些学生不具有高水平的竞技能力，参与身体活动的积极性常常会遭受严重打击和挫折，因此，其在学习过程中会表现出消极的身体活动意愿甚至选择退出。此外，除了校内的体育活动，学业压力导致学生很少有机会在校外进行体育活动。这会对他们的成长造成不利影响，使他们认为除了在国际体育运动会上取得成功外，身体活动的价值是微乎其微的。实际上，竞技运动的目的在于人的发展，而不仅仅是追求优异的成绩和表现，聚焦于提高运动成绩和竞技能力而忽视人的发展违背了竞技运动的初衷。

通过培养个体的体育素养能够有助于在整个生命周期中增加身体活动

---

① 任海.身体素养：一个统领当代体育改革与发展的理念[J].体育科学,2018,38(3):3—11.

和体育参与,当前学界已经证明了在增加儿童和青少年身体活动和体育参与方面是有效的[1]。首先,体育素养遵从个体差异性的原则,强调个体具有独特的体育素养之旅。其次,从体育素养的独特性与包容性出发,每个个体的身体之旅多有不同,有的青少年可以成为高水平运动员,有的则是普通的体育爱好者,但两者在参与身体活动的维度上是等价的。青少年参与体育活动的主要目的是打好体育素养的基础,以便在这个基础上依照自身意愿和身体条件决定自己的体育参与之路,进一步发展个人体育素养,为将来的体育参与提供无限可能。在这个过程中,人们充分开发自己的潜能,体验运动的乐趣,发现体育的意义,促进其终身的体育行为[2]。

二、国际体育素养协会体育素养的发展历程

(一)萌芽期:1993 年—2000 年

1993 年,怀特海德第一次认真讨论了体育素养的概念,但她并没有对这个概念进行详细定义,而是讨论了具身能力(Embodied Capacities)对于个人实现自身潜能、提高生活质量等方面的重要性[3]。她在澳大利亚墨尔本举行的国际女子体育教育和运动协会大会上首次提出了体育素养的概念,该概念主要是基于让-保罗·萨特(Jean-Paul Sartre)和莫里斯·梅洛-庞蒂(Maurice Merleau-Ponty)的哲学理论研究,从人的身体、认知、环境和行为等领域对身体活动提出了新的思考。

(二)初步发展期:2001 年—2009 年

2001 年,怀特海德对素养进行扩展定义,认为"素养"是有效识别、理解、解释、创造、回应、交流以及在广泛范围内使用身体语言的能力。个体通过连续的学习能够实现目标,发展他们的知识和潜力,并能够在社区及更广泛的社会中参与活动。最初,她仅仅从生命体和人类生存的维度把体育素养描述为一种经验的体现和存在状态,旨在提高或改善运动方面的身体表现,使个体能完成一个特定的目标。当然这一概念同时也突出强调"提高和保持全面发展的能力,并在整个活动过程中有一个积极的态度"[4]。2005

---

[1] 王晓刚.国际体育素养研究的前沿热点、主题聚类与拓展空间[J].北京体育大学学报,2019,10:102—116.
[2] 任海.身体素养:一个统领当代体育改革与发展的理念[J].体育科学,2018,38(3):3—11.
[3] Whitehead M. The Concept of Physical Literacy [J]. Physical Education & Sport Pedagogy, 2001,6(2):127-138.
[4] 阳艺武. Physical Literacy:内涵解读、中外对比及教学启示[J].上海体育学院学报,2016,40(4):73—78+94.

年,怀特海德将体育素养简要定义为:"个体在一生中保持身体活动处于适当水平所需要的动机、信心、身体能力、理解和知识。"

(三) 成熟期:2010 年—2013 年

2010 年,怀特海德及其团队出版的专著《体育素养:贯穿生命历程》(*Physical Literacy: Throughout the Life Course*)进一步阐述了体育素养的概念,认为"一个具有体育素养的人将通过提高自尊、自信和更积极的人际关系等方面提高自己的生活品质。更重要的是,这些提高需要得到教师、教练员、父母和同龄人的帮助才能得以实现"。于是体育素养被定义为:"根据每个人的禀赋,体育素养可以被描述为在整个生命过程中保持身体活动的动机、信心、身体能力、知识和理解。"[1]

(四) 高潮期:2013 年至今

2013 年,怀特海德在国际体育科学和体育教育理事会(ICSSPE)公报中将体育素养定义为:"在整个生命过程中重视和保持身体活动所需的动机、信心、身体能力、知识和理解。"[2]她考虑到人的整体性,定义中反应了人的三个关键特征——情感、身体和认知,并且强调体育素养是一个贯穿"从出生到死亡"的概念,建议将其看作是一段人生旅程。2017 年,在国际体育素养协会前期研究的基础上,经过讨论与完善,将体育素养的定义修改为:"个体为了重视并承担终身参与身体活动的责任,所需要的动机、信心、身体能力、知识和理解。"尽管自 2001 年以来,这个定义经历了三次修改,但怀特海德和她在国际体育素养协会的同事们对体育素养的定义一直保留着动机、信心、身体能力、知识和理解的元素。可以明显看到,定义的最后一句话从"在整个生命过程中保持身体活动"修改为"重视并承担终身参与身体活动的责任"。这一变化强调了个人应该重视身体活动,并保持积极的生活方式。因此,体育素养的概念可以被看作是源于对参与身体活动长期价值的信念,并阐述了实现这一信念的方法[3]。

可见自首次提出这一概念以来,怀特海德与她的团队一直在积极完善和改进体育素养的定义,并编写了《体育素养:贯穿生命历程》一书。从

---

[1] Whitehead M. Physical Literacy: Throughout the Lifecourse [M]. London: Routledge; 2010:3-20.

[2] Whitehead M. Definition of Physical Literacy and Clarification of Related Issues [J]. ICSSPE Journal of Sport Science and Physical Education, 2013,65(2):28-42.

[3] Shearer C, Goss H R, Edward L C, et al. How is Physical Literacy Defined? A Contemporary Update [J]. Journal of Teaching in Physical Education, 2018,37(3):237-245.

1993年到现在,举办了许多有关体育素养的会议及研讨会,并发表了若干相关论文。其中,第一次会议于2008年在英国贝德福特大学召开,之后在拉夫堡、普利茅斯、坎特伯雷和德比郡举办了研讨会。体育素养的概念正是在这些会议的讨论中发展起来的,如"体育素养是一种性格"来自坎特伯雷研讨会;"体育素养作为一种旅程"源于普利茅斯研讨会;德比郡研讨会中引进了"制作进步图表"系统;拉夫堡研讨会上强调了实践的意义。第二次会议于2011年在贝德福特大学召开,是一项国际活动,重点是研究幼儿和小学阶段的体育素养。第三次会议于2013年在贝德福德郡的怀波斯顿湖会议中心举行,同样是国际会议,会议内容特别关注中学阶段的体育素养。这次会议还讨论了成立一个国际协会的问题,通过各方面的努力,最终于2014年建立了国际体育素养协会。协会的主要任务是通过促进体育素养文化,培养有奉献精神的参与者,使世界各地的每个人都能理解和接受身体活动,并将身体活动作为生活中的一个重要组成部分。

三、国际体育素养协会体育素养的框架

(一) 体育素养的定义

目前,国际体育素养协会采用的体育素养定义是于2017年发布的最新定义,即"体育素养是个体为了重视并承担终身参与身体活动的责任,所需要的动机、信心、身体能力、知识和理解"(Physical literacy can be described as the motivation, confidence, physical competence, knowledge and understanding to value and take responsibility for engagement in physical activities for life.)。体育素养的内涵有着强烈的"身体活动"色彩,其本质可以理解为"在整个生命过程中维持身体活动所需的综合能力",其主要目的是促进人类的身体活动[1]。

但是,在发展体育素养概念的过程中,很多人对这个概念产生了许多误解,比如把体育素养当作是人生当中的一个短期目标来实现,错误地认为体育素养是一个终点;认为体育素养仅与学校教育有关等。因此,怀特海德对体育素养的定义进行了以下澄清[2]。

首先,体育素养是一个"从摇篮到坟墓"终身之旅的概念。体育素养贯穿了从出生到死亡的过程,并不是一种可以达到并持续一生的状态,最好把

---

[1] 王晓刚.国际体育素养研究的前沿热点、主题聚类与拓展空间[J].北京体育大学学报,2019,10:102—116.

[2] Whitehead M. Definition of Physical Literacy and Clarification of Related Issues [J]. ICSSPE Journal of Sport Science and Physical Education, 2013,65(2):28-42.

它看作是一段贯穿一生的旅程,并且对每个人来说都是独一无二的旅程。早期的经历可以为终身参与身体活动奠定基础,但体育素养是贯穿一生的重要品质,发展体育素养亦是一个持续的过程。体育素养常常被错误地认为是一种仅在人生的某一阶段(如儿童时期)就能掌握的技能,但事实并非如此。虽然儿童时期是发展体育素养的关键阶段,但重要的是体育素养被视为一生的性格,在任何阶段都可以培养和发展。体育素养是一生的财富,在人生的各个阶段都丰富了人们的生活,但这也是一种需要培养和保持的性格,否则就会失去。并且,体育素养旅程可能会遇到困难和挫折,甚至可能会因为一系列超出个人控制范围的情况而停滞。每个人都能根据自己的能力、社会和地理环境及生活经验,在自己的体育素养之旅中发展自己的潜能。怀特海德提出,根据个人的年龄与体育素养的发展,体育素养之旅会经历六个不同的阶段,分别为学龄前儿童阶段、小学阶段、中学阶段、青年阶段、成年阶段、老年阶段[①]。

其次,体育素养是一个"内涵超越学校教育范畴"的概念。培养体育素养并非仅仅是学校教育的责任,在学前、校外和毕业后任何涉及身体活动的环境中,培养体育素养都非常重要。这就意味着体育教师并不是唯一致力于促进体育素养的人,所有能够影响个人对身体活动态度和能力的重要他人都可以发挥作用,包括家长、朋友、幼儿园护士、教练、同伴、家庭成员、康乐管理人员、雇主及医护人员等。但是,体育教师确实扮演着关键的角色,因为他们是唯一有资格接触每个青少年的专业人士,这就要求教师有责任为所有学习者在他们个人的体育素养之旅中取得进步奠定基础。体育素养的提升贯穿一生,除了在校期间的学习者,对学前儿童、成人和老年人也至关重要。

为了让人们能够更直观地理解体育素养,国际体育素养协会制定了"终身体育素养表"(见表7-1)。表格从一生中体育素养之旅的各阶段出发,详细描述了发展、建立、维持或挑战体育素养的方法,影响达到和保持体育素养的人员,以及鼓励建立和维护体育素养的系统、情境和环境,最后还提供了可以用来绘制进展图表的方法。

---

① Whitehead M. Stages in Physical Literacy Journey [J]. ICSSPE Journal of Sport Science and Physical Education, 2013,65(2):52-56.

表 7-1　终身体育素养表

与人生历程相关的体育素养之旅阶段					
学龄前儿童	小学	中学	青年	成年	老年
发展、建立、维持或挑战体育素养的方法					
促进、支持和鼓励发展运动能力和运动乐趣。在一系列鼓励创造力、想象力和探索的刺激环境中定期提供引导游戏,同时发展控制和协调动作、健康的体育锻炼方法、睡眠和饮食。	运动能力的发展伴随着动力、信心、知识和理解。促进和提高对身体活动有益于整体健康的认识。	体育素养是在一系列身体活动环境中建立和联系起来的。促进和提高对身体活动有益于整体健康的认识。	巩固体育素养,根据自身动机参与选定的身体活动,并作为生活方式的一部分。促进和提高对身体活动有益于整体健康的认识。	保持良好的体育素养,使身体活动成为个人生活方式的一部分,从而获得成功和回报。持续关注并意识到体育素养对提高生活质量的益处。可能会给自己设定更高的目标。勇于挑战自己,尝试新的活动,或者达到更高的目标。促进和提高对身体活动有益于整体健康的认识。	个人体育素养之旅随年龄而改变。继续适当的活动。增加有关能力变化、老年健康和积极生活方式的知识和理解。促进和提高对身体活动有益于整体健康的认识。
影响达到和保持体育素养的人员					
父母、家庭、健康和社区工作者等重要的其他人。	教师、社会服务机构、家长、家庭、同辈、教练、俱乐部及康乐设施人员、健康及社区工作者。			朋友、家庭、工作场所的同事以及下列领域的人员:医疗领域、俱乐部、健身行业、休闲设施、夜校(教练、体育发展干事)、健康及社区工作者。	

鼓励、建立和维护体育素养的系统、情境和环境

鼓励所有人积极接近、学习和参与高质量的家庭、学校体育和社区活动。
为年幼儿童在一系列刺激环境中提供定期有目的的游戏指导,鼓励创造力和想象力,探索、发展控制和协调相关的运动。
提供具有同理心的学习环境,让学生健康积极的生活态度、价值观及信念得以发展。
提供健康的社会社区环境,支持旅行、个人发展和卫生保健。
提供社区活动和设施,支持从事体育和非竞争性身体活动的广泛人群。
提供一系列具有挑战性及支持性的环境,让公民形成积极的态度、价值观及信念,发展健康积极的生活方式。

可以用来绘制进展图表的方法		
父母和卫生工作者监测身体、情感和认知发展。	家长、同学和教师监控和记录学生的进步,包括动机、信心、身体能力、知识和理解。	电子商业产品可以记录简单的活动和经验,日记和日志可以记录参与、表现和活动的体验。未来的目标和方向是记录动机、信心、身体能力、知识和理解,以促进终生发展。

(二) 体育素养的构成

在体育素养的定义中包含了三个基本要素,即情感、身体和认知。动机和信心归属情感领域,身体能力归属身体领域,知识与理解则归属认知领域。动机和信心是终身参与身体活动的核心,没有动机和信心,就不会有参加身体活动的动力,也不会有欣赏身体活动价值的动力;身体能力是终身参与身体活动的基础,没有身体能力的发展,就不能顺利地进行身体活动,还可能产生糟糕的参与经历,将会对发展自我价值和自信心造成阻碍;知识和理解是终身参与身体活动的保证,如果对运动的本质和整体效益没有正确的认识和理解,那么个人将不会重视对于参与身体活动的保持,也不会为其承担任何责任。所以三个基本要素缺一不可,三者之间是相互依存、相互影响、相互促进和共同发展的关系。

"情感"领域描述的是个体对身体活动的动机和信心。动机和信心通常是由于体育素养的进步而产生的,掌握一种动作技能并不一定会促进参与身体活动的欲望,在运动体验中产生的满足感和愉悦感才会进一步提高参与身体活动的兴趣。若想提高参与者情感领域的体育素养,就要引导参与者发现身体活动的乐趣,并将身体活动作为日常生活的一部分[1]。

"身体"领域的主要内容是身体能力,即个体能够参与各种各样活动的能力,具体可以分为运动能力、运动技能、身体能力、基本动作技能和有目的的身体活动。提高个体的身体能力包括发展一般的、精细的和特定的运动模式。对诸如平衡、协调、敏捷和速度等能力进行专门训练,有利于个体从一般运动模式发展到精细和特定的运动模式。因此,为了激发学习者的身体潜能并发展运动模式,应该鼓励学习者广泛参与身体活动[2]。

"认知"主要描述的是个体对身体活动的认识和理解,对健康和积极生活方式的认识和理解,以及对身体活动责任的重视。具备体育素养的人应该对身体活动有着全面而系统的认知和理解,特别是关于体育的规则、传统和价值观。对于健康和积极生活方式的认识和理解是为重视参与身体活动建立认知基础[3]。根据怀特海德对体育素养的定义,"重视并承担终身参与

---

[1] Whitehead M. Definition of Physical Literacy and Clarification of Related Issues [J]. ICSSPE Journal of Sport Science and Physical Education, 2013,65(2):28-42.

[2] Whitehead M. The Value of Physical Literacy [J]. ICSSPE Journal of Sport Science and Physical Education, 2013,65(10):42-43.

[3] Lowri E, Anna B, Richard K, Kevin M, Anwen J. Definitions, Foundations and Associations of Physical Literacy: A Systematic Review [J]. Sports Medicine, 2017, 47(1):113-126.

身体活动的责任"强调了认知的重要性。只有对参与身体活动的相关知识有了一定认知,才知道该做什么、如何做以及何时执行①。

在介绍体育素养概念时,有人提出了这样一个问题:"如果一个人在培养体育素养的过程中取得了进步,那么他会有什么特征呢?"为此,国际体育素养协会用体育素养的属性列表(见表7-2)来说明定义中涉及到的情感、身体和认知三要素。体育素养定义描述的是人内在的性格特征,而属性描述的是人外在的行为表现,这些行为表现则说明在培养体育素养方面正在取得的进步。经国际体育素养协会讨论之后,2010年怀特海德对列出的属性进行了修改,以确保充分覆盖所有领域,并且描述用语要易于所有从业人员理解。属性列表以完整和简化两种形式列出了当前属性,突出显示了体育素养定义中的每个领域。动机和信心源于情感领域,被称为属性A和B,身体能力是身体领域的表现,被称为属性C、D和E,知识和理解属于认知领域,归于属性F和G,属性H介于情感和认知领域之间。

表7-2 体育素养的属性

完整属性	简化属性
正在体育素养之旅中取得进步的个体将会表现出以下特点:	一个人如果在体育素养方面取得了进步,就会有以下特征:
A. 积极主动参与身体活动,对身体活动具有兴趣和热情,并在具有挑战性的身体活动环境中坚持下来。(情感领域)	想参加身体活动。(情感领域)
B. 对学习新任务和活动有信心,并确信这些经验将是有益的。(情感领域)	有信心参加各种身体活动。(情感领域)
C. 在各种具有挑战性的环境中保持平衡、协调和有效的运动。(身体领域)	以不同的身体活动方式保持有效运动。(身体领域)
D. 对体育环境的感知深刻而敏感,对身体活动具有想象力和创造力。(身体领域)	有身体活动的意识和需求。(身体领域)
E. 有独立运动的能力,也能与他人在合作和竞争的情况下进行身体活动。(身体领域)	在不同的身体活动中能独立进行,也能与他人合作。(身体领域)
F. 能够识别和阐明影响运动表现有效性的基本素质。(认知领域)	知道如何在不同的身体活动中提高表现。(认知领域)

---

① Cale L, Harris J. The Role of Knowledge and Understanding in Fostering Physical Literacy [J]. Journal of Teaching in Physical Education, 2018,37(3):280-287.

续表

完整属性	简化属性
G. 理解整体身体健康的原则,选择丰富和平衡的生活方式。(认知领域)	知道身体活动能够如何改善健康。(认知领域)
H. 有自信选择终身身体活动。(情感和认知领域)	有足够的自信去规划和实施积极的生活方式。(情感和认知领域)

虽然属性列表被用来描述一个人在体育素养之旅中取得的进步,但它也可以用于指导许多方面的实践,如为目标设定、教学指导和确定进展提供信息参考,综合考虑每个属性并思考如何影响实践。下面举一个关于属性A的例子:属性A(情感领域)是指具有证据的表现性行为,"积极主动参与身体活动,对身体活动具有兴趣和热情,并在具有挑战性的身体活动环境中坚持下来"。该属性可以为实践提供切实可行的目标或适合个人的挑战,给予个人积极性和建设性的反馈,判断运动的进展情况(判断一个人在任务中能坚持多久、是否有毅力等)。总之,体育素养的定义和属性以实践者的工作为出发点,为实践者提供明确的指导,帮助解决"实践中的体育素养是什么样"这一问题。

(三) 体育素养的价值

根据体育素养的定义,其本质是一种能力,即个体在整个生命过程中为了维持身体活动所需的综合能力。既然是一种能力,那么它自然具有价值,体育素养的内在价值在于促进人类的身体活动。身体活动的参与是以身体作为媒介而完成的,然而怀特海德发现,相对于德育、智育等学科,身体教育在学校教育中没有受到应有的重视,对具身维度给予的关注往往局限于增进身体健康和延长寿命,或者局限于培养高水平运动员作为国家的形象大使。导致这一现象的根源在于传统哲学理论中笛卡尔主张的身心二元论,笛卡尔认为人是由思想和身体两个独立的部分组成,而思想优越于身体。为了强调身体的价值,反对笛卡尔二元论的哲学立场,怀特海德开启了为体育素养寻找理论支撑的漫长哲学研究旅程。

首先,怀特海德大胆质疑身心二元论提出的"身体是一个独立的机器,与心智(思维)是割裂的"。经过对思想和身体之间关系的大量研究,结果显示思想和身体之间并未分离,而且是不可分割、相互联系的。吉布斯(Gibbs)和维格(Vega)指出:"传统的无实体心灵观是错误的,因为人类的认知从根本上是由具身经验所塑造,意识不可能完全脱离肉体而独立存在。"因此,怀特海德赞成并支持"人的身体和思维相互统一、不可分割"的身心一元论观点。

其次,存在主义的基本原则是存在先于本质。人类生来就有多种潜在的能力,但只有当我们与世界的互动刺激了这些能力发展时,这些能力才得以实现。人和世界之间存在着一种原始的共存关系,与世界的互动使我们绽放生命之花,促进潜能的实现。从某种意义上说,我们在创造世界的同时也被世界所创造,我们的能力使我们与世界的互动成为可能,这种能力包括语言、艺术、数字、科学、与他人互动、历史理解和潜能等。怀特海德认为,体育素养是一种与世界互动的能力,这就是身体活动对人类的独特贡献,即身体活动(人类能动性)使人与世界产生了独特的互动。因此要实现与世界有意义的互动,就必须具备某种能力,如我们听说过的历史素养、情绪素养、音乐素养、语言素养,当然还有体育素养。体育素养描述了人类潜能的发展,人类以其具身性本质对生活做出独特的贡献,实现整体健康和繁荣发展。从这个观点出发,身体活动与其他素养一样,具有实现人类潜能的独特内在价值。基于此,怀特海德认为无论是被视为终身旅程,还是仅限于学校的教育,体育素养都具有实际价值[①]。

再次,现象学认为人类通过自身的经验去感知外部世界,经验为我们如何看待世界提供了一个独特的视角。每个人都积累了一套特定的经验,这些经验影响了他们对所处环境的感知和反应。因此,每个人都要在身体活动中获得积极的体验,并把这些积极的体验带到生活中去。现象学解释了体育素养必须把每个人看作是独特的,由于每个人都有自身的独特经验,这些经验会影响个体对未来的看法,因此支持个人从事身体活动应该考虑先前的经验,并具有包容性。

最后,西方哲学认为"具身性"是人类生存发展的基础,是认识世界的基本方式。莱考夫(Lakoff)和约翰逊(Johnson)强调:"概念形成的源泉是与世界进行的具身参与,而概念是语言、认知和推理的基础。正是通过与世界的具身互动,才拥有了特殊的体验和经历,并因此形成了概念。"例如,"推"和"拉"是与重量有关的概念,"内"和"外"、"上"和"下"等是与空间有关的概念,"开始"和"停止"、"继续"和"结束"等是与时间相关的概念,这些概念成为认知与思维的基础[②]。所以具身性是我们作为人类的一个关键属性,展示了身体是如何参与概念创造和认知过程的,突出了身体的价值并强调了:身和心是统一的;人的身心连接通过身体的感官感觉和运动体验建立;人对

[①②] Whitehead M. The Value of Physical Literacy [J]. ICSSPE Journal of Sport Science and Physical Education, 2013,65(10):42-43.

客观世界的知觉依赖于身体作用于世界的活动,身体的活动影响着人对世界的认识;心智是具体的,它建立在身体结构和运动体验的基础上,和身体、外界环境融合为有机的整体。

在当前的学术体系中,"身体活动"是以身体作为媒介参与认识世界的过程,能够促进人类对身体产生哲学层面的理解。哲学意义上"身体活动"的价值是:人类通过肢体的一系列运动产生对外部世界的感知,进而得到关于外部世界的经验,反馈于自身,满足我们在身体、精神等方面的需求。这正是具身性所强调的通过身体认识世界,进而对自身加以改造,对心智加以发展。身体活动受到多方面因素影响,体育素养便是为了促进人类的身体活动。经典的社会生态学模型阐述了影响身体活动的因素,如人际关系、身体素质、运动技能等。因此,维持身体活动水平一定是建立在心智和身体综合交互之上的。怀特海德对体育素养的定义强调了维持身体活动的动机、信心、身体能力、知识和理解。这表明,身体活动的维持需要身心多方面的连接与整合①。

在西方哲学的发展过程中,一元论的价值已经得到了世界哲学界的认可。存在主义和现象学都认为个体是"与周围环境所产生的一切交互作用的结果,而交互产生的结果就是人类在各维度,如身体、思维等维度的具体表现"。这种新的抽象概念被西方的先哲,如海德格尔、梅洛-庞帝和萨特等人发展成为具身性,也称具身认知。它在哲学立场上反对笛卡尔的二元论,经过现象学和存在主义的理论整合,发展成为一种新的哲学观点。具身性的中心观点认为,抽象思维的认知活动根植于身体活动之中。也就是说,身体是人类认知活动的主体,具有认知价值和作用。这样的理论意在强调身体不是进行认知和获取知识的障碍,突出身心一体和心智统一的教育立场,重新定位身体的价值和作用,对于身体教育(体育教育)是有效支撑②。

在充分理解怀特海德所概述的哲学立场的背景下,体育素养本身的价值就显而易见了。具备体育素养的人,不仅拥有参与身体活动所需要的知识、技能、态度、动机和动力,能够意识到身体活动对提高自身生活质量、健康水平、幸福感的内在价值,并利用与生俱来的运动潜能为提升生活质量做出突出贡献,同时还具有很好的自我意识和自信心,在各种复杂、具有挑战性的环境下不受技术水平、竞技状态的影响,通过与环境的互动产生积极的

---

①② 陈思同,刘阳,唐炎,陈昂. 对我国体育素养概念的理解——基于对 Physical Literacy 的解读[J]. 体育科学,2017,37(6):41—51.

自尊和自信,在多种环境中能够进行各种体育活动,始终保持身体活动的连续性并体验到身体活动给自己带来的健康效益和满足感,而且能够通过身体动作在非语言交流的情况下流畅地表达自我,能够辨别和说明影响运动表现的基本素质,知道和理解身体的整体健康原则,包括丰富且平衡的生活方式、锻炼、睡眠和营养等①。

总体而言,体育素养着眼于身体活动与积极生活方式的契合关系,立足于人的整体,在情感、认知和身体等相互关联的多种维度上激发动机、培养能力,促成终身参与身体活动的行为习惯②。体育素养的概念是基于一元论、存在主义和现象学及具身性的哲学理论而提出的,体育素养以此为基础,也意在表明运动或体育活动不仅会对人的身体产生作用,还会对心智产生积极的影响。基于上述理论,体育素养的价值在于:可以促进人的身体活动;提高和丰富人的生活质量;协同发展其他能力;使个体发展自我,并使个体与世界的互动更加丰富多彩。

第二节 IPLA体育素养的测评体系

体育素养测评是对个体体育素养做出判断的过程,判断一个人的体育素养是否得到了发展或者发展水平如何,就需要进行体育素养测评。国际体育素养协会目前尚未构建出一套完整的测评体系,但已经有了细致的建议和思考,本节将介绍这些建议和思考。

一、体育素养测评的基本观点

体育素养是一种通过终身参与身体活动来发展和维持的能力,并不是一种在某一时间段就可以达到并在之后保持的状态。体育素养是一种性格或态度,个人在与世界的互动中积累经验,进而发展体育素养。因此,体育素养可以理解为个体对生活某一方面的看法,并且这个看法可以在整个生命过程中不断改变。体育素养作为人的一种性格,具有暂时性,但它可以被反思和描述。由于生活经历是个人所独有的,并且每次经历都会影响认知,所以个体对参与身体活动的态度也各不相同。因此,国际体育素养协会引用了"旅程"来比喻体育素养测评,引发人们对路上景观和旅行

---

① Whitehead M. The Value of Physical Literacy [J]. ICSSPE Journal of Sport Science and Physical Education, 2013, 65(10):42—43.
② 任海. 身体素养:一个统领当代体育改革与发展的理念[J]. 体育科学, 2018, 38(3):3—11.

路径的思考,提出基于体育素养的概念绘制旅程图,而不是评估任何形式的"进步"。

首先,测评体育素养需要从体育素养概念的整体性出发,对概念本身进行深入理解。体育素养概念的整体性体现在多个方面:第一,体育素养概念强调在个体的整个人生当中培养和发展体育素养,促进终身参与身体活动,只在人生的某个阶段就想实现这个目标是不成立的。既然体育素养是终身性的,便有不断发展、动态和非线性等特征,体育素养将随着个体对世界认知的逐步全面以及自身能力的逐步发展而产生变化。第二,体育素养既可以通过高水平竞技体育,也可以通过群众体育等各类体育活动来发展。它强调通过整体性最终达成目的,而不仅仅关注目标达成的途径和手段。第三,体育素养强调个体情感、身体、认知三个领域共同发展的整体性。体育素养的测评应当从多个领域进行综合评估,且在测评过程中每个领域所涉及的内容都应该被置于一个公平对待的平等位置,不能出现任何形式的分离现象。第四,体育素养强调整体关注生活中各个角色对体育素养发展的作用。对于体育素养的培养和发展,时间不仅限于某一年龄段,场域不仅限于学校,指导与帮助者也不仅限于体育教师,生活中的父母、朋友、教练、亲戚和同事等角色都会对体育素养的培养和发展起到关键作用,所以在测评过程中,他人评价也是体育素养测评的重要组成部分。

其次,测评需要根据体育素养的哲学基础来收集、记录个人旅程中的数据和信息。体育素养的哲学基础有一元论、存在主义和现象学及具身性的哲学理论,都促进了身体价值和作用的重新定位与认识。一元论揭示了人体结构的复杂性和身体与心灵之间的关联性;存在主义提出了人是自身与世界互动的结果;现象学认为人是通过身体与世界互动,获得经验并对世界形成本能的感知,进而形成了个人看待世界的独特视角。具身性强调人是通过与世界互动积累了各种经验,进而对世界产生认知的,而参与互动的主体是人的身体。人的身体以身体活动的形式通过肢体的一系列运动产生对外部世界的感知,进而得到关于外部世界的经验,以满足自身在身体、精神等方面的需求。根据体育素养的哲学基础可知,个体在与世界的互动过程中产生经验,而个体所处时间、空间与环境的复杂性决定了每个人与世界的互动是不同的,进而产生了各种不同的经验。经验不同使每个人对世界的认知产生了巨大差别,最终造就了具有独特性和差异性的个体,所以充分尊重个体独特性显得尤为重要。目前,西方国家在体育素养评价中比较流行使用一套统一的评价标准。评价的目的通常是评估和问责,而不是庆祝学习者已经取得的成就。怀特海德反对统一、客观和绝对的评价标准,质疑传统的终结性评价观念①。体育素养的哲学基础充分解释了每个人的生活经验是独一无二的,而且每一次经历都会改变个体对参加身体活动的感知和态度。体育素养的整体性、发展性及个体独特性决定了其测评方式不应该是统一的标准或与他人进行比较的参照模型,而应该倾向于根据个体以前所有的行为变化来判断其现在所取得的进步与成功,也可以说是对整个人体育素养旅程的评价(即整体性、发展性及个体独特性的评价,不与标准或规范进行比较)。这种收集、记录个人体育素养旅程中的数据和信息的方式是为了鼓励自我意识发展,这一过程从个体的不同天赋和独特经验视角出发,充分尊重了个体差异性,从传统的以评估为基础进行学习转向了深度观察和反思分析。它的基本原则是通过与世界的具体互动来鼓励自我意识,摒弃通过规范性的比较、绝对的标准或是复现技能进行呆板的测评。

绘制与体育素养相关的进展图表有助于个体对体育素养概念形成更清晰的理解,方便对自身体育素养历程进行评价,明确随着时间的推移应如何发展体育素养。这也是使体育素养的概念适用于多个不同角色的关键方法,如科研工作者、学校课程编写者、教练、体育机构、父母、运动和体育锻炼的参与者。涵盖所有这些利益相关者群体能够衡量体育素养的历程,能够帮助我们了解哪些策略最有助于促进体育素养。考虑到每个人体育素养的进步是一种动态、非线性的现象,传统的线性测量假设对体育素养的概念来说并不合适,且每个人都是独特的个体,不能与另一个人的发展(过去或现在)进行比较。相对于测量、评价、评估和衡量,国际体育素养协会更赞成使用"绘制进展图表"这一术语来描绘体育素养,鼓励采用创造性、非常规、记录体育素养的进展等方法评估体育素养。因此,国际体育素养协会讨论了绘制体育素养旅程进展图表时应该满足的广泛原则和要求②,建议该图表认真考虑以下几点:①对促进体育素养做出积极贡献;②为参与者创建整体的"图像";③鼓励参与者的进步;④适用于所有年龄段的参与者;⑤易于使用;⑥尽可能让参与者自己完成;⑦用简洁的语言来表达自我反思的想法;⑧使所有参与者终身进行建设性的自我反思;⑨适应现实的期望,尊重不断变化的生活方式;⑩支持在线完成的形式。

---

① Green N R, Roberts W M, Sheehan D, Keegan R J. Charting Physical Literacy Journeys Within Physical Education Settings [J]. Journal of Teaching in Physical Education, 2018, 37(3):272-279.

② Whitehead M. Physical Literacy across the World [M]. London, Britain: Routledge, 2019: 3-74.

二、体育素养测评的操作方式

根据以上所述,测评需要牢记从体育素养的整体性和哲学基础出发,以图表的方式来绘制体育素养之旅,明确所得信息的性质,以描述的方式呈现。国际体育素养协会从动机、信心、身体能力及知识和理解四个构成要素展开测评,草拟了用于记录体育素养旅程进展情况的图表,图表中包括"未意识到或忽视潜能""探索潜能""发展潜能""加强潜能"和"潜能最大化"五个特点(见表7-3)。该图表专为绘制终身体育素养旅程而设计,可用于所有年龄段的个体。在大多数情况下,"探索潜能"和"发展潜能"的特点在儿童和青少年中比较明显,而"加强潜能"通常是成年人的特征。体育素养的期望是所有成年人都确保自己与"加强潜能"栏中的描述保持一致①。

国际体育素养协会的图表中包含"未意识到或忽视潜能"的特点栏,以描述那些出于各种原因在任何年龄段都不参与身体活动的人。这类人可能是由于缺乏意识到具身潜能的机会,或由于负面经历,亦或由于生活方式的变化而拒绝参与身体活动。这些负面经历可能是严重的疾病或受伤,可能是需要承担抚养责任,也可能是与就业期望相关。如果个人的记录信息是"未意识到或忽视潜能",其目标就应该是鼓励参与运动,个体可能需要先满足"探索潜能"和"发展潜能"栏中的期望,然后再努力达到"加强潜能"栏中的描述。"潜能最大化"这一栏是为了容纳希望自己充分发挥潜能的人,这些人通常希望在竞争激烈的环境中发挥自己的全部潜能。这种性质的个人目标设定可能出现在任何年龄,并且持续的时间也不确定。大多数人会在青少年阶段最大限度地发挥潜能,但成年人在任何年龄都可以为自己设定一个具有挑战性的目标。这些人在某段时间追求"潜能最大化",随着时间的推移,他们可能又会回到"加强潜能"一栏。由于生活充满了曲折,在体育素养旅程中,很有可能出现个体在特点栏中左右移动的情况。

体育素养的测评方式是:通过构成要素在体育素养旅程中所表现出的特点变化来反映体育素养及进展情况。体育素养的每个构成要素又包含三个子部分,每个子部分包含不同的描述语,用来反映或判断体育素养的特点,这就是体育素养之旅进展图表的总体结构。体育素养的构成要素包含动机、信心、身体能力、知识和理解,其中每个要素都包含三个子部分。动机的三个子部分为:积极参与身体活动;持续地应用和参与,积极投入身体活

---

① Whitehead M. Physical Literacy across the World [M]. London, Britain: Routledge, 2019: 3-74.

动；积极采取措施将身体活动纳入我的生活模式。信心的三个子部分为：有信心参与；对能力的认知，相信自己可以取得进步；有信心与各种环境进行互动和接触。身体能力的三个子部分为：构成所有运动和身体活动的基础运动模式；在广泛的环境中运动，包括单独运动和与他人一起运动；在与身体活动环境相互作用中的敏感知觉和感知行为。知识和理解的三个子部分为：反思和提高表现；规划、互动和创造力；健康且重视身体活动。在体育素养旅程中，体育素养的各构成要素都有不同的心态和行为表现并呈现出不同的特点。不同的心态和行为表现以描述语的形式进行反映，可以呈现出五个不同特点，即未意识到或忽视潜能、探索潜能、发展潜能、加强潜能、潜能最大化。可以看出，五大特点之间呈现由弱到强、由差到优逐渐递进的关系。个人可以通过每个要素的描述语，来判断自己的体育素养之旅处于什么样的阶段。

以体育素养的动机要素为例，动机被进一步细分为三个子部分：积极参与身体活动；持续地应用和参与，积极投入身体活动；积极采取措施将身体活动纳入我的生活模式。需要从这三个子部分所给出的描述语中收集信息，这样才能获得更为全面的证据。当个体在三个子部分中分别表现为"我很少想要参加身体活动；当我参加身体活动时不能全身心投入；我采取措施避免身体活动"时，则表明个人的体育素养之旅处于"未意识到或忽视潜能"阶段；当个体在三个子部分中分别表现为"我进行身体活动是因为我喜欢它；我在运动中专心致志；身体活动是我生活的一部分"时，则表明个人的体育素养之旅处于"探索潜能"阶段；当个体在三个子部分中分别表现为"我参加身体活动并享受它带来的乐趣，而且它对我很重要；我不轻易放弃、勇往直前，我坚持不懈、坚忍不拔；身体活动越来越成为我生活方式的一部分"时，则表明个人的体育素养之旅处于"发展潜能"阶段；当个体在三个子部分中分别表现为"我重视并坚持身体活动，因为它是成就自我的一部分；我保持定期投入和参与身体活动；身体活动是我生活模式中不可或缺的一部分"时，则说明个人的体育素养之旅处于"加强潜能"阶段；当个体在三个子部分中分别表现为"我有动力去尝试新的活动并挑战自己的能力；我决定在各种环境中挑战自我；我寻求新的方法将身体活动纳入自己的生活模式"时，则说明个人的体育素养之旅处于"潜能最大化"阶段。在测评过程中个体也可以与自己过去的体育素养进行比较，判断个人体育素养之旅的进展情况。

国际体育素养协会目前已经开发了详细的描述语，旨在帮助个体判断体育素养的水平和进程。表7-3中提供了60个描述语，这些描述语概述了个体对于自己特征的看法，不仅可以帮助个体评估自身的体育素养水平，

表7-3 IPLA绘制模型的体育素养之旅

体育素养之旅的特点		未意识到或忽视潜能	探索潜能	发展潜能	加强潜能	潜能最大化
动机	积极参与身体活动	我很少想要参加身体活动	我进行身体活动是因为我喜欢它	我参加身体活动并享受它带来的乐趣，而且它对我很重要	我重视并坚持身体活动，因为它是我成就自我的一部分	我有动力去尝试新的活动并挑战自己的能力
	持续地应用和参与，积极投入身体活动	当我参加身体活动时不能全身心投入	我在运动中全心致志	我不轻易放弃，勇往直前，我坚持不懈、坚韧不拔	我保持定期投入和参与身体活动	我决定在各种环境中挑战自我
	积极采取措施将身体活动纳入我的生活模式	我采取措施避免身体活动	身体活动是我生活的一部分	身体活动越来越成为我生活方式的一部分	身体活动是我生活中不可或缺的一部分	我寻求新的方法将身体活动纳入自己的生活模式
	有信心参与	我没有信心参加身体活动	我期待参加身体活动	我相信自己能完成设定的任务并且其他人会支持我	我确信参与身体活动会有所收获，并增强自己的自信心	我相信通过实践与努力可以完成自己和他人设定的挑战
信心	对能力的认知，相信自己可以取得进步	我不相信自己在身体活动方面取得进展	我相信自己能在身体活动中取得进步	我知道自己在一些活动中取得了进展，并相信自己有能力取得进一步的进步	我知道自己可以从体育活动中获得有益的经验，这可以增强我的自尊心	我很欣赏自己的运动能力，我相信自己可以提高专业知识，并从未来的挑战性经验中不断学习

续表

体育素养之旅的特点	未意识到或忽视潜能	探索潜能	发展潜能	加强潜能	潜能最大化
有信心与各种环境中运动和互动并和接触	我通常在进行身体活动的环境中感到不自在	我在不同的室内和室外环境下都能自如地参与身体活动	我期待新的环境和活动,我相信自己能在这些环境中有效地参与	我有信心探索一系列或多或少不确信自己在动,并确信自己在动,并确信它们对我提出的要求	我喜欢新的、有挑战的环境,并为自己设定了雄心勃勃的目标
构成所有运动和身体活动的基础运动模式	我与身体活动相关的运动词汇量有限	我正在发展与各种身体活动相关的运动词汇	我正在开发一般的和精细的运动模式,并将它们与一系列身体活动联系起来	我会继续运用和调整自己的运动方式,从而形成更复杂的体育活动模式	我能够在一项或多项具有挑战性的身体活动中有效地运用特定运动模式
在广泛的环境中运动,包括单独与他人一起运动	我很少能在运动环境中有效地运动	我开始参与各种各样环境中的身体活动,包括单独和与其他人的活动	我成功地在越来越多的环境中参与身体活动	我继续有效和高效地参与各种环境中的身体活动,无论是个人单独还是与他人一起	我会寻找机会在各种身体活动环境中挑战自己,无论是个人单独还是与他人一起
在与身体活动环境相互作用中的敏感知觉和感知行为	我不能感知大多数身体活动环境的要求	我开始意识到不同身体活动环境的要求	我越来越意识和感知到不同身体活动环境的要求	当我在身体活动中进行互动时,我感知自己的身体能力表现出更高的敏感度和意识	我对挑战性身体活动环境的所有方面都有敏锐的洞察力、能够预见运动的需求或可能性,并以感知和想象对这些可能性做出适当的反应

身体能力

续表

体育素养之旅的特点	未意识到或忽视潜能	探索潜能	发展潜能	加强潜能	潜能最大化
反思和提高表现	我发现很难描述自己的长处以及需要改进的地方	我能确定自己正在做的运动,并思考需要改进的地方	我可以描述自己正在做的运动,在哪些地方取得了成功,以及可以朝着哪些目标努力	我可以评估自己正在从事的运动,确定自己在哪些方面取得了成功,设定现实的目标,并设计实现这些目标的方法	我可以分析自己正在做的运动的所有方面,描述自己的优势和需要改进的方面,并通过设计策略来挑战自己,通过这些策略我可以达到目标
规划、互动和创造力	当我参加身体活动时,发现自己或与他人一起工作很难	我可以单独或与他人一起计划、调整运动顺序和身体活动,提出想法并倾听他人的观点	我可以在各种环境中独立工作或与他人一起工作,创造、完善运动序列和身体活动,贡献想法、倾听和尊重他人的观点	我可以单独工作,也可以和其他人一起思考,创造完善运动序列和身体活动。我贡献想法,倾听并尊重他人的观点,在与他人的竞争和合作中扮演不同的角色	我能在富有挑战性的身体活动环境中独立工作或与他人合作,创造性地规划与他人在竞争与合作环境中的职责
健康且重视身体活动	我并不认为身体活动对自己的整体健康和幸福有多么重要	我知道身体活动可以帮助自己保持健康,并让自己享受生活	我知道身体活动对自己的好处,并为自己提供了单独的身体活动或在各种不同环境中或与他人一起成长的机会	我明白参加一系列的身体活动对自己的整体健康产生积极影响,并使我能够保证自己的生活质量	我明白参加一系列身体活动为自己打开了一个充满挑战的世界,让自己在各种各样的环境中获得有价值的经历,这将有助于我的整体健康,并提高生活质量
知识和理解					

还可以为个体提供切实可行的指导，帮助个体获得体育素养的进步，有效促进个体养成终身运动的习惯。

三、体育素养测评的注意事项

（一）关于 IPLA 测评工具的使用

IPLA 图表的基本目的是鼓励个人作为自己体育素养旅程的领导者，记录和庆祝不断提高的体育素养。在学龄前，父母或监护人可以与青少年进行频繁的讨论来完成信息的记录与数据的收集。在学校教育期间，教师、教练或其他工作人员可以提供支持和指导，直到个人能够承担全部促进体育素养发展的责任。在老年期，可能需要另一位成年人帮助记录。事实上，在人的一生中，在体育素养图表中记录并思考至少在两个方面是非常有价值的：第一，父母、教师、教练和护理人员可能会意识到他们在促进体育素养方面可以发挥的作用，这能够激励从业者改进他们所负责的内容和教学方法；第二，同龄人、医生、朋友或家人可以讨论体育素养水平形成的原因，并考虑可能的前进方向。广义而言，IPLA 图表是一种支持体育素养进步的资源，或是一种实现学习评估的工具。

（二）关于开发其他测评工具的指导建议

在开发一种衡量发展进度的工具时，必须认识到体育素养是一个复杂的、多方面的概念，要制定一种明显符合体育素养所有要素的监测形式是一项艰巨的任务。所以有学者认为，体育素养不能使用通用的仪器或工具进行评估。教育系统中的教师认识到监测、反思和鼓励体育素养的发展具有重要意义，认为这是教育学的一个重要方面。如果想要知道测量什么，以及如何从概念、科学的角度最好地测量它，就必须要从教师、教练和家长的角度考虑，因为研究与实践之间可能存在分歧，而教师这一角色可能更理解体育素养测评的实际意义，并且可能与研究人员有着截然不同的观点。体育素养测评应当考虑的因素包括：数据收集的目的、人口的年龄、采用客观测量（如用仪器测量身体活动）还是主观测量（如填写调查表）、受访者负担、评估时间范围、预期的样本量和成本等。因此，在实际操作中，没有完美的衡量标准，而是应当在环境和资源允许下创造最佳的衡量标准。国际体育素养协会提出，因为每个人的体育素养之旅都是独一无二的，所以可能没有一种固定的方法来绘制进度图表。

奈杰尔 R·格林（Nigel R. Green）等人认为，要想开发针对体育素养旅程的测评工具，必须考虑到体育素养的整体性和全面性，并且应当具备以下五个特征①。

- 评价性质

应该根据定义中的四个要素(动机、信心、身体能力、知识和理解)对行为的相关变化做出评价,这四个要素应该具有同等的权重,要考虑到测评的文化特征和使用背景。

- 评价形式

每次评价应当注重与个体之前评价的联系,体育素养评价不应当与他人进行比较或是进行标准化测试。要采用一种更具协作性的方法使每个人受益,而不是进行一种竞争性的评估。评价的权限应酌情下放给参与者,尊重并适应所有年龄段的参与者,考虑测评者的专业知识和可以利用的时间。

- 评价目的

为了与体育素养的目的保持一致,评价应该确定参与者的体育素养之旅进展,并使个人能够满怀信心地展望下一个目标。整个人生过程中的评价都应当鼓励动机、信心、身体能力、知识和理解的发展。总的来说,评价既要鼓励参与者的体育素养发展,也应该为未来的发展提供一个参照。

- 参与者

参与者的自我认知很重要,应该成为任何测评策略的重点。测评者和参与者的共同参与,有利于使评价变得更加明智和细致。

- 收集证据和记录

为了有效测评体育素养并且促进运动参与,可能需要一系列合适的定性和定量方法。记录参与者在体育素养之旅中的进步有利于参与者反思其体育素养旅程,这些记录可以通过图片、视频和反思性文字来实现。收集和记录数据的过程中,必须考虑使用反思性的结构,以促进参与者的思考和进步。

第三节 IPLA 体育素养的培养策略

本节主要介绍 IPLA 在学校教育阶段对体育教师和学生的体育素养培养,使读者能够对体育素养培养的方式、策略及具体操作等方面有一定的了解,进而加深对体育素养的理解与认识。

---

① Green N R, Roberts W M, Sheehan D, Keegan R J. Charting Physical Literacy Journeys Within Physical Education Settings [J]. Journal of Teaching in Physical Education, 2018, 37(3):272-279.

一、对学生体育素养的培养

(一) 学校体育与活动战略计划

"学校体育与活动战略计划"是英国政府推动提高学生体育素养的一项新计划,旨在增加小学生在校运动量,培养和提高小学生的活动兴趣和体育素养,使女孩和不太活跃的群体对体育产生积极看法。"学校体育与活动战略计划"包括一系列方案,如:引入区域试点,试行激发青少年参与积极性的方法;致力于提高教师的意识,保证青少年每天至少进行60分钟的身体活动;建立教学中心,以支持学校充分发挥运动设施的价值。所有计划的方案都关注培养学生的体育素养,使乐趣和享受成为体育课的核心部分。该计划重点在于确保所有学生(包括女孩和不太活跃的群体)建立对身体活动的信心。该计划建议,有必要将运动和身体活动重新定义为日常生活的一部分,而不是喜欢运动孩子的专属领域,要赋予青少年更多选择身体活动方式的权利。英国政府为了推动该计划,投入了大量资金,如"英格兰体育"提供了100万英镑用以开发一个供女孩在学校使用的数字健身资源。英国教育部还启动青年体育信托基金项目——"融入2020",该项目旨在为学生提供更多获得高质量体育服务的机会。该计划中的全部倡议如下:

- 开展地区试点,尝试增加学生身体活动量的创新方法。
- 从"英格兰体育"获得100万英镑,开发针对女孩的数字健身资源。
- 提高学生对每天锻炼60分钟必要性的认识。
- 从"英格兰体育"获得150万英镑,以增加积极伙伴关系,促进学校向公众开放体育设施。
- 对初级教师培训进行审查,确保教师接受适当的培训,以提供高质量的体育课。
- 教育部将公布健康学校评级计划的细节。
- 提供更多支持,以确保所有儿童无论社会经济背景如何,都学会游泳。
- 为学校提供一个策略,以保证体育和运动经费的有效使用。
- "英格兰体育"将向400个新的农村运动俱乐部投资200万英镑,旨在让贫困地区的青少年更加活跃。

(二) 创造丰富、积极的学习经历

1. 给学生提供有益和愉快的经历

为了给学生提供有益和愉快的经历,从而增强学习动机,教师在所有的课程中都要创造积极和令人鼓舞的氛围,这种学习环境是刺激又富有吸引力的。海报、墙画要包括各种各样的表演者,以及表演的例子,并且要经常

更新,这会引起学生对身体活动的兴趣。要适当地改变任务和期望,确定学生需要的表扬和指导,确保所有学生都能取得成功。教师要采用生动多样的陈述以引发学生的兴趣,使学生期待课程,期待积极的体验。以精心策划的课程和热情的教学确保所有学生都能体验到成功的满足感——这是培养学习动机的关键。实践者需要积极热情地鼓励所有学生,进行有意义、生动和多方面的交谈,确保布置的任务在学生力所能及的范围内,针对每位学生选择并使用个性化反馈,组织良好的并具有差异化的学习活动,为学生提供足够的时间以取得进步。

2. 激发学生学习的自信,促进学生认可自我价值

为了向学生提供能够对自信和自我价值产生积极影响的经历,教师需要为所有学生提供认识自身潜能并得到认可的机会。教师要有现实的目标,让学生感到有挑战性但又在他们能够实现的范围内,而教师不管他们的努力和进步有多少,都应对其给予认可和肯定,这样才能让学生感受到自己受到了重视,才能在任何时候都融入其中。积极的经历会使学生认可自我价值,发展自我意识,并对个人表现和潜力感到自豪。这需要教师很好地了解每个学生,并花时间与每个学生进行交流。教师需要从每个学生以往的水平来判断学生的进步,而不是与他人的表现进行比较,要与学生一同庆祝其取得的进步。

为了提高学生的包容与理解以及与其他学生合作的能力,教师要为学生提供各种各样的机会,让他们参与到各种各样的群体情境中。此类工作需要特别的敏感性和社交技能,因此需要精心计划,感知、监督和酌情进行,并接受反馈以加强有效的互动。教师对所有学生的尊重为学生之间的互动树立了榜样,相互支持和有效帮助应该是常态,学生应在彼此合作中互相关心、彼此信任。麻木不仁、贬低身份、自私或好斗的行为是完全不可接受的,而表现出合作精神和关心、支持他人的行为则会得到强化和赞扬,这有利于建立公平和信任的精神氛围。学生若想获得这样的经历,需要确保教师知道所有学生的个人情况以及他们在体育素养之旅中所处的位置,对所有学生采取关心和包容的态度,确保每个学生都有被重视的感觉并融入其中,确保所有学生都能体验到成功并在适当的时候接受挑战,乐观且树立远大而实际的目标,表彰和奖励学生的努力、进步和成就,使学生能够对自己的表现提高自我意识和自豪感,确保学生互相尊重,鼓励和支持其他班级成员。

3. 为学生提供进步和成功的体验

为学生创造在各种身体活动中取得进步和成功的经历,需要教师进行仔细的思考和计划。取得进步和成功需要学生能够感知环境,并以快速和

明智的方式做出反应,教师需要确保学生能够有效地参与其中,这对促进学生的体育素养进步至关重要。

注重提高体育素养和自信心是教师与学生互动的核心。通过一系列富有想象力的挑战、任务、情境、实践和应用,教师可以引导学生更加安全地参与运动。学生需要时间来练习和完善自己所学的内容,从而为真正的进步和运动方式的建立、记忆和应用打下基础。教师要正确使用学习评估,善于观察并熟练地向学生进行有意义和富有成效的反馈。教师要在课间和课外时间为学生提供参与多种形式身体活动的机会,让学生融入合作和竞争的运动环境,逐渐进步并达成个人运动目标;让学生在身体活动上投入足够的时间,促进其进步;与学生一起运动,开发特定的运动模式;在学生对运动模式以及运动模式组成部分良好认知的基础上,发展其敏锐的观察能力和描述运动的能力。

4. 为学生提供做决定的机会

为了给学生创造在参与身体活动时自己做出决定的经历,教师应在所有课程中建立一种共同学习的氛围。在适当情况下,学生可以利用每一个机会在课程中选择任务,包括评估他们自己的运动学习,以及规划课程和学习单元。教师应鼓励学生提出问题,并参与有关学习挑战的讨论;应适当地设置开放式任务,给学生自由探索的机会并鼓励他们自己思考,让学生自主选择能接受的挑战水平;要与学生分享动作的构成要素,以及如何将这些要素结合起来创造有效的表现;应鼓励学生利用对运动的理解评估自己的表现,即掌握自己的学习情况,设定符合自己的目标并进行自我评估。通过这些方式,可以使学生更加独立,并为自己的进步负责,这两种能力对所有学生来说都很重要。

适当的时候,教师应让学生参与到讨论中来,讨论在一个课程或单元中要实现的目标,以及如何实现这些目标。学生参与到对这些计划和预期目标的反思和讨论中,就有机会自己做出选择,锻炼独立性。教师应尊重学生的贡献和想法,并在适当的时候给予指导。教师需要鼓励学生提问,与学生进行讨论,提供开放式的任务和需要学生独立思考并解决问题的情境,尽力使学生能够自我评估,从而对自己的学习负责,允许学生选择学习任务和挑战,让学生参与课程的规划,让学生反思并讨论单元学习的结果,尊重并响应学生的观点。

5. 引导学生认识到身体活动的价值

创造能够使学生认识到身体活动价值的经历,教师借此机会强调运动对身体的影响,并讨论运动对健康的广泛益处。创造适当的情境,帮助学生认识、思考和讨论运动挑战是如何利用并发展他们身体系统的功能的。学生要参与到反思和辩论中,思考积极生活方式的广泛影响。要鼓励学生记录他们参与身体活动的情况,鼓励他们反思这些经历,讨论规律饮食和睡眠的重要性,学生可以从这些经历中获得知识和理解,认识到运动的好处超出了具身维度,如运动对心理健康、社会福祉及整体生活质量的影响。教师要与学生进行互动,帮助个体识别自己的兴趣可能与身体活动的哪方面有关。教师需要计划课程,使学生能够体验和认识到身体活动对健康的广泛益处,鼓励学生反思和讨论运动对他们身体系统的影响,鼓励学生适当地对医学上的运动益处及概念进行思考,让学生参与到辩论中来,强化积极生活方式的广泛益处,倾听和回应学生的观点和经历。

6. 鼓励学生积极参与身体活动

如果学生有上述五种经历,他们就可能在学校内外对参与身体活动充满动力和热情,此外,教师对学生的关注和鼓励会提高他们的运动能力和自信心,有助于他们积极参与运动。对知识和理解的讨论可以帮助学生自己做出决定,给学生参与和进步的机会,为每个学生的运动参与奠定基础。教师要鼓励学生积极参与身体活动并确保学生在参与身体活动的过程中产生积极和有价值的经历,确保每个人都取得不同程度的进步,让学生参与动态的运动挑战,鼓励学生对自己的运动经历进行反思,并讨论如何在整个生命历程中保持积极的运动参与。

如果教师遵循上述建议,即采用以学生为中心的教学模式,学生将有机会在他们的个人体育素养之旅中取得进步。在这个过程中,教师对自己的教学进行批判性反思,改变教学的理念。所有身体活动的目标都是:确保每一个学生都有动力、信心、身体能力、知识和理解来重视身体活动,并发展和建立一种积极的生活方式,也就是发展体育素养。

二、对体育教师体育素养的培养

(一) 对职前体育教师体育素养的培养

1. 基本的价值观

培养学生的体育素养是体育教育的基本目标,也是实现体育课程与教学领域高质量工作的基础。课程与教学由教师主导,学生体育素养的培养是建立在教师体育素养培养的基础之上的,所以体育教师的体育素养培养是关键。而职前体育教师教育是教师培养的开始阶段,对教师培养的全过程起着奠基作用。所以促进职前体育教师认识和接受体育素养理念,有利于实现职前体育教师的体育素养培养目标。贝德福特大学的职前体育教师培养就是一个非常好的例子。

2. 具体操作

（1）课程层面

2010年,贝德福特大学将体育素养纳入教师教育中,设置了四年制的学士学位,毕业后可以授予合格教师资格。贝德福特大学保留了在英国为数不多的初级体育教师教育课程,并在当年对该课程进行了重新审查和验证,试图通过相关适当的研究加强学术基础。在此之前,该学位采用了一种被称为"学习领域"的实用体育教学方式,这些领域被定义为"身体管理、美学、互动、挑战与健康",采用这种方法构建的课程模式不受国家体育课程改革的限制,但是"学习领域"教学方式的局限性在于它缺乏明确的哲学基础。贝德福特大学渴望培养能够在广泛的活动中保持自信且能力突出的授课教师。这就意味着在任何课程模式中,狭隘的活动基础会明显限制个体学习者体育素养的发展。更广泛的课程模式有利于支持各种理想属性的推广,更有可能使学习者认识到在整个生命过程中进行身体活动的必要性。

修订后的课程明确以体育素养概念为基础来支撑教学实践,对体育素养的概念进行分析,可以确定其属性与学校课程内容的相关性。贝德福特大学同样考虑了体育素养属性与各项活动的关系,在学位课程的前两年包含了"阅读环境、互动、健康、身体能力,以及表达和沟通"这几项属性。人们认识到,所有活动均可促进每个属性的发展,而某些活动对促进属性具有突出效果。贝德福特大学将体育素养融入具体的活动中,使整个概念变得更加广泛和丰富。例如,通过游泳中的救生经验、舞蹈中的即兴表演和游戏中的战术玩法,可以与他人进行知觉以及共情的互动,将加深职前体育教师对学生如何通过广泛的活动发展其具身能力的认识。

表7-4 身体活动和体育素养属性的关系

主题	活动焦点	具身属性
体育素养基础1	游戏、户外和冒险活动与健康	互动、阅读环境与健康
体育素养基础2	田径、舞蹈、体操和游泳	身体能力、表达能力、沟通能力和健康
应用体育素养基础1	健康、网络和墙壁游戏与户外冒险活动	身体能力、表达能力、沟通能力和健康
应用体育素养基础2	田径、舞蹈、体操和游泳	互动、阅读环境与健康

身体活动焦点的改变也影响了职前体育教师的课程计划,除了达到国家课程的要求外,职前体育教师还需要考虑如何提高自身的体育素养。在编写明确课程目标的同时,职前体育教师需要确定哪些属性可能与课程目标相关,并且为学生个人特征的发展提供特别的机会。新学位课程运行了三年之后,对职前体育教师的价值观和信念产生了显而易见的影响。如今,体育素养已经成为职前体育教师新兴意识形态的一部分。

(2)实施层面

为了确保职前体育教师尽可能早地意识到体育素养的概念,贝德福特大学在职前体育教师课程正式开始之前设置了一些课前阅读任务,并附有其他体育素养相关的推荐阅读。这确保了职前体育教师对术语及相关语言形成概念性的认知,并且开始思考自己对体育的想法。这些准备性的任务将在学位课程的第一周中进行,此外,在第一周中还将回顾和讨论任务,建立实践与理论活动的联系,其中还包括怀特海德教授一个小时的介绍性讲座。

为了调查该学位是否实现了体育素养的基础,相关部门成员进行了一项研究,以探索如何在体育素养基础1主题中纳入一个击球和防守的游戏。在这一主题中,通过介绍体育素养的主要原则和理念,并特别关注阅读环境、互动和健康三个属性,使职前体育教师能够发展他们对体育素养的理解。因为教师教育工作者必须模仿"理解教学游戏"的方法,将体育素养的元素纳入到他们的教学中,使职前体育教师能够认识到将教学法与体育素养经验、理解和互动相结合的必要性,这对一年级的职前体育教师来说是一个相当大的挑战。因此,教师教育工作者和职前体育教师都要以新的方式进行教和学,教师教育工作者必须在其教学中纳入体育素养要素,以便职前体育教师了解"理解教学游戏"模式与体育素养之间的微妙融合,进而激励学生在其一生中参与身体活动。对课后反思、同行讨论和前后访谈的分析发现,通过在实际环境中学习,职前体育教师在表现、决策、团队合作和创造力方面均获得了培养学生体育素养的信心。他们越来越能够将体育素养的各个方面与游戏环境联系起来,并理解制定课程活动的必要性,有能力从更广泛的游戏角度来制定课程活动。职前体育教师的实践活动和理论背景之间的联系日益增强,体育素养的概念逐渐渗透到他们要教授的击球和防守游戏中。

在第三学年年底时,要求职前体育教师完成一个概要性的任务,即制定工作计划,并为他们所选择的环境和教学方法提供理论基础。值得注意的是,在被评为优秀的工作计划中,大多数职前体育教师都将体育素养作为其理论基础的一部分。这为新学位课程的最后一年打下了良好基础。第四学年结束时,第一批职前体育教师将完成新学位课程毕业,在他们最后一年的学习中怀特海德教授将做一个重要的演讲,通过回顾当前体育教育的概况和影响,以强化包括体育素养在内的新兴意识形态,并探索一系列不同的体育思想。在听完这次演讲之后,职前体育教师将会被要求完成一篇期末作业——在21世纪体育教育的背景下阐述自己的体育思想。

(二) 对在职体育教师体育素养的培养

体育素养作为21世纪的新兴概念,当前用来理解、促进和发展体育素养的训练手段十分有限,对体育教师体育素养的培养和相关培训还未被充分探索。当前教师教育者对体育素养的理解甚少,对于如何为教师以及其他教育者提供有效专业发展的关注更少。有研究表明,部分受过培训的体育教育专家也没有完全理解体育素养的概念,可见目前对于体育教师体育素养的培养非常不足。贝德福特大学与维珍行动健康俱乐部合作进行了体育教师体育素养培训,以支持小学教师提高自身体育素养。

该培训为小学教师设计了一项体育教师发展计划,该计划从之前参与领导的各种形式的教师专业发展活动中获得启发,汇集了创新的教学方法。这项为期一年的教师发展计划旨在激发小学教师对体育教学的信心,并鼓励小学生终身热爱体育活动。该计划首先为教师举办了为期两天的夏令营,为其提供充分的在线支持,并定期举行面对面的会议。夏令营团队创建了一个基于模式的方法来促进体育教师对体育素养的理解,第一次会议集中讨论如何使用合作学习教学模式来促进学生的体育素养发展。这一模式主要体现在帮助小学生在身体、社会、认知和情感学习领域取得进步,使他们发展动机、信心、身体能力、知识和理解,过上积极的生活。海伦·艾夫斯(Helen Ives)是贝德福特大学的高级讲师兼体育运动课程协调员,她说:"这是维珍行动共同参与的一项伟大举措,维珍行动是国内领先的体育教师培训机构,将我们的学术专长付诸实践是一种荣幸。我们已制定了一项计划,不但能确保教师拥有教学所需的工具,而且能帮助小学生培养对体育活动的热爱,这种爱好将伴随他们的余生。"

目前的研究表明,英国三分之一的儿童在小学毕业时都会对参加体育活动产生负面感觉。五分之二的教师说他们的学生不喜欢体育课,并认为40%的孩子小学毕业时没有继续参与体育活动的基本运动技能。小学教师在帮助儿童发展体育素养方面起着至关重要的作用,然而三分之一(32%)的小学教师表示他们对于体育教学缺乏信心,超过四分之一(28%)的小学教师觉得自己没有足够的资格教授这门学科,超过一半(53%)的小学教师希望有更多专业发展的机会,大多数(88%)小学教师认识到体育与其他文化科目一样重要。维珍行动的欧洲首席运营官马特·梅里克(Matt Merrick)说:"绝大多数儿童目前没有达到每周推荐的身体活动水平,我们正致力于改变这一现状。小学体育教师正面临着一个独特的挑战,即必须成为体育教育领域的专家,而许多人对体育教育缺乏信心。通过与小学教师直接合作,有利于给体育课带来一些创新的东西,激励学生爱上积极的生活。"

第四节　IPLA体育素养面临的问题与未来展望

通过对国际体育素养协会的体育素养框架、测评、培养进行介绍和分析,发现当前工作既有较为突出的优点,也有相对不足之处。国际体育素养协会目前还存在对体育素养概念本质的误解、测评工具研发难度大、培养缺乏具体操作性项目等问题。国际体育素养协会未来还需积极寻求解决现存问题的方法,加强测评工具的研发力度,重视实践探索与实证研究的发展。

一、国际体育素养协会体育素养研究存在的问题

(一)对体育素养概念的本质存在许多误解

随着体育素养这一概念在全世界的迅速传播,其还未成熟的理论框架引发了大量争议,国际体育素养协会在与世界各地进行不断探讨的过程中进一步完善和改进体育素养理论体系。但是即便如此,由于每个国家的政治、经济、文化背景差异较大,所以对体育素养概念的本质还存在许多误解。

首先,其他国家学习和借鉴体育素养概念的第一步就是对概念进行翻译,而在翻译与本土化应用的过程中,需要尽量使概念符合相应国家的实际。结果就导致对体育素养概念的本质发生偏离或曲解,最终缺乏对概念核心原则的关注。

其次,近年来不同的国家和组织在体育素养的定义等方面取得了很大进展。在加拿大,各组织之间达成新的共识,其对体育素养的定义与国际体育素养协会的定义相同。美国健康和体育教育者协会和阿斯彭研究所对体育素养的定义不同,但二者都与国际体育素养协会的定义有共同之处,即目标都是为了使人能够重视并终身参与身体活动。虽然在参与身体活动的重要性上确实达成了一致,但在各组织的定义中还存在着关于体育素养属性的其他一些问题。比如,各组织已经做出了与体育素养及其定义相关的决定,但组织中并非所有成员都同意所制定的决定。除此之外,虽然总体目标

都是终身参与身体活动,不同组织基于不同的政策和理念所制定的具体目标却不尽相同。例如,一些组织主要关注在校教育,而另一些组织则关注校外培训。有些校外培训机构强调竞技体育和单一的运动项目,这些机构通常追求高水平运动成绩和表现,并不注重终身体育活动。而机构中使用的一些训练技巧可能会降低参与者终身参与身体活动的愿望(如以训练作为惩罚、冒着受伤的风险训练等)。认可终身参与身体活动的目标是一回事,以有效的方式去实践、执行则是另一回事。如果将终身参与身体活动作为首要目标,那么各组织还需要仔细规划,采取有效措施以达到预期目标[①]。

再次,还有很多人对体育素养概念的理解加入个人意志,比如认为体育素养将智力敏锐度视为关键方面、认为人的情感相对其他要素不是那么重要、认为反应体育素养的信息必须可量化才是有效的、认为体育素养和体育教育是相互替换的、认为体育素养是从发展基本动作技能开始的、认为在很短的时间内就可以看到体育素养方面的明显变化,等等。这些误解影响了体育素养之旅的制定(见表7-5)。以上每一种对体育素养的误解,都以不同的方式阻碍着体育素养概念的完整性。提高体育素养是一个非常具有挑战的终身性目标,只有在生活中慢慢进步才能逐步得以实现。

表7-5 对体育素养概念的误解及其对体育素养之旅产生的影响

误解	影响
1. 体育素养将智力敏锐度视为关键方面	只关注智力变化相关的信息(认知领域)
2. 人的情感不是那么重要	情感领域几乎被忽略了
3. 信息必须可量化,才是有效的	只有容易被量化的信息才会被收集
4. 体育素养和体育教育是相互替换的	用于评估体育教育的系统没有作出改变
5. 发展基本动作技能被认为是体育素养的开始	关于身体能力的数据只在"实践与训练"的情况下收集,而没有注意到各种日常身体活动环境中体育素养的作用
6. 在很短的时间内,就可以看到体育素养方面的明显变化	不切实际地期望在很短的时间内(如5周或10周)学习者能够做出重大改变

---

① Roetert E P, Kriellaars D, Ellenbecker T S, et al. Preparing Students for a Physically Literate Life [J]. Journal of Physical Education, Recreation and Dance, 2017,88(1):57-62.

(二) 体育素养测评工具研发难度较大

测评的主要目的是促进学习者的学与教师的教，从而提高体育素养的发展效率。如上所述，体育素养是一个整体性概念，它是一段人生旅程，跨越各个年龄阶段，其涵盖内容的全面性、复杂性、多元化等性质决定了测评工具的开发难度非常大，且是一个系统工程。要做到测评工具全面且适用于每个独立的个体，对于研发者来说是个巨大的挑战。国际体育素养协会目前还在努力开发有关体育素养的各项任务和活动，以求测评工具能够覆盖并促进体育素养的各个发展领域。但是目前还存在其他方面的问题，首先，有关体育素养的理论研究者与实践者之间呈现脱节关系。这里我们举一个在校教育阶段的例子，理论研究者随着体育素养理论体系的不断发展与成熟，倡导学校进行实践使其真正落地。但是当真正到达基层，落实到每一位学生时，由于面临着根深蒂固的文化挑战，以往的课程模式很难有所突破，学生的体育素养发展不平衡。其次，体育教师对体育素养的掌握程度较浅，培训存在问题。有研究表明，体育教师希望更清晰地理解体育素养概念，希望体育教师培训的侧重点放在如何为学生提供培养体育素养的课程，并且有教师提出"体育素养需要出现在学生的成绩单上"，这样有利于教师掌握学生体育素养评价与测试的要求。再次，目前体育素养作为让人们增加身体活动的关键能力，提高体育素养对人们以后在体育运动中取得成功至关重要，加之现在很多国家正逐步将体育素养纳入体育课程中，因此测评工具成为迫切需求。但是，正因为实际测试需求的迫切，再加上很多人对体育素养概念存在误解，造成了体育素养的评价标准趋向量化，出现简化或偏离体育素养概念的真正愿景与初心的迹象，这是一种让人感到沮丧的现象。

(三) 体育素养的培养缺乏具体操作性项目

在体育素养培养方面，目前缺乏学生培养方案、教师培训计划等具体的操作性项目，也缺少证明培养项目有效性的实证研究等。虽然学校教育阶段的体育素养培养发挥着重要作用，但是也不可忽略其他人生阶段体育素养的培养。参与身体活动所需要的场地设施，以及周边整体的活动氛围在促进和发展体育素养方面同样有着不可小觑的作用，同时要重视人们参与身体活动的指导与实践问题。

体育教师是培养体育素养的专业人员，但并不是唯一可以促进体育素养的人员。所有能促进个体参与体育活动态度和能力的角色都可以发挥作用，这些角色包括父母、儿童保育员、教练、同龄人、家庭成员、休闲管理人员、医疗专业人员和老年人护理者等，所以要有效培养多种角色的协同支持与指导。针对除了体育教师之外的重要角色进行相关指导与培训，实施具有针对性、合理、科学的指导计划是很有必要的，也是培养和发展体育素养的共同呼声和基本需求。这些角色相关知识和技能的提升都有利于为学习者获得积极体验打下坚实的基础，促进学习者的体育素养之旅取得进展。

体育素养本身是没有价值的，除非被应用于实践当中并产生影响。国际体育素养协会的体育素养发展已经经历了一段时间，体育素养的定义、哲学基础、价值等理论发展较为清晰、全面，在学校教育中也体现出了重要价值。但目前国际体育素养协会的体育素养主要停留在理论体系研究层面，将理论转化为实践的操作性计划和项目还十分有限，适合学校体育素养培养和提升的教学模式有待进一步开发。

二、国际体育素养协会体育素养研究的未来展望

国际体育素养协会大力推广体育素养是为了改变人类身体活动水平下降、久坐行为增加的生活方式，降低肥胖、心脏病等慢性非传染性疾病的发生风险，由此更新了学校体育教育的目标，架起了学校体育与终身体育间的"桥梁"。运用体育素养帮助儿童青少年形成参与身体活动所需要的动机、信心、身体能力、知识和理解，促进青少年养成终身参与身体活动的行为习惯，在整个生命历程中保持对体育运动的永恒追求，让身体活动成为亿万普通人的自愿选择和生活常态。国际体育素养协会在对体育素养问题的研究上取得了一定成果，引导、规范和助推了体育素养的发展。但当前研究也并非尽善尽美，还存在相当广阔的优化空间，在体育素养的后续研究中，需要从以下三个方面加以讨论和拓展。

（一）进一步厘清体育素养及其相关概念

回顾国际体育素养协会体育素养概念的发展历程，我们可以发现自体育素养概念提出以来，研究者一直积极地采取各种方式对其加以完善，最终在2017年给出了明确定义，并且沿用至今。但是如上文所述，由于种种原因导致对体育素养概念的本质产生了曲解与偏离，这阻碍了体育素养的"健康"发展，也严重影响到其他相关领域的推进和发展。厘清体育素养及其相关概念是一项十分重要的工作，建议采取灵活、生动、形象、易于理解的方式（如制作简短精炼的视频、图画和音乐等）对体育素养概念进行解释和传播，形象地将体育素养的真实面貌以多样、有趣、精彩的形式传播到每个人的视野中，这样既可以解决因翻译而造成的误解，还可以激发人们对体育素养的记忆、思考与想象，让每个人都能更轻松地读懂体育素养的含义和价值、更容易地对其进行吸收和消化。这些做法也有助于进一步理解和挖掘体育素养概念的潜在价值，通过扎实的理论研究和社会行动，不断探索体育素养概

念的深层次价值。

(二) 加大体育素养测评工具的研发力度

由于体育素养具有整体性、复杂性等特点,要对其进行有效测量与评价是一项非常具有挑战性的工作。目前国际体育素养协会从评价的性质、形式、目的、参与者、证据收集和信息记录六个方面出发,给出了体育素养测评工具研发的相关指导建议。但仅呈现测量与评价方法的观点与建议,对于实践者判断自身和他人的体育素养水平是不够的,这对体育素养的发展非常不利。在后续的研究中应该加大体育素养测评工具的研发力度,如增加科研资金投入,构建强大的科研团队,为快速研发出适用、有效、全面、科学的体育素养测评工具增加力量、提供技术支持。在研发过程中,要对每个部分、每个细节进行深度分析和拓展,以系统、全面的测评工具填补体育素养测评领域的空白。

(三) 加强体育素养培养中具体操作性项目的研究与实践

体育素养是对终身体育思想的有效诠释,是实现终身体育的具体、可操作化手段,培养体育素养是一个系统和持续终身的过程。终身参与身体活动是体育素养的最佳体现,体育教学中需要以具体、可操作化的方式落实这一终极目标。这不仅涉及到教师对学生的教与学、教师教育者对教师的教与学、其他重要角色对个体的教与学,还涉及到培训政策与制度、培训计划与实施、培训资金支持、培训时间长短、培训效果与验证等。这些工作需要认真规划、设计和实施,不断探索不同的培养方式和实践模式。总体而言,未来需要增加体育素养培养的具体实践活动,并且保证培养活动的科学性,力求有效推动体育素养的发展。

第八章 体育素养的比较与发展趋势

随着科技的进步、社会整体机械化水平的提高,人们的生活方式正在逐渐发生变化。机械化水平的提高丰富了物质财富、改善了人们的生活,但同时也代替了部分手工劳作方式、降低了身体活动水平。科技进步在改善物质条件的同时,也带来了一场严重的健康危机。当前大部分发达国家正在经历着身体活动比例下降,以及久坐行为比例上升,这些现象直接导致了肥胖、心脏病及Ⅱ型糖尿病等非传染性疾病比例的增加[1]。健康生活方式的逐渐消失还意味着许多孩子无法充分学习跑、跳、踢、扔、接等基本动作技能,这将会影响孩子一生的身体发展。而体育素养从身心一元论的观点出发,重视身心的整体发展,具有划时代的意义。已有研究表明,发展体育素养有利于改善国民的生活方式,帮助幼儿掌握良好的基本动作技能,促进终身体育习惯的养成[2]。对于体育素养的迫切需求促进了相关理论研究的发展,国际上有关体育素养的研究从 2010 年开始便呈现快速上升的趋势。国家体育总局和教育部于 2020 年 8 月联合印发《关于深化体教融合 促进青少年健康发展的意见》,意见中明确提出要"启动体育素养在高校招生中的使用研究",体育素养研究已经成为促进国民体质健康工作中的优先发展事项。

从世界范围来看,许多国家、地区或组织在体育素养研究方面已经取得了一定进展,及时了解域外经验对于本国的体育素养研究可以起到促进作用。目前英、美、澳等发达国家已经建立起相对完整的体育素养体系,对体育素养的测评和培养研究也在逐步推进之中。本书选取了美国、加拿大、英国威尔士、澳大利亚、新西兰和国际体育素养协会(IPLA)这六个国家、地区或组织作为参照,原因是它们的体育素养建设较为成熟,一定程度上代表了国际先进的研究成果。本章从发展背景、定义、结构领域、阶段划分、测评及培养策略这六个方面对各个国家、地区或组织的体育素养体系进行比较研

---

[1] Keegan R J, Barnett L M, Dudley D A. Physical Literacy: Informing a Definition and Standard for Australia [R]. Australian Government, Australian Sports Commission,2017: 14 - 15.

[2] 于永晖,高嵘.体育素养研究[J].首都体育学院学报,2017,29(6):506—509+516.

究,既有利于总结当前体育素养研究的成果,又有利于全面展现体育素养从定义到构建框架,再到测评、培养研究的历史进程,以进一步夯实我国体育素养研究的理论基础。

第一节 体育素养体系的多维比较

当前体育素养理论已趋于成熟,国际上有关体育素养的研究也取得了不同程度的进步,相关研究内容包括对体育素养发展背景的梳理,对体育素养定义、结构领域和阶段划分的确定,以及对体育素养测评和培养方案的开发。通过对各个国家、地区或组织的体育素养发展背景、定义、结构领域、阶段划分、测评及培养策略进行详细论述与比较,有利于总结体育素养的发展轨迹,并预测体育素养的未来发展趋势。

一、体育素养发展背景的比较

随着新一轮技术和产业革命的推进,人类的生活方式发生了巨大变化。久坐现象成为常态,身体活动严重不足引发了系列慢性疾病,给人类健康带来了巨大威胁。尽管如此,这些世界性健康问题以及身体活动的价值仍然没有受到重视,学校体育教育对体育活动的价值定位依然偏误。在此背景下,体育素养的推广显得尤为迫切。当前各国家、地区或组织的体育素养发展背景既有共性也有差异(见表8-1),对这些发展背景进行解读有助于明确体育素养的发展目标,理解体育素养的功能和定位。

表8-1 体育素养发展背景的比较

国家/地区/组织	发 展 背 景	侧重点
美国	① 人口健康问题十分突出:久坐不动的生活方式导致美国人口肥胖率持续攀升,肥胖和缺乏运动给人们造成了巨大的经济损失,他们比那些健康的、具备体育素养的人背负更多经济压力,生活质量严重降低; ② 发展运动技能的需要:体育素养是一个丰富的概念,培养体育素养不仅可以发展运动技能,还可以发展使用这些技能的心态,发展运动技能可以使个体获得从事体育活动的能力; ③ 重视儿童的健康发展:优先发展体育素养的人们可以更早地从中获益,所以几乎所有已经取得成功的国家都认为发展	应对健康危机;发展运动技能;促进儿童健康

续表

国家/地区/组织	发 展 背 景	侧重点
	儿童的体育素养是其工作重点,这促进了美国相关部门对该领域的关注,许多国家层面的体育组织在为美国儿童与青少年的体育素养发展不懈努力,情况正变得越来越好; ④ 美国在发展体育素养方面正迅速进步,并已经取得了一些成就:阿斯彭研究所通过"PLAY 计划"为美国制订跨部门的体育素养计划,体育与体育活动研究协作组织进行了体育素养全球扫描项目;美国健康和体育教育者协会通过国家课程标准在介绍和推动体育素养方面做出了重大努力,与体育素养支持者交流以及在会议上传播体育素养等	
加拿大	① 重视培养积极活跃的生活状态:加拿大儿童和青少年的总体健康水平大幅度下降,超重和肥胖的程度达到了前所未有的水平。由于缺乏足够的运动,慢性疾病的发生率逐年上升,增加了医疗卫生服务的费用和负担,这一系列问题严重威胁着加拿大儿童青少年的健康状况,甚至对国家未来的发展也产生了严重的威胁。加拿大相关领域的专家、学者将提升体育素养视为解决加拿大目前这一系列问题的重要契机; ② 体育素养与长期运动员发展模式的契合:加拿大认识到长期运动员发展(LTAD)模型可以应用于促进整个国家的青少年健康,其在体育教育、运动娱乐、体育休闲等领域得到了广泛应用,并取得了一定成绩。体育素养与 LTAD 前三个阶段完美契合,使得加拿大的体育素养取得了长足发展; ③ 促进各部门之间的沟通与合作:加拿大的体育政策的落实存在一些难以调和的矛盾,信仰、文化、政治、法律等因素之间也存在抵触的现象。将提升体育素养作为各部门共同追求的目标之一,这为各省体育、教育、卫生和市政娱乐之间建立了合作的基础,也为各部门之间的交流与合作搭建了桥梁	解决健康问题;融合 LTAD 模型;促进部门合作
英国威尔士	① 改善国民健康状况的需求迫切:威尔士地区政府统计数据显示,地区政府每周约花费 140 万英镑至 165 万英镑用于治疗肥胖引起的疾病。到 2050 年,整个国家用于治疗由非健康生活方式引起的慢性疾病的医疗费用预计将增至每年 97 亿英镑; ② 贫富悬殊下的国民健康差异:威尔士首席医疗官阿瑟顿博士曾表示,解决最富有和最贫穷地区之间的健康不平等问题,仍然是威尔士面临的最大、最复杂的挑战之一,体育素养是面向所有人的健康生活之旅,所有年龄段和地区都可以通过发展体育素养来提升个人的幸福和健康水平。威尔士政府	改善健康状况;促进健康公平;助力课程实施

续表

国家/地区/组织	发展背景	侧重点
	也将体育素养这一概念引入了学校体育中,旨在解决贫困地区学生的体育教育问题; ③ 体育素养导向的新课程推广:新课程强调体育教育方面应该注重对自然环境和资源的利用,学生应该在当地环境中发展体育能力,并将冒险活动,健康、健身和福祉,创造性活动和竞争性活动视为法定活动领域。进一步指出年轻人需要具备技能和动机,通过体育教育进行广泛的体育活动来发展体育素养,改善因缺乏体育锻炼造成的健康问题	
澳大利亚	① 地域和环境特征独特:澳大利亚温暖宜人的气候使得户外活动更有吸引力,丛林、海滩、郁郁葱葱的田野、白雪皑皑的山脉、淡水和海洋等多样的地理特征能促进人们产生各种各样的运动需求。这些因素都有助于澳大利亚人加深对体育素养的理解,如此多样的地理环境不仅丰富了澳大利亚人的生活,也为澳大利亚发展体育素养奠定了一定的基础; ② 健康的生活方式正在减少:澳大利亚社区正在经历着身体活动比例的下降以及久坐行为比例的上升,也就是说拥有积极健康生活方式的澳大利亚人越来越少了。这种情况产生的后果主要体现在肥胖、心脏病和Ⅱ型糖尿病等可预防性疾病的比例增加,澳大利亚提出开展体育素养的相关工作是希望能够增强运动、休闲系统、教育以及卫生部门的合作,以提高未来一代的生活质量,致力于在全国范围内减小健康压力	促进运动参与;减小健康压力
新西兰	① 国民健康状况下滑:在久坐行为和缺乏运动浪潮盛行的今天,新西兰同其他国家一样面临着国民体质下降、非传染性疾病发病率上升等问题,2014年新西兰国内的一项调查显示,16%的成年人被诊断出患有常见的精神疾病,新西兰政府发现高质量的体育活动能够改善新西兰国民的身体和精神状况,并对人的心理健康产生积极影响,所以新西兰试图通过引入体育素养这一概念促进国民的身心健康; ② 国际体育素养发展产生的影响:体育素养的概念和培养体育素养的实践有助于促进新西兰国民的身心健康。在国际上,美国、英国等发达国家将体育素养的概念引入自己国家,根据国情将其融入该国的体育教育和社区体育当中,建立对体育素养的共识,在全球范围内鼓励教育、体育等各领域发展体育素养,这些思潮为新西兰发展体育素养提供了宝贵经验; ③ 新西兰在探索健康促进的过程中曾经开发过"健康四维"	促进国民健康;国际趋势影响;代替健康四维模型

续表

国家/地区/组织	发 展 背 景	侧重点
	模型,但该模型仅针对特定领域,适用的群体也存在局限性。如今新西兰创造性地使用体育素养代替原有模型,有助于在更加广泛的人群中发挥健康促进作用,这是体育素养作为健康促进模型的新尝试	
IPLA	① 身体活动严重不足:全球范围内的久坐和不运动生活方式增多,个体身体活动水平正以惊人的速度下降,"身体活动缺失症"成为全球性流行病; ② 身心二元的机械区分被打破:在传统西方哲学中,身体处于一个很低的地位。传统身心二元论认为人是由心灵和身体两个可区分的部分组成,心灵优越于身体,身体的意义仅在于服务心灵,体育素养以具身性重新审视身体活动,强调身体活动的身心统一与整体性,反对身体与心灵的割裂现象,坚持理性认识身心的同等地位,一定程度上奠定了体育生存和发展的基础,使体育和身体活动在人类生活中的重要性和价值得到重视; ③ 学校体育教育的定位偏误:由于高水平的运动成绩和表现占据了体育舞台的中心,许多学校将追求高水平运动成绩和表现作为学校体育的主要训练重点。教学活动致力于高水平竞技运动,以提高运动成绩为目标,缺少对体育活动意识和习惯培养的关切。忽视了对普通学生的运动促进,没有照顾到那些竞技能力虽未及高水平,但热爱竞技运动且希望提高运动水平的大部分学生	促进身体活动;强调体育价值;发展学校体育

(一) 体育素养发展背景的共性总结

1. 人口健康问题突出

从全球范围来看,工业化和城镇化正在不断推进,并且成为了不可避免的发展趋势。对于不同国家而言,这一趋势产生的影响高度相似,其中最突出的表现便是全球性积极生活方式的减少。缺乏身体活动造成了居民身体素质下降和慢性疾病比例上升的现状,使世界各国都面临严峻的健康挑战。这些健康挑战不仅直接增加了医疗支出、影响了国家财政计划,而且间接降低了人口质量、影响生育水平,最终影响到国家的各项战略。因此,各国都在迫切寻求人口健康问题的解决方案。

2. 运动参与需求强烈

为了促进健康目标的达成,世界各国都在探索如何改善人们的身体健康状况。针对当前面临的健康问题,仅凭发展医学、治疗已知疾病还不足以保证居民的健康生活;若想提高居民生活质量,还需要做好健康教育与健康促进,改善居民的健康储备。在这一过程中,运动参与成为了促进健康的有效手段,能产生积极的健康效益。但运动促进并非一项简单的工作,不仅要发展身体能力,还要培养个体对运动的情感和认知。在此背景下,体育素养得到了有效重视。例如美国提出培养体育素养不仅可以发展运动技能,还能改变运动态度;澳大利亚认为发展体育素养可以增加身体活动,减少久坐行为。总体而言,国际上将发展体育素养看作满足运动参与需求的有效手段。

(二) 体育素养发展背景的差异分析

1. 原有健康促进模型适用性不足

目前,只有新西兰提出以体育素养代替原有的健康促进模型作为发展背景,与国际上其他的体育素养发展背景表现出了明显差异。健康促进模型是指对健康机理进行深入研究,表达各变量和个体健康之间关系的模型,对于个体健康促进具有不可忽视的作用。新西兰在探索健康促进的过程中曾经开发过"健康四维"模型,但该模型仅针对特定领域,适用的群体也存在局限性。如今新西兰创造性地使用体育素养代替原有模型,有助于在更加广泛的人群中发挥健康促进作用,这是体育素养作为健康促进模型的新尝试,与国际上其他体育素养发展背景有所不同,展现了新西兰的体育素养更加包容的特点。

2. 扭转学校体育发展偏误

IPLA 将学校体育定位偏误作为体育素养的发展背景,在国际上是非常具有特殊性的做法,十分值得关注。学校体育的本质是"人"的教育,因此不仅与广大青少年的健康有着密切联系,还承担着促进个体全面发展的重任。但是目前许多学校将竞技体育作为发展重点,缺少对体育活动意识与习惯的关注,这限制了普通学生的体育发展。在如今身体活动缺乏的时代,学校体育面临着更大的责任和挑战,同时也获得了过去缺乏的大量机会。IPLA 提出学校体育发展偏误是体育素养发展的重要背景,与国际上其他的背景描述有所差异,展现了体育素养不仅强调身体发展,还充分重视对运动的认知和情感,减少了体育活动的竞技性,促进了普通个体的体育发展。

综上所述,全球性身体活动下降是体育素养发展的大背景,在运动不足成为全球第三大健康风险因素的危机下,体育素养正在为各国健康状况下滑提供新的解决方案。体育素养从提出到传播,表现出了良好的包容性和适用性,在特定情况下改良了原有的健康促进模型,甚至被视为促进学校体育发展的有效保障。

二、体育素养定义的比较

提及体育素养的定义,国际上普遍认同怀特海德的观点:体育素养能够反映个体的动机、信心、身体能力以及知识与价值观,促进个体参与运动和身体活动等具有健康意义的追求。1993 年,怀特海德在国际女子体育教育和运动协会大会上提出体育素养的定义,促使这一概念进入公众视野。2010 年,怀特海德又在专著 *Physical Literacy: Throughout the Life Course* 中,对体育素养进行了学术化的系统阐述,这引起了国际上许多学者的关注和探讨,促进了体育素养的快速发展。2019 年,怀特海德再次出版名为 *Physical Literacy across the World* 的专著,对国际上的体育素养发展进程进行回望。在体育素养发展过程中,基于怀特海德的观点,国际上形成了各具特色的体育素养定义(见表 8-2),这些定义为理解体育素养的本质提供了方向。

表 8-2 体育素养定义的比较

国家/地区/组织	体育素养定义	侧重点
美国	体育素养是指个体具有进行终身体育锻炼的能力、信心和愿望。体育素养帮助个体在不同环境下进行各种身体活动,并能保持信心,它有利于整个人的健康发展	终身参与运动;促进个体整体发展
加拿大	体育素养是个体为了重视并终身参与身体活动,所需要的动机、信心、身体能力、知识和理解。体育素养为儿童和青少年发展技能、知识和态度提供了坚实的基础,使个体在各种活动中保持冷静和自信	终身参与运动;发展知识技能;培养运动自信
英国威尔士	体育素养是个体为了重视并终身参与身体活动,所需要的动机、信心、身体能力、知识和理解	终身参与运动
澳大利亚	体育素养需要在运动和身体活动环境下,进行终身学习和运用;它反映了身体、心理、社会和认知能力的持续变化;它对于帮助个体通过运动和身体活动过上健康和充实的生活是至关重要的;一个有体育素养的人终身都能够根据不同的环境,综合利用他们的身体、心理、社会和认知能力来促进健康、完成运动和身体活动	终身参与运动;健康积极生活;在不同环境运动

续表

国家/地区/组织	体育素养定义	侧重点
新西兰	体育素养是个体为了重视并终身参与身体活动,所需要的动机、信心、身体能力、知识和理解,并且从整体性的视角来审视参与者的身体、社会和情感、认知、精神需求	终身参与运动;发展整体性视角
IPLA	体育素养是个体为了重视并终身参与身体活动,所需要的动机、信心、身体能力、知识和理解	终身参与运动

(一) 体育素养定义的共性总结

国际上对体育素养定义的界定,既表现出对运动技能的关注,又强调社会情感因素的重要性。这些对体育素养定义的不同理解,不仅有效丰富了体育素养的内涵,而且有助于呈现体育素养的突出特点。

1. 强调"身心一元"的立场

一元论认为,人是由身体和精神两部分组成,二者是不可分割的整体,并且处于同等重要的地位。国际上的体育素养定义中明确表示"动机、信心、身体能力、知识和理解"属于同一层次,其中"身体能力"可视为个体身体层面的代表,而"动机、信心、知识和理解"强调了个体精神层面的发展。将身体和精神发展置于同等重要的位置,可有效打破只关注身体发展的固化思维,强化人们对运动情感和认知的重视。总体而言,体育素养以更加整体性的视角来看待运动参与问题,重视身体、情感、认知三者的同等地位,其中明确表达了"身心一元"的哲学观点,为促进身心协调发展提供了有效支撑。

2. 重视"具身认知"的地位

具身认知是指个体抽象的认知根植于身体活动中,即人类对客观世界的认知源于身体在世界中的活动。具身认知思想将身体活动作为人类认知世界的基本方式,充分体现了身体活动对人类生存发展的重要性。在各种体育素养定义中,均十分重视从个体身体角度出发,关注实际参与运动以及进步的过程。例如美国强调发展个体终身体育锻炼的能力、注重不同环境下的身体活动,加拿大强调在各种身体活动中保持冷静,澳大利亚强调在身体活动情境下学习和运用身体、心理等能力,这体现了国际上重视将身体活动作为构建定义的基础。由此可见,体育素养的定义表现出了明显的具身认知观。

3. 涵盖"全面发展"的要素

个人若想实现全面发展,不仅需要学习外在的身体技能,还需要塑造内在的情感和认知。体育素养旨在促进群体的健康,使人们变得更加活跃,并促进完整人格的发展。因此定义中不仅关注了身体活动产生的结果,还强调了对身体活动内在价值的挖掘,重视身体、情感和认知的全面发展过程。例如加拿大、威尔士、新西兰和 IPLA 均在体育素养定义中强调动机、信心、身体能力、知识和理解的发展,这些要素不仅关注了外在身体能力,还重视个体内在的动机、信心、知识和理解的发展。总体而言,体育素养定义挖掘了人的内在价值,涵盖了个人实现全面发展所需的要素。

(二) 体育素养定义的差异分析

澳大利亚运用了详尽的定义性声明,成为了国际体育素养定义中的一大特例。相对于国际上较为规范的定义方法,澳大利亚的体育素养定义跳出了简短语言的形式,从核心、构成、重要性和期望四个方面对体育素养进行了较为具体的描述。为了确定澳大利亚的体育素养定义,澳大利亚成立了体育素养专家组,经过一系列的研讨会和三轮专家咨询调查,该专家组就"定义性声明"的形式达成了一致。尽管语言或科学中很少有概念是由其相关的原因和结果来定义的,但澳大利亚认为对概念进行简单易懂的定义很重要。为了实现这一目标,他们从其原因、结果和背景中解析出了核心概念。定义性声明的形式与国际上其他定义具有明显差异,但有利于更加明确地描述体育素养的特征,其本质上是从读者的角度出发,关注个体对体育素养的深刻理解。

三、体育素养结构领域的比较

结构领域是体育素养体系中最关键的部分,可以表达体育素养的价值取向。当前国际上形成了多种多样的体育素养结构领域划分方式,有效展现了体育素养的不同特点。在划分结构领域的基础上,国际上还对各结构领域的内涵予以解读(见表 8-3),以帮助人们深刻理解体育素养。

表 8-3 体育素养结构领域与内涵的比较

国家/地区/组织	结构领域	内涵
美国	运动技能和体能	在各种运动技能和运动模式方面表现出能力
	体育策略和意识	运用与动作和表现有关的概念、原则、策略和战术知识
	健康知识和技能	展示实现和保持提高身体活动和健康水平的知识和技能

续表

国家/地区/组织	结构领域	内涵
	体育行为和社会交往	表现出尊重自己和他人的负责任的个人和社会行为
	体育认知和情感态度	认识到体育活动对健康、享受挑战、自我表达和社会交往的价值
加拿大	情感	动机和信心是指要热情、积极以及自信地将体育活动作为生活的组成部分
	身体	身体能力是指个体发展体育技能、体验运动强度以及持续运动的能力
	认知	知识和理解是指识别和表达运动的基本要素,理解积极健康生活方式的益处,以及在各种体育背景环境中识别体育活动安全特征的能力
	行为	终身体育活动是指个人自愿选择定期参加体育活动,实现个体体育责任。鼓励个体持续参加一系列有意义并且具有个人挑战性的活动,作为个体生活方式的重要组成部分
英国威尔士	身体技能	在早年参与运动时学习诸如奔跑、跳跃、投掷和平衡之类的技能,随着年纪的增长以及运动能力的提升,逐渐将身体技能组合在一起形成连贯性的动作,参与更加广泛的体育活动
	信心和动机	通过培养正确的运动知识技能,能够使人们在安全和充满趣味性的环境中进行积极的身体活动
	大量的机会	要给予个人充分的实践和练习机会。要成为一个具备体育素养的人就需要有很多机会练习技能,并由此强化个体的积极参与体验
澳大利亚	身体	个体在运动中学到并付诸实践的技能和体能
	心理	与运动相关的态度和情绪,以及它们对信心和运动动机的影响
	社会	在运动中与他人的交流
	认知	个体对于如何、为何、何时运动的理解
新西兰	身体	个体在运动中习得并应用的动作技能、身体控制和体能
	社会和情感	与他人和环境互动的能力
	认知	运动和身体活动所需要的知识和理解的发展

续表

国家/地区/组织	结构领域	内　　涵
IPLA	精神	情绪、价值观和对运动以及身体活动的态度
	身体	主要是指身体能力，即个体能够参与各种各样活动的能力，具体分为运动能力、运动技能、身体能力、基本动作技能和有目的的身体活动
	情感	个体对身体活动的动机和信心
	认知	个体对活动的认识和理解，对健康和积极的生活方式的认识和理解以及对身体活动责任的重视

（一）体育素养结构领域的共性总结

首先，在结构领域构成方面，当前国际上的体育素养总体上以"身体、情感和认知"这三个领域为基础。

1. 身体领域

关注个体在运动中习得并应用的体能、动作技能和身体控制能力。在关注这些技能发展的基础上，还重视技能的协调和应用。身体领域发展与多样化的运动选择息息相关，也强调发展个体的冒险精神。体育素养的身体领域通常不过分强调绝对的运动成绩，而是重视动作技能的协调以及在运动情境下的实际运用。

2. 情感领域

主要描述个体对身体活动的动机和信心，缺乏动机和自信的个体在参与身体活动时也会面临一系列困难。情感领域同样关注运动过程中情绪和态度的发展，因此个体在情感领域取得一定成功不仅意味着在运动中表现出兴趣和自信，还意味着能够合理地调节运动中的情绪反应，应对运动或比赛过程中所遇到的挫折。

3. 认知领域

关注对运动和身体活动的知识与理解，涵盖个体对如何、何时以及为何要运动的理解，还要求个体深刻认识运动的益处。在认知领域得到良好发展的个体能够关注与他人以及环境的互动，例如重视场地和设备的检查以及意识到潜在的风险。具备认知能力的个体应当能够从运动中发现规律、形成良好的逻辑。在此基础上，个体能够更加深入地理解规则，制订更加合理的比赛策略以应对各种变化。

在这三个具体领域的基础上，国际上对体育素养结构领域的划分表现出两个突出特点。

首先,形成"结构领域+内涵"的两级呈现方式。当前国际上体育素养的结构领域表现出鲜明的两级特征。第一级用于呈现合成体育素养的若干结构领域,不仅有助于清晰展示体育素养的轮廓,而且可以表现对体育素养的理解。例如加拿大将体育素养划分为身体、情感、认知、行为这四个构成领域,方便读者快速明确体育素养的结构。第二级是对每个结构领域深入进行阐释说明,有助于表达各结构领域的内涵,进一步厘清体育素养传达的理念,使个体对体育素养形成更加全面、深入的认识。

其次,重视"身体、情感、认知"的同等地位。怀特海德总是以身体活动作为基础对体育素养展开哲学性思辨,认为积累身体经验便是塑造人格的过程,运动帮助个体塑造自我。因此体育素养以一元论、现象学和存在主义为理论基础,十分强调身体经验与个体情感间的密切联系。发展至今,国际上的体育素养结构领域虽然在具体表述或者呈现方式上有所差异,但总体而言,既展现出对身体能力和运动技能的关注,又传达了对情感和认知领域的同等重视(见图8-1)。

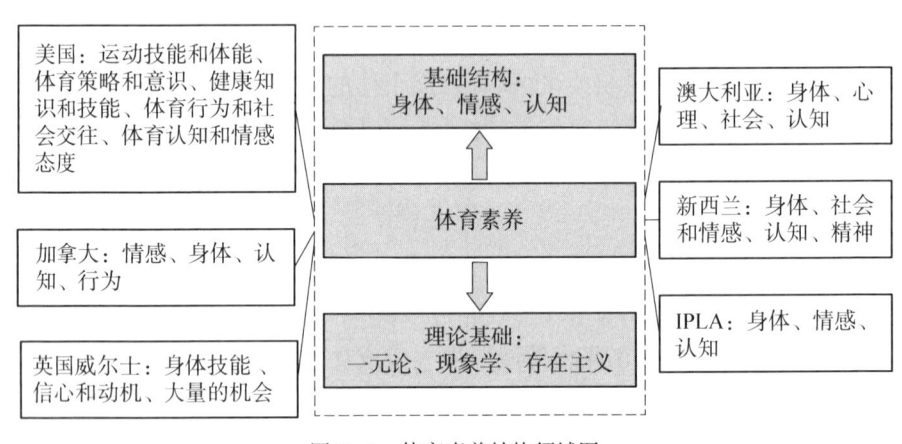

图 8-1 体育素养结构领域图

(二)体育素养结构领域的差异分析

在威尔士的体育素养结构领域中,专门提出了"大量的机会",是国际体育素养结构领域中的重要差异。威尔士的体育素养结构领域包括身体技能、信心和动机、大量的机会,其中身体技能领域强调学习体育技能并且"参与更广泛的体育活动",信心和动机领域强调"进行积极的身体活动"有助于建立内在动机和信心,这都体现出威尔士对实际运动参与的关注。然而不仅如此,威尔士还在结构领域中专门强调了"大量的机会",旨在促进个体充分实践和练习,强化个体的积极运动体验。个体对客观世界的认知源于身体活动,威尔士创造性地将"大量的机会"作为基本结构,既表现了运动情境的重要价值,又强化了具身认知的观点,也为丰富体育素养的结构领域提供了良好借鉴。

四、体育素养阶段划分的比较

体育素养的发展阶段通常用于描述体育素养的发展水平,从当前国际上的研究进展来看,各个国家、地区或组织对于体育素养的发展阶段具有个性化的划分方式,可以有效而个性地展示体育素养的发展特点。从完善框架体系的角度来看,体育素养的发展阶段划分与体育素养的结构领域同样重要,结构领域从横向上展现了体育素养的指标与内涵,而发展阶段是纵向上的重要补充,即表现出体育素养不同阶段的延续性过程,又完善了体育素养框架体系的结构,使框架体系得以纵横衔接,增强了框架的立体感与丰富性。

不同国家、地区或组织对于体育素养发展阶段的划分各有特点,但一般呈现出两种划分方式:一种是根据体育素养的发展水平来划分不同阶段,例如美国的发展阶段、胜任阶段和熟练阶段,IPLA 的未意识或忽视潜能阶段、探索阶段、发展阶段、加强阶段和潜能最大化阶段,此外还有加拿大和澳大利亚也采取了相似的阶段划分方式;另一种是根据年龄或者学段来划分发展阶段,例如新西兰将体育素养划分为婴幼儿、儿童、青年人、成年人、老年人这五个阶段,并给出了各个阶段的成长特点以及所需支持。各个国家、地区或组织的体育素养阶段划分在表 8-4 中详细列出。

表 8-4 体育素养发展阶段划分的比较

国家/地区/组织	体育素养发展阶段	侧重点
美国	发展、胜任、熟练	体育素养发展水平
加拿大	活力启动、基础、学习培训、训练再训练、训练竞赛、训练取胜、积极生活	体育素养发展水平
英国威尔士	婴幼儿、学龄、成年、老年	个体年龄
澳大利亚	无基础、基础与探索、习得与积累、巩固与掌握、迁移与运用	体育素养发展水平
新西兰	婴幼儿、儿童、青年人、成年人、老年人	个体年龄
IPLA	未意识或忽视潜能、探索、发展、加强、潜能最大化	体育素养发展水平

(一) 体育素养发展阶段的共性总结

当前国际上的体育素养发展阶段划分虽然在表现形式上有所差异,但本质上体现了一个共同点:尊重个体过往经验的影响,划分逐步递进的发展阶段。无论是依据体育素养发展水平,划分了"发展、胜任、熟练"等特有阶段,还是依据个体的生命历程,划分了"儿童、成年、老年"等发展时期,都表现出了循序渐进的特点。从现象学的角度出发,个体对事物的认知并非独立存在,而是受到过往经验的影响,现象学中将这个观点称作"前理解"。以特定的发展阶段或是个体年龄作为呈现形式,都表现出逐步递进的特点,并且展现了体育素养发展的延续性。这契合现象学中"前理解"的观点,体现了体育素养发展阶段划分的理论性和规范性。

(二) 体育素养发展阶段的差异分析

1. 依据"实际需求",选择划分依据

当前国际上的发展阶段划分有所差异,并且主要包含两种呈现形式:一种是根据体育素养的发展水平,划分逐步递进的若干阶段;另一种是根据个体的年龄,划分为幼儿、青年、老年等发展时期。目前美国、加拿大、澳大利亚和IPLA都构建了特定的体育素养发展水平,威尔士和新西兰则根据年龄划分了不同发展时期。这两种划分方式展现出了不同的效果:一方面,划分特定的发展水平有助于清楚地呈现体育素养的发展方向,对个体形成一定的激励作用,并促进个体的学习与进步;另一方面,根据年龄阶段的划分方式贴近个体生活,最有利于个体理解体育素养的发展历程,不仅简单易行,还展现了体育素养与生活情境的密切联系。

2. 融合"竞技运动",划分发展水平

加拿大的体育素养发展阶段融合了运动员长期发展(LTAD)模型,在国际上的体育素养阶段划分中表现出了显著特色。如果单从形式上看,加拿大根据体育素养的发展水平,划分了逐步递进的七个阶段。进一步分析背后的原理,可以发现加拿大有效结合了原有的LTAD模型。该模型整合了有关生长发育的多学科知识,划分了成长阶段并且提供了训练指导,对于促进运动参与、构建青训体系都具有重要意义。体育素养发展阶段与LTAD模型的有效融合,进一步扩大了体育素养的适用范围。无论是运动员还是普通个体,都可以将体育素养发展的前三个阶段视为"构建坚实的基础"时期,并且可以在"学习训练"阶段转移到不同类型的专项运动中。总体而言,加拿大的体育素养发展阶段非常具有特点,有效结合了运动员的发展过程,不仅扩大了体育素养的覆盖人群,还为普通个体的终身体育发展指明了方向。

五、体育素养测评的比较

在体育素养的推广与应用过程中,测评始终是体育素养理论探索与实践应用中的关键一环。对于体育素养水平的科学测评始终是热门研究方向,科学的测评不仅有利于学习者了解自身的体育素养发展水平,还有助于形成具有针对性的发展策略。国际上针对体育素养测评的研究正在飞速发展,并且始终是体育素养理论研究中最为核心的组成部分。

表 8-5 体育素养测评方案的比较

国家/地区/组织	测评方案	测评主体 开发主体	测评主体 实施主体	测评对象	测评内容	测评方法
美国	PE Metrics	国家运动与体育教育协会	体育教师	体育素养整体水平	知识获取情况、体育能力变化、体育素养成就	非正式评价
加拿大	CAPL	加拿大健康生活与肥胖研究小组	受过训练的专业人员	体育素养整体水平	身体能力、日常行为、动机与信心、知识与理解	正式评价
加拿大	PFL	加拿大体育与健康教育协会	体育教师、家长、自身	体育素养整体水平	生存技能、运动参与意识、运动技能、体能	正式评价+非正式评价
加拿大	PLAY	加拿大终身体育协会	家长、教练、自身	体育素养整体水平	身体运动能力、关键动作技能、体育素养感知、课余活动倾向	正式评价+非正式评价
加拿大	Pre PLAY	加拿大终身体育协会	受过训练的专业人员	体育素养整体水平	运动能力、协调能力、动机与兴趣、体育素养整体水平	正式评价+非正式评价

续表

国家/地区/组织	测评方案	测评主体 开发主体	测评主体 实施主体	测评对象	测评内容	测评方法
	PLOT	加拿大幼儿体育素养小组	家长、教练、自身	基本动作技能	稳定技能、移动技能、操作技能、运动支持、体育素养环境	正式评价＋非正式评价
英国威尔士	学校体育调查	威尔士体育局	体育教师、工作人员、自身	学校体育教育、课外体育参与	体育课程地位、学生体育认知、课外体育活动频率	非正式评价
英国威尔士	龙挑战	威尔士体育局	受过训练的专业人员	身体运动能力	稳定性、移动能力、操纵能力	正式评价
澳大利亚	测评实例	澳大利亚运动委员会	体育教师	测评者感兴趣的领域	测评者感兴趣的领域	非正式评价
澳大利亚	PL-C Quest	澳大利亚运动委员会	受过训练的专业人员、自身	体育素养整体水平	身体、心理、社会、认知	正式评价
新西兰	青少年体育和身体活动质量指标	新西兰体育局	体育教师、家庭成员、工作人员、自身	体育素养整体水平	高质量的支持、高质量的机会、高质量的经验	非正式评价
IPLA	体育素养旅程	IPLA	教师、同伴、教练、家长	体育素养整体水平	动机、信心、身体能力、知识和理解	非正式评价

（一）体育素养测评的共性总结

1. 测评主体"协同发展"

负责体育素养测评方案开发的主体称为宏观主体，当前国际上的宏观主体通常由国家层面的专业组织担任，如加拿大的终身体育协会致力于促进健康发展和体育活动优化，并且统筹体育战略规划和资源配置。这些专业组织既有扎实的体育工作经验，有利于保证测评方案的科学性；又具有良好的协调能力,能够联合国内高校或科研机构,以协同方式共同开发体育素养测评方案。

负责体育素养实际测评的主体称为微观主体,当前体育素养测评的微观主体分为三类:第一类是受过专业训练的测评工作人员,保证正式测评过程的规范与顺利;第二类是体育教师,他们是学校体育素养测评的主要实施者;第三类是家长或教练员,展现了体育素养测评主体的广泛性和自发性。

总体而言,合理的宏观主体有利于调动多方资源,多元的微观主体有助于丰富测评情境,两大主体的协同工作有助于促进体育素养测评的发展。

2. 测评内容"多元共生"

当前国际上已开发出一些相对明确、具体的体育素养测评工具,这些测评工具有较为固定的测评内容,可以明确呈现体育素养得分。例如,加拿大新版 CAPL 的测评内容分为身体能力、日常行为、动机与信心、知识与理解四个维度,以得分形式呈现体育素养水平。而尚未开发体育素养测评工具的国家、地区或组织也正在积极关注国际上成熟的体育素养测评内容,并尝试提出适应自身状况的体育素养测评内容,这些创新性的内容很好地推动了体育素养测评的发展。

(二) 体育素养测评的差异分析

1. 测评方法"有机互补"

体育素养的测评方法主要包括正式评价和非正式评价,国际上在选择测评方法的过程中表现出了许多差异。正式评价通常以德尔菲法确定测评框架,形成完整的测评体系,再根据测评体系形成完善的方案,具有系统性和规范性的优点。但目前国际上大多数测评仍为非正式评价,并且只提供体育素养测评的参考步骤或模型,不直接形成体育素养分数。非正式评价丰富了体育素养测评的形式,有利于测评主体和客体之间进行更加丰富的情感交流,方便在测评过程中为个体提供体育素养发展的经验。

2. 通过自我测评实现"有效激励"

在加拿大和澳大利亚,近年来出现了运用"自我报告"形式进行测评的新方法,与以往的体育素养测评表现出了明显差异。例如,加拿大的 PLAY-self 利用问卷形式自我评估,测评个体的运动动机和自我效能;澳大利亚的 PL-C Quest 采用图示化自我报告方法,测评体育素养各领域的全部要素。自我报告形式为世界范围内的体育素养测评提供了全新思路,在一定程度上能够激发个体的内部动机,有助于促进个体参与身体活动的行为。已有研究表明,个体对身体的自我认知非常重要,并且通常与体育活动行为直接相关。PLAY-self 和 PL-C Quest 采用自我报告的形式来评价体育素养水平,不仅能够确定个体感知到的体育素养水平,而且有助于培养个体的自我认知,进而促进运动参与。总体而言,自我报告的测评形式有助于培养个体的自我感知能力,增强有关运动参与的自我效能感,从而达到促进运动参与的目标。

六、体育素养培养策略比较

体育素养培养是提高体育素养的重要途径,一方面是发布体育素养指南,在宏观上为培养体育素养提供上位指导;另一方面是呈现体育素养培养的实例,帮助不同群体了解体育素养微观层面的培养过程,促进公众对体育素养培养的理解。总体而言,当前国际上形成了多方参与、多种方法介入、多元主体协同的体育素养培养模式,但培养策略也不尽相同(见表8-6)。

表8-6 体育素养培养策略比较

国家/地区/组织	体育素养培养策略	具体方案
美国	借鉴全球的体育素养资源	将体育素养纳入《K-12国家体育课程标准和各年级水平学习结果》;阿斯彭研究所提出教育、健身组织、国家体育组织等10个领域的具体期望
	提供体育素养培养实例	"Active Start"课程
加拿大	发布体育素养指南	发布《运动与身体活动的LTD模式》《培养体育素养:为加拿大人建立新常态》指南
	提供体育素养培养实例	针对原住民、妇女与女孩、残疾人、法裔加拿大人的培养实例
英国威尔士	发布体育素养指南	发布《威尔士子孙后代福利法案》
	提供体育素养培养实例	Play to learn、Dragon Sport、5×60项目
澳大利亚	发布体育素养指南	发布《学校体育素养指南》
	提供体育素养培养实例	少儿运动员发展方案、幼儿丛林玩耍方案、女孩冲浪训练营、小学生身体健康项目
新西兰	发布体育素养指南	发布《积极运动指南》《少坐、多动、睡得好指南》
	提供体育素养培养实例	活跃体育资源库、体育起点资源库
IPLA	发布体育素养指南	发布《学校体育与活动战略计划》

（一）体育素养培养的共性总结

1. 重视多元主体的协同治理

发布体育素养指南可以有效促进多元决策主体参与培养过程。体育素养指南需要经历严格的决策和开发过程，能够在多方面表现出非凡的意义。在宏观层面，发布体育素养指南展现了国家政策的支持，有助于提升对体育素养的重视程度，提高体育素养在决策主体心中的战略地位。在中观层面，开发体育素养指南的过程促进了各组织间的有效合作，也有利于提高指南的落实效率。在微观层面，体育素养指南为人们提供了参考依据，明确了体育素养的落地方式。总体而言，体育素养指南有利于促进家庭、学校和社区形成良好的氛围，提升对体育素养培养的价值认同，最终促进多元主体形成共识。

2. 明确运动参与的关键作用

提供体育素养培养实例有助于促进不同角色的运动参与，提升体育素养水平。当前国际上发布的体育素养培养实例主要针对儿童和青少年群体，重视采用游戏和玩耍的形式，统整兴趣、技能和主动性的培养。对于儿童青少年而言，增加玩耍机会可以有效帮助他们在运动参与过程中获得动机和信心，同时促进基本运动技能发展，为终身运动参与打下基础。此外，体育素养培养实例中还重视对竞技运动项目的改造，变化规则使其更有利于促进不同群体的运动参与，获得高质量的运动体验。总体而言，体育素养培养实例的开发贴近个体日常生活，尊重个体的爱好和需求，切实促进了个体的运动参与。

（二）体育素养培养的差异分析

加拿大开发了针对特殊人群的体育素养培养方案，与国际上的其他方案表现出了明显差异。由于多个民族和宗教信仰并存，再加上教育水平参差不齐，加拿大体育事业发展呈现出不均衡的状态。基于这种状态，加拿大意识到要关注社会特殊群体，让体育素养更大范围地惠及加拿大人。这些特殊群体包含了原住民、妇女和女孩、残疾人及法裔加拿大人。对于原住民，加拿大提出要从身体素质、精神、认知和情感、文化这四个层面提供明确的专业指导，改进他们的运动消极状况。对于妇女和女孩，主要从解决人际障碍、准入和机会障碍、项目障碍三个方面着手，体现女性的社会价值，并且促进女性的体育素养培养。对于残疾人而言，加拿大正在从改变意识和第一次接触这两个方面出发，进行残疾人的体育素养培养规划。对于法裔加拿大人，加拿大将运动作为加强联系的重要方式，通过体育运动让他们感受到加拿大的团结，促进沟通并解决困难。总体而言，加拿大针对特殊人群的体育素养培养在国际上具有开创性,有效展现了体育素养的包容性,使国际社会进一步重视全纳思想,促进不同群体的运动参与。

第二节 体育素养的未来发展趋势

通过以上的分析与比较可以发现,国际上对于体育素养的研究正在飞速进步并处于日益完善的过程中。当前体育素养已经展现了对于个体身心健康的重要作用,并且体现出了巨大的发展前景。从长远的角度来看,体育素养与体育课程在未来将表现出更加紧密的联系,而这样的联系建立在体育素养自身框架更加成熟的基础之上。体育素养测评和体育素养培养作为个体体育素养发展中至关重要的两个环节,在当前已经获得了足够多的关注,在未来也必将呈现更为显著的完整性和针对性。

一、关注"全生命周期",提升人类健康水平

随着现代社会生活方式的改变,个体的身体活动量大幅下降。人们愈发习惯久坐的工作和生活方式,由此引发的肥胖、糖尿病等非传染性疾病正在威胁生命健康,严重降低了人类生活质量。当前慢性疾病的频繁发生主要具有两方面原因:一方面,物质生活的富足使个体营养摄入增加,一定程度上造成体内能量过剩;另一方面,久坐行为和缺乏锻炼为慢性疾病的发生提供了温床,人们对自身体质和健康水平的重视程度仍有待提高。体质和健康发展逐渐成为人们关注的焦点问题,但在如何科学地培养锻炼动机和信心、发展身体能力、提高体育知识和理解方面,仍然存在很大的进步空间。已有研究表明,发展体育素养是产生健康效益的关键机会,它为人们提供了身体、心理、社会和认知方面的健康和福利,因此必须重视体育素养在全生命周期健康中的重要作用,明确体育素养在全人类发展中的重大意义。

基于此,未来需要切实将体育素养纳入教育、卫生、体育领域的政策和项目,以发展体育素养为出发点,积极寻求跨领域的合作。在宏观层面上,首先需要政府行政部门牵头主导,加强体育与卫生健康部门的有机融合,成立专门组织来领导体育素养工作;其次要制定有效的顶层方案,出台体育素养的法律政策作为保障,加大对体育素养发展的资金支持;最后要划清各部门的权责范围,形成相互监督和相互促进的有效机制。在中观层面上,首先要联合中国体育科学学会、中国教育学会体育与卫生工作分会等学术组织,参与体育素养培养方案的设计与构建,选拔专家成员组建高质量的决策咨询智库,保障人才的供给;其次要促进社会团体和民间组织参与体育素养活

动计划的制定与组织,保障丰富高效的体育素养活动。在微观层面上,首先要提升社区和学校在体育素养培养方面的贡献度,做好体育场地、器材的建设和保障;其次要帮助家庭成员明确体育素养的价值,形成支持的氛围;最后要帮助个体形成主动健康的意识,积极参与体育素养的发展历程。总体而言,发展体育素养需要加强教育、卫生和体育部门之间的沟通与合作,提升供给服务的质量,推动人们改善行为并增加自信,在全生命周期中获得支持并保持健康。

二、重视"纵横联结",构建科学框架体系

体育素养作为提升人类生活质量的新选择,需要特别重视框架体系的科学完整性,结构领域和发展阶段的划分便是促进框架体系完整性过程中不可忽视的一环。纵横联结的体育素养框架在国际上得到了一定的认可和实践,如澳大利亚的体育素养框架由横向四个结构领域与纵向五个发展阶段相结合,IPLA 的"体育素养之旅"框架同样由四个结构领域和五个发展阶段组合而成,形成了纵横联结的科学体系。横向上,结构领域呈现了体育素养发展的理想形态,有利于个体对自身全面发展的思考,促进对生命发展"宽度"的有效认知。但仅关注横向的结构领域便过于孤立,难以展现体育素养发展的动态性,缺少对体育素养延续性和进步性的表达。纵向上,发展阶段的划分彰显了体育素养的发展路径,有利于个体对全生命周期的认知,并且关注生命发展的"长度",在不同发展阶段获得相应支持。但过于关注体育素养发展阶段易表现出竞争性,有悖于弱化绝对竞争的出发点,也不符合强调个体进步的过程性。因此,横向结构领域与纵向发展阶段的纵横联结会成为体育素养框架未来发展的趋势(见图 8-2)。

未来在构建体育素养框架体系的过程中,需要遵循以下立足点。在横向结构领域上,要确立"身心一元"的出发点。在传统的认知科学理论体系中,身体经验对于认知的作用被排除在外,由此形成了身心二元的观点。随着认知科学革命的推进,身心一元的观点才逐渐得到广泛的推广和认可。镜像神经元的实验成功证明了个体是基于自身与外界环境的交互行为过程,来理解他人的相应行为并促进情感和认知的发展,有效捍卫了"身心一元"的牢固地位。这意味着在教育的过程中,需要重视身体经验的作用,而体育也不能局限于身体能力的进步,要重视身体活动过程中的情感和认知发展。体育素养的产生是基于身心一元的观点,因此在确定结构领域的过程中也要贯彻这一立场。具体而言,结构领域的设置应当同时包含身体和精神两个层面的内容。在确定结构领域的过程中可以发挥创造性,进行有

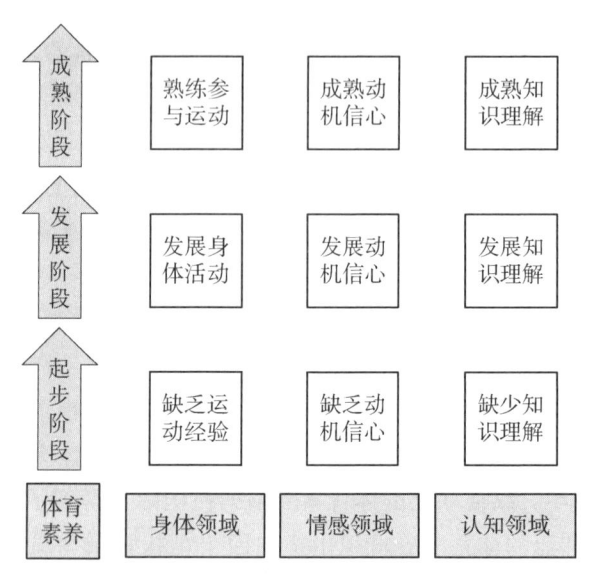

图 8-2 纵横联结的体育素养框架体系

效拓展,但必须以"身体、情感、认知"领域作为基础。

在纵向发展阶段中,要明确"循序渐进"的学习规律。比格斯认为,个人的总体认知结构很难测评,但是个体对于某项知识的掌握程度是可观察的学习结果,对于特定知识点的理解和思维层次是明确个体学习质量的重要线索。因此比格斯基于皮亚杰的儿童认知发展理论,构建了观察学习结果分类系统(SOLO 分类系统),该系统按照个体所表现出的认知结构复杂性和层次变化特点,构建了一个从点、线、面到立体的系统评价方式,共包含"前结构、单点结构、多点结构、关联结构、拓展抽象结构"这五个水平。体育素养的发展同样遵循客观学习规律,因此在确定发展阶段的过程中需要以 SOLO 分类系统为基础,形成科学合理的划分方式。具体而言,发展阶段的划分应当体现延续和进步的过程。在确定发展阶段的过程中,可以根据实际需求增加或者减少总体阶段的数量,但是必须展现循序渐进的特点,体现由起步到发展再到成熟的递进过程。综上所述,纵横联结的框架有助于个体明确自身的进程并合理设置体育素养目标,促进国民体育素养水平的提升。

三、强调"整体测评",尊重原有哲学内涵

体育素养测评是了解体育素养水平最直接的手段,但目前体育素养测评在整体性和系统性方面仍然存在不足。当前国际上的体育素养测评仍有

许多提升空间,表现为身体领域的测评已经相对领先,但情感和认知领域的测评有待提高,并且缺乏整体和系统的体育素养测评方法。从整体性的观点出发,重视部分领域但忽视整体割裂了体育素养的完整性。总体而言,测评主体、测评内容、测评方法和实施情境对体育素养测评方案的有效性都具有一定影响。

测评方法是体育素养测评方案的核心,确定合适的测评方法是提升整个测评方案有效性的关键所在。当前国际上的体育素养测评方法分为正式评价和非正式评价。从积极的角度来看,正式评价有助于精确获取测评要素的实际情况,客观反映学习者的体育素养发展水平,还有助于降低评价过程中的随意性,减少无关因素的干扰;非正式评价有助于呈现个体情感和认知等结构领域的状态,帮助测评者在评价过程中更为精准地感知学习者的情绪状态,更适用于抽象情感要素的测评。但从消极的角度来看,单纯的正式评价难以准确反映个体情感领域的实际情况,缺乏对体育素养整体性的重视;而单纯的非正式评价难以精确定位学习者的体育素养水平,在测评准确性方面有待提高。因此,体育素养正式评价和非正式评价的进一步融合有助于提高体育素养测评的有效性,并且将成为体育素养测评的未来发展趋势。

高质量的体育素养测评方案对于测评主体、测评内容和实施情境同样具有一定要求。首先,测评主体应当满足多元化的要求。人的本质是一切社会关系的总和,完善的体育素养测评方案应当紧扣被测个体的主要社会关系,形成多元主体的合作与联动。对于青少年来说,体育素养测评需要教师、家长和同伴的参与;对于成年人和老年人来说,测评中需要重视配偶、同伴和子女的参与,以提升测评的准确性。其次,测评内容应当涵盖身体、情感和认知等全部领域,并且选择合适的测评方法。身体领域需重视正式评价的使用,情感和认知等领域需增加非正式评价的比重,要重视两种评价方法的权重分配以及整体性融合,关注个体全部领域的测评。最后,在确定测评实施情境的过程中,要反映个体真实丰富的生活场景。这意味着为了保证真实性,需要观察个体在真实运动场景下的实际表现;为了保证丰富性,需要重视在文字性测评问卷的设计中包含多个运动情境,还需要关注在不同生活场景下重要主体对被测者的表现评价。综上所述,体育素养测评需要多样的主体、全面的内容、多元的方法以及真实丰富的情境,在此基础上还需重视体育素养的完整性不被割裂,最终方能形成整体、系统的测评方案。

四、突出"全纳培养",面向全体人群发展

体育素养主张包容性,力求提升人类全生命周期的生活质量,但现有的体育素养培养方案还未能完整贯彻这一宗旨。当前的培养方案在整体性和包容性方面还有所缺失,并且主要体现于以下两点:一是当前的体育素养培养主要聚焦于学校阶段,忽视了学校之外的时期;二是体育素养的培养大多针对普通人群,未针对特殊群体开发特定培养方案。因此在未来的体育素养培养中,要避免将范围局限于特定的发展阶段和狭窄的目标人群,力求形成体现全纳思想、面向全体人群并涵盖全生命周期的体育素养培养路径。

体育素养的目标在于提升全人类生活质量,因此需要确定全纳思想的指导地位,从以下两个方面出发,完善体育素养的发展时期和目标人群。一方面,需要关注不同时期的体育素养培养。个体的体育素养发展大致可以分为幼儿(0~6岁)、青少年(7~17岁)、成年(18~59岁)和老年(60岁及以上)这4个时期。具体而言,在幼儿时期,父母和保育员需要记录幼儿在家或者在幼儿园的活动表现,结合生长发育和膳食营养有关知识,有针对性地设计爬行、玩耍等身体活动。在青少年时期,需要充分利用学校体育环境,打破以运动技术为核心的传统教学模式,树立提升学生体育素养的总体目标,并且将体育素养情感激发和认知发展融入具体的教学环节,促进学生的体育素养持续提升。在成年时期,最重要的就是选择合适的身体活动来巩固体育素养发展,该阶段家庭和社区的运动环境显得格外重要,要在家庭成员、同事和朋友间培养良好的运动参与氛围。在老年时期,需要选择与身体条件相适应的体育活动,该阶段应重点强调对于健康的理解程度,在做好指导和保护的情况下鼓励科学参与身体活动,延伸个体的生命长度。另一方面,需要重视对特殊人群的支持。例如女性或残疾人群体在参与运动的过程中,可能更容易面临缺乏积极的榜样、缺少合适的设备、缺少适宜的项目等困境,从而导致在运动参与过程中面临人际障碍、准入和机会障碍以及项目障碍。因此要重视这些实际问题,提升对于特殊群体的包容性。

体育素养培养体系的构建是一项系统工程,从顶层设计到基层实施都需要社会各界的共同努力。只有在全社会层面明确体育素养的价值,形成支持的氛围,才能促进全体人群形成主动健康的意识,积极参与体育素养的发展进程。综上所述,随着体育素养的不断发展和健康效益的不断展现,未来将形成更加完善的体育素养培养体系,最终推动全体人群体育素养水平的提高,促进人类生命质量的提升。

参考文献

［1］陈思同,刘阳,唐炎,陈昂.对我国体育素养概念的理解——基于对 Physical Literacy 的解读[J].体育科学,2017,37(6):41—51.

［2］陈思同,刘阳.加拿大体育素养测评研究及启示[J].体育科学,2016,36(3):44—51.

［3］陈长洲,王红英,项贤林,彭国强,任书堂.美国体育素养战略计划的特点及启示[J].体育学刊,2019,26(2):96—104.

［4］党林秀,董翠香,朱琳,刘兴石,刘超,刘素红,苏银伟.加拿大安大略省《健康与体育课程标准》的解析与启示[J].北京体育大学学报,2017,40(6):79—87.

［5］刁玉翠,李梦欣,党林秀,董翠香.澳大利亚健康与体育课程标准解读[J].体育学刊,2018,25(2):85—90.

［6］季晓峰.论梅洛-庞蒂的身体现象学对身心二元论的突破[J].东南学术,2010,22(2):154—162.

［7］李佳美,周珂,尹志华.加拿大幼儿体育素养观察工具(PLOT)介绍与分析[J].体育教学,2020,40(3):78—81.

［8］刘丽丽.基于 SOLO 分类理论的小学生深度学习评价研究[D].上海:华东师范大学,2017.

［9］莫磊.美国基于标准的中小学生体育学习评价研究——以 PE Metrics 为例[J].内江科技,2017,38(11):79—80+101.

［10］任海.身体素养:一个统领当代体育改革与发展的理念[J].体育科学,2018,38(3):3—11.

［11］汪晓赞,尹志华,Housner L D,黄景旸,季浏.美国国家体育课程标准的历史流变与特点分析[J].成都体育学院学报,2015,41(2):8—15.

［12］王晓刚.国际体育素养研究的前沿热点、主题聚类与拓展空间[J].北京体育大学学报,2019,42(10):102—116.

［13］阳艺武.Physical Literacy:内涵解读、中外对比及教学启示[J].上海体育学院学报,2016,40(4):73—78+94.

［14］尹志华,毛丽红,孙铭珠,汪晓赞,季浏.20 世纪晚期社会学视域下体育教师研究的热点综述与启示[J].北京体育大学学报,2014,37(5):98—105.

［15］尹志华.论核心素养下环境适应与健康行为的关系[J].体育教学,2019,39(9):4—8.

［16］于永晖,高嵘.体育素养研究[J].首都体育学院学报,2017,29(6):506—509+516.

[17] 张大超,杨娟.美国3版《K-12国家体育教育标准》演变对学校体育影响的比较研究及启示[J].体育科学,2017,37(10):21—31.

[18] 赵雅萍,孙晋海.加拿大青少年体育素养测评体系"生命护照"研究及启示[J].成都体育学院学报,2018(4):92—97+102.

[19] 祝莉,王正珍,朱为模.健康中国视域中的运动处方库构建[J].体育科学,2020,40(1):4—15.

[20] Afshin A, Forouzanfar M H, Reitsma M B, et al. Health Effects of Overweight and Obesity in 195 Countries over 25 Years [J]. New England Journal of Medicine, 2017, 377(1):13-27.

[21] Barnett L M, Dudley D A, Telford R D, et al. Guidelines for the Selection of Physical Literacy Measures in Physical Education in Australia [J]. Journal of Teaching in Physical Education, 2019, 38(2):119-125.

[22] Cairney J, Kiez T, Roetert E P, et al. A 20th-century Narrative on the Origins of the Physical Literacy Construct [J]. Journal of Teaching in Physical Education, 2019, 38(2):79-83.

[23] Cale L, Harris J. The Role of Knowledge and Understanding in Fostering Physical Literacy [J]. Journal of Teaching in Physical Education, 2018, 37(3):280-287.

[24] Charlotte B, Bettina C, François T. Coaches'Adoption and Implementation of Sport Canada's Long-Term Athlete Development Model [J]. Sage Open, 2015, 5(3):1-16.

[25] Daniel B R, Lynn R. Marking Physical Literacy or Missing the Mark on Physical Literacy? A Conceptual Critique of Canada's Physical Literacy Assessment Instruments [J]. Measurement in Physical Education and Exercise Science: Official Journal of the Measurement and Evaluation Council of AAPAR, 2017, 21(1):40-55.

[26] Dollman J, Okely A D, Hardy L, et al. A Hitchhiker's Guide to Assessing Young People's Physical Activity: Deciding What Method to Use [J]. Journal of Science and Medicine in Sport, 2009, 12(5):518-525.

[27] Francis C E, Longmuir P E, Boyer C, et al. The Canadian Assessment of Physical Literacy: Development of a Model of Children's Capacity for a Healthy, Active Lifestyle through a Delphi Process [J]. Journal of Physical Activity and Health, 2016, 13(2):214-222.

[28] Giblin S, Collins D, Button C. Physical Literacy: Importance, Assessment and Future Directions [J]. Sports Medicine, 2014, 44(9):1177-1184.

[29] Green N R, Roberts W M, Sheehan D, Keegan R J. Charting Physical Literacy Journeys Within Physical Education Settings [J]. Journal of Teaching in Physical Education, 2018, 37(3):272-279.

[30] Gunnell K E, Longmuir P E, Woodruff S J, et al. Revising the Motivation and Confidence Domain of the Canadian Assessment of Physical Literacy [J]. BMC Public Health, 2018, 18(2):1-12.

[31] Keegan R J, Barnett L M, Dudley D A, et al. Defining Physical Literacy for Application in Australia: A Modified Delphi Method [J]. Journal of Teaching in Physical Education, 2019,38(2):105-118.

[32] Keegan R J, Barnett L M, Dudley D A. Physical Literacy: Informing a Definition and Standard for Australia [R]. Australian Government, Australian Sports Commission, 2017:14-15.

[33] Kelder S H, Karp G G, Scruggs P W, et al. Setting the Stage: Coordinated Approaches to School Health and Physical Education [J]. Journal of Teaching in Physical Education, 2014,33(4):440-448.

[34] Laugharne J, Sylva K, Charles, F. Monitoring and Evaluation of the Effective Implementation of the Foundation Phase (Meeifp) Project across Wales [J]. Palaeontology, 2006,284(47):1093-1107.

[35] Lodewyk K R, Mandigo J L. Early Validation Evidence of a Canadian Practitioner-Based Assessment of Physical Literacy in Physical Education: Passport for Life [J]. Physical Educator, 2017,74(3):441-475.

[36] Longmuir P E, Gunnell K E, Barnes J D, et al. Canadian Assessment of Physical Literacy Second Edition: A Streamlined Assessment of the Capacity for Physical Activity among Children 8 to 12 Years of Age [J]. BMC Public Health, 2018,18(2):1-12.

[37] Lowri E, Anna B, Richard K, Kevin M, Anwen J. Definitions, Foundations and Associations of Physical Literacy: A Systematic Review [J]. Sports Medicine, 2017,47(1):113-126.

[38] Malina R M, Katzmarzyk P T. Physical Activity and Fitness in an International Growth Standard for Preadolescent and Adolescent Children [J]. Food & Nutrition Bulletin, 2006,27(4):295-313.

[39] Malina R M. Movement Proficiency in Childhood: Implications for Physical Activity and Youth Sport [J]. Kinesiologia Slovenica, 2012,18(3):19-34.

[40] National Association for Sport and Physical Education. PE Metrics: Assessing Student Performance Using the National Standards & Grade-Level Outcomes for K-12 Physical Education [M]. Stevie Chepko: AAHPERD, 2018:1.

[41] Norris S R. Long-Term Athlete Development Canada: Attempting System Change and Multi-Agency Cooperation [J]. Current Sports Medicine Reports, 2010,9(6):379-382.

[42] Robinson D B, Randall L, Barrett J. Physical Literacy (Mis) Understandings: What do Leading Physical Education Teachers Know about Physical Literacy? [J]. Journal of Teaching in Physical Education, 2018,37(3)288-298.

[43] Roetert E P, Kriellaars D, Ellenbecker T S, et al. Preparing Students for a Physically Literate Life [J]. Journal of Physical Education, Recreation and Dance, 2017,88(1):57-62.

[44] Seedfelt V. The Concepts of Readiness Applied to Motor Skill Acquisition, in Magili, R. A., Ash, M. J. and Small, F. L. (ed.). Children in Sport [M]. Champaign, IL:

Human kinetics, 1980:281-296.

[45] Shearer C, Goss H R, Edward L C, et al. How is Physical Literacy Defined? A Contemporary Update [J]. Journal of Teaching in Physical Education, 2018,37(3):237-245.

[46] Stearns J A, Wohlers B, Tara-Leigh F M, et al. Reliability and Validity of the PLAYfun Tool with Children and Youth in Northern Canada [J]. Measurement in Physical Education and Exercise Science, 2018,23(28):1-11.

[47] Tremblay M S, Carson V, Chaput J-P. Introduction to the Canadian 24-Hour Movement Guidelines for Children and Youth: An Integration of Physical Activity, Sedentary Behaviour, and Sleep [J]. Applied Physiology, Nutrition, and Metabolism, 2016, 41(6):3-4.

[48] Tremblay M S, Costas-Bradstreet C, Barnes J D, et al. Canada's Physical Literacy Consensus Statement: Process and Outcome [J]. BMC Public Health, 2018, 18(2):1034.

[49] Tremblay M, Lloyd M. Physical Literacy Measurement-The Missing Piece [J]. Physical and Health Education Journal, 2010,76(1):26-30.

[50] Tyler R, Foweather L, Mackintosh K A, Stratton G. A Dynamic Assessment of Children's Physical Competence: The Dragon Challenge [J]. Medicine and Science in Sports and Exercise, 2018,50(12):2474-2487.

[51] Virginia R C, Meghan M S, Robert J M, et al. Is There a Relationship Between Physical Fitness and Academic Achievement? Positive Results From Public School Children in the Northeastern United States [J]. Journal of School Health, 2009,79(1):30-37.

[52] Wainwright N, Goodway J, John A, et al. Developing Children's Motor Skills in the Foundation Phase in Wales to Support Physical Literacy [J]. Education 3-13,2020,48(5):565-579.

[53] Wainwright N, Goodway J, John A, et al. Developing Children's Motor Skills in the Foundation Phase in Wales to Support Physical Literacy [J]. Education 3-13,2020,48(5):565-579.

[54] Wainwright N, Goodway J, Whitehed M, et al. The Foundation Phase in Wales: A Play-based Curriculum that Supports the Development of Physical Literacy [J]. Education 3-13,2016,44(5):513-524.

[55] Whitehead M. Definition of Physical Literacy and Clarification of Related Issues [J]. ICSSPE Journal of Sport Science and Physical Education, 2013,65(2):28-42.

[56] Whitehead M. Physical Literacy: Throughout the Lifecourse [M]. London: Routledge; 2010:3-20.

[57] Whitehead M. Stages in Physical Literacy Journey [J]. ICSSPE Journal of Sport Science and Physical Education, 2013,65(2):52-56.

[58] Whitehead M. The Concept of Physical Literacy [J]. Physical Education & Sport

Pedagogy,2001,6(2):127-138.

[59] Whitehead M. The Value of Physical Literacy [J]. ICSSPE Journal of Sport Science and Physical Education,2013,65(10):42-43.

[60] Whitehead M. Physical Literacy across the World [M]. London, Britain: Routledge, 2019.

[61] Williams H G, Pfeiffer K A, O'Neill J R, et al. Motor Skill Performance and Physical Activity in Preschool Children [J]. Obesity,2008,16(6):1421-1426.

参考网络资源

1. 美国体育与健康教育者协会官网
2. 阿斯彭研究所官网(美网)
3. 加拿大终身体育协会官网
4. 加拿大体育与健康教育协会官网
5. 加拿大青少年体育素养测评工具官网
6. 加拿大健康生活和肥胖研究中心官网
7. 加拿大活力人生官网
8. 加拿大体育中心官网
9. 威尔士体育局官网
10. 国际身体素养协会官网
11. 运动威尔士官网
12. 澳大利亚课程官网
13. 澳大利亚运动委员会官网
14. 新西兰体育局官网
15. 运动新西兰官网
16. 国际体育素养协会官网
17. 贝德福特大学官网

后 记

体育素养是近十年来本人及团队成员的主要研究旨趣。早在 2014 年 12 月，随着普通高中体育与健康课程标准修订工作的开始，本人就开始深度参与中国体育与健康核心素养的构建与实施工作。后来，随着《普通高中体育与健康课程标准（2017 年版）》和《义务教育体育与健康课程标准（2022 年版）》的颁布，本人对体育与健康核心素养的关注更加深入。借助参与国家基础教育体育与健康课程改革的机会，本人先后出版了《体育学科核心素养的解构与阐释》（华东师范大学出版社，2021 年）、《体育教师发展核心素养研究》（华东师范大学出版社，2022 年）、《培根铸魂——体育教师核心素养的内涵与培养》（北京体育大学出版社，2024 年）三本专著。然而，有关体育与健康学科/课程核心素养和体育教师核心素养的研究，更多聚焦在体育与健康课程领域，即主要针对学校体育这一场域。但是个体通过体育学习或锻炼获得素养，除了体育与健康课程之外，还有大量的其他机会，比如课外或校外的各类体育活动。尤其是个体从学校毕业之后，进入社会所经历的漫长的青年、中年和老年时期，他们也会通过各种参与身体活动的机会而获得素养的提升。而这些素养，我们可以统称为"体育素养"（亦有文献称之为"身体素养"，英文为 Physical Literacy）。因此，"体育素养"与"体育与健康学科/课程核心素养"相比，无论是涉及的时间长度，还是涉及的领域宽度，都要大很多。关于二者之间的关系，本人在《成都体育学院学报》2022 年第 4 期发表的文章《论"身体素养"和"体育与健康学科/课程核心素养"的区别与联系》中已做详细论述。可以说，本人对体育素养的关注，是从一种基于体育课程的视角向"大体育"视角转向的结果，也是系列研究的结果。

实际上，国内外对体育素养的关注也在近几年呈现如火如荼之势。就国内而言，不仅有任海、刘阳、陈思同、阳艺武、李红娟、赵雅萍、赵富学、高海利、张强峰等多位学者撰文进行了相应探讨，而且国家在《关于强化学校体育 促进学生身心健康全面发展的意见》《体育强国建设纲要》《关于深化体教融合 促进青少年健康发展的意见》和《关于全面加强和改进新时代学校体育工作的意见》等政策文件中也多次提及，这说明中国对体育素养的关注呈现出理论研究与政策驱动并驾齐驱的样态。

放眼国际，不仅美国、加拿大、澳大利亚、新西兰等国开展了大量有关体育素养的工作，一些学术期刊更是对体育素养予以高度关注。比如，*Journal of Sport and Health Science* 早在 2015 年就组织了一期有关体育素养的专刊，在美国北卡罗来纳大学格林斯伯勒分校（University of North Carolina at Greensboro）陈昂教授和美国南佛罗里达大学（University of South Florida）孙海春教授的领衔下，共刊发了 9 篇专题文章。后来，*Journal of Teaching in Physical Education* 杂志在 2018 年组织了第 1 期有关体育素养的专刊，在英国利物浦约翰摩尔大学（Liverpool John Moores University）Elizabeth J. Durden-Myers 教授和英国贝德福特大学（University of Bedfordshire）Margaret E. Whitehead 教授的组织下，共刊发了 9 篇专题文章，重点在于帮助读者深度理解体育素养的内涵。紧接着，*Journal of Teaching in Physical Education* 又在 2019 年组织了第 2 期有关体育素养的专刊，在澳大利亚麦考瑞大学（Macquarie University）Dean Dudley 教授、加拿大多伦多大学（University of Toronto）John Cairney 教授和美国俄亥俄州立大学（The Ohio State University）Jackie Goodway 教授的组织下，共刊发了 10 篇专题文章。与第 1 期专题文章侧重于理解体育素养相比，第 2 期专题文章侧重于有关体育素养实证性研究。此外，还有不少学术期刊也刊发了大量有关体育素养的文章。

在上述国内外已有不少研究关注体育素养的背景下，本人作为"后发"研究体育素养的学者，受到了前人研究的不少启发。但在关注体育素养的过程中，本人感觉到国内对国际体育素养的研究虽有一些介绍性的文章，但并不系统。对于处于体育素养理论与实践工作初步发展阶段的中国而言，首先有必要系统学习国际经验，然后才能形成本土实践智慧。基于此，本人及团队决定先对国际主流国家、地区或组织的体育素养进行系统梳理。2018 年秋季，本人指导的第 1 位全日制硕士研究生刘艳同学入学，本人和她以及上海工程技术大学的孙铭珠老师便一起开始了对国际体育素养文献的梳理；2019 年秋季，本人指导的第 2 批全日制硕士研究生田恒行、孟涵、张古月、汪琴、肖志君等同学入学，研究队伍逐渐壮大，因而便确立了分工负责对不同国家、地区或国际组织体育素养进行深入分析，并主要从"框架构成、测评体系、培养策略、面临的问题与未来展望"四大板块进行研究的思路；此后 2021 级全日制硕士研究生刘皓晖也加入团队。直到 2021 年该研究基本完成，此时正值国家社会科学基金后期资助一般项目申报之时，本人将《体育素养国际比较研究》的成果进行申报并获得了 2021 年度国家社会科学基金后期资助一般项目的资助（21FTYB006）。立项之后，团队又对书稿进行了多次补充和完善，并于2023年正式结题。

本著作的完成，要特别感谢季浏教授和汪晓赞教授两位领导为我提供进入核心素养研究领域的机会。在参与国家课程标准修订，并接触体育与健康核心素养的过程中，北京体育大学田麦久教授、首都体育学院钟秉枢教授、北京体育大学杨桦教授、武汉体育学院吕万刚教授、华南师范大学谭华教授、人民教育出版社耿培新教授、扬州大学潘绍伟教授、北京师范大学毛振明教授、广东省教育研究院庄弼教授、天津市滨海新区汉沽第一中学正高级教师张金生老师等也给我提供了很多启发。感谢河南大学周珂教授在加拿大幼儿体育素养观察工具方面提供的资料。首都体育学院章柳云老师在素养研究方面也提供了极大的关心和帮助。我的博士后合作导师，清华大学体育部主任刘波教授和125研究团队的郭振副教授也给予了很多支持。在此一并表示感谢。

随着本著作的付梓，本人基本完成了体育素养相关研究方面的"体育课程、体育教师、国际比较"的三维架构，所有这些研究成果的获得离不开前辈、同行的帮助与支持。此外，感谢我的父母、岳父岳母和爱人对我的理解和包容，没有他们作为后盾的无私支持，恐怕在各方面要困难很多。这本著作完成于我的儿子尹茂煊初入学堂之时，这也是送给他的成长礼物。

最后，衷心感谢国家社会科学基金后期资助一般项目的支持，使本著作顺利完成；诚挚感谢华东师范大学出版社编辑的辛勤工作，使本著作顺利出版！

尹志华
2024年6月
于华东师范大学闵行校区